第三届国家治理现代化论坛

善治天下安

——初心引领下的县域治理现代化

王满传　金　敏　季光明　主编

国家行政学院出版社
北京

图书在版编目（CIP）数据

善治天下安：初心引领下的县域治理现代化/王满传，金敏，季光明主编 .—北京：国家行政学院出版社，2024.7

ISBN 978-7-5150-2872-9

Ⅰ.①善… Ⅱ.①王… ②金… ③季… Ⅲ.①县一地方政府一行政管理一中国一文集 Ⅳ.①D625-53

中国国家版本馆 CIP 数据核字（2024）第 068881 号

书　　名	善治天下安——初心引领下的县域治理现代化 SHANZHI TIANXIAAN——CHUXIN YINLING XIA DE XIANYU ZHILI XIANDAIHUA
作　　者	王满传　金　敏　季光明　主编
统筹策划	王　莹
责任编辑	马　跃
责任校对	许海利
责任印制	吴　霞
出版发行	国家行政学院出版社 （北京市海淀区长春桥路 6 号　100089）
综 合 办	（010）68928887
发 行 部	（010）68928866
经　　销	新华书店
印　　刷	北京九州迅驰传媒文化有限公司
版　　次	2024 年 7 月北京第 1 版
印　　次	2024 年 7 月北京第 1 次印刷
开　　本	170 毫米×240 毫米　16 开
印　　张	24.5
字　　数	411 千字
定　　价	85.00 元

目　录

二、中国式现代化与县域治理现代化

三、县域高质量发展与县域治理现代化

深入学习贯彻习近平新时代中国特色社会主义思想，为推进县域治理现代化贡献力量

——在第三届国家治理现代化论坛上的致辞

龚维斌*

尊敬的邢善萍部长、张国旺主席，

各位专家、各位来宾：

上午好！

在全党深入开展学习贯彻习近平新时代中国特色社会主义思想主题教育之际，中共中央党校（国家行政学院）公共管理教研部与中共福建省委党校（福建行政学院）、福建谷文昌干部学院合作举办第三届国家治理现代化论坛，深入学习贯彻习近平新时代中国特色社会主义思想和党的二十大精神，以“初心引领的县域治理现代化”为主题，进行研讨交流，正当其时，意义重大。在此，我谨代表中共中央党校（国家行政学院），对论坛的举办表示热烈祝贺，向出席本次论坛的各位领导、嘉宾致以诚挚欢迎和衷心感谢！

习近平总书记指出：“在我们党的组织结构和国家政权结构中，县一级处在承上启下的关键环节，是发展经济、保障民生、维护稳定、促进国家长治久安的重要基础。”党的十八大以来，习近平总书记就县域治理在国家治理中的地位与作用、县域治理的根本任务、县域高质量发展及怎样当好县域治理的“一线总指挥”等问题发表了一系列重要论述。1982 年 3 月至 1985 年 5 月，习近平同志担任河北正定县委领导，坚持以党的初心引领推动县域发展和县域

---

* 龚维斌，中共中央党校（国家行政学院）副校长（副院长）。

治理现代化，开展了卓有成效的实践。本次论坛是我们深入学习习近平总书记重要论述精神，深入研究习近平同志推动县域发展和治理实践经验的宝贵机会。下面，围绕本次论坛的主题，我谈几点看法，与大家交流。

第一，推进县域治理现代化是我们党践行初心使命的必然要求。几天前，我们刚刚庆祝了建党 102 周年。100 多年来，我们党始终坚守初心，全心全意为中国人民谋幸福，为中华民族谋复兴。党的二十大明确提出了新时代新征程全党的中心任务，就是团结带领全国各族人民全面建成社会主义现代化强国、实现第二个百年奋斗目标，以中国式现代化全面推进中华民族伟大复兴。国家治理现代化是社会主义现代化的重要组成部分，实现国家治理现代化是全面建成社会主义现代化强国的题中应有之义。

郡县治，天下安。2000 多年来，县一直是我国国家治理结构的基础单元。早在井冈山革命斗争时期，我们党在根据地的政权建设就是从县级苏维埃政权建设开始的。新中国成立 70 多年来，在我国社会主义革命、建设、改革开放事业中，在政权建设、经济发展、社会治理等方面，县级单元一直发挥着基础性作用。可以说，县级单元一直是我们党践行初心的基础性场域，推动县域发展、完善县域治理是我们党践行初心使命的重要内容。据统计，截至 2021 年底，我国内地共有 1 866 个县及县级市，县域常住人口约 7.4 亿人，县域土地面积约占国土总面积的 90%，县域常住人口占大陆人口总量的 52.5%。这些数字反映了县级单元对我国发展和治理的重要性。只有不断推进和实现县域治理现代化，才能更好为人民谋利益，才能全面推进民族复兴。新时代新征程上，党践行初心使命，必然要求推进县域治理现代化，推动县域高质量发展。

第二，党领导人民推进县域治理现代化取得了巨大成就和宝贵经验。我们党历来高度重视县域发展和治理。改革开放以来，特别是党的十八大以来，在党的领导下，我国县域治理现代化不断推进，取得了巨大成就，主要有以下几个方面：一是县级及以下基层政权建设明显加强，党长期执政的基础更加坚固；二是以党组织为领导的县域治理体系更加健全，县域治理能力大幅增强；三是县域经济治理成效显著，县域经济发展和人民生活水平快速提高；四是县域文化治理日趋完善，社会主义核心价值观深入人心；五是县域社会治理成绩令人瞩目，安定和谐又充满活力的基层社会全面形成；六是县域生态环境治理扎实有力，绿水青山净土的县域城乡新貌在全国呈现。尤其是，如期打赢脱贫攻坚决战、全面建成小康社会，全国 832 个贫困县全部摘帽，近 1 亿农村贫困人口实现脱贫，960多万贫困人口实现易地搬迁，历史性地解决绝对贫困问题，成为我国县域和基层治理的突出成就，是践行党的初心使命的生动诠释和具体体现，也得到国际社会的一致认同和高度赞誉。

新中国成立70多年来，我们党领导人民推进县域治理现代化的丰富实践积累了许多宝贵经验，主要包括：坚持党的全面领导、坚持以人民为中心、坚持走符合中国国情的县域治理现代化道路、坚持法治德治自治相结合、坚持发挥各方面特别是基层的积极性等。这些经验既是我们党领导推进县域治理现代化取得成功的重要法宝，又是未来继续推进县域治理现代化的重要原则。

第三，强国建设、民族复兴新征程上要全面推进中国式县域治理现代化。2023年2月7日，在新进中央委员会的委员、候补委员和省部级主要领导干部学习贯彻习近平新时代中国特色社会主义思想和党的二十大精神研讨班上，习近平总书记深刻阐述了中国式现代化的一系列重大理论和实践问题，我们要认真学习领会，把思想和行动统一到习近平总书记重要讲话精神上来，统一到党中央决策部署上来。习近平总书记深刻指出："基层强则国家强，基层安则天下安，必须抓好基层治理现代化这项基础性工作。"县域治理现代化在全面建设社会主义现代化国家、全面推进中华民族伟大复兴进程中起着基础性作用。在强国建设、民族复兴新征程上，必须全面推进中国式县域治理现代化。我们要坚持"两个结合"，健全以党组织为领导的中国特色县域治理体系，推进县域治理体系现代化；要准确把握县域治理特点和规律，立足县域人口多、地区差异大等国情，保持历史耐心，循序渐进地推进县域治理现代化；要以推动县域经济发展为中心，把强县和富民统一起来，坚持把实现基层人民群众对美好生活的向往作为县域治理现代化的出发点和落脚点，不断提高城乡居民收入水平，缩小城乡居民收入差距，推动逐步实现共同富裕；要推进县域物质文明建设和精神文明建设相协调，在不断提升人民群众物质生活水平的同时，丰富县域基层人民群众的精神世界；要牢固树立和践行"绿水青山就是金山银山"的理念，坚持走人与自然和谐共生的县域治理现代化道路，加快转变县域居民的生产生活方式，建设环境整洁优美、生态系统稳定健康的高品质生态宜居地，让城乡居民望得见山、看得见水、记得住乡愁。

各位领导，各位专家，各位来宾：

福建是习近平新时代中国特色社会主义思想的重要孕育地和实践地，习近平同志在福建工作17年半，亲自领导和推动了福建的改革开放和现代化建设事业。福建丰富的县域治理实践和成功的治理经验，为推进我国县域治理现代化提供了源头活水。谷文昌同志在福建东山县任职14年间，一心一意为老百姓办事，带领干部群众奋斗不止、战斗不息，被百姓尊称为“谷公”，在东山县形成了“先祭谷公，后拜祖宗”的习俗。习近平总书记称赞谷文昌“在老百姓心中树起了一座不朽的丰碑”。在福建谷文昌干部学院举办本次论坛，有利于我们在新征程上牢记初心使命，有利于我们深入了解和准确把握习近平新时代中国特色社会主义思想的源流脉络，有利于我们近距离观察和研究县域治理现代化的鲜活经验。

中共中央党校（国家行政学院）坚决贯彻落实习近平总书记和党中央的决策部署和要求，在推进中国式现代化、推进国家治理现代化事业中积极履行职责。近年来，围绕推进县域治理现代化、完善基层治理等主题，我校（院）举办了“县委书记培训班”等班次，在相关主体班次教学中开设了一批课程，组织开展了大量课题研究，形成了丰硕的科研咨询成果，为推进县域治理现代化发挥了重要作用。

当前，世界百年未有之大变局加速演进，中华民族伟大复兴战略全局深入推进，作为国家治理现代化的重要基础，县域治理现代化的重要性更加凸显，迫切需要我们加强对县域治理现代化的理论和实践进行研究，以高质量的研究成果推动我国制度优势更好地转化为治理效能。

本次论坛会聚了国内高校、科研智库机构、全国党校（行政学院）系统的知名专家学者，还有来自实践一线的党政部门负责人。希望大家认真学习习近平新时代中国特色社会主义思想，全面总结党领导人民开展县域治理取得的成就和经验，深刻分析推进县域治理现代化面临的问题和挑战，深入研究在中国式现代化进程中推进县域治理现代化的理论，努力提出推进县域治理现代化的实践路径和措施，通过研讨和交流，形成有创见、有影响的会议成果，为新时代新征程推进县域治理现代化作出贡献！

最后，预祝本次论坛取得圆满成功。谢谢大家！

推进县域治理现代化的福建实践*

邢善萍**

尊敬的龚维斌副校长，各位领导，

各位嘉宾，同志们：

大家上午好！

在全党深入开展学习贯彻习近平新时代中国特色社会主义思想主题教育之际，由中共中央党校（国家行政学院）公共管理教研部、中共福建省委党校（福建行政学院）、福建谷文昌干部学院联合举办的第三届国家治理现代化论坛隆重召开。

首先，我代表福建省委向出席论坛的各位领导、各位嘉宾和同志们表示热烈欢迎，向大家长期以来对福建发展的关心、支持和帮助表示衷心的感谢！

国家治理体系和治理能力是一个国家的制度和制度执行能力的集中体现。党的二十大报告擘画了以中国式现代化全面推进中华民族伟大复兴的宏伟蓝图，明确提出到2035年基本实现国家治理体系和治理能力现代化，这是着眼强国建设、民族复兴作出的重大战略部署。

县域治理是推进国家治理体系和治理能力现代化的重要一环，担负着承上启下的重要责任。这次论坛以“初心引领下的县域治理现代化”为主题，对于我们在新征程上牢记初心，勇担使命，进一步提升县域治理水平，夯实国家治理根基，具有重要意义。

习近平总书记历来高度重视县域治理，在福建工作期间进行了许多具有前

---

* 由邢善萍讲话录音整理。

** 邢善萍，福建省委常委、组织部部长。

瞻性、战略性的探索实践，比如：在宁德时，立足县域发展实际，倡导念好“山海经”“经济大合唱”，提出“弱鸟先飞”“滴水穿石”的发展理念，带领闽东人民闯出了一条摆脱贫困之路；在福州时，亲自领导编制“3820”工程，把县域治理作为重要内容，推行“四个万家”，坚持“马上就办”，真抓实干，使福州经济社会发展焕发蓬勃生机；在省里工作时，六年七下晋江调研，总结提出“晋江经验”，不仅对福建而且对全国的县域经济发展发挥了重要的指导作用。

这次论坛在东山县举办，这里曾走出一位县域治理的优秀县委书记代表——谷文昌同志，习近平总书记多次在不同场合讲到谷文昌，指出谷文昌同志带领东山人民改造自然和社会，变昔日荒山秃岭为现在的国家级生态示范县和全省环境最佳县，当地老百姓始终怀念他，甚至在祭祀时也是先祭谷公后拜祖宗。谷文昌同志的先进事迹，充分展示了一名共产党员的坚强党性、远大理想、博大胸怀和高尚情操，也是初心引领下县域治理的生动写照。

党的十八大以来，习近平总书记多次指出，在我们党的组织结构和国家政权结构中，县一级处在承上启下的关键环节，是发展经济、保障民生、维护稳定、促进国家长治久安的重要基础，强调要准确把握县域治理的特点和规律，把强县和富民统一起来，把改革和发展结合起来，把城镇和乡村贯通起来，不断取得事业发展新成绩。

福建省始终牢记嘱托，感恩奋进，坚决贯彻习近平总书记重要指示精神，大力传承弘扬习近平同志在福建工作期间开创的重要理念和重大实践，扎实推进县域高质量发展和县域治理现代化，全省 9 个县市入选县域高质量发展百强，10 个县市入选全国投资潜力百强，6 个县市 GDP 总量突破千亿元。2022 年，福建省 GDP 总量达 5.31 万亿元，居全国第 8 位，人均 GDP 居全国第 4 位，常住人口城镇化率达 70.11%，较 2013 年提高 9.31 个百分点。这些成绩的取得根本在于有习近平新时代中国特色社会主义思想科学指引，有习近平同志在福建工作时打下的坚实基础，推进县域治理现代化，关键在党、关键在人。2023 年的全国组织工作会议，首次提出和系统阐述了习近平总书记关于党的建设的重要思想，对推进以党建引领基层治理作出具体部署，我们将严格对标对表，通过建强组织、配强班子、用好干部、盘活人才，确实把组织力量、组织优势，转化为治理效能，以高质量党建促进高质量治理。

我们要牢牢把握现代化治理的正确政治方向，引导广大党员干部深学、细照、笃行习近平总书记关于县域发展和县域治理的重要论述，以坚定拥护“两个确立”、坚决做到“两个维护”的高度，自觉推进治理现代化。我们将持续夯实现代化治理的基层基础，牢固树立大抓基层的鲜明导向，健全城乡治理体系和乡村治理协同推进机制，强化党建引领基层治理创新，提升党的组织体系建设整体效能。我们将着力建强现代化治理的骨干力量，注重选拔懂治理、善治理的优秀干部，增强干部推动高质量发展的本领、服务群众的本领、防范化解风险的本领，引导树立和践行正确的政绩观，完善担当作为的激励和保护机制，锻造一支政治过硬、适应新时代要求、具备领导现代化建设能力的干部队伍。我们将不断强化现代化治理的人才支撑，实施更加积极、更加开放、更加有效的人才政策，鼓励人才向县域和基层一线流动，支持各类人才在现代化建设中贡献智慧和力量。

各位领导，各位来宾：

此次论坛为大家提供了良好的交流平台，期盼大家加强交流、激荡思想、分享经验，把这次论坛办成一个既有理论深度，又有实践指导意义的盛会。

福建是有福之地、幸福之地。我们热忱地欢迎各位领导和来宾在福建多走走、多看看，漫步绿水青山、碧海银滩，品味文化积淀、美食茶香，感受福建之美，享受福建之福，对福建省的改革发展多提宝贵意见。

最后，祝论坛圆满成功，取得丰硕成果，祝各位领导、各位来宾身体健康、工作顺利，谢谢大家！

推进县域治理现代化 提升漳州县域治理能力

——在第三届国家治理现代化论坛开幕式上的致辞

张国旺*

尊敬的龚维斌副校长、邢善萍部长，

各位领导、各位专家学者、各位来宾：

大家上午好！

今天，我们非常荣幸地迎来第三届国家治理现代化论坛在福建谷文昌干部学院举办，这是国家治理领域的一次学术研讨盛会，也为漳州带来一场高层级的思想交流盛宴，充分体现了中共中央党校（国家行政学院）、中共福建省委党校（福建行政学院）对漳州的特别关爱、特殊支持。在此，我谨代表漳州市委、市政府，并以福建谷文昌干部学院院长的名义，对论坛的举办表示热烈的祝贺！向各位领导、专家学者的到来，表示诚挚的欢迎！

借此机会，我简要向大家介绍漳州的情况。漳州位于福建最南端，土地面积为1.29万平方公里、约占全省的1/10，海域面积为1.86万平方公里、约占全省的15%，辖4个区、7个县和5个市管开发区，设123个镇（街）、2 090个村（居），人口为527万人。一是自然条件优越。漳州有山、有海、有江、有平原，福建第二大江九龙江贯穿整个城市，下游冲积平原是全省最大的平原，山地面积占30.5%、丘陵占42%、平原占27.5%。年平均气温21.7摄氏度、降水量1 606.7毫米、日照时间1 827小时。二是港口资源丰富。海岸线长为715公里、约占全省的1/5，有20多个天然港湾，其中厦门湾南岸和东山

---

* 张国旺，福建省政协副主席。

湾是深水港湾，有5个国家一类对外开放口岸。目前已建成码头泊位77个，其中万吨级以上25个，年吞吐量7 067万吨。三是对台优势明显。漳州是大陆距离台湾中南部最近的区域，是台胞主要祖籍地、台湾文化重要发祥地和台商投资密集区，台湾现有2 300多万人口中40％祖籍在漳州，全市累计实际利用台资127亿美元，位居全国设区市前列。四是人文积淀深厚。漳州是国家历史文化名城，宋代理学大师朱熹曾任漳州知州，黄道周、林语堂等历史文化名人亦为漳州人，南靖、华安土楼群是世界文化遗产。近年来，我们围绕“建设现代化滨海城市”目标，接续开展产业发展项目建设年、攻坚年、提升年活动和“七比一看”竞赛，全方位推进高质量发展。2022年，全市地区生产总值5 707亿元、同比增长6.9％，排名全国城市GDP的第47位。

县域治理现代化是推进国家治理现代化、中国式现代化的题中应有之义和必然要求。近年来，漳州市以创建全国市域社会治理现代化试点合格城市为抓手，发扬“漳州110”和机关效能建设发源地的优势，创新建立“社区（乡村）110”“民生110”，推行城乡网格治理“2＋N”模式，积极探索“党建＋社会治理”，县域社会治理效能不断提升，全市平安建设考评实现全省“六连优”，群众安全感满意率连续6年保持在99％以上。

国家治理现代化论坛自2019年创办以来已经成功举办两届，为深化拓展国家治理现代化、推进中国式现代化提供了一批重要成果，作出了重要学术贡献。这次论坛在漳州召开，既是对漳州的肯定和厚爱，也是极大的支持和鼓励，更是一次难得的学习机会。我们将全力做好服务保障工作，并以此为契机，虚心向各位领导、各位专家学者学习请教，持续提升漳州县域治理能力和水平，更好地为全方位推进高质量发展、加快建设现代化滨海城市提供有力支撑。

最后，祝本次论坛取得丰硕成果！祝各位领导、各位专家学者、各位来宾身体健康、工作顺利！谢谢大家！

推进县域治理现代化：成就经验与深化路径
——第三届国家治理现代化论坛观点综述

王德卿* 王满传** 林 欣***

2023年7月，中共中央党校（国家行政学院）公共管理教研部、中共福建省委党校（福建行政学院）、福建谷文昌干部学院合作举办了第三届国家治理现代化论坛。论坛主题为“初心引领下的县域治理现代化”。来自全国党校（行政学院）系统、高等院校、科研和智库机构的专家学者，有关党政部门负责人，共120多人参加了论坛。与会人员深入学习习近平新时代中国特色社会主义思想和党的二十大精神，围绕论坛主题进行交流研讨，提出了不少有价值的观点和建议。

一、推进县域治理现代化是践行党的初心的必然要求

100多年来，中国共产党始终坚守初心和使命，全心全意为中国人民谋幸福，为中华民族谋复兴。党的十八大以来，以习近平同志为核心的党中央坚持人民至上，为了人民、带领人民、依靠人民，加快推进社会主义现代化建设，中国特色社会主义事业取得历史性成就、发生历史性变革，人民生活水平得到前所未有的提高，中华民族伟大复兴进入了不可逆转的历史进程。

习近平总书记指出，郡县治，天下安，在我们党的组织结构和国家政权结构中，县一级处在承上启下的关键环节，是发展经济、保障民生、维护稳定的

* 王德卿，中共中央党校（国家行政学院）公共管理教研部讲师。
** 王满传，中共中央党校（国家行政学院）公共管理教研部主任、教授。
*** 林欣，中共中央党校（国家行政学院）公共管理教研部讲师。

重要基础。长期以来，县（区、市）是我国行政区划的重要基础性单元，县域发展和治理一直是国家发展、社会稳定的基础，是人民幸福的根基和体现。新中国成立70多年来，在我国社会主义革命、建设、改革开放事业中，在政权建设、经济发展、社会治理等方面，县级单元一直发挥着基础性作用。据统计，截至2021年底，我国内地共有1 866个县及县级市，土地面积约占国土总面积的90%，县域常住人口约7.4亿人，占大陆人口总量的52.5%。这些数字反映了县域发展和治理对国家发展、人民福祉的重要性，充分说明县域是我们党践行初心的基础性场域。

党的二十大明确提出，新时代新征程，中国共产党的中心任务就是团结带领全国各族人民全面建成社会主义现代化强国、实现第二个百年奋斗目标，以中国式现代化全面推进中华民族伟大复兴。实现国家治理现代化是全面建成社会主义现代化强国的题中应有之义，县域治理现代化是国家治理现代化的重要内容。推进县域治理现代化，有利于巩固党长期执政的根基，有利于党和国家大政方针落实落地，有利于顶层设计转化为具体的地方实践，有利于推动国家整体治理效能提升。推进县域治理现代化，关系到国家粮食安全、能源安全、国土安全、生态安全的保障，关系到共同富裕、乡村振兴、区域均衡发展等重大战略目标的实现。只有不断推进和实现县域治理现代化，才能更好为人民谋幸福，才能全面推进中华民族伟大复兴。

二、党领导人民推进县域治理现代化取得巨大成就、积累宝贵经验

我们党历来高度重视县域发展和治理。改革开放以来，特别是党的十八大以来，党领导人民加快推进县域治理现代化，取得了巨大成就。

一是县级及以下基层政权建设坚强有力，党长期执政的基础更加坚固。在县域范围内，随着党的建设和全面从严治党的持续深化，党的先进性、纯洁性进一步彰显，党员领导干部的先锋模范作用和基层党组织战斗堡垒作用更加充分地发挥。党的全面领导作用显著增强，党全面领导的制度体系更加健全，党委领导、党政统筹、各方协同、简约高效的治理体制不断完善。在基层社区层面，2022年全国村（居）委会换届选举中，由村（社区）党组织负责人兼任村（居）委会主任的“一肩挑”比例达到95.6%（93.9%），全国普遍实现由村党组织纪委书记或者纪检委员担任村务监督委员会主任，进一步突出了党组织在基层社区治理中的领导作用，党的执政根基得到全面巩固。

二是县域经济治理成效显著，人民生活水平快速提高。各级各地坚决贯彻落实党的路线方针政策，坚持以经济建设为中心，加强县域经济治理并取得显著成效。如期打赢脱贫攻坚战，全国832个贫困县全部摘帽，近1亿农村贫困人口实现脱贫，历史性地解决了绝对贫困问题。2021年县域地区生产总值突破56万亿元，约为10年前的1.5倍，接近全国经济总量的一半，2022年共计54个县进入“GDP千亿俱乐部”。县域产业越发壮大，2021年县域规模以上工业企业数量约为27万个，约占全国总量的2/3，第三产业增加值占区域生产总值比重由2012年的34.54％增长到44.65％。农村居民人均可支配收入突破2万元，较10年前增长1.4倍，农村社区综合服务设施覆盖率由2012年的31.8％上升到2022年的79.5％。

三是县域文化治理日趋完善，社会主义核心价值观深入人心。在县乡基层社区，深入开展社会主义核心价值观宣传教育，使社会主义核心价值观在广大人民群众心中扎根发芽。大力加强公共文化服务，初步建成了覆盖城乡的公共文化服务体系。截至2022年6月，全国有94％的区县建成文化馆总分馆制、93％的区县建成图书馆总分馆制，建成乡镇（街道）文化站4.02万个、村级综合性文化服务中心57.54万个。县域文化产品和活动更加丰富，群众性文化活动广泛开展，形成了乡村“村晚”、大家唱、广场舞等众多群众文化活动品牌，参与人数屡创新高。县域文化触角不断延伸，扎实推进贫困地区、边疆民族地区、革命老区等基层的公共文化体系建设，累计向基层选派文化人才16.9万人。

四是县域社会治理成绩令人瞩目，安定和谐又充满活力的基层社会全面形成。党委领导、政府负责、社会协同、多方参与、数字赋能的社会治理体制不断健全，共建共治共享的社会治理格局愈加完善。基层党组织建设延伸至网格、小区、楼栋，党的领导贯穿村务管理、社区协商等各项事务，街道“大工委”、社区“大党委”作用不断凸显。社会治理相关法律不断完善，扫黑除恶专项斗争取得全面胜利，治安案件数量连年下降；农村移风易俗重点领域突出问题得到明显改善；基层群众参与社会治理的意识和能力明显增强，基层群众自治制度更加成熟，基层治理专业化快速提升，社会矛盾总量稳步下降，“有事好商量、众人的事情众人商量”成为人民当家作主的鲜明时代特征。数字技术赋能基层智治，已初步实现全国所有村（居）委会信息集中汇聚，“智慧县域”“掌上村庄”建设使群众办事更便捷更高效。全国县域范围内总体上形成了邻里和谐、平安舒心的社会环境。

五是县域生态环境治理扎实有力，绿水青山净土的县域城乡新貌在全国呈现。全国县域城乡深入贯彻落实“两山”理论，推动人与自然和谐共生。以“千万工程”为示范引领，广泛开展乡村环境整治。强化水环境管理，着力打赢碧水保卫战。2022年，全国农村生活污水治理率在31%左右，全国农村卫生厕所普及率超过73%，完成15万个建制村环境综合整治工作，农村生活污水乱排现象基本得到管控。开展集中式饮用水水源地规范化建设，全国10 638个农村“千吨万人”水源地全部完成保护区划定。2022年，全国完成造林383万公顷，种草改良321.4万公顷，治理沙化石漠化土地184.73万公顷，水土流失面积下降到265.34万平方公里，国土绿化取得显著成效，水土流失状况持续改善，生态系统质量稳步提升。持续开展净土保卫战，于2017年提前3年实现农药、化肥使用量零增长目标。截至2021年底，全国生态质量为一类、二类的县域面积分别占国土面积的27.7%和32.1%。

新中国成立70多年来，党领导人民推进县域治理现代化的丰富实践积累了许多宝贵经验。一是坚持和加强党的全面领导，充分发挥党组织在县域治理中的领导作用，通过扎实有力的党建推进县域治理体系和治理能力现代化，把党和国家制度优势转化为县域治理效能。二是坚持以人民为中心的发展思想，把实现好、维护好、发展好最广大人民根本利益作为县域发展和治理的出发点和落脚点，发挥人民群众的主体作用，使人民群众成为县域治理的参与者和受益者，为实现人民群众对美好生活的向往而努力奋斗。三是坚持走符合中国国情的县域治理现代化道路，以习近平新时代中国特色社会主义思想为指导，坚持“两个结合”，立足国情，准确把握我国县域治理的特点和规律，谋划和推进县域治理现代化。四是坚持以经济建设为中心，注重激发县域经济活力，推动县域高质量发展，以县域高质量发展引领县域治理现代化。五是坚持自治、法治、德治相结合，不断健全和深入实施基层群众自治这一基本政治制度，在法治轨道上推进县域治理，充分发挥社会主义核心价值观、中华传统美德的作用，通过“三治”融合、智治赋能，提升县域治理现代化水平。

三、新征程全面推进中国式县域治理现代化的路径

1. 习近平新时代中国特色社会主义思想是推进县域治理现代化的根本遵循

习近平新时代中国特色社会主义思想是以习近平同志为核心的党中央团结

带领全国各族人民全面建成社会主义现代化强国、实现第二个百年奋斗目标，以中国式现代化全面推进中华民族伟大复兴的行动指南，是新时代新征程推进党和国家各项事业、开展一切工作的根本遵循。新时代新征程推进县域治理现代化，必须始终坚持以习近平新时代中国特色社会主义思想为指导，深刻领会和深入落实习近平总书记关于中国式现代化、县域治理现代化的重要论述，坚持正确的政治方向和社会主义道路，从推进中国式现代化的战略目标和总体布局出发，统筹谋划，扎实推进，确保我国县域治理现代化始终保持正确的方向。

2. 加强和完善党的全面领导是推进县域治理现代化的根本保证

中国共产党领导是中国特色社会主义最本质的特征，是中国特色社会主义制度的最大优势，坚持党的全面领导是中国特色社会主义事业取得成功的根本政治保证，是中国人民从长期奋斗中得出的最基本、最重要的结论。新中国成立以来的实践证明，只有不断加强和完善党的领导，才能在县域治理中更好地发挥党组织统筹管总、综合协调的作用，有效整合各方资源，提升县域治理的系统性、整体性和协同性。新时代新征程，面对县域治理面临的新形势新挑战新任务，必须进一步加强党的建设，强化和完善党的领导，更好发挥党的“主心骨”作用，才能确保我国县域治理现代化进程始终坚持正确的道路，才能凝聚起推进县域治理现代化的磅礴力量。

3. 推动县域经济高质量发展是推进县域治理现代化的首要环节

党的二十大报告指出，高质量发展是全面建设社会主义现代化国家的首要任务。县域经济高质量发展是县域治理现代化的基础和目标。当前，县域经济高质量发展面临着县域人口及产业的集中机制和模式亟待探索、县域经济多样化发展模式亟待优化、县域经济发展动能亟待创新、县域产业和经济结构亟待升级、县域经济治理亟待完善等诸多任务。下一步，要在加强和完善党的全面领导下，坚持以改革为动力，坚持有效市场和有为政府相结合，坚持科创产业联动，坚持统筹协调发展，坚持转化生态优势，坚持深化区域合作，坚持数智技术赋能，通过优化制度环境，厚植资源优势，夯实技术基础，打造发展新引擎、培育新动能，推动县域经济高质量发展，进而以县域经济高质量发展支撑引领县域治理现代化。

4. 完善县域社会治理是推进县域治理现代化的重点任务

社会治理是国家治理的重要内容。我国一半以上的人口常住在县域内，县域社会治理直接关系到社会和谐稳定，关系到基层人民群众的生活质量和安全感、幸福感。当前我国县域社会治理还存在资源短缺和发展不平衡、治理主体不够健全和能力不足、机制创新和体制改革滞后、治理方式和手段不完全适应时代要求等问题。党的二十大报告提出，要“健全共建共治共享的社会治理制度，提升社会治理效能”，为新时代完善县域社会治理指明了方向。要推进县域治理现代化，必须把完善县域社会治理作为重点。为此，要坚持党建引领的“一核多元”共治模式，激发多元主体参与合作治理的积极性，将“共建共治共享”落到实处。要坚持和发展新时代“枫桥经验”，重视和做好群众工作，预防和化解矛盾，尊重和维护人民权益，注重和加强平安建设。要在总结实践经验基础上，进一步推进自治、法治、德治相结合。要大力推进县域基本公共服务均等化，在全国开展县域基本公共服务监测评估，实施薄弱县公共服务提升工程，全面提升县域公共服务水平。

5. 加快数字政府建设是推进县域治理现代化的重要抓手

数字时代对县域治理提出了新的挑战，也带来了新的机遇。“十四五”规划和2035年远景目标纲要提出，要“加快数字化发展，建设数字中国”。中共中央、国务院印发的《数字中国建设整体布局规划》对数字中国进行了定位，并明确了中国未来数字化发展的顶层设计。在实施数字中国战略的进程中，数字政府建设具有牵引作用，必须通过加快数字政府建设提升县域治理现代化水平。当前县域数字政府建设中存在着需求不匹配、偏离预期、效果不佳、负担不均等问题，必须进一步推动县域数字政府建设提质增效。为此，要强化“互联网思维”，推动从“向上看”到“向下看”的思维转变，让基层的实际需求不断上传，以保障上下需求匹配，缓解基层治理负担。要构建数字化转型共同体机制，让各个利益相关者参与到数字化转型的过程中，提高全部门全过程的参与度。要实施“数据池”统筹管理，通过数据归集打通条线部门，通过数据维护构建数据更新规则，通过数据标识建立数据标签，强化数据后的治理内涵，提升整体数据质量，打造县域数据治理新格局。

6. 坚持城乡融合发展是推进县域治理现代化的有效途径

我国已经进入全面推进乡村振兴、加快建设农业强国新阶段。习近平总书记强调，要“推进以县城为重要载体的城镇化建设，推动城乡融合发展，增强城乡经济联系，畅通城乡经济循环”，要“健全城乡融合发展体制机制和政策体系”。新时代新征程，完善城乡融合发展机制，推进城乡融合发展迈向新台阶，需要做到“五个融合”：要以县域单元作为有效载体，统筹推进农民就地城镇化和关键生产要素回流，推进县域城乡要素配置融合；要强化城乡一体化设计的理念，统筹安排县域城建、村落、道路、农田等空间布局，推进县域的城乡规划布局融合；要推进城乡产业互动，培育发展品牌和特色示范，推进县域城乡产业发展融合；要推进县城基础设施对外连接建设，加快县城基本公共服务的常住人口全覆盖，推进县域城乡公共服务融合；要秉持绿色发展和一体化理念，构建可持续发展的城乡生态产品价值实现机制，推进县域城乡生态治理融合。

一、党领导推进县域治理现代化的历程与成就

国家治理体系中的科层官僚制与政治动员

徐湘林*

如何理解中国现代国家，是中国政治研究中的重要议题。自政治学恢复重建以来，国内学术界相当一段时间受政治发展理论和制度主义的影响，这在很大程度上限制了我们的视野，主要原因有三：其一，我们默认了西方学者提出的“刺激—反应”的中国现代化进程的构想，因而把研究思路引向了西方式的一元现代化模式，从而忽视了多元现代化道路的可能性。其二，我们认可了比较制度主义的制度决定论，更注重政治制度的组织形式而忽略了制度运行的实际效果。其三，受美国多元主义思潮和行为主义革命的影响，我们研究的指导思想偏重于社会中心论的议题，从而忽视了对现代国家运行的现实问题的探讨。

在西学关注的议题及知识体系的外围，由中国学者提出的“国家治理”的概念和研究范畴，为提出竞争性的理论叙事提供了另一种可能。相对于政治发展和比较制度的理论视角，设置国家治理议题更贴近中国现代国家的形成和运行的经验层面。但是，由于特定的原因，国家治理作为一种政治话语进入政治学学科领域之后，并没有形成一套学术话语，建构起自身的学术规范，因此很难与其他理论体系形成对话，影响了自身学术探讨的深入和知识积累。

国家和社会政治实践的本质是对社会的有形资源和无形资源的权威性分配。而在现代国家和社会中，这种权威性分配往往是通过制定公共政策和执行公共政策来实现的。因此，在一定意义上现代政治活动就是一个围绕政策制定与执行的过程。

* 徐湘林，北京大学政府管理学院教授。

从政策过程的视角观察和探讨中国现代国家治理，这将使我们的注意力更加集中于以下的问题：国家的政策是怎么制定出来的？又是如何被执行和反馈的？政策制定、执行、反馈都是通过什么样的机制在运行？又如何影响了现代国家建设中的基础权力的建构？具体而言，这些问题的最终指向都将引导我们关注科层官僚制和政党政治动员。

科层官僚制被看作现代国家的一大发明。官僚组织的出现源于国家管理对于劳动分工的需要，国家管理的复杂化和管理事务范围的扩大化，需要专业化和制度化的组织机制来提高管理效率和提升管理的专业水平。按照马克斯·韦伯的说法，官僚化行政体制是经济政治生活发展和复杂化的制度性后果，同时又使复杂的经济政治生活的持续稳定发展成为可能。

改革开放初期，极力推动国家现代化发展的中国领导人就反复强调了干部队伍知识化和专业化的重要性，也认识到了现代行政管理体系对于实现这一目标的重要性。20 世纪 80 年代初开启的以理性官僚制的建设和完善为导向的中国政治体制改革主要体现在相互关联的两个方面：一是干部制度改革和干部队伍的建设，即通过相应改革推动了国家政治精英从革命者向技术官僚的转换；二是国家行政体制的专业分工和制度化，通过持续不断的行政体制改革，促成了有明确职能分工的科层官僚制理性国家的建立。在一定程度上说，干部人事制度改革和人才录用标准的变更，为国家治理体系现代化提供了知识化、专业化的管理人才。机构改革和法制建设则为科层官僚制的建立提供了重要保障。因此，我们可以说，改革开放的前三十年，中国经历了共和国历史上持续推进的、最长久的现代科层官僚制建设，并取得了很大成就。没有这一成就，中国就不能有效地治理一个现代化的国家，也就不能有现如今社会经济高速发展的成就。

当然，科层官僚制也有自身无法克服的矛盾和问题。有些问题是官僚行政系统自身特征衍生出来的，有些问题则是外部政治社会变化的挑战所带来的。

政策过程并非只发生在科层官僚行政体系。公共政策的制定与执行过程说到底是政治过程。政治参与政策过程可以有多种方法和途径，但在现代国家的复杂社会分层和社会经济利益关系中，离开了政治动员，个体的政治参与都会显得微不足道。在现代国家的形成过程中，政治动员可达到的规模和效率是检验一国现代化程度的重要指标之一。在革命年代，政治组织必须具有强大的政治动员能力才能取得革命的成功；在抵御外敌入侵的战争年代，国家大规模政治动员能力是取得胜利的保证。即使在和平年代，政治动员也是政党整合社会阶层利益，推动社会经济发展，将自己的政治主张转化为国家政策并予以落实的重要政治手段。

从政党的宗旨和组织原则等方面来看，中国共产党并不是西方意义上的选举型政党。作为一个有严密组织原则和规章的早年的革命政党，中国共产党先天就具有政治动员的“组织基因”。从建党开始，它的功能设置、组织设计、人员选用都与政治动员密切相关。因此，在后革命时代和国家经济建设阶段，中国共产党一直都沿用政治动员这一政治传统，来推动不同时期的主要政治目标的实现，以及社会经济发展任务指标的落实。从改革开放奔小康到新时代国家治理体系现代化，政治动员的某些工作方式和组织手段依然会被用来推动一些至关重要的政策落实。那么，政治动员作为国家治理体系中的一种组织形态和行动体制，如何才能实现自我完善，并同国家治理体系的现代化相适应呢？

如前文所述，从国家治理体系的制度化和专业化角度来看，改革开放以来，中国的科层官僚行政体系已经形成。通过干部制度改革和“干部四化”建设，各级党政机关人员实现了从革命家向干部/技术官僚的精英转换。通过推行连续的行政体制改革和法制建设，国家治理体制走向了理性化和制度化。这两个变化推动了专业性、制度化的中国干部/科层官僚制的长远发展，形成了依法治国、依法行政的政治氛围。政府部门进行了大刀阔斧的机构改革，精简了部门机构，调整了职能范围。随着职能部门专业性和制度化程度的提高，政府职能部门依据规范化的规则和程序模式，在国家政策制定过程中发挥了越来越重要的专业作用和影响力。

科层官僚行政体制的建立和发展无疑是中国共产党为了实现国家现代化，有效管理日益复杂化的社会经济体系所作出的努力的一部分。与过去相比，将更多的政策制定、评估、执行和反馈的工作交给政府部门，更多地运用制度化程序和法律手段管理社会经济事务，这并不意味着中国共产党在国家的权力和地位的收缩。我们依然能看到，党在国家大政方针和发展战略选择等方面仍然处于无可替代的地位，同时，在复杂的政策执行的很多环节，党的领导和组织也在发挥着关键性作用。

当然，我们也要看到政治动员作为一种权力运行的有效方式会出现副作用，带来其他方面的问题。从积极的层面上看，政治动员作为一种行之有效的权力技术确实能够打破科层制的僵化，整治官僚体制的低效率，拆除部门之间的利益壁垒，强化各部门的工作成效，增强政府政策部门的回应性等。除了克服科层官僚行政体制的“官僚主义和形式主义”等弊病，政党政治动员还可以整合政策资源，改善政策环境，消除政治和社会的反对势力，以实现艰难的政策目标。比如反腐败、治理环境污染和消灭贫困等。

然而，作为产生于革命年代的政治动员，早期粗放的大规模政治运动的方式方法，给国家和社会造成严重损失。政治动员作为专断权力运用的技术，在相当程度上同法制化和制度化的行政体制逻辑之间存在张力，如果不加以规制，很容易被误用滥用，产生不必要的政策效果外溢，严重的甚至造成政策失败，因此，政治动员的专断权力必须予以相应的限制和规范，不能因误用滥用而严重冲击制度化和法制化的科层官僚体制的有效运行。在现实政治生活中，我们也反复观察到了政治动员和科层官僚制的相互配合、制约的许多政策案例。对于国家治理现代化的推进和社会整体治理水平的提升，中国共产党也在理论和实践中不断寻找着政治动员体系与法制体系的契合、制约路径。因此，政治学及相关社会学学科应该积极参与其中，在相关领域开展深入研究，提供经验性知识，为不断改进、优化两套体系互动模式作出贡献。

总而言之，在现代国家治理中，科层官僚行政体制是最重要的政府管理的组织和制度形式。但一个纯粹的行政国家是无法推动社会变革和应对重大社会危机的。为满足国家治理的根本需要，必须有一个具备足够政治动员能力的政治力量，来整合国家资源去面对重大挑战。如果我们把科层官僚行政体制看作行政国家，把政治动员体制看作政治国家，那么行政国家与政治国家是相辅相成的。行政国家是管理技术型的；政治国家则是政治动员型的。在现代国家环境下，政党无疑是国家政治行为的主体，而政党作为政治动员的发起者和组织者及协调政治与行政关系的体制机制，应该被如何重新认识和不断完善，这是政治学学者们应该进一步深入探讨的问题。

县域治理现代化背景下的行政审批制度改革
——基于河北威县的案例研究

刘晓辉* 张继文**

威县是河北省唯一的县级综合改革试点县，而行政审批制度改革是威县综合改革最早的切入点，威县试点的行政审批局在河北全域得到了推广，成为河北行政审批制度改革和政务服务的主要亮点，而威县自身也在逐年迭代创新的行政审批制度改革过程中，实现了自身治理的优化，吸引了优质资源进入，经济社会取得了快速的发展，从原来的“大破穷县”成为今天的“投资热土”。在梳理威县自2014年起从1.0到6.0行政审批制度改革迭代创新历程的基础上，总结了威县的行政审批制度改革经验。我们认为结合自身优势与特点的改革是县级政府推动治理现代化的最佳选择，“小步快走”“集成创新”是基层政府通过改革实现治理现代化的现实路径，而把治理现代化引向深入，推动综合改革是基层政府的必然选择。

一、威县基本情况

威县地处冀南黑龙港流域，隶属河北省邢台市，辖11个镇5个乡、1个省级高新区、1个国家农业科技园区、522个行政村，面积1 012平方公里，人口65万人，是国家扶贫开发工作重点县（2018年9月省政府正式批准退出贫困县序列），是河北省唯一综合改革试点县、教育部定点扶贫县。威县是革命老区，是冀南地区参军人数最多、牺牲烈士最多、输出干部最多的县。威县

* 刘晓辉，中共河北省委党校（河北行政学院）公共管理教研部主任、教授。

** 张继文，中共河北省委党校（河北行政学院）公共管理教研部教授。

曾是典型的农业大县、工业小县、财政穷县，2009 年前，全部财政收入一直徘徊在 8 300 万元左右，是远近闻名的“大破穷县”。基本县情是“四不靠两没有(不靠山、不靠海、不靠铁路、不靠大城市，地下没矿藏、地上没资源)”。

2014 年是威县改革史上的重要一年。1 月，威县被河北省政府确定为“综合改革试点”，同时还承担了 13 项专项省级试点任务。在行政体制、城乡一体化、开放招商体制、农业农村等 8 个方面为河北改革探索新路径。2018 年 9 月，河北省政府继续延续威县改革试点，批复《深化威县综合改革试点方案》。伴随着改革的深入，威县的经济社会发展走上了快车道，先后荣获国家和省级殊荣 100 余项，在威县召开国家和省级现场会 40 余次，在省级以上会议典型发言 60 多次，被誉为“威县速度”“威县模式”。

而在威县众多的改革试验中，行政审批制度改革是 2014 年改革的开端，贯穿了威县为期 6 年的改革试点全过程，威县所探索的行政审批局模式更是推广到河北省全域，成为河北推动“放管服”改革和优化营商环境的亮点之一。

二、威县行政审批制度改革的迭代创新

率先组建河北第一家县级行政审批局，实现“一枚印章管审批”；组建河北首个网上“中介超市”，实现中介服务市场化；组建河北首家市民服务中心，实现“一厅覆盖便民企”……自 2014 年以来，威县的行政审批制度改革大体每年都会有一个新的热点和重点。

（一）1.0 版：组建行政审批局，实现“一枚印章管审批”

2014 年 12 月，为解决“公章四面围城、审批长途旅行”的怪圈，威县以河北综合改革试点县为契机，大胆创新，组建了河北第一家县级行政审批局，在原有“两集中、两到位”的基础上，推动了真正意义上的审批集中化、标准化。

1. 划转权限、编制和人员

将原 26 个部门的 166 项行政审批权，连同人员、编制一并划转，从原部门剥离划转至行政审批局，国地税内部归并整合成立审批科（股），整建制进驻行政审批局。行政审批局明确为县政府工作部门，核定编制 70 名。

2. 创新审批机制

打破“入驻模式”下政务服务中心按单位设置窗口的运作方式，按照办事

流程改革运行机制，破解了各窗口之间忙闲不均的难题，实现了人员统一调配，流程整体优化。废止原部门的 42 枚印章，启用“威县行政审批局行政审批专用章”，实现了“一枚印章管审批”。按照“一窗受理、内部流转、限时办结、统一发证”的运行模式，实现营业执照、组织机构代码证、税务登记证“三证合一”及“一证一码”。

行政审批局成立后，对划转事项进行再研究再梳理再完善，审批效能平均提高 75%以上。行政审批局的 67 人承担原 26 个部门的 300 余人的审批职能，审批、监管实现分离，监管力量得到增强，彻底解决了重审批轻监管、只审批不监管等痼疾。

（二）2.0 版：组建网上“中介超市”，实现中介服务市场化

行政审批效率提升了，但和审批相关的各种中介服务却成了新堵点，企业的获得感没有得到真正体现。为了解决这一问题，2015 年 7 月 7 日，河北首家行政审批“中介超市”在威县正式运行，126 家中介机构入驻，在同一平台公平竞争。自此，行政审批“第二链条”改革在威县拉开序幕。

企业需要中介出报告，政府需要中介协助审报告，但中介机构管理分散、运行封闭，甚至形成垄断。据统计，一个投资项目审批下来，其中一半时间花在中介环节。为解决审批中介服务环节多、耗时长、收费乱、垄断性强等问题，威县对行政审批前置中介服务事项调查汇总，出台《威县行政审批中介服务事项清单》，实行清单管理，让群众和企业对中介服务事项更加明了。2015 年，威县利用网络平台组建河北首个网上“中介超市”，出台实施方案和管理办法，吸纳全国各地的 185 家机构、395 项资质入驻超市，形成市场化管理，让群众和企业择优选用。

有了“中介超市”，项目全流程审批服务时限大幅度压减，其中核准类项目全流程时限由 258 个工作日压减至 105 个工作日，备案类项目由 283 个工作日压减至 105 个工作日。

（三）3.0 版：组建市民服务中心，实现审批服务深度融合

2016 年 4 月，为解决“一枚印章管审批”后众多和审批相关的服务事项仍分散在各部门，服务效率没有与审批效率同步提升、群众获得感不强等问题，威县组建了集审批、服务于一体的河北省第一家市民服务中心，实现了全方位、“一站式”服务。

1. 涉及群众和市场主体生产生活的审批服务事项全部入驻

威县市民服务中心集中了和群众、企业生活生产高度相关的34个部门（包括16家政府单位、9家提供公共服务的公司、9家金融保险机构），合计172项政务服务和便民服务事项。车管所、医保中心、农村产权交易中心等窗口单位整体进驻；银行、保险、小额信贷等金融机构，水、电、气、暖、通信等服务公司，派遣人员专门设立窗口，涵盖了县域主要审批和日常企业群众所需服务事项。

2. 布局行政审批区、联合办税区、金融保险区、便民服务区“四大板块”

明确各区的功能定位，协同服务。行政审批区作为独立单元专司划转的行政审批事项，联合办税区国地税联合入驻方便企业和群众税务办理，金融保险区提供企业开户等相关金融服务，便民服务区提供水、电、气、暖、通信等其他服务。

3. 探索人性化服务

在市民服务中心设置影院、读书角、茶饮室、儿童游乐区等区域，并提供无线上网等服务，方便群众在等待期间使用，让市民中心真正成为“市民之家”。

（四）4.0版：以信息化、智慧化为纽带，构建“1114”政务服务新模式，实现“数据多跑路、群众少跑腿”

2017年，威县深化“互联网＋政务服务”，构建“1114”政务服务新模式：“一证”，即多证合一，率先探索“70证合一”，搭建涵盖70个证件的电子证照库，实现一证通用、一码监督；“一网”，即网上办事大厅，做到线上线下服务标准一致、无缝衔接、合一通办；“一号”，即整合全县非紧急类服务热线，开通“12345”市民服务热线，实现一个号码接入、一个平台受理，全天候受理群众诉求；“四终端”，即实体终端、网上终端、微信终端、自助终端，实现“数据多跑路、群众少跑腿”。

（五）5.0版：“四办政务服务”模式

2019年，威县在行政审批制度改革4.0的基础上，迭代创新承诺办、网上办、就近办、全程代办“四办服务”模式，打造政务服务5.0版。

1. 实施“承诺办”，实现审批服务“零障碍”

威县作为河北唯一企业投资项目“承诺制”改革县级试点，探索“拿地即承诺、有地即开工”审批新模式，企业一次性提交材料，企业承诺、用地审批、规划设计三线并联，审批服务时限由 60 个工作日压减至 11 个工作日。

工程建设项目审批制度改革，探索建立“一家牵头、并联审批、信息共享、限时办结”审批机制，政府投资审批类和社会投资核准（备案）类项目，审批时限分别压减至 29 个、27.5 个工作日，比省规定时间分别缩短 51 个、40.5 个工作日。

“承诺免审”制改革，建立诚信档案库，申请人直接承诺、当场提交、立等发证，构建“诚信规范、监管有力”的市场环境，让失信人“一次失信、处处受限”。

2. 推行“网上办”，实现审批服务“零时限”

“互联网＋行政审批”。依托河北政务服务网，升级一窗受理和行政审批系统，县、乡两级政务服务平台全部接通河北政务外网，所有 413 项政务服务事项均开通网办，网上可办率 100％。

打破按单位、事项设置窗口模式，从办事人角度出发，综合设置审批受理窗口、服务受理窗口，群众可向任一层级、任一区域受理窗口申请办理。在河北省率先开发“一窗受理”软件，实行前台一窗受理、后台限时办结、一个窗口出件、快递上门送达，实现事项更清、责任更明、效率更高。

“互联网＋政务服务”。在河北县级层面率先研发政务服务手机 App，申请人在河北政务服务网提出申请，填写信息后，申请者本人通过手机 App 进行人脸认证、手机签字、视频承诺，即可在家坐等发证，实现个体工商户登记、出版物零售业务、医师护士注册等 16 个政务服务事项“一次不用跑”。比如，办理个体工商户登记，过去需跑县城办，时间要两三天，现在通过手机 App 下载表格，填写签字上传至县行政审批局，1 个小时就可领到证件，实现足不出户掌上办，让群众享受到科技带来的便捷。

围绕打造“永不打烊”政府，建成河北一流的智慧自助服务大厅，为民服务由 8 小时延伸至全天候。大厅可一站式自助完成身份证补换领、市场主体登记、港澳通行证自助签注等业务，实现政府服务从“人工”到“智能”的跨越。

3. 创新“就近办”，实现审批服务“零距离”

围绕审批服务重心下移，打通服务群众“最后 100 米”。以省编办授权威县担任河北乡镇综改试点为契机，在乡镇原有 15 项直接审批、71 项服务事项的基础上，又下放乡镇 57 项直接审批事项、98 项审批前延、42 项公共服务事项，县级审批事项由县派驻人员到乡镇办理，实现审批关口前移。统一编制权责清单、办事指南和告知单，方便群众办理监督，实现“全县通办、就近能办”。

威县“就近办”的实现首先得益于乡镇综合改革。作为省市乡镇综合改革试点，威县先期确定常庄镇、梨园屯镇、第什营镇3个试点乡镇，探索实施乡镇综合改革。试点乡镇积极推进综合执法、网格管理，优化审批服务，创新社会治理模式，推动基层各机构协同高效运转，基层治理实现权责一致，解决了企业、群众的操心事、揪心事、烦心事。

权力下放到乡镇，基层治理权责一致。过去，县直部门管得了却看不见，乡镇看得见却管不了。按照属地问责规定，“管不了的”常替“管得了的”受过。现在，威县把权力下放乡镇，实现权责一致，乡镇干部不再当“冤大头”。威县围绕“基层权力给基层”，坚持“依法下放、权责一致、能放即放”，从23个县直部门的2443项事项中，第一批下放执法事项357项（直接执法218项、委托执法15项、协助执法60项、派驻执法64项）。乡镇综合改革理顺了职权，推进执法力量下沉，整合县直派驻乡镇的城管、市场监管、司法、国土等“七站八所”，组建乡镇综合执法中心，履行乡镇综合执法职能，实现了“一支队伍管执法”，基层执法效率有所提高。过去，乡镇干部既包线包片包村，还要负责所辖村的常规巡查、信息收集，难以专心专注在本职工作上。乡镇综合改革试点实施后，网格员、综合执法队各负其责，分担了干部的部分工作，乡镇干部得以把主要精力放到服务群众、乡村振兴等主责主业上来。

服务触角到乡村，打通便民惠企“最后100米”。推进乡镇综合改革，审批服务权限下放到乡镇，服务触角延伸到乡村，百姓办事更方便、更快捷了。下放了283项审批或受理前延事项，包括直接审批72项、受理前延98项、公共服务113项，方便群众查询、接受社会监督。原来民政、社保、计生、企业服务4个窗口，整合为2个综合受理窗口和1个审批窗口。无论群众办理什么业务，这2个综合受理窗口都可以受理。

4. 实施“全程代办”，实现审批服务“零等待”

着力壮大市场主体，创新“三项机制”，优化营商环境，提升企业群众满意度。代办服务机制成立“两不见面”服务办公室，负责为群众提供前期办事辅导和帮助，为重点项目提供“两不见面”审批代办服务。流程再造机制。创新探索推行重点项目服务审批流程、两个代办服务和定期调度推进机制。包联监督机制。健全县级领导、责任单位一把手、政法干警、金融机构、首席代办员和全职代办员“六位一体”包联机制，实现不用见面政府办。

“四办政务服务”模式给威县的企业和百姓带来了更多的便利，也节约了社会治理成本，助推了高质量发展。2019年，威县新增市场主体增长20%，全部财政收入首次突破10亿元，完成10.44亿元，主要经济指标增速均位居邢台市前列。其中工业用电量增长29.75%，出口总值增长19.80%，增速分别位居邢台市第一和第二。新增高新技术企业12家、科技型中小企业93家，增速、增量分别位居邢台市第二和第三。在河北产业投资热度排名位列全市第一、河北第四。

（六）6.0版：“新四办”实现审批服务“四个零”

2020年，围绕进一步提高审批效能，方便群众办事，实现国家和省、市改革率先在威县落地，威县正在尝试“新四办”服务改革。通过“马上办、容缺办、定制办、村内办”，实现审批服务“零等待、零障碍、零缝隙、零距离”。

1.“马上办”推动政务服务“零等待”

对151项简易的审批服务事项，在申请材料齐全且符合法定形式的情况下，由受理中心工作人员受理，报所在受理科室负责人审核同意后，直接颁发相关批文或证照，使办理环节由4～5个减少至2个，申请人等待和办理时间压缩在30分钟以内，实现“即来即办、立等可取”。

2.“容缺办”推动政务服务“零障碍”

对63项较为复杂、无法实施“马上办”的审批服务事项，在基本条件具备、主要材料齐全且符合法定形式，但次要条件或申请材料欠缺，且在通过查询“信用中国”信用报告，申请人无失信行为的情况下，经过申请人作出书面承诺后，视为已具备受理条件，先予受理并进入后续办理环节，材料不足的部分容许事后补交补办。

3.“定制办”推动政务服务“零缝隙”

对38个与群众生产生活密切相关的高频办事情形，将涉及的审批服务事项进行“一揽子”整合，实行“一次告知、同时受理、并联办理、同步出件、全程帮办”的套餐服务，再造办事流程、取消重复材料、压减办理时限，推动审批审核流程由“串联改并联”，现场核查验收由“单一改综合”，变“政府端菜”为“群众点菜”，实现证照办理“一趟清”。

4.“村内办”推动政务服务“零距离”

与河北省供销商贸有限公司深度合作，采取商务和政务深度融合模式，由河北省供销商贸有限公司出资配齐人员、硬件、网络等必要办公设施，或县行政审批局修订下放事项办理指南，并提供业务培训、接通网上受理平台，推进政务服务延伸至村，形成村内党务、政务、商务一体化，实现群众足不出村办成事，打通服务群众“最后100米”。

三、地方行政审批制度改革与县域治理现代化

在我国，行政审批制度改革，无论是地方政府的尝试，还是中央政府的整体推进，都与经济发展密切相关，这既是改革开放之初承接国际产业专业和“放活”经济的需要，也是履行加入WTO承诺的要求。2015年之后，行政审批制度改革发展为“放管服”改革，把单一的“简政放权”扩展为综合性的改革。推动国家治理体系和治理能力现代化是现阶段改革的主要目标。在此背景下深化行政审批制度的改革，推动政府职能转变，提高政府治理水平，进而促进国家治理现代化目标的实现。

（一）行政审批制度改革的概念与推进过程

行政审批制度改革，我们目前看到的国内最早的官方概念是国务院行政审批制度改革工作领导小组（以下简称审改办）在2001年《关于贯彻行政审批制度改革的五项原则需要把握的几个问题》中所做的定义：行政审批是行政机关（包括有许可权的其他组织）根据自然人、法人或者其他组织依法提出的申请，经依法审查，准予其从事特定活动，认可其资格资质，确认特定民事关系或者特定民事权利能力和行为能力的行为。之后，对行政审批的定义虽然有所变化，但大体有几个基本共同点：行政审批是一种政府认可的特许，没有这种特许自然人或者法人无法从事特定行为；政府一般会为这种特许确定一定的资格条件；当前世界各国设立行政审批一般是以公共利益为前提，如涉及公众安全等。

行政审批古今中外皆有之。作为一种特许，古今中外都有行政审批的存在，比如欧洲大航海时代的“特许状”，再如我国古代的“盐铁专卖”。但行政审批制度的改革在我国改革开放之后有着特殊的意义，由于长期施行的计划经

济，政府及其部门长期习惯于对企业的微观管理，行政审批的数量和覆盖范围远远多于西方发达国家，而过多过滥的行政审批也对经济发展形成了严重的桎梏。

改革开放的全过程其实也是行政审批制度不断受到冲击并进行改革的过程，早在 1985 年，广州集中工商、税务、开发区 3 个部门及信托、劳务、法律、保险等 9 家咨询服务公司，在广州东方宾馆一条 200 米的走廊上办公，成立“广州外经贸事务总汇”。1995 年，深圳成立外商投资服务中心，集中了 18 个政府部门。广州、深圳的探索可以说是政务服务中心的前身。2001 年，我国成立行政审批制度改革领导小组，由时任国务院副总理李岚清任组长，开始了 20 多年的行政审批制度改革，其大背景是中国加入 WTO，中国要履行自己的承诺。加入 WTO，就要按照 WTO 的规则办事，中国长期以来实行的审批许可制度也需要适应加入 WTO 所带来的挑战。为了适应 WTO 的规则，我国政府在外贸、金融、电信及其他服务业方面，放宽了外商投资准入的条件和范围，废止、减少了一大批对企业经营行为的审批事项，改革了相关的行政管理体制，不少地方政府也对审批许可制度进行了改革，以提升地方整体形象，创造良好的投资环境，吸引外商投资，提高本地企业经济竞争力。

（二）行政审批制度改革的基本历程与逻辑

从中央成立审改办开始到 2021 年为止，中央整体推进的行政审批制度改革大体可以分为三个阶段。

第一阶段：简政放权阶段，时间大体为 2001—2015 年，这一阶段的主要工作就是简政放权，把市场的权力还给市场，把社会的权力还给社会，把地方政府的权力还给地方，重点解决各级政府究竟管什么的问题。

在总结地方审批制度改革经验的基础上，2001 年 9 月 24 日，国务院办公厅下发《关于成立国务院行政审批制度改革工作领导小组的通知》，成立审改办，着手在全国范围内推进行政审批制度改革，随后审批制度改革改革工作全面启动。一直到 2012 年 8 月，国务院分六批共取消和调整了 2 497 项行政审批项目，占原有总数的 69.3%（见表 1）。

表 1　我国行政审批制度改革基本历程

批次和时间	取消	下放	改变管理方式及其他
2002 年第一批	789		
2003 年第二批	406		82

（续表）

批次和时间	取消	下放	改变管理方式及其他
2004 年第三批	409	47	39
2007 年第四批	128	29	29
2010 年第五批	113	71	
2012 年第六批	184	113	13
2013—2015 年	取消或下放行政审批事项 537 项		

2017 年 12 月 15 日，国务院新闻办公室发表的《中国人权法治化保障的新进展》白皮书，介绍了我国深入推进行政审批制度改革取得的进展。根据白皮书介绍，党的十八大以来，国务院部门累计取消行政审批事项 618 项，彻底清除非行政许可审批，中央指定地方实施行政许可事项目录清单取消 269 项，国务院行政审批中介服务清单取消 320 项，国务院部门设置的职业资格许可和认定事项削减比例达 70%以上，3 次修订政府核准的投资项目目录，中央层面核准的投资项目数量累计减少 90%。

第二阶段：系统改革阶段，时间跨度大体为 2015—2018 年，这一阶段行政审批制度改革被放置到“放管服”改革的大背景之下，把审批的放权与监管、服务相结合，重点解决怎么管、怎样服务得更好的问题。

2015 年 5 月 12 日，国务院召开全国推进简政放权放管结合职能转变工作电视电话会议，首次提出了“放管服”改革的概念。“放管服”，就是简政放权、放管结合、优化服务的简称。“放”即简政放权，降低准入门槛。“管”即创新监管，促进公平竞争。“服”即高效服务，营造便利化环境。“放管服”概念的提出，标志着我国行政审批制度改革从最初的以自上而下的放权为主，转移到形成包括权力体系、监管体系和服务体系在内的一个完备的更加适应社会主义市场经济的系统。在这一阶段的改革中形成了一个基本原则：简政放权、放管结合、优化服务协同推进，三管齐下；三个目标：放出活力，管出公平，服出便利；两大手段：清单管理和信息技术。

而从经济发展的阶段看，“新常态”“供给侧”“大众创业、万众创新”是这一阶段的主题词。经济的“新常态”，不仅是产业进入中高端，发展速度进入中高速，而且是单一改革措施红利下降，单纯依靠放权无法继续推动经济高质量发展的新阶段。系统的改革措施必然应运而生，如果说“三去一降一补”

是经济领域的供给侧改革，那么“放管服”就是行政领域的供给侧改革，政府的制度供给进入更加精细、更加系统的阶段。

第三阶段：营商环境改革阶段，时间大体在2019年以后，重点在于结合优化营商环境，对照国际先进经验，打通关键性堵点。世界银行测评的指标具有极强的客观性，跨越了不同社会制度国家的鸿沟，形成了一套完全以企业经营为核心的微观制度体系。而在这套体系中，大部分指标，如企业开办、财产登记、建筑许可等都与行政审批有着千丝万缕的联系。于是行政审批制度改革开始以世界银行标准为对标对象进行了深度改革。而优化营商环境也成了改善政务服务和深化行政审批制度改革的主要抓手。从2017年国务院开始进行试点的国内营商环境评估，尝试把国内一些指标和政策导向与世界银行指标结合构建一套新的评价体系。2019年，国务院召开全国深化“放管服”改革优化营商环境电视电话会议。2020年5月11日中共中央、国务院发布的《关于新时代加快完善社会主义市场经济体制的意见》指出：“以一流营商环境建设为牵引持续优化政府服务。”这些探索都在把行政审批制度改革进一步引向细处和深处，我们不仅从国内，而且从国际化的角度来看待营商环境和自身的改革。这一阶段强调的“新格局”“新动能”“以国内大循环为主体、国内国际双循环”，都在推动着以营商环境为导向的行政审批制度改革的深度发展。比如，在2021年9月全国深化“放管服”改革会议之后立即推进170多项审批服务事项的“跨省通办”，全国范围的行政审批的标准化、“政务服务一张网”加速铺开。在我国，营商环境不单纯是一套局限于微观企业体验的评价体系，而是对地方治理能力的评价，进而推动地方的治理变革。

四、对威县以改革推动治理变革的判断

（一）改革是基层政府实现治理变革的最佳方法

威县在河北属于没有矿产资源、没有交通优势的县，然而这样一个县在10年左右的时间里取得了高速的发展，人民生活水平和政府财政收入都有了长足的提高，其所依托的就是改革。行政审批制度改革是一个很大的题目，通常看来，行政审批权下放到县，下放多少，怎么放，县级政府无从置喙，在我们多年的调研中，也常常听到基层的抱怨：有利益的权力上级不愿意放，长期用不上的权力、用不了的权力反倒是放下来了。行政审批制度改革在基层改革是否有自主空间？威县的尝试给我们提供了有启发性的思考。尽管威县并非行

政审批局的第一个推行者，但在当时实际上仅有成都武侯区行政审批在2008年开始了尝试，天津滨海新区、宁夏银川市的审批局也都在2014年成立。行政审批局在河北这样一个北方省份推行，其破局意义十分重大。这样的一场改革，真正触动了威县的干部，取信了威县的企业和人民，也让威县承担的综合改革任务顺利破题。"改革是中国最大的红利"，而且也只有改革，才能让地方政府在未来更加激烈的区域竞争中找到自己的比较优势，真正推动地方治理的现代化。

（二）"小步快走"是推动地方治理变革的现实路径

经历了数十年的改革之后，波澜壮阔、改天换地式的改革将会越来越少，改革将集中于更多的细节、更多的现实问题，逐步改进。从威县的实践来看，从2014年起，几乎每年都会有一个主题，从行政审批局到中介超市、市民中心，从"四办"到"新四办"，威县一直是在满足企业和百姓的诉求中寻找改革的切入点，逐年改进，逐年改善。在威县的调研中，我们也发现，威县的很多改革并非一步到位，而是主动适应干部的素质和当时的形势，在县对乡镇的放权过程中，各个行局不愿意向乡镇下放权限，在行局与乡镇的沟通会议上，双方各不相让，最后他们引入了司法部门和法制办组成专班，逐条梳理各个部门的权力事项，寻找法律依据，扫除向乡镇下放权力的障碍，对于遇到的上级文件中的难题，充分利用自己综合改革试点的优势，通过省政府协调解决，例如，行政审批局公章效力问题、划转权力之后业务人员的培训问题等都通过省、市两级的试点方案的方式给予了解决。威县的改革，是一个在基于自身改革环境，积极寻求支持，在不断摸索中探寻北方基层县城的改革路径。

（三）"综合改革"是实现县域治理现代化的必然选择

我国经历了40多年的改革开放，已经从以前"摸着石头过河"的阶段，进入了顶层设计的阶段，从改革效果来看，单兵突击式的改革效果逐步差强人意，而治理现代化的实现，更多地需要综合配套改革。2020年的深圳被命名为社会主义城市综合配套改革试验区的原因可能就在于此。从威县来看，行政审批制度改革在威县从来就不是单独推进的，成立威县审批局的同时，合并了工商局、食品药品监督局、质量技术监督局的市场监督管理局就同时成立，还建立了市场与监管部门的沟通机制，在没有相应的技术平台时，通过确定联络人的方式保证了审批与监管的互通协调。为了保证改革的效果和双方的有效沟通，在审批局最初成立的半年，县委书记或者县长每周五的下午都在审批局指导协调。而从 2020 年的“新四办”来看，行政审批权下放到乡镇是与乡镇综合改革同步进行的，执法队伍综合设立，人员下放到乡镇管理，解决了乡镇长期存在的“管得了的看不见，看得见的管不了”问题。威县行政审批制度改革的成功真正受益于综合改革的配套和协调。

理解把握县域基层治理的三个重要维度

王格芳* 于 棋**

习近平总书记多次强调，“县域治理是推进国家治理体系和治理能力现代化的重要一环”①。在当前党的组织结构和国家政权结构之中，“县域”更多强调县级政权在国家权力体系中的层次级别或管辖可能，② 主要涉及县、自治县、不设区的市、市辖区等具体类型。一般而言，县域是指县级政权辐射的空间范围或地理区域③，其基本特征是在行政级别上设定为“县级”，并在空间上以区县单元为主要辐射范围。新时代下，中国县域具有鲜明的“接点”属性④：从纵向治理结构出发，县域是中央政府与基层政府的中间层级；在空间构成上，县域常位于城市空间与农村空间之间的交互地带；从治理体系运转机制来看，县域往往兼具乡土社会与现代社会的部分特征。因此，从治国理政的角度来看，对于“县域”的理解不能仅停留在行政区划这类空间视角，更应从国家治理序列的战略高度加以理解。

一、深刻理解县域基层治理的时代价值

相较于我国960万多平方公里的国土面积，县域是名副其实的“方寸之

* 王格芳，中共山东省委党校（山东行政学院）公共管理教研部主任、教授，治理现代化研究院院长。

** 于棋，中共山东省委党校（山东行政学院）公共管理教研部讲师。

① 习近平：《做焦裕禄式的县委书记》，中央文献出版社2015年版，第52页。

② 丁志刚、陆喜元：《论县级政府治理能力现代化》，《甘肃社会科学》2016年第4期。

③ 丁志刚、陆喜元：《论县级政府治理能力现代化》，《甘肃社会科学》2016年第4期。

④ 范和生、郭阳：《县域治理的关键议题及善治路径——基于安徽五县的实证研究》，《福建论坛》（人文社会科学版）2021年第12期。

地”。截至2021年底，我国GDP超过千亿元的45个县域单元，其总面积仅为7.9万平方公里。尽管县域在规划面积上并不像省、市这类治理单元那般显眼，但却在国家治理现代化进程中扮演着重要角色。习近平总书记指出，“两千多年来，县一直是我国国家结构的基本单元，稳定存在至今”①。以郡县为主要形式的县域单元，始终是中国各个历史时期维持地方安定和国家有序运转的关键层级，因而中国自古就有“郡县治，天下安”的治理传统。在当前中国治理实践中，县域更是扮演着上传下达的节点角色。习近平总书记指出：“如果把国家喻为一张网，全国三千多个县就像这张网上的纽结。‘纽结’松动，国家政局就会发生动荡；‘纽结’牢靠，国家政局就稳定。”“县一级工作好坏，关系国家的兴衰安危。”② 截至2021年1月，我国拥有县级行政区划单位数量为2 844个，③ 其中包括973个市辖区、388个县级市及1 312个县。在深刻推进国家治理体系和治理能力现代化的进程中，县域基层治理是实现上下互动、主体协同的战略高地，是事关治理效能的“强腰工程”。城乡地理坐标的过渡性区位及二元叙事中的中介性位置，决定了县域既有别于城市、乡村的治理体系，又渗透了城乡两种因素的治理样态。④ 正是出于县域所面临的复杂治理态势及其在治理序列中的关键定位，实现基层治理现代化必须高度把握和深刻认知县域治理的时代价值和战略底色。

（一）县域基层治理处于治理前线

习近平总书记指出：“在我们党的组织结构和国家政权结构中，县一级处在承上启下的关键环节，是发展经济、保障民生、维护稳定、促进国家长治久安的重要基础。”⑤ 作为以县级行政单位为主体的区域，县域在当前中国“中央—省—市—县—乡”五级行政体制中扮演着枢纽角色：向上承接中央、省、市交办的各类事项，向下又要指导乡、镇、街道等基层工作的具体开展。相较于省、市两级，县域能够实现对乡镇（街道）的直接链接，对基层情况更为了

① 习近平：《做焦裕禄式的县委书记》，中央文献出版社2015年版，第2页。

② 习近平：《摆脱贫困》，福建人民出版社1992年版，第32页。

③ 中华人民共和国民政部：《中华人民共和国行政区划统计表》，2021年12月31日，http://xzqh.mca.gov.cn/statistics/。

④ 伍嘉冀：《行政区划扁平化与新型县域治理：基于“省直管县”的经验证据》，《华东理工大学学报》（社会科学版）2022年第1期。

⑤ 习近平：《做焦裕禄式的县委书记》，中央文献出版社2015年版，第2页。

解。中央决策和省级、地市级决策能否有效落地，终究还是要靠县级政权，尤其是通过县级政权来应对地方实践的复杂性。① 相对于乡镇（街道），县域政权拥有更为全面的公共服务职能和治理基础②，其在组织规模、治理资源、统筹能力方面具有更大优势。因而从治理结构上来看，县域是政府和社会交融的缝合线，虽地理上远离国家政治核心却又身处社会秩序的核心。③

（二）县域是具有一定自主权的资源配置洼地

县域既是科层体制内资源流动的关键节点，更直接关乎各类治理资源的实际运用效能。由于上级政府需要依靠县级层面有效应对种种复杂化治理态势，各类资源配套在一定程度上向县级倾斜，县域成为科层体制内部治理资源流动的重要节点。尤其是相较于体量较小、资源有限的乡镇政府而言，县域是具有一定自主权的资源配置洼地。县一级往往可以整合配置如下资源④：其一，县既是一级政府又是一级财政，能够自行决定本级财政的使用流向，其财权的独立性非乡镇可比；其二，县一级可以调配和使用本地区内分布在各部门、企事业单位的公共资源，拥有更强的动员能力；其三，作为正式的行政层级，县同样可以享受上级政府部门拨付的各种项目资源及其他经费。而上述这种向县级倾斜的科层体制资源配置逻辑，在使县一级成为各类治理资源汇聚洼地的同时，更赋予了县域在推进基层治理中所具有的极大潜力。

（三）县域是协调条块关系的关键节点

习近平总书记强调："一个县就是一个基本完整的社会，'麻雀虽小，五脏俱全'。"⑤ 从当前地方党组织和地方政府的设置安排来看，县级是完整配备党的组织结构和国家政权结构的最低治理层级，将会直接面对国家治理体系运转过程中的复杂条块关系。一方面，完整的县级行政区划意味着明确的空间边界和治理责任，县域具备"块"的相对自主性和独立性；另一方面，由于县以下的乡镇等基层组织并不具有完备的机构配置，县级党委和政府常常需要在各类"条条"事务的落实和跟进过程中扮演分配者和协调者等角色，是条块压力的直

---

① 贺雪峰：《央地关系视野下的县级治理》，《治理现代化研究》2021 年第 2 期。

② 杨峰、徐继敏：《"治理体系与治理能力现代化"语境下的县域治理》，《学术论坛》2016 年第 2 期。

③ 韩丽嵘：《方寸之间：中国县域治理深层逻辑》，《中国出版》2022 年第 13 期。

④ 杨华：《治理机制创新：县域体制优势转化为治理效能的路径》，《探索》2021 年第 5 期。

⑤ 习近平：《做焦裕禄式的县委书记》，中央文献出版社 2015 年版，第 2—3 页。

接承担者。因此，在科层体制的运转逻辑下，在国家治理体系运转过程中，一定程度上显现的“条块”矛盾最终会传导至县域层面。如何将自上而下的高层决策与地方具体实际有效结合起来，也是衡量县域治理能力现代化的重要标尺。

（四）县域治理现代化是突破基层“选择性治理”困境的重要契机

改革开放以来，“扩权强县”“省直管县”等改革实践进一步推动了县域治理的现代化进程。[①] 尤其是近年来中央政府将基层治理纳入规范化制度框架的治理意图更加明显[②]，基本的改革指向在于要逐步实现基层“选择性治理”的规范化转型。所谓“选择性治理”，是指县级政府根据上级政府考核的权重、刚性程度，结合县域的资源禀赋及自身的治理绩效偏好，将某项特定工作上升到县域首位工作，[③] 但在一定程度上忽略和淡化了其他县域基层工作的治理困境。其背后的原因在于，县级政府事实上的全能型职责定位与实际拥有的行政权力及公共资源的极端不对称，客观上造成了县级政府“选择性治理”的局面。[④] 选择性治理的行为模式虽然在一定时期内使地方政府关注点高度聚焦于少量中心工作，但这种以注意力转移为核心逻辑的运作过程显然与制度化、规范化的国家改革期许存在一定偏差。因此，新时代不断推进县域基层治理现代化，其基本价值就是通过不断优化调整县域维度上的资源供给、权责配置，从而实现县域基层治理的规范化转型。

二、正确处理县域基层治理中的几个重要关系

当前县域发展处于转型期和换挡期，[⑤] 县域层级的基层治理工作面临更加复杂多变的治理态势。尽管县级政府具有较为完备的科层组织形式，但鉴于基层治理特殊性县域治理的逻辑却无法套用科层制理论规范来阐释。[⑥] 习近平总

---

① 张春宇、李红权：《县域政府治理的变革之道》，《人民论坛》2018 年第 21 期。

② 冯川：《县域治理体系刚性化与乡镇自主性》，《华南农业大学学报》（社会科学版）2021 年第 6 期。

③ 贺华丽、何显明、潘宇峰：《县域治理及其创新实践的制度逻辑：基于地方政府自主性的视角》，《浙江社会科学》2021 年第 12 期。

④ 吴理财：《以民众参与破解选择性治理》，《探索与争鸣》2009 年第 4 期。

⑤ 张佐、陈楠：《推进县域治理体系和治理能力现代化的路径选择》，《学术探索》2014 年第 11 期。

⑥ 贺华丽、何显明、潘宇峰：《县域治理及其创新实践的制度逻辑：基于地方政府自主性的视角》，《浙江社会科学》2021 年第 12 期。

书记强调："县域治理最大的特点是既'接天线'又'接地气'。对上，要贯彻党的路线方针政策，落实中央和省市的工作部署；对下，要领导乡镇、社区，促进发展、服务民生。基础不牢，地动山摇。县一级工作做好了，党和国家全局工作就有了坚实基础。"① 在推进新时代基层治理现代化的过程中，作为主要治理责任主体的县级党委和政府，尤其需要正确认识和处理如下重要关系。

（一）党政机关之间的关系

中国共产党领导是中国特色社会主义最本质的特征。尤其是在处理纷繁复杂的基层治理事务过程中，县级党委和政府更要充分利用好、发挥好党的领导核心作用。要坚定不移地落实"党是领导一切的"原则，充分释放中国特色社会主义制度和国家治理体系所蕴含的巨大优势。县政府要坚决贯彻落实上级党委和政府及本级党委关于基层治理的各项工作部署，把党的领导贯彻到基层治理工作的各方面和全过程，确保政治方向正确。

（二）一县之治与一国之治的关系

从区划面积上来看，县域是国家内部的"方寸之地"；但从国家治理体系运行的角度出发，县域则位于"上传下达"的关键节点。因而就此类面积较小但具备枢纽属性的县域而言，更需要平衡好不同治理尺度下的任务导向命题：既需要落实国家治理的"战略要求"，也需要因地制宜地满足地方发展的"战术需要"。可见，县级党委和政府必须牢固树立国家治理"一盘棋"大局观，认真落实习近平总书记2022年1月11日在省部级主要领导干部学习贯彻党的十九届六中全会精神专题研讨班开班式上所强调指出的"各地区各部门确定工作思路、工作部署、政策措施，要自觉同党的理论和路线方针政策对标对表、及时校准偏差，党中央作出的战略决策必须无条件执行，确保不偏向、不变通、不走样"②。同时，也要坚持从具体实际出发，以更好的基层治理实效推进和展现国家治理体系和治理能力现代化。

（三）县域治理权责与治理资源之间的匹配关系

在"层层压实"的科层制传导链条下，县域维度实际上面临着更加具体的治理压力，包括维稳、防疫、经济等各个领域，无不期待更多治理资源的持续

---

① 习近平：《做焦裕禄式的县委书记》，中央文献出版社2015年版，第52页。

② 《继续把党史总结学习教育宣传引向深入 更好把握和运用党的百年奋斗历史经验》，《人民日报》2022年1月12日。

投入。尽管县域层面对其自身治理资源具有一定统筹调动能力和自主配置权限，但受制于自身规模的有限性，如何实现治理权责与治理资源合理匹配，显然需要县级党委和政府在政策理想和发展实际之间保持平衡。即在认清“有多少大锅下多少米”等治理现实的同时，不断加强县域基层治理的制度建设，以深入推进基层治理实践不断趋向规范化的改革进程。

（四）政府、社会组织及居民等县域治理主体之间的关系

面对县域治理中所呈现的复杂态势，县级党委和政府并不能完全依赖科层体制的自运转，必须充分调动起包括社会组织、居民等各类主体的有效参与，以不断夯实基层治理力量。而这种突破科层体制边界、打通不同主体之间关系的改革，既是打造共建共治共享的社会治理新格局的重要前提，也是实现县域基层治理现代化转型的必修课之一。

三、全面把握县级党委政府在基层治理中的主要职责

习近平总书记在2014年调研指导河南工作时，提出了县域治理“三起来”要求，即“把强县和富民统一起来”“把改革和发展结合起来”“把城镇和乡村贯通起来”。[①] 这一重要论述，明确了县域基层治理的实践指向。县级党委和政府需要在千头万绪的基层治理工作中，统筹领导“五位一体”的中国特色社会主义事业总体布局在县域维度上的落地生根，在经济、政治、文化、社会、生态等方面承担起国家治理体系所赋予的治理责任。而在这一过程中，县级党委和政府必须强化县域统筹意识，至少需要承担如下治理职责。

（一）坚持党建引领，优化县域领导体制和工作机制

作为保留完善组织架构的最低治理层级，县级党委和政府要充分把握县在整个国家治理序列中的枢纽地位，不断优化县域治理体系，并在最大程度上释放既有制度优势。在追寻基层治理现代化过程中，坚持党建引领，是县级党委和政府克服既有制度张力、释放治理效能的天然优势和基本前提。2017年6月，中共中央、国务院发布的《关于加强和完善城乡社区治理的意见》明确强调：“市县党委书记要认真履行第一责任人职责，街道党工委书记、乡镇党委书记要履行好直接责任人职责。要把城乡社区治理工作纳入地方党政领导班子

① 习近平：《做焦裕禄式的县委书记》，中央文献出版社2015年版，第52—53页。

和领导干部政绩考核指标体系，纳入市县乡党委书记抓基层党建工作述职评议考核。逐步建立以社区居民满意度为主要衡量标准的社区治理评价体系和评价结果公开机制。”而县域维度上种种创新实践，无疑将会对国家治理体系现代化起到重要的反哺作用。

（二）融入新常态，夯实县域发展的经济基础

党的十八大以来，习近平总书记多次强调：“发展是基础，经济不发展，一切都无从谈起。”① “实现第二个百年奋斗目标，我们要坚持党的基本路线，坚持以经济建设为中心，但在新形势下发展不能穿新鞋走老路，必须完整、准确、全面贯彻新发展理念，加快构建新发展格局，推动高质量发展。”② 截至2021年底，我国县城及县级市城区人口占全国城镇常住人口近30%，实现经济高质量发展对于县域基层治理具有多重意义。这不仅事关地方政府的稳财源、固税基等资源统筹大局，更是激发社会活力和稳定社会秩序的重要保障。在新常态下，县级党委和政府要不断深化供给侧结构性改革，既要大力发展县城经济，又要服务和引导好乡镇经济，下好县域经济“一盘棋”。2022年5月，中共中央办公厅、国务院办公厅印发《关于推进以县城为重要载体的城镇化建设的意见》中明确指出，“统筹县城生产、生活、生态、安全需要，因地制宜补齐县城短板弱项，促进县城产业配套设施提质增效、市政公用设施提档升级、公共服务设施提标扩面、环境基础设施提级扩能，增强县城综合承载能力，提升县城发展质量”③。

（三）守好民生底线和稳定红线，确保基层长治久安

习近平总书记强调指出：“增进民生福祉是发展的根本目的。”④ “人民幸福安康是推动高质量发展的最终目的。”“必须以满足人民日益增长的美好生活需要为出发点和落脚点，把发展成果不断转化为生活品质”。⑤ “重点是加强基

---

① 中共中央文献研究室编《十八大以来重要文献选编》（中），中央文献出版社2016年版，第828页。

② 习近平：《筑牢理想信念根基树立践行正确政绩观 在新时代新征程上留下无悔的奋斗足迹》，《人民日报》2022年3月2日。

③ 《中共中央办公厅 国务院办公厅印发〈关于推进以县城为重要载体的城镇化建设的意见〉》，中国政府网，http://www.gov.cn/zhengce/2022-05/06/content_5688895.htm。

④ 习近平：《决胜全面建成小康社会 夺取新时代中国特色社会主义伟大胜利——在中国共产党第十九次全国代表大会上的报告》，《人民日报》2017年10月28日。

⑤ 习近平：《牢牢把握高质量发展这个首要任务》，《人民日报》2023年3月6日。

础性、普惠性、兜底性民生保障建设。”① “当前，各种人民内部矛盾和社会矛盾已经成为影响社会稳定很突出、处理起来很棘手的问题，而其中大量问题是由利益问题引发的。这就要求我们处理好维稳和维权的关系。从人民内部和社会一般意义上说，维权是维稳的基础，维稳的实质是维权。人心安定，社会才能稳定。对涉及维权的维稳问题，首先要把群众合理合法的利益诉求解决好。单纯维稳，不解决利益问题，那是本末倒置，最后也难以稳定下来。”② 县级党委和政府必须锚定社会稳定和长治久安总目标，统筹推进改革发展稳定各项工作。既有基层治理实践表明，县级党委和政府要在常态化增强基层民主协商制度建设的同时，强化非常态应急处置能力，这是确保基层长治久安的重要经验法宝。就前者而言，县级党委和政府要“围绕涉及群众切身利益的事项确定乡镇（街道）协商重点，由乡镇（街道）党（工）委主导开展议事协商，完善座谈会、听证会等协商方式，注重发挥人大代表、政协委员作用。探索建立社会公众列席乡镇（街道）有关会议制度”③。对后者来说，县级党委和政府要以强化应急管理能力为主要目标，加强对乡镇（街道）做好应急准备工作的指导，并强化应急状态下对乡镇（街道）人、财、物支持。

（四）持续修炼内功，优化基层权责事项配置

当前县域基层治理在一定程度上面临着“定序格局”和“差序格局”之间制度张力：既需在保持稳定的前提下依赖正式规范的科层体制完成国家治理任务，又需以适度创新满足差异化的社会内生服务需求。因此，县级党委和政府需要通过优化基层权责配置，持续强化自身治理能力建设。早在 2017 年 6 月，《中共中央 国务院关于加强基层治理体系和治理能力现代化建设的意见》就提出要“按照条块结合、以块为主的原则，制定区县职能部门、街道办事处（乡镇政府）在社区治理方面的权责清单”。④ 近年来党和国家进一步明确要着力

---

① 习近平：《扎实推动共同富裕》，《求是》2021 年第 20 期。

② 中共中央文献研究室编《习近平关于社会主义社会建设论述摘编》，中央文献出版社 2017 年版，第 147 页。

③ 《中共中央 国务院关于加强基层治理体系和治理能力现代化建设的意见》，《人民日报》2021 年 7 月 12 日。

④ 《中共中央 国务院关于加强和完善城乡社区治理的意见》，《人民日报》2017 年 6 月 13 日。

治理压力“层层加码”的潜在问题。2021 年 4 月，中共中央、国务院出台的《关于加强基层治理体系和治理能力现代化建设的意见》明确指出，“市、县级党委和政府要规范乡镇（街道）、村（社区）权责事项，并为权责事项以外委托工作提供相应支持。未经党委和政府统一部署，各职能部门不得将自身权责事项派交乡镇（街道）、村（社区）承担”。这种以制度规范为主的能力建设导向，无疑将是重塑县域内部权责事项配置的重要历史契机。

（五）创新公共服务供给格局，推动各类治理资源有序下沉

基层公共服务供给格局的重塑，有赖于人员、资金、项目等各类治理资源的持续供给和有序下沉。而在这一过程中，作为治理枢纽的县级党委和政府，无疑需要在其中发挥重要的统筹协调作用。在加强基层治理队伍建设方面，县级党委和政府应“建立健全村（社区）党组织书记后备人才库，实行村（社区）党组织书记县级党委组织部门备案管理。研究制定加强城乡社区工作者队伍建设政策措施，市、县级政府要综合考虑服务居民数量等因素制定社区工作者配备标准”。[①] 在优化村（社区）服务格局方面，县域维度上要“规范村（社区）公共服务和代办政务服务事项，由基层党组织主导整合资源为群众提供服务。”[②] 同时要强化自身统筹能力，完善服务统筹机制，“以县（区、市、旗）为单位统筹用好各项支持社区的政策，以及面向社区的服务资金、资源、项目等，以村（社区）党组织为主渠道落实”[③]。可见，实现治理资源有序有效下沉已成为县级党委和政府在基层治理实践中发挥统筹协调作用的重要表现，同样也是切实提升基层公共服务效能的主要途径。

（六）依托技术赋能，提高基层智慧治理水平

当前我国正在快速步入数字时代，新兴技术极大改变了县域治理的具体样态。大数据、云计算等新技术的不断涌现，在改变既有社会资源传播模式的同时，又成为地方政府提升自身治理能力的重要契机。从基层治理创新的角度来看，大数据驱动等技术赋能手段在助力公共服务精细化供给的同时，更赋予了

---

① 《中共中央 国务院关于加强基层治理体系和治理能力现代化建设的意见》，《人民日报》2021 年 7 月 12 日。

② 同上。

③ 《国务院办公厅关于印发“十四五”城乡社区服务体系建设规划的通知》，中国政府网，https://www.gov.cn/zhengce/zhengceku/2022-01/21/content_5669663.htm。

探索“技术要素”介入体制机制转型的长期可行性。[①] 就县级党委和政府而言，不能仅从治理工具维度理解当前技术赋能的时代特质，更应该认识到新兴技术形态在变革既有科层体制上的潜在趋向和巨大价值。在达成精细化治理目标方面，县域治理主体需要依托数字化建设满足具体的精细化治理要求，尝试构筑美好数字服务新场景。比如：“以县（区、市、旗）为单位，支持利用互联网、物联网、区块链等现代信息技术，深入组织开展智慧社区、现代社区服务体系试点建设，高效匹配社区全生活链供需，扩大多层次便利化社会服务供给。”[②] 而更为重要的是，县级党委和政府还需要做好长远规划，将乡镇（街道）、村（社区）纳入信息化建设规划以持续加强基层智慧治理能力建设，[③] 最终实现新兴技术反哺深层制度转型的长远追求。

---

① 于棋：《基于“大数据驱动”的公共服务供给侧改革》，《福建行政学院学报》2019 年第 4 期。

② 《国务院办公厅关于印发“十四五”城乡社区服务体系建设规划的通知》，中国政府网，https：//www.gov.cn/zhengce/zhengceku/2022－01/21/content_5669663.htm。

③ 《中共中央 国务院关于加强基层治理体系和治理能力现代化建设的意见》，《人民日报》2021 年 7 月 12 日。

雄安新区社区治理的创新逻辑及推进机制研究

牟永福*

社区是社会的细胞和单元，是连接个人与社会、个人与国家的桥梁和纽带，是基层治理创新的重点和难点；社区治理创新是社区持续发展的关键，是实现国家治理体系和治理能力现代化的根本要求。习近平总书记强调，要贯彻高质量发展要求，创造“雄安质量”，在推动高质量发展方面成为全国的一个样板。打造“雄安质量，全国样板”，需要引进高质量的企业和高质量的人才，而如何为这些企业和人才提供优质的服务，就成为新区社区治理的主要任务。良好的发展环境吸引人才，一流的社区服务留住人才。作为中国改革的“试验田”和未来中国甚至全球城市高端高新的代表之作，雄安新区的社区治理体系和治理能力需要进行革命性创新，以适应新区社区环境动力、社区服务对象、社区治理主体、社区治理任务等方面发生的重大变化，打造全国体制机制新高地和全球治理典范，形成可复制、可推广的经验，在社区治理方面为世界提供“中国方案”。

一、雄安新区社区治理创新有利因素

（一）雄安新区社区治理创新的政策条件

2017 年 6 月 12 日，中共中央、国务院出台了《关于加强和完善城乡社区治理的意见》，提出“推动管理和服务力量下沉”“推动社会治理重心向基层下

* 牟永福，中共河北省委党校（河北行政学院）公共管理教研部副主任、教授。

移，发挥社会组织作用，实现政府治理和社会调节、居民自治良性互动”。2017 年 10 月 18 日，党的十九大报告提出“打造共建共治共享的社会治理格局，提高社会治理社会化、法制化、智能化、专业化水平”。2018 年 4 月 14 日，中共中央、国务院批复《河北雄安新区规划纲要》提出，到 21 世纪中叶，治理体系和治理能力实现现代化，成为新时代高质量发展的全国样板。2018 年 8 月 13 日，河北省出台《河北省人民政府关于深化“放管服”改革加快转变政府职能的意见》提出，根据雄安新区建设发展需要，分期分批下放权力，赋予雄安新区相应的经济社会管理权限。2019 年 1 月 24 日，中共中央、国务院出台《关于支持河北雄安新区全面深化改革和扩大开放的指导意见》，为雄安新区部署了 9 个方面 35 项创新任务，包括土地开发、投融资体制、智能城市、干部人才、城市管理、社区治理等诸多方面。这些为雄安新区社区治理创新提供了政策依据。

（二）雄安新区社区治理创新的客观条件

雄安新区充分考虑现有自然条件，统筹生产、生活、生态三大空间，逐步形成城乡统筹、功能完善的组团式城乡空间结构，布局疏密有度、水城共融的城市空间。雄安新区空间布局改变了以往单中心“摊大饼”式发展模式，实行多组团、集约紧凑的城市布局，各组团之间既相对集中、特色鲜明，又紧密联系、功能互补，使生产、生活、教育、医疗等有机衔接，实现创业就业与居住功能均衡。按照这个思路，综合考虑新区定位、发展目标和现状条件，雄安新区规划形成“一主、五辅、多节点”的空间形态。“一主”即起步区，选择容城、安新两县交界区域作为起步区，是新区的主城区，先行启动建设。“五辅”即雄县、容城、安新县城及寨里、昝岗五个外围组团，全面提质扩容雄县、容城两个县城，优化调整安新县城，建设寨里、昝岗两个组团，与起步区之间建设生态隔离带。“多节点”即若干特色小城镇和美丽乡村，实行分类特色发展，构建一体化、网络化的城乡体系。

因此，构建分工明确的“城市—组团—社区”三级公共服务设施体系（城市承接大型活动、组团区承担综合服务职能、社区承担日常服务职能），打造“社区—邻里—街坊”三级生活圈，就成为创新新区社区治理的主要内容。

（三）雄安新区社区治理创新的技术条件

未来雄安新区的建筑、道路、桥梁、停车场、信号灯乃至灯杆、井盖、垃圾桶都将是智能的，都有自己的“电子身份证”。整座城市将由无线网络“串联”起来，未来的雄安新区，人、建筑、车辆甚至一花一木，都将成为数字城市中由“神经网络”连接起来的“神经元”。京东无人超市已经在雄安新区开业。不仅在无人超市，人脸识别、声纹识别的智能应用场景在园区内随处可见，利用遍布园区的2万多个传感器，实现智慧办公、智能会议、信用服务、智慧出行、未来酒店、环境服务等应用服务体系，全维度覆盖政务、商业、住宿、餐饮等业态。遍布雄安新区的多功能信息杆柱，具有照明路灯、Wi-Fi设施和5G基站、视频监控、充电桩、环境监测、应急信息发布屏、紧急事件呼叫按钮等多种用途，人们可以上网、取电、紧急求助。雄安新区市民服务中心开发了包括智慧游览、数字雄安、雄安资讯、园区生活等模块的“雄安通”App。智慧城市，离不开智慧社区，离不开智慧社区治理。雄安新区社区治理需要探索“放管服”、证照分离、“互联网+社区服务”等改革，创造“只进一扇门”“最多跑一次”的雄安社区服务新标准。

（四）雄安新区社区治理创新的有利契机

2019年12月26日，时任河北省委书记王东峰在“全省社会治理暨市域社会治理现代化工作会议”上提出：“以改革创新精神扎实推进社会治理体系和治理能力现代化。”新冠疫情发生以后，社区成为疫情联防联控的第一线，也是外防输入、内防扩散最有效的防线。习近平总书记指出：“这次疫情是对我国治理体系和能力的一次大考。”疫情既是对社区治理的一次重大考验，也是社区治理现代化的一个“助推器”。在疫情防控中各地涌现的诸多宝贵经验为推动雄安新区社区治理体系和治理能力迈向更高水平、更高质量储备了强势动能。

二、雄安新区社区治理创新面临的压力和挑战

（一）传统的城市管理体制仍然占据主导地位

目前，我国绝大多数城市实行的是“两级政府、三级管理、四级网络”的城市管理体制。权力边界不清晰，行政权力对社区治理干预过多。社区准入门槛低，上级行政部门往往热衷于给社区居委会配任务、定指标，造成了居委会责任大、权力小、事情多、经费少的局面。目前的社区治理模式显然不适应未来雄安新区的定位。而且，组织机构比较混乱，据课题组调查，目前雄安新区

所辖三县社区机构并不统一，安新县叫“社工办”（社区工作办公室），挂靠在县民政局；容城县叫“社区办”，仅仅是一个临时性机构，没有行政合法性；雄县叫“社工委”（社区工作委员会），是一个正式机构，有编制有办公场所。年龄结构严重老化，大多为劳务派遣或公益性岗位等临时性就业人员，远远适应不了大数据、区块链、云计算等高科技对社区治理的要求。

（二）大量外来人口流入的挑战

雄安新区常住人口104.71万人，涉及雄县、容城、安新3县及周边部分区域，分布在1 577平方公里的地域范围，人口密度较低。随着雄安新区开发建设地推进，将吸引大量的外来人口流入，特别是起步区区域（由于距离3个县城有一定距离，土地以滩涂地、农业用地为主）人口将来主要从外部迁入。据专家预测，2050年雄安新区常住人口将达到310万人，本地人口与外来人口之比接近1∶1。特别是在新区建设前期阶段，将面临外来流动人口短时间快速增加的情况，一方面会对当地人口就业带来冲击，另一方面在融入当地社会生活过程中，也会带来较多的社会安全问题，如刑事犯罪、群体事件等可能会在一定程度上有所增加。

清华大学教授周睿（2018）针对雄安新区城市化进程中可能面临的人口风险及其衍生影响，利用公共安全及安全韧性的三角形理论模型分析人口风险在城市系统中的作用机理，从致灾因子和承灾载体两个维度着眼、从管理维度着手，提出了“管住人”“引导人”“保护人”三方面政策建议。燕山大学教授司林波（2018）认为雄安新区大规模高素质流动人口与雄安新区较低适应能力的原住居民间的关系，不同于以往城市社会融合过程中较高社会经济地位的原住居民与弱势地位的流动人口间的关系，社会融合主体间禀赋的差异、对社会环境适应能力的不同，使得我们应突破原有的“乡—城”“城—城”流动人口治理模式，形成政府主导、市场带动、主体间互动参与的社会融合新格局，积极推动构建原住居民与新移民共生融合的新模式。

人口的迅速增长，对于一个城市的承载力也提出了极高的要求。雄安新区未来面临的挑战，不光来自自然资源的承载力，更来自管理能力和公共服务的承载力。从农村到城市的巨大转变，伴随人口迁移和聚集，建筑物密度增加、产业结构调整和区域影响力增强及承载载体密度的增大，雄安新区会产生更多、更复杂的社会问题。

(三) 雄安新区迁入居民与原住居民的服务需求差异化明显

雄安新区重要的功能定位是有序承接北京非首都功能疏解。因此，雄安新区发展初期入驻单位以从北京疏解而来的高等院校、科研机构、行政事业单位及企业总部为主，外来人口也主要是这些单位的员工。按照中央对雄安新区的功能定位，这片2 000平方公里的土地，将成为疏解北京非首都功能集中承载地，部分中央在京行政事业单位、总部企业、金融机构、高等院校、科研院所将搬入新区。截至2019年，26家高端高新企业入驻雄安新区，中国三大电信运营商、阿里巴巴、腾讯、百度、眼神科技、360集团、工商银行、中石化资本等金融机构入驻或挂牌。随着高端高新产业的发展和不断吸纳和集聚创新要素资源，雄安新区未来会成为“硅谷式”的高端人才聚集地，其人口结构将以高素质、技能型人才为主。而雄安新区所在地的现有城镇居民和农民未来将主要为新区的城市功能提供服务性的工作，或进入未来新发展起来的产业从事对技能要求不高的工作。迁入居民与原住居民需求呈现多元化、多层次的特点，对社区治理提出了更高要求。

(四) 职住分离为社区治理带来的挑战

随着雄安新区高速铁路网（京广高铁、京港台高铁、京雄—雄商段、京雄—石雄城际、新区—北京新机场快线）和高速公路网（京港澳高速、大广高速、京雄高速、新机场—德州高速、荣乌高速、津雄高速、津石高速）的不断优化，未来雄安新区和北京、天津、石家庄及周边等城市的交通越来越便捷。

城市间交通的优化升级将在现有基础上进一步提升雄安新区和周边区域之间的交通能力、降低交通成本，形成更加完善、高效、便利的流通网络，由此带来职住分离等各种社会问题。例如，英国在20世纪中后期建设的密尔顿·凯恩斯新城，主要目的就是疏解伦敦的人口压力、改善中部城市的工业发展及增加就业率等，但与大量就业人口不相适应的产业布局，未能在城市内部达到居住就业平衡，相当一部分居住人口“输出”到伦敦就业，又有相当一部分就业人口由外地居民“输入”而来，导致每天有数量庞大的就业群体在不同城市和地区之间大规模往返穿梭，形成巨大的交通负担和安全隐患。类似的“职住分离”现象普遍存在于以超级城市为中心的都市圈，2010年数据显示，东京都中央的千代田区白天人口为81.9万人，为夜间人口的17.4倍；至2015年，该区域昼夜人口比仍高达14.6∶1。同时，起步区和起动区如果过度集中就业机会，组团式城市结构同样会带来新的职住分离，即美国学者凯恩（Kain）所说的“空间失配”现象。

（五）现有人口结构对社区治理带来的挑战

首先，农村人口占比较大。2016 年，雄安新区现有农村人口 60 余万人，城镇化率为 44.9％（其中雄县、容城县和安新县常住人口城镇化率分别为 47.8％、46.5％、41.4％），低于河北省平均水平 8.42 个百分点，更低于全国平均水平 12.45 个百分点。其次，人口密度小。雄安新区总人口 104.71 万人，辖区总面积为 1 556 平方公里，人口密度为 730 人每平方公里，远低于深圳经济特区（5 696 人每平方公里）和上海浦东新区（4 523 人每平方公里）。最后，城乡二元结构依然存在。雄安新区极有可能出现三种类型的二元结构。第一种类型是发达的城市建成区与落后的农村并存的城乡二元结构。因为雄安新区开发建设是从起步区开始的，起步区将是未来城市的中心，繁荣景象就不必形容，但广大农村地区可能因传统加工业退出和传统农业转型升级困难而陷入萧条的困境，这种城乡反差就是典型的城乡二元结构。第二种类型是新区核心区与外围地区构成的“中心—外围”二元结构。雄安新区规划面积较大，起步区占比很小，全域不可能实现同步开发、同步建设配套基础设施，起步区（核心区）将因极化效应而成为城市创新创业中心、繁华的商业中心、高素质人才集聚中心和优质公共服务布局中心，相反，外围地区发展面貌短期内难以出现实质性的改观，甚至还可能出现成片的贫民窟或农村“空心化”的现象。第三种类型是本地人与外来高素质人才因融合困难而形成的新二元结构。雄安新区今后将主要以吸纳外来高素质人才为主，但这可能与文化素质普遍偏低的本地人形成二元分割的社会结构。身份认同困难和阶层对立加剧将是影响雄安新区社会稳定的“导火索”。以上这三种类型的二元结构都可能出现，如果处理不好，将影响到雄安新区发展稳定。

三、雄安新区社区治理创新的基本路径

（一）构建适应雄安新区的“新区政府—功能区—社区”三级治理体系

雄安新区实行扁平化管理、组团式布局。当然目前“新区政府—功能区—社区”三级管理体系，还不具备实现的条件，需要渐进过渡。当下可推行“党工委、管委会—功能区—组团、乡镇”的纵向管理体制。在经过“虚县（先保

留县一级政府，实行区县统筹，区领导县）—撤县—功能区加组团式管理—城乡社区治理”的改革过程，逐渐理顺纵向权责关系。同时理顺横向关系，实现优势互补、联动发展。从细分层级进行管理，规划“城市—组团—社区”三级公共服务设施体系，构建社区、邻里、街坊三级生活圈。社区中心配置中学、医疗服务机构、文化活动中心、社区服务中心、专项运动场地等设施，形成15分钟生活圈；邻里中心配置小学、社区活动中心、综合运动场地、综合商场、便民市场等设施，形成10分钟生活圈；街坊中心配置幼儿园、24小时便利店、街头绿地、社区服务站、文化活动站、社区卫生服务站、小型健身场所、快递货物集散站等设施，形成5分钟生活圈。

（二）打造雄安新区“三社联动”2.0版，形成社区治理良性运行机制

“三社联动”是指社区、社会组织、社会工作者在党和政府的领导下相互扶持、协调的一个机制。其中，社区提供平台，社会组织为服务载体，社会工作者为专业人才支撑。

一是以社区为纽带，建立社会动员的“公交枢纽”。充分发挥居民自治组织体系的动员组织能力，调动社区居委会、业委会、物业公司、社会组织、机关单位、居民群众等多股力量参与社区建设，并通过专业化物业管理、业主委员会自主管理、单位自主式管理和社区管控式管理、居民自我管理等方式，做到全员上阵、责任到人、联系到户，形成社区治理的整体合力。

住宅小区是社区治理的主阵地。根据新旧小区、有无物业企业等情况对住宅小区进行分类治理。对有物业管理的小区，引导小区物业企业履行主体责任，充分发挥物业企业（特别是“红色物业”）的作用，利用小区物业企业管家服务体系和“红色物业”自身优势，开展社区治理。建立多方参与的微信群，进行民主协商治理。以居民需求为导向，推动“网格＋物业”联合治理。对于物业管理缺位的老旧小区，由于长期处于失管、脱管或“准物业”的被动状态，按照属地原则，由街道社区干部、社区民警、网格员、志愿者组成专门队伍，实施精准化治理。

二是以社会组织为主体，充分发挥社区社会组织的“喇叭”功能和“排气阀”功能。作为独立的自主组织，社会组织涵盖各方面专业人才，而且大多来自民间，既可以为社区治理提供专业力量，又在宣传、帮扶上具有其他组织机构不具备的巨大优势。同时，把培育和发展社区社会组织作为增强社区“政社互动”的“牛鼻子”，并引导社区居民自治，共同搭建社区共建共治平台。社区自治性的成长依赖于社区居民的自治意识和能力的提高及社区居民组织化的存在，还应有协商处理社区事务的多个平台，比如，城乡社区中的楼栋、院落、小区等“微”场域内形成的“微”共同体，他们有更明确的需求和更清晰的诉求，这就需要以居民需求为导向，引导居民广泛参与，推动以社区为平台、社区居委会带动居民参与社区治理、社会组织为居民提供服务的“三社”融合发展。另外，通过政府购买服务方式，引导社会组织聚集社区治理和服务。以项目化运作为手段，可为社区发展引资聚力，通过多样化的社会组织引入外部各种资源进社区，激发社区活力，同时通过社会组织和专业社工提供专业化、针对性的服务等方式，提高社区服务质量，形成从社区治理到社区服务一体化发展新格局。

三是以社区志愿者为补充，建立分级、专业的社区志愿者平台。社区志愿者来自社区，对社区的道路交通、小区等情况掌握得非常清楚，能够协助社区更好地开展社区工作。充分利用在社区报到的各级党员干部资源，全部下沉社区，编入网格，服从社区工作分配。引进专业社会工作者，把越来越多的社区工作者培养成为具有助理社会工作师、社会工作师等任职资格的社会工作专业人才，把一批批社会工作专业的高校毕业生和社会工作专业人才吸纳到社区工作者队伍之中。

四是以社区融合为手段，形成“社区治理共同体”。充分发挥社区动员能力，调动社区居委会、业委会、物业公司、社会组织、机关单位、居民等多股力量，形成“社区治理共同体”。组织体系融合。成立社区“大党委”，将条件成熟的社区党总支（党支部）升格为党委，对驻区单位党组织实行双重管理。实行交流互动任职，组织社区与部分驻区单位互派干部交流任职，互派党组织班子成员担任“兼职委员”，参与相关重大事项的研究和部署。构建功能性党组织，灵活组建片区党支部、楼院党小组等各类功能型党支部（党小组），设立党员中心户，推动党组织设置由组织覆盖向功能提升发展。工作机制融合。在社区党组织的召集下，定期召开“大党委”会议，研究解决社区建设和驻区单位工作中的重要问题，实现党建共商、事务共管、难题共解。建立“双诺双述双评”机制，年初社区与驻区单位签订共建承诺书，年底组织召开“双诺双述双评”会议，双方分别述职、双向打分、互相评议。推行“一委三会”治理模式，在社区党委的领导下，设立居民议事会和居民监事会，推选驻区单位和社区党员群众担任成员，由居民议事会、居民监事会、社区居委会分别行使社区事务决策权、监督权和管理权，构建党领导下的社区自治新机制。党员管理融合。实行区域化管理，探索以在册党员“直管”、在职党员“协管”、流动党员“联管”、其他党员“接管”为主要内容的“多重管理”制度，社区党员和驻区单位党员共同上党课，共同过组织生活，共同开展党员志愿者服务，有效激发社区党建工作活力。实行阵地化服务，提档社区党群服务中心，为社区党员和驻区单位党员提供关系接转、组织生活、心理沟通、文体活动等服务，拓展党建工作服务领域。实行项目化推动，落实基层党建工作责任清单，探索各党支部单独或联合认领“投标”党建创新项目，党组织书记认领“书记项目”，打造“一居多品”社区党建特色工作格局。社区队伍融合。建立“社区＋业主＋物业”融合发展模式，社区支部（居委会）、业主委员会、物业公司“三支队伍”融合发展。社区将物业公司中的党员纳入社区“三委”班子成员兼职，党员全部纳入社区党支部管理；社区居委会主任到物业管理公司兼任管理职务，让社区与物业实现交叉任职，共同参与社区管理服务。同时，社区委托物管公司组织业主选举产生业主委员会，并拟定《业主公约》，让业主委员会更好地发挥对物业管理、社区建设工作的监督、建议作用。

五是以政策体系为保障，为三社联动保驾护航。通过政府资金项目，撬动居民的参与。聚焦群众热切关心的环境优化、民生服务等公共问题设立资金项目，通过一定比例的扶持资金，撬动群众的资金和力量；以慈善信托为载体打造雄安新区慈善超市新形式，通过社会组织与信托公司的相互合作，借助商业运作模式，为社区提供定期或不定期的公益资金，延续社区事务发展；以社区基金会为媒介，通过社区内外资源集聚，承接政府转移职能，提供资金给其他社区社会组织，形成社区治理中资源供给、资源转换与资源产出的一体化链条。不仅为社会组织提供办公场地、项目资金等硬件支持，而且给社会组织更多的政策支持与自主权利，促进社会组织分工合作，实现社区资源最大化利用。同时，简化登记程序、提高审核效率、优化登记服务，由街道办事处（乡镇政府）实施管理；借鉴浦东新区的经验，谋划建立投资服务中心、投资咨询与服务贸易领域的中介组织。以项目化运作为载体推进社会组织融入社区治理。政府通过招投标或公益创投方式购买社会组织服务项目，中标的社会组织面向社区开展服务。

（三）推进“网格＋网络”两网融合，实现雄安社区治理的精细化和智能化

1. 打造雄安新区网格化治理新模式，实现社区治理精细化

一是按照雄安新区空间布局将辖区划分为若干个自然网格和若干个专属网

格，并配备网格长、网格党小组长、网格警长、网格员、网格协理员的“三长两员”网格工作队伍，使服务能更接地气，管理方式更加便利。在网格内部按照层级分别建立联席会议、小组会议等会商和协作平台，严格落实例会制度、走访排查制度和网格员激励制度等，为网格化精细服务深入推进提供制度保障，努力实现“小事不出单元、中事楼宇处理，大事经过社区”。网格员按照“家庭情况清、人员类别清、区域设施清、隐患矛盾清”要求，精确采集辖区内人、地、事、情、屋等基础信息，运用“基层治理”“党建 e 家”“便民服务”等模块，实现人口管理、房屋管理、特殊人群管理和社会矛盾联动化解一键式查控功能。同时，根据政务需要和群众需求，社区还延伸便捷服务，让居民通过智慧网络终端和手机 App 实现网上预约、政策咨询、投诉举报等多种便民服务需求，真正构建起街道、社区、网格三级联网体系，达到信息资源一网共享、社区事务一网延伸、群众诉求一网督办、社区工作一网监督的效果。而且，网格员实行“预约式”上门服务，对照工作清单落实巡查走访，主动发现问题、上报问题、解决问题，群众办事由“只跑一次”向“一次都不用跑”转变，网格真正成为汇聚、承接、服务、解决社会矛盾和民生问题的稳定器。通过“网格化+”各类资源连接，发挥乘数效应，打通社会治理的“毛细血管”，让网格服务“沉”下去，辅之以“三会”(居委会、小区业委会和志愿者协会)，打造“横向到边、纵向到底”的社区治理网络。

二是建立社区应急指挥系统，打造社区治理“中枢神经”。社区往往涉及组织、民政、发改、财政、住建、人社、司法等多个分管部门，工作千头万绪，需要一个体系完备、统筹指挥的应急指挥系统，以应对重大突发公共事件。

首先，要形成条线职能部门与街道社区共治机制。以社区为单位，以网格为基础，街道党工委统一调度组织社区干部、辖区民警、卫生院（室）医务人员、网格员，按照网格化管理和服务相关要求，加强与卫健、公安、司法、民政、城管、市场监管、交通运输等部门融合与互动，形成条线职能部门与街道社区共治共防。借鉴疫情防控经验，对于重点小区、重点人群，网格员与社区民警、社区医生、区街挂包干部协同合作，构建“多包一”机制：实行每个社区有 1 个机关单位牵头，每个小区有 1 个责任单位包抓，每栋楼有 1 名责任人负责，每户居民有 1 名党员干部包保，实现到院、到楼、到户、到人。建议尽快出台社区应急预案。对发生重大突发公共事件时的组织机构、物资保障、避险场所、预警形式和处置救援等做出明确规定，做到管事有人、议事有场、办事有钱、服务有网。

其次，要突出政治优势，把支部建在“网格”上。借鉴疫情防控网格化管理经验，充分发挥“网格党支部”在应急指挥系统的领导核心作用，以社区网格化管理为依托，建成“社区党组织＋小区党支部＋楼栋党小组＋党员中心户”的组织体系，分层分级发动街道机关党员、驻区单位党员、“两新”组织党员、社区党员、居民党员等多方力量参与社区治理，形成“区（市、县）不漏街道、街道不漏社区、社区不漏户、户不漏人”的社区党组织体系。

最后，要建立全面联动机制，提高社区动员能力。充分发挥群防群控的战“疫”治理模式作用，以“社区党组织＋小区党支部＋楼栋党小组＋党员中心户”组织体系为依托，通过警社联动、三社联动、社区联动、社工联动，搭建起社区主导与社会参与相结合的“社会治理有机构、事务下沉有人管、群众参与有平台、社会服务有网络、居民生活有保障”的社区治理平台，激活社区治理“末梢神经”，形成社区管理服务无死角，人人参与社区管理服务的良好局面。

2. 以“城市大脑”为载体，实现雄安新区社区智能化治理

现代化的社区治理，必然是高效能的治理。在大数据时代，采集的颗粒度和越小，数据越精准，决策者越能在第一时间实时掌握现场第一手资料。因此，要充分发挥“城市大脑”功能，让百姓少跑腿、数据多跑路。

一是加快推进数字化应用向基层一线的拓展，不断提升数字化治理的广度深度。结合新型智慧城市、“城市大脑”建设，在环境治理、安全生产、公共安全等领域推广数字化手段，把大数据、云计算、人工智能广泛运用于社区治理各领域，减少治理的死角和盲区，让数字化治理成为社区治理现代化的一张金名片。借助云端大数据技术（如阿里云、支付宝生态等）实现对社区居民的动态管理，基于系统大数据信息和门禁系统，利用智慧泊车等模块，实时掌握社区车辆、人员情况。充分利用智慧灯杆（塔）遍布社区每一个角落的“点位”优势，发挥其对社区居民的动态监控和政策宣传功能，努力建成社区治理的“眼”和“嘴”。

二是实现网格管理数字化，不断提升满足社区居民高品质需求的能力。首先，实现网格管理的动态化。社区网格管理系统不是独立封闭的数字化平台，而是网格之间的联动与合作，政府搭建数字化防控平台，与街道（乡镇）、社

区（村）和各网格连接，网格员通过终端向网格直接报告，达到“多网合一”的动态化管理。其次，实现对网格居民精准化服务和管理。为了减少网格员入户上门的次数，可以通过数字化的网格平台了解居民的情况，对于社区病人和老人，也可以通过佩戴智能手环及时将有关信息反馈到平台，动态掌握老人、病人的情况，及时提供精准社区服务。最后，通过社区网格化大数据上报，政府能够实现对社区全面、系统的了解和分析，并且以此做出科学的判断和决策。

三是运用“社区智慧云”，助推社区治理智能化。结合电子地理信息系统（GIS）实现二维全部展示、三维重点展示（3D建模，包括小区里、地下空间等），实现雄安新区社区市政公共资产挂图管理、综治事件挂图监控，升级综治资源立体化、可视化新界面，实现直观监控新模式。“社区智慧云”服务平台收集社区组织、机构、人员、社区事务、城市部件等相关信息数据。建立信息采集更新、包片走访联系、问题办理反馈、信息安全保障机制，确保智慧云服务平台高效运行。建立社区计算机自动化管理中心，将水、电、气、热等实行自动计量、自动收费，让自动化监控管理、远程监控系统等进入“社区智慧云”服务平台。加快安装人脸识别智能安防系统。通过人脸生物识别门禁的建成，实现信息采集“零遗漏”，服务工作“零距离”，降低居委会工作人员、民警负担。

四是运用大数据二维码，推动社区治理精准化。运用大数据加快构建公共设施“二维码”。建立由系统自动生成涵盖设备名称、位置、管理人、用途等信息的二维码，让每处公共设施都有“身份证”。运用物联网、云计算、大数据等技术手段，让公共设施“二维码”活起来，为社区公共服务提供更全面、准确、有效的信息。实施二维码管理的设施至少包括9类：废物箱、行人导引类指示牌、公交车站设施、邮政设施、公用电话亭、座椅、活动厕所、自行车存车设施、各类箱体。

（四）打造雄安新区“社区服务综合体”，构建“小社区大服务”的融合式发展新格局

社区服务是社区治理的核心。治理与服务是辩证统一的关系，在治理中体现服务，在服务中实现治理，二者相辅相成、互相促进。随着雄安新区社区居民需求的日益多元化，高质量的社会服务已是基层社会治理现代化的必然要求，也是社区治理的重要抓手。

一是要变网格化管理为网格化服务。利用互联网优势，进一步完善线上办公、线上预约、人员统计等服务功能，打通联系服务居民“最后一公里”。推行服务资源联用，按照“区域统筹、集约共享”原则，依托社区党群服务中心和驻区单位活动场所资源，相互挂牌、共同使用，统一调配社区和驻区单位工作人员，实现区域资源的社会化和效益最大化。推行社区事务联动，借助社区“大党委”平台，社区和驻区单位充分利用各自资金、人才等方面的优势，开展化解纠纷、整治环境等工作，共同履行作为社区成员单位的职责和义务。

二是要变精细化管理为精细化服务。进一步升级云监控、云平台等智慧社区科技，针对各个网格上居民的需求，制定不同区域、不同人群、不同类别的个性化、差异化方案，为社区特殊人群，如独居老人、病患业主等，提供在线医疗、送菜上门等优质服务。继续深化、优化建设智慧化社区，提高社区的智慧属性，通过网络化、智能化、数据化的运营，为居民提供无接触服务、云上服务。依托“雄安在线”，打造社区服务网络新平台。实现城郊农村共享城市教育、医疗、文化设施等社区服务；特色小镇参照城市社区标准，提供学校、卫生院、敬老院、文化站、运动健身等公共服务，提高优质社区服务覆盖率，构建乡镇基础生活圈；美丽乡村提供保障性基本社区服务，打造要素自由流动，区域协调的发展示范区。

三是要变人性化管理为人性化服务。从新冠疫情可以预测，未来雄安新区社区居民在家居生活、健康安全、精神康养等方面的需求进一步增强，借鉴疫情防控的经验，社区可以为居民提供更具竞争力的、创新的服务，如微信预约、分时段诊疗、远程会诊、社区代理服务等。居民对于社区增值服务的需求增加，促使居民有更多机会使用 App，提升 App 的活跃度，进一步增加居民黏性，为拓宽增值服务种类、提升社区增值服务渗透率奠定了基础。

借鉴成都双流区“社区会客厅”经验，由新区街道办事处投资建设社区综合服务平台，引入社会公益组织负责运营管理，运行经费以政府购买服务和社会资金赞助的方式来保障。以志愿者服务中心为核心载体，提供有关儿童、青少年、残障人士、婚姻家庭、法律咨询、群团组织、社会治理及社会建设等多种服务。并建立了官方网站、手机 App、微信公众号等新媒体，提供网上查询、政务服务、在线帮助、远程帮扶等个性化服务，让志愿者、社工、义工、居民、社会组织、政府、企业、高校之间的交流互动“有平台”。

（五）建设雄安新区高素质社区干部队伍，打造社区治理“中坚力量”

从疫情防控可以看出，凡是疫情防控得比较好的地方，也是社区治理能力比较强的地方。由此表明，打造一支高素质的社区干部队伍是提升社区治理能力的关键一环。

一是扩大“两委”“一肩挑”“交叉任职”比例，提高社区凝聚力。借鉴河北省农村“两委”班子建设经验，因地制宜增加社区党组织书记与居委会主任“一肩挑”比例以及“两委”“交叉任职”比例，确保党务业务“同频共振”，消除不必要的“两委”矛盾，少一些推诿扯皮，多一些责任担当，加快社区运转节奏，提高工作效率，减少社区开支，提高干部待遇，增强社区干部的战斗力。

二是优化社区干部成长环境，提高社区战斗力。首先，拓宽社区干部的晋升渠道和成长空间。加大从优秀村党组织书记、村委会主任中招聘事业编制人员的力度，支持符合条件的优秀村级干部参加公务员招录考试；积极推荐政治素质好、参政议政能力强的优秀村级干部成为各级党代表、人大代表、政协委员和先进模范人选；继续推行从优秀社区党组织书记中选任街道机关领导干部，同时探索从优秀社区党组织、居委会成员和社区专职工作人员考录公务员或选任街道（乡镇）机关、事业单位领导干部。其次，建立社区经费联动增长机制。建议将社区经费纳入年度财政预算，并逐年加大保障力度，对工作任务重、经费困难的社区进行专项扶持。在以前提高基本工资和社会保险的基础上，逐步建立社区工作人员报酬增长机制，实现与机关事业单位工作人员工资联动增长。制订惠民项目计划和资金预算，发挥专项资金的最大效应。最后，推进社区办公服务用房标准化建设。针对社区办公用房不足的现状，把社区居委会用房建设纳入城市规划、土地利用规划和社区发展相关专项规划，并与社区卫生、人口计生、警务、养老、残疾人康复等服务设施统筹规划建设，采取以奖代补的方式，使社区办公用房、社区公益性服务用房达到国家标准。

三是加强柔性引进力度，提高社区生命力。首先，建立机关干部下沉社区常态化机制。结合社区实际情况，分批分类选派机关事业单位党员干部下沉到社区，主动做好党员干部包院落、包院子、包楼栋等工作。有针对性地从机关事业单位选派后备干部、年轻干部和没有基层工作经历的干部，到社区岗位挂职任职，深耕责任田，做好勤务员，助力社区党组织。其次，建立“双报到”党员“全链条”管理机制。以“严把入口保证质量—分类量化考评从严管理—

强化考核结果运用畅通出口”为主要内容，建立考核办法和奖惩机制，扎实做好“双报到”党员进、管、出链条上每个环节的工作。最后，建立以志愿者为主体的居民参与机制。充分发挥党的政治优势、组织优势和密切联系群众优势，建立以街道机关党员、社区书记为“排头兵”，社区、楼宇、物业党组织党员为“主力军”，两新党员、在职党员和共青团员为“后备军”的志愿者平台，整合分布到各网格点、各基本单元，开展慰问帮扶、义务宣传等志愿服务活动，打造服务覆盖面广、活动参与度高、服务效能突出的社区志愿者队伍。

社会治理的精准转向

张义祯*

当前，我国正处于以中国式现代化推进中华民族伟大复兴的新征程上，出于国家治理效能得到新提升的目标追求，社会治理作为国家治理的重要方面也应当不断提升社会治理效能。社会治理体系与治理能力现代化归根到底也就是要显著提升社会治理效能，实现高效能的社会治理，这就内在地要求推进社会治理的精准转向，不断提高社会治理精准化水平。本文重点围绕社会治理精准转向的问题意识、具体内涵和总体思路展开论述，以期不断推进中国式社会治理现代化。

一、问题提出与文献回顾

社会治理是社会建设的重要任务，是国家治理的重要方面，社会治理现代化是国家治理体系和治理能力现代化的题中应有之义。党的二十大报告提出，“完善社会治理体系。健全共建共治共享的社会治理制度，提升社会治理效能。……发展壮大群防群治力量，营造见义勇为社会氛围，建设人人有责、人人尽责、人人享有的社会治理共同体”。新时代加快推进社会治理现代化，必须进一步加强和创新社会治理，完善党委领导、政府负责、民主协商、社会协同、公众参与、法治保障、科技支撑的社会治理体系，健全共建共治共享的社会治理制度，不断提高整个社会治理总体效能。

社会治理现代化归根到底就是要实现高效能的社会治理，内在要求推进社会治理的精准转向，不断提高社会治理精准化水平，最终实现全社会高水平的

---

* 张义祯，中共福建省委党校（福建行政学院）公共管理教研部副教授。

精准治理。当然，精准治理并不仅仅是社会治理领域的专利品，而是包括社会治理、政府治理等公共治理领域共同关注的新课题，目的都在于探寻高效能治理的可行思路和实践路径。不过，相比较而言，近年来关于“精准治理”的深入研究成果更多体现在政府治理领域，其中，李大宇、章昌平、许鹿等指出，近年来，我国各级政府在社会治安、智慧交通、社区（网格）治理、环境保护、政务服务、市场监管、公共卫生、司法公正、小城镇建设等诸多政府治理领域，探索以精准确定个体信息并对之进行技术化分析以得到治理需求的政府治理实践，正在趋于形成一种不同于传统范式的政府治理范式——精准治理，不断推进政府治理范式在中国场景下的转换。他们进一步认为，精准治理是以全面精准的个体化信息集成为治理基础，以科学严谨的信息挖掘分析为治理前提，以历史最佳的政策知识推理为治理参考，以相宜有效的政策匹配为治理目的的治理体系和治理能力的创新再造过程；精准治理具有主动性、精准性、科学性等特点，同时具有可预知、可跟踪、可测量、可标准化等优势。① 刘海龙、何修良认为，精准治理是充分利用现代技术等形成的知识网络，在对民众需求准确甄别基础上，明确目标群体，立足实地实情实际实践，政府、社会组织、个体等多元主体协商与合作，利用方式多样的治理工具，采用差异性、在地化的治理方法，通过有效的政策传递和资源流动，提供个性化、针对性、有效性的公共服务进而满足特定对象的需求，是一种具有综合性、可持续性、未来前瞻性的治理理念与方式。同时他们指出，精准治理从顶层设计上回应了中国公共治理变革的未来方向——以民众需求为导向，面向社会治理；从思路途径上回答了公共治理方式的转变——利用现代技术，突出多中心治理；从制度规范上回答了公共治理的政策导向——强调政策形成的社会建构，实现社会共建共治共享；从底层设计上回答了公共治理组织体制特征——坚持基层向度，强调资源社会整合与利用的在地化基础与优势。② 从已有研究成果来看，精准治理确实是对传统政府治理模式的重大超越，符合时代发展潮流和社会发展趋势，符合人民群众对于高效能治理的现实需要，是今后包括政府治理、社会治理等公共治理领域需要着力推进的新型治理模式。

---

① 李大宇、章昌平、许鹿：《精准治理：中国场景下的政府治理范式转换》，《公共管理学报》2017 年第 1 期。

② 刘海龙、何修良：《精准治理：内涵界定、基本特征与运行模式》，《中共福建省委党校（福建行政学院）学报》2021 年第 1 期。

精准治理也应是今后社会治理现代化的目标追求和理想状态，现有的实践探索已经深刻体现出一种“精准转向”，不断朝着理想类型化的精准治理目标靠近。当前，社会治理研究领域也出现不同的“转向”取向，主要包括“社会空间转向”“流动转向”等，这些已有的“转向”研究成果对于本文研究也富有启发。其中，潘泽泉关注到社会学理论的“社会空间转向”问题，认为“社会空间转向”提出了不同于以往传统社会学研究的一种新的视角，可以提供认识社会、理解社会的一种新的视角，一种新的路径，一种新的问题意识，一种新的理论转向，也为我们研究社会提供了一个基于空间的解释框架。① 管其平关注到社会学研究的“流动转向”，指出社会学的“流动转向”是以“新流动范式”审视社会的发展与变化，旨在通过“流动凌镜”透视和回应流动引发的社会变迁及其各种社会事实。② 相比较而言，社会治理领域的“精准转向”研究较为薄弱，经关键词检索尚未发现直接相关研究成果，急需展开进一步的深入、系统研究。具体来说，社会治理精准转向的具体内涵是什么？今后加快推进的总体思路有哪些？这两个方面构成本论文的主要问题意识，下面分别展开具体分析。

二、社会治理精准转向的具体内涵

党的十八届三中全会正式提出“社会治理”新概念，跨越性实现了从“社会管理”到“社会治理”的理念升级，从而推动社会治理创新实践向纵深发展。我国自 21 世纪以来尤其是党的十八大以来，随着经济社会结构的快速变化，市场化、工业化、城市化、信息化和全球化等社会变迁进程加速演进，流动社会、数字社会、风险社会逐步形成，对社会治理创新提出了复合性高要求，其中之一就是要加快推进社会治理的精准转向。社会治理的精准转向更多体现为复合性的动态变化过程，下面进一步从两个层面来理解社会治理精准转向的具体内涵。

（一）从粗放式管理向精准化治理的转向

粗放式管理主要是前现代国家管理或治理的重要特征，不仅是传统中国乡土社会管理或治理的基本模式，而且是我国工业化初期社会管理的基本模式。

---

① 潘泽泉：《当代社会学理论的社会空间转向》，《江苏社会科学》2009 年第 1 期。

② 管其平：《社会学研究的“流动转向”及其新议题》，《宜春学院学报》2022 年第 8 期。

韩志明指出："作为一个抽象概念，粗放式管理并不构成一种具体化的管理制度，而是指对于管理行为及其特征的抽象和归纳，这其中最为主要的特性包括：规则松散、约束软弱、过程混乱、标准不一、形式主义、表面文章、粗枝大叶、大而化之、顺其自然等。其中最为关键的特征就是，管理的理性化程度低，可预测和可控性程度低，随意性、弹性化和形式化程度高，高投入，低产出，管理的成本和效益不成正比，管理的效益不高。"①

粗放式管理是前现代国家或社会管理的必然宿命，即使是迈向现代化进程中的国家或社会依然要面临粗放式管理的现实困境，而只有在信息化社会尤其是数字社会不断成熟的条件下，粗放管理的历史难题才有可能得到逐步破解。我国改革开放以来直到20世纪末期，随着市场化、工业化和城市化等进程的深化，社会成员的流动性必然不断增强，流动性增强必然导致社会不断陌生化，社会陌生化又进一步加剧社会成员的异质分化程度和道德风险行为，但是整个社会由于受到技术手段和体制机制的约束仍然处于粗放管理状态，社会的稳定秩序不可避免地受到严重威胁。20世纪末期，我国不少地方社会治安环境不容乐观，社会安全感无法得到有效保障。在缺乏必要科技手段的时代环境下和传统的社会管理理念惯性作用下，社会管理依然大体延续的是数千年以来的粗放式管理，但传统的粗放式管理模式根本不能适应21世纪以来人口高速流动的治理要求，迫切需要推进社会治理从粗放式管理向精准化治理的转向。

20世纪末期，我国推进社会治理精准化主要着眼于加强社会安全管理，维护社会安定稳定，更多强调的是刚性取向的"社会治安综合治理"。一方面，随着身份证管理制度和技术的进步，流动人口数据得到一定程度的掌握，但仍有不少的"漏网之鱼"，这就难免存在社会治安风险隐患。另一方面，当时由于信息通信技术仍不发达，监控探头开始逐步应用但分辨率偏低，管理方式也比较简单、粗暴，更多采用刚性取向的"社会治安综合治理"方式。这一时期的社会管理主要依靠人力手工方式推进，同时辅之以简单的计算机手段，也在一定程度上推进了社会管理精准化，初步应对了人口高速流动带来的严峻的社会治安风险挑战。

（二）从精细化管理向精准化治理的转向

20世纪初，随着我国加入WTO，经济社会高速发展，社会矛盾冲突也同

① 韩志明：《从粗放式管理到精细化治理——迈向复杂社会的治理转型》，《云南大学学报》（社会科学版）2019年第1期。

步加剧，群体性事件屡屡发生，社会秩序稳定受到较大冲击。同时，当时整个社会保障体系很不健全，社会弱势群体权益难以得到有效保障，社会治安综合治理仍然面临较大压力。在此情况下，如何更加科学有效地实施社会管理、维护社会稳定成为当时整个社会面临的重大课题。为此，党和政府针对社会管理突出问题作出一系列决策部署，开始积极利用当时所具有的先进信息通信技术改进社会管理方式，有效扭转了社会治安状况不良的被动局面，进一步实现了社会管理从粗放式管理向精细化管理的转变。

精细化管理是对传统粗放式管理的重大超越，对于改进社会管理工作成效具有重要作用。精细化的理念或思想最初主要源于西方企业管理理论，2006年就有学者提出要深入研究“精细化管理”，认为精细化管理具有四个层次，即理念层次、基本方法、技术和工具层次及精细化方法应用层次，其中精细化方法应用层次具有细化、量化、流程化、标准化、协同化、经济化、精准化等基本方法。[①] 精细化管理随着新公共管理理论等发展而逐步引入政府管理领域，主张运用企业管理模式来改进政府管理流程，由此，政府管理和社会治理中引入精细化治理理念与原则，通过规范化、标准化、信息化、专业化等精细化治理手段和方式，达到降低运作成本，实现更优质、更关注细节和更加人性化的治理效果。[②] 进入21世纪之后，随着我国市场化、工业化、城市化和国际化程度迅速提升，人口大规模流动带来治安、管理和服务等一系列社会治理新问题，违法犯罪现象特别是重特大刑事案件在20世纪初期仍然多发，这些情况都迫切要求改进原有传统的政府管理和服务方式，精细化管理也就应运而生，进而逐步延伸到社会管理领域。

随着党的十八届三中全会提出“社会治理”新提法之后，精细化管理相应地又升级为精细化治理。韩志明认为，精细化治理是超越于粗放式管理的管理形态，包含了多方面的内涵：首先，理念上，信奉理性，追求专业和科学，尤其是关注细节，重视个体和局部，强调精打细算、精益求精、一丝不苟和追求卓越等；其次，在过程上，精细化治理不仅重视结果的品质，还强调治理过程的重塑，建立起全覆盖无死角的制度规范，实施严格的标准化的治理，具有很

① 朱瑞、刘辉：《社会治理精细化的理论构想》，《社会治理》2016年第4期。

② 董幼鸿：《精细化治理与特大城市社区疫情防控机制建设——以上海基层社区疫情防控为例》，《社会科学辑刊》2020年第3期。

高的透明性和可见性；再次，精细化治理需要精明能干的管理者，对管理者的专业素质和能力提出了更高的要求，要求形成匹配精细化治理的价值和行为；最后，精细化治理倡导多元化的立场，强调社会主体的广泛参与，整合多种社会资源和社会力量，实现多元协同的共治。① 从精细化管理升级到精细化治理，社会治理的理念、主体、制度、过程、手段、效果等方面都得到了进一步的提升，有助于提升整个社会的精准化治理水平。

精细化治理与精准化治理二者之间有紧密关系，但并不等同，精细化治理需要进一步向精准化治理转向。精细化治理具有明显的过程导向色彩，往往更侧重于过程管理的内涵。党的十八届五中全会首次提出“社会治理精细化”理念，社会治理中的精细化理念继承了追求过程细节化、手段专业化、效果精益化、成本精算化等技术层面的精细化思想，而且在实践中开始大量应用新技术手段，确实有效提高了整个社会的治理清晰度。但是，精细化治理在实践中经常出现“见物不见人”现象，同时容易陷入“碎片化”危机，② 甚至走向严重的形式主义。而精准化治理具有明显的目标导向、结果导向色彩，更加注重人的主体价值，更加侧重于高效能治理的内涵。今后，社会治理的高质量推进迫切需要强化精准化治理的理念引领和实践创新，将精细化治理融入精准化治理过程中，切实提高整个社会治理的精准化水平。

三、新时代推进社会治理精准转向的总体思路

党的十八大以来，中国特色社会主义进入新时代，党建引领的中国特色社会治理同样也进入新时代。新时代社会治理面临着高流动社会、高风险社会和数字社会的复合挑战，有效应对这些复合挑战必须不断提升社会治理效能，这就内在要求加快推进社会治理的精准转向，朝着精准治理的理想目标努力。下面主要从思维方式、原则体系和推进模型三个方面探讨推进社会治理精准转向的总体思路。

（一）强化精准思维

习近平总书记在2022年春季学期中央党校（国家行政学院）中青年干部

① 韩志明：《从粗放式管理到精细化治理——迈向复杂社会的治理转型》，《云南大学学报》（社会科学版）2018年第1期。

② 王阳：《从“精细化管理”到“精准化治理”——以上海市社会治理改革方案为例》，《新视野》2016年第1期。

培训班开班式上强调，要强化精准思维，做到谋划时统揽大局、操作中细致精当，以绣花功夫把工作做扎实、做到位。① 强化精准思维，一方面贵在坚持问题导向、目标导向和结果导向，善于抓住主要矛盾和矛盾的主要方面，只有抓住主要矛盾和矛盾的主要方面，才能切中肯綮、化繁为简，精准发力、精准到位，保证"出拳"的针对性和准确性，科学高效地解决问题；另一方面还要注重细节，善于实施全过程精细化管理，如果对工作、对事业仅仅满足于一般化、满足于过得去，"大呼隆抓"，"眉毛胡子一把抓"，那么问题就会被掩盖，最后的效能也就会大打折扣。历史地看，精准思维还可以追溯到更早之前习近平总书记提出的"精治"理念。2017 年 6 月 27 日，习近平总书记在中央政治局常委会议听取北京城市总体规划编制工作汇报时的重要讲话中明确提出了加强精细化管理，构建超大城市有效治理体系和坚持精治、共治、法治的要求。"精治"既有精准治理的内涵，又有精细治理的内涵，其中，精细治理要以精准治理为前提，精准治理要以精细治理为依托，二者有机融合、相互促进。无论是构建城市有效治理体系，还是推进基层社会治理体系和治理能力现代化，都需要更加自觉以精治思维和精治方式推进精准治理，并且不断完善精准治理的基本结构、方法论和工具手段。事实上，精准治理也是今后推进市场治理、政府治理、风险治理和应急管理等各方面治国理政的前瞻要求。习近平总书记在 2021 年底召开的中央经济工作会议上多次提到"精准"要求，"积极的财政政策要提升效能，更加注重精准、可持续"，"要坚持尽力而为、量力而行，完善公共服务政策制度体系，在教育、医疗、养老、住房等人民群众最关心的领域精准提供基本公共服务"，"要继续按照稳定大局、统筹协调、分类施策、精准拆弹的方针，抓好风险处置工作，加强金融法治建设，压实地方、金融监管、行业主管等各方责任，压实企业自救主体责任"。当前，正值世界百年未有之大变局和中华民族伟大复兴战略全局"两个大局"交织叠加时期，世界政治经济形势风云激荡，各国经济社会发展必将面临更多可以预料和难以预料的风险挑战，我国社会治理乃至国家治理也将面临更多不确定因素的复杂影响，治国理政面临的严峻挑战和复杂形势客观上都要求加快提高各方面治理效能，

---

① 《习近平在中央党校（国家行政学院）中青年干部培训班开班式上发表重要讲话强调 筑牢理想信念根基树立践行正确政绩观在新时代新征程上留下无悔的奋斗足迹》，《人民日报》2022 年 3 月 2 日。

事实上也就是提出了全社会各领域各行业大力实施精准治理的迫切要求。为此，今后全社会尤其是各级党政领导干部必须更加自觉地树立精准治理思维，更加主动地创新精准治理方式，全面推动各领域各行业加快实施精准治理，不断提升社会治理乃至国家治理的效率、效能和效益，以高效能治理推进社会治理乃至国家治理体系和治理能力现代化。

（二）完善高效能治理原则

党的十九届四中全会提出："必须坚持以马克思列宁主义、毛泽东思想、邓小平理论、'三个代表'重要思想、科学发展观、习近平新时代中国特色社会主义思想为指导，……构建系统完备、科学规范、运行有效的制度体系，加强系统治理、依法治理、综合治理、源头治理，把我国制度优势更好转化为国家治理效能，为实现'两个一百年'奋斗目标、实现中华民族伟大复兴的中国梦提供有力保证。"① 本文认为，今后应将"精准治理"纳入社会治理乃至国家治理基本原则之中，进一步完整构建"系统治理、依法治理、综合治理、源头治理和精准治理"的基本原则体系，同时将它们一体落实到各项治国理政活动中，加快推进整个社会乃至整个国家治理体系和治理能力现代化进程。

党的十八届三中全会通过的《中共中央关于全面深化改革若干重大问题的决定》（以下简称《决定》），对创新社会治理方式作出全面部署，梳理提出"四个治理"的重要原则。《决定》明确提出："坚持系统治理，加强党委领导，发挥政府主导作用，鼓励和支持社会各方面参与，实现政府治理和社会自我调节、居民自治良性互动。坚持依法治理，加强法治保障，运用法治思维和法治方式化解社会矛盾。坚持综合治理，强化道德约束，规范社会行为，调节利益关系，协调社会关系，解决社会问题。坚持源头治理，标本兼治、重在治本，以网格化管理、社会化服务为方向，健全基层综合服务管理平台，及时反映和协调人民群众各方面各层次利益诉求。""四个治理"不仅是新时代推进整个社会治理现代化的基本原则，而且是今后推进整个国家治理现代化应当遵循的重要原则。为此，一要继续推进系统治理。系统治理明确了社会治理的主体及其相互关系，即社会治理由谁领导、由谁主导及社会治理主体间怎样互动。②

---

① 《中共中央关于坚持和完善中国特色社会主义制度 推进国家治理体系和治理能力现代化若干重大问题的决定》，新华网，http：//www. xinhuanet. com/politics/2019 - 11/05/c _ 1125195786. htm。

② 郑杭生、邵占鹏：《牢牢把握"四个治理"原则》，《人民日报》2014 年 3 月 2 日。

《决定》指出："坚持系统治理，加强党委领导，发挥政府主导作用，鼓励和支持社会各方面参与，实现政府治理和社会自我调节、居民自治良性互动。"新时代推进社会治理创新是一项系统的、复杂的社会工程，必须坚持系统观念，加强前瞻性思考、全局性谋划、战略性布局、整体性推进，整合多元治理主体力量，创新协同治理体制机制，形成"党委领导、政府负责、民主协商、社会协同、公众参与"的多元治理主体合力，构建"一核多元"的共建共治共享的社会治理新格局。二要继续推进依法治理。依法治理明确了社会治理的根本依据和手段，即主要依据什么、依靠什么来进行社会治理。①《决定》强调："坚持依法治理，加强法治保障，运用法治思维和法治方式化解社会矛盾。"法律作为强制性的社会规范，是处理国家与社会、国家与集体、国家与公民及群体与群体、群体与公民、公民与公民关系的基本准则，是现代陌生人社会维护社会和谐稳定的基础手段。新时代推进社会治理必须扬弃以礼法道德为主、以人治为主要特征的传统社会治理方式，努力向适合现代社会需要的规则化、透明化、法治化的社会治理方式转变，切实以法治思维和法治方式维护社会公平正义。三要继续推进综合治理。综合治理明确了社会治理的其他依据和手段，即综合运用除法律外的其他手段来进行社会治理。②《决定》要求："坚持综合治理，强化道德约束，规范社会行为，调节利益关系，协调社会关系，解决社会问题。"新时代推进社会治理应该在坚持依法治国方略的前提下，更多综合运用社会服务、经济调节、行政管理、道德约束、心理疏导、舆论引导等手段，充分运用民主协商方式、群众工作方式、说服教育方式研究解决社会问题，规范社会行为，调节利益关系，化解社会矛盾，增加和谐因素，形成"自治、法治、德治"有机融合的"三治"局面。四要继续推进源头治理。源头治理明确了社会治理方式的次序，即不同社会治理方式的优先次序、轻重缓急、标本关系。③《决定》指出："坚持源头治理，标本兼治、重在治本，以网格化管理、社会化服务为方向，健全基层综合服务管理平台，及时反映和协调人民群众各方面各层次利益诉求。"坚持源头治理，从实际要求来讲，就是要努力做到"关口前移""治未病"，而不是疲于"应急处置""治急病"，更加注重把治理

① 郑杭生、邵占鹏：《牢牢把握"四个治理"原则》，《人民日报》2014 年 3 月 2 日。
② 郑杭生、邵占鹏：《牢牢把握"四个治理"原则》，《人民日报》2014 年 3 月 2 日。
③ 郑杭生、邵占鹏：《牢牢把握"四个治理"原则》，《人民日报》2014 年 3 月 2 日。

关口从事中事后处置向事前延伸，主动从矛盾或问题的源头入手来预防社会矛盾或问题的产生发展，从根本上或源头上彻底解决已经发生或尚未发生的各种社会矛盾或问题。

“四个治理”重要原则从党的十八届三中全会的社会治理基本原则提升为党的十九届四中全会的国家治理基本原则，在适用层级和范围上实现了一次重大飞跃，今后应在构成要素上进一步迭代升级，完整构建包括系统治理、依法治理、综合治理、源头治理、精准治理在内的“五个治理”重要原则体系。“四个治理”重要原则现已成为我国推进国家治理体系与治理能力现代化的基本原则，总体上看已经较为完整，但深入考察的话可以发现，一定程度上缺失了结果导向方面的闭环要求。党的十八大以来，党中央、国务院始终高度重视推进包括社会治理、经济治理、生态治理、腐败治理等在内的国家治理各领域的精准治理工作，包括精准扶贫精准脱贫、新冠疫情精准防控、环境污染精准治理等方面工作取得了显著成效。事实上，无论是常态状态下的社会治理乃至国家治理，还是非常态状态下的社会治理乃至国家治理，都需要更加注重实施精准治理，尤其是各类突发事件应急处置更加需要高水平的精准治理。习近平总书记曾就推进应急管理体系和能力现代化作出“四个精准”的重要指示，即“预警发布要精准，抢险救援要精准，恢复重建要精准，监管执法要精准”，[①]也就是说，精准治理的原则要求要贯穿应急管理的全周期之中，全过程提高应急管理的总体效能。综上所述，本文建议将“精准治理”纳入国家治理重要原则之中，进一步完整构建包括系统治理、依法治理、综合治理、源头治理、精准治理在内的“五个治理”重要原则体系，从而更加突出国家治理的高效能要求，加快推进整个社会乃至整个国家治理体系和治理能力现代化进程。

（三）构建精准治理推进模型

精准治理本身也是一项需要全社会协同创新推进的系统工程，内在要求构建可持续的“四精”闭环推进模式。一是精心谋划。精准治理在理想类型意义上是一种美好的高效能治理愿景，并不能自然而然地转化为现实中的实践，而是需要相关治理主体尤其是党委和政府的精心推进。特别是各级党委在推进社会治理中要贯彻落实好以人民为中心的发展思想，发挥推动社会治理创新的

① 习近平：《充分发挥我国应急管理体系特色和优势，积极推进我国应急管理体系和能力现代化》，中国政府网，https：//www. gov. cn/xinwen/2019 - 11/30conteit _ 5457226. htm.

“元治理”作用，自觉释放强大的政治势能，主动统合政府和社会多方主体力量，真心解决人民群众最关心最直接最现实的热点难点问题，有效破解影响人民群众获得感、幸福感和安全感的突出治理难题，精心谋划各类社会热点问题和治理难题的精准解决方案。二是精准对接。精准治理在理念上不能搞“眉毛胡子一把抓”“手榴弹炸跳蚤”，而要主动追求“对症下药、精准滴灌、靶向治疗”，自觉超越传统乡土社会的模糊、粗放、低效的管理理念。精准治理从理念转化为实践的关键前提就在于精准识别热点问题和治理难题，分清主次问题和轻重缓急治理任务，从而更好地将有限的治理资源集中于热点问题和治理难题的高效破解。一方面，要充分运用大数据、物联网、云计算等现代科学技术手段提高社会动态感知和预测预警能力，精确识别社会治理中的热点社会问题和紧迫社会需求。另一方面，要借助城乡基层网格化管理服务体系，依托基层干部“铁脚板”深入开展面对面群众工作，精准感知基层群众集中反映的热点问题和治理难题。三是精细管理。精准是方向、是目标，精细是精准的过程要求、实现保障，精准治理内在需要“绣花般”的精细管理作为有力支撑。推进精准治理中，热点问题和治理难题确定之后就需要精心谋划破解之道，构建场景化、实战化、精准化的具体解决方案，进而实施全过程的精细管理。社会问题、社会服务、社会管理、社会风险等主要场景的精准治理，都离不开全过程的精细管理，需要尽可能地应用数字治理、技术治理、嵌入治理等新模式新手段提高全过程、动态化、暖心式的精细管理。四是精益发展。精准治理本意在于追求高效能治理，它永远处于动态发展的路上，不能满足于一时取得的实践效果，而应该不断与时俱进、精益求精、守正创新。推进精准治理要努力实现社会治理效率、效能和效益的有机统一，不断推动不同场景下精准治理模式的迭代升级，全面提升精准治理的总体效能和发展质量。精准治理作为富有潜力的高效能治理新范式，在不同场景的应用中都需要注重健全和完善“四精”闭环推进模式，综合运用结构化思维、多元模型思维、时间管理思维等高效能管理工具，不断实现自我提高、自我完善和自我迭代，持续产生出“四两拨千斤”的强大治理效能。

四、结语

社会治理精准转向是一个社会不断趋向于精准治理的动态化过程，是今后社会治理乃至国家治理实现高效能治理的必由之路。精准治理可以说是运用理想类型分析方法建构出来的一个概念或范畴，现实社会中的精准治理并不是一种绝对意义上的存在物，而是一种趋于理想类型的相对意义上的存在物。但要清醒地认识到，我们不能用理想状态的精准治理来要求现实世界实现绝对意义上的精准治理，现实世界中的精准治理永远是一种不断趋于理想状态的相对意义上的精准治理。因此，所谓“精准治理不可能定理”的说法就显得过于极端、较为偏颇，相对意义上的精准治理不仅是可能的，而且可以向理想状态不断趋近。这就需要在社会治理创新实践中不断通过理念创新、技术创新、制度创新、工具创新和文化创新，加快推进社会治理的精准转向，不断实现更高水平的精准治理，切实提高整个社会治理的总体效能，显著提升人民群众的获得感、幸福感和安全感。

城镇化进程中空间非正义问题的哲学反思

蔡秋蓉[*] 班玉冰[**]

"正义"是人类社会的美好理想与永恒价值追求，古往今来，从亚里士多德、康德到卢梭、洛克、霍布斯再到罗尔斯等，人们对正义的思索未曾断层过。诚如罗尔斯在西方20世纪最重要的道德和政治哲学著作《正义论》一书中开篇明义指出，"正义是社会制度的首要德性"。[①] 空间，是物质存在的基本形式，是人类社会生活、交往和自然物质运动的场域，这个场域不仅是物理的空间更是由于人类的生产实践活动而被赋予了社会性。因此，社会正义问题必然集中到空间之中，催生空间正义问题。当前城镇化正处于持续、快速的发展轨道，伴随着如"三集中三置换""三大合作"制度、生态补偿制度、户籍制度等各地公共政策的实施，外来人口管理问题、失地农民就业问题及生态危机等空间资源占有与分配问题、空间权利配置与享有的不平等问题随之而来，城镇化进程中的空间非正义性加剧。新型城镇化"以人为本"的价值理念，对空间正义提出了内在的要求，空间正义的实现也是推进社会正义的必由之路。因此，本文试图通过揭示城镇化进程中空间非正义的外在表征，反思城镇化进程中的空间非正义问题，在阐释以人为本的新型城镇化对空间正义的内在要求的基础上，提出建构促进新型城镇化空间正义实现的可能性路径，为解决城镇化过程中存在的矛盾和不合理现象提供参考借鉴。

---

* 蔡秋蓉，中共福建省委党校、福建行政学院公共管理教研部讲师。

** 班玉冰，中共福建省委党校、福建行政学院公共管理教研部副主任、副教授。

① 约翰·罗尔斯：《正义论》，何怀宏、何包钢、廖申白译，中国社会科学出版社2009年版，第1页。

一、空间非正义：对城镇化进程的反思

中国的城镇化是“时空压缩”与“时空分离”并存的现代化进程，在呈现高度的复杂性与异质性、空间问题被迅速集聚与呈现并无限放大的同时，社会关系在某种程度上也从具体的地域性中脱离出来，彼此之间相互作用、相互融合，对地方及社会关系产生了巨大的冲击。资本与政治权力对空间资源的控制与占有、空间权利配置与享有的不平等及对贫困弱势群体生存空间的挤压等问题也日益凸显出来。可以说，在城镇化进程中，生存的境遇问题集中反映了一个生存的空间问题，因而空间同时也是社会正义问题交织与作用的场域。① 因此，从空间正义的视角，对城镇化进行批判性审视，大体上可以将其表征的空间非正义性问题总结为以下三个方面。

（一）资本对空间生产的控制与支配

城市化是空间生产的一种典型的表现形态，也是空间生产逻辑在现实世界中的具体表现与应用。就城市化与空间生产来看，在城市化的发展进程中，被其作为生产方式的空间生产所支配与决定；而从空间与资本的关系来看，空间与资本是相互推动的关系，空间的生产受制于资本。总而言之，城市化与空间生产之间、空间生产与资本之间，都存在控制与被控制的关系，由此，城市化也必然为资本所控制与主导。资本是推动城镇化的逻辑动力，在资本的主导下，以“暴力征地拆迁”等方式表现出来的城镇化空间变迁与扩张，侵入并吞并了大量的郊区和乡村空间，城乡空间的交换价值完全受制于支配使用价值。空间这一场域将资本家的剥削功能系统地发挥到了极致，资本的剥削在更加广泛和深入的层面上浸入城镇化进程的每一个角落。空间的剥削成为新的剥削方式，并伴随着城镇化进程的加速推进，日渐成为资本重要的剥削手段。在城镇化进程中，资本对空间生产的控制与支配，于城市而言，导致了野蛮拆迁、重复建设等无序的扩张与资源浪费式的开发等问题；于乡村而言，导致了贫困人群集聚、失地农民就业困难，加剧了贫富分异、城乡断裂、阶级固化等矛盾；② 于个人而言，空间成为个人财富的体现，表现为对拆迁安置房、市中心

---

① 任政：《空间正义论——正义的重构与空间生产的批判》，上海社会科学院出版社 2018 年版，第 56 页。

② 叶超：《空间正义与新型城镇化研究的方法论》，《地理研究》2019 年第 1 期。

的高级住宅区等房地产的争相买卖现象，使空间成为奴役人的工具，人被资本物化。

（二）空间关系的不平等重组

城镇化的进程变革了城乡的空间关系，并推动了城乡空间所有权的变革，导致了财富的重新分配，但是在资本城市化的支配下，城乡空间关系的重组也成了加剧社会财富占有与剥夺的“帮凶”。本质上，城市化过程是一次利益重新调整与分配的过程，但这种分配的过程如今却成为财富剥夺的过程。城镇化本应该是一个惠及每一阶层每一个人的发展过程，但空间关系的不平等重组，使城镇化的果实呈现了两种不同的“口味”：对资产阶级来说，城镇化成为他们获得甚至是掠夺社会财富的途径与手段，城镇化的过程是一个财富积累的过程；对广大劳动人民来说，城镇化使他们成为被掠夺和剥削的渠道和方式，城镇化的过程是一个贫困集聚的过程。空间资源配置的不平衡带来了公共空间资源向富裕阶层集中的“私有化”、弱势群体的生存空间被不断地挤压与边缘化等，使贫富阶层之间的分立加剧，彼此的空间隔离感日益强烈，社会矛盾一触即发。

（三）空间发展的同质性

从空间的形式而言，空间本身是差异性的存在，没有任何两个地方是一样的。不同的地理空间、不同的文化底蕴，按其自然而言，在城镇化进程中不同的地域应该呈现出具有多样性、个性及丰富性等并存的空间发展，但表现为空间均质化的全球化显著特征不可避免地出现了。[①] 在资本的裹挟下，地理区位特征被模糊、传统特色文化被剔除，大规模的城乡拆迁与扩张运动不仅使城市成为千篇一律的钢筋水泥的丛林，而且抹去了城乡原有的文化风貌与历史记忆，[②] 空间日益转化为商品，日渐同质为商品空间。这是资本城市化对空间重构所必然导致的问题，空间的差异性、多样性被消除，城镇空间的发展呈现同质化的趋势。空间的同质化在蚕食空间的同时也对个体的人进行了不断的塑造与侵蚀，加速了人的异化，使人沦为商品空间的消费机器。异化的消费是一种为满足欲求而不顾后果的消费，使城镇化进程中出现了城市交通拥挤、资源破坏、住房紧张及价值丧失等一系列问题与冲突。

---

① 朱晓庆：《新型城镇化应坚持空间正义原则》，《中国国情国力》2014 年第 10 期。

② 陆小成：《新型城镇化的空间生产与治理机制——基于空间正义的视角》，《城市发展研究》2016 年第 9 期。

二、空间正义：新型城镇化的内在要求

正如任平所言，空间正义关注的内容是公民权益方面的社会公平和公正，关注的对象是空间生产和空间资源配置领域，而公民权益方面的社会公平和公正主要是对空间资源和空间产品的生产、占有、利用、交换、消费的正义。[①] 传统城镇化道路，以低成本土地和廉价劳动力为支撑来推进城镇化，具有鲜明的“物的城镇化”的特点，土地城镇化是其核心，城镇化进程中的空间非正义问题日益显现出来。党的十八大报告鲜明提出，要建设新型城镇化，其中，“人的城镇化”是核心。传统城镇化模式下的“物的城镇化”是城镇化道路的前提与基础，但毋庸置疑“人的城镇化”才是城镇化进程的最终目标。“人的城镇化”是一个十分综合的概念，是涵盖生产方式、生活方式、文明素质和社会权益等方面的“城镇化”，是所有涉及人的方面的全方位进入现代文明体系的城镇化过程。概言之，新型城镇化是以人为本的城镇化。[②] 在新型城镇化的话语体系下，空间正义的向度指向城镇化进程中空间生产与城市发展的正义。

新型城镇化建设关注“人”、以“人”为中心，是对过去重“物的城镇化”，轻“人的城镇化”的修正，是对每个独立个体的人的价值与尊严的肯定，更是实现“每个人的自由发展”[③] 的根本要求。在新型城镇化建设日益加速的背景下，城镇化进程中的空间剥夺、空间隔离与空间异化等空间非正义问题造成的社会矛盾与冲突日益加剧，迫切需要我们摒弃过去的“工具理性”思维，不再病态地唯GDP是从，不仅仅追求以经济利益为准绳的片面发展，而是以人为中心，重视“人的城镇化”、以人的自由全面发展为导向。因而，以人为本的新型城镇化内在地要求我们要在空间正义这一价值准则下以“人的城镇化”、以质量而非数量来推进新型城镇化的进程，科学统筹空间的生产和发展。[④]

---

① 任平：《空间的正义——当代中国可持续城市化的基本走向》，《城市发展研究》2006年第5期。

② 付高生：《空间正义的寻求与城镇化》，《燕山大学学报》（哲学社会科学版）2016年第2期。

③ 马克思、恩格斯：《共产党宣言》，人民出版社2014年版，第51页。

④ 史云波、刘广跃：《基于空间正义原则的我国乡镇空间重构》，《江苏师范大学学报》（哲学社会科学版）2015年第4期。

三、转型与重构：促进新型城镇化空间正义实现的可能路径

从一般意义而言，正义建构与实现有两条路径：[①] 一条是宏观的路径，即通过顶层设计、整体布局推进；另一条便是微观的路径，即关注每个微观主体的自由与权利。本文认为，正义的构建与实现应该整合宏观正义与微观正义。因此，可以从宏观与微观两个维度探索促进新型城镇化空间正义实现的可能路径。

（一）宏观路径

首先，以创新驱动为主要的经济驱动机制，转变过去以消耗土地资源为主的要素驱动。传统的城镇化主要依靠“土地红利”“人口红利”，将城镇化的发展建立在剥夺一部分人生存空间、侵占一部分人空间权益的基础上，不仅有违空间正义的价值准则，无法长久取得有益成效，更是不符合中国社会主义建设原则的城镇化道路。空间正义下的新型城镇化建设要求矫正过去的片面发展，加强技术创新和产业创新从而提升机制创新长效，推动城市产业健康快速发展。其次，积极发挥政府的宏观调控作用，有效规范城镇化进程中资本与公共权力对空间资源的占有与分配。资本不是猛虎怪兽，不能简单地否定资本的作用。在城镇化进程中，我们更要辩证地看待资本的力量，合理、智慧地利用资本，通过对资本与公共权力的规范与管理，调控空间的生产过程，使资本的运作始终掌握在可控的范围内，使空间生产与城镇化发展相一致。最后，合理搭配使用公共政策工具，保证空间资源配置的公平性。公共政策不仅是政府推进城镇化进程中的利器更是促进空间正义实现的有效工具。因此，合理搭配“供给侧”“需求侧”及“环境侧”三维公共政策工具，通过实施户籍制度、社会保障制度、基本公共服务供给制度、生态补偿制度等公共政策，保障贫困群体、弱势群体等的空间权益，公平合理地分配空间资源。

（二）微观路径

城镇化进程中，促进空间正义实现的可能路径之微观层面主要是指对个体的人的关注。具体而言，一方面，空间发展同质化的趋势导致城市成为冷冰冰的建筑物世界，城市人文特色丧失，磨灭了自然区位、文化传统带来的各个城

---

① 陈忠：《走向微观正义——种城市哲学与城市批评史的视角》，《学术月刊》2012 年第 12 期。

市的差异性、多样性，使生活在其中的每一个不同的个体无法实现多元的、个性的价值需求，因此，应以满足人的多元需求为导向，构建蕴含传统文化、契合自然环境等具有多样性、包容性的城乡空间，推进差异性空间重构与再造，实现城镇化进程中的空间正义；另一方面，在城镇化进程中，保证市民的参与权、监督权及收益权等权利，使市民能够有效参与到城镇化建设的过程中去，这可以有效提升市民对城镇化成果的认同感、正义诉求及时得到政府回应的获得感，进而有利于城镇化进程中空间正义的实现。

乡村振兴背景下县域长者食堂高质量发展研究

陈慧萍*

一、作为公共服务的养老助餐服务的提出与发展

（一）养老助餐服务提出的背景与意义

进入21世纪后，人口老龄化已然成为许多发达国家和发展中国家共同面临的全球性问题，我国的老龄化程度也随之不断加剧并呈现“未富先老”“未备先老”的严峻态势。自党的十八大以来，我国养老服务领域发生了复杂深刻的变化。党的二十大报告明确提出：“实施积极应对人口老龄化国家战略，发展养老事业和养老产业，优化孤寡老人服务，推动实现全体老年人享有基本养老服务。”当前在居家养老、社区养老为主的养老服务体系下，具体开展长者食堂工作进程中出现较多的难点和痛点，能否创新养老助餐服务模式，为老年人送上经济实惠兼具营养可口的饭菜，受到国家和社会的广泛关注。

为贯彻落实积极应对人口老龄化国家战略，2022年2月21日国务院印发了《“十四五”国家老龄事业发展和养老服务体系规划》，① 在强化居家社区养老服务能力方面提出要构建城乡老年助餐服务体系，建立老年人助餐服务网络，支持高质量多元化供餐。据抽样调查结果显示，62.4%的被访老年人将助餐服务需求作为养老服务需求的首选，其中90.2%的被访老年人将午餐需求作为三餐需求中的

---

* 陈慧萍，中共福建省委党校（福建行政学院）公共管理教研部讲师。

① 《国务院关于印发“十四五”国家老龄事业发展和养老服务体系规划的通知》，中国政府网，http：//www. gov. cn/zhengce/content/2022 - 02/21/content _ 5674844. htm。

首选。[①] 因此，推广长者食堂和养老助餐服务对于应对老龄化趋势、保障兜底基本民生、实现公共服务普惠均衡及全面建设小康社会具有较为普遍的现实意义。

（二）养老助餐服务的相关研究与发展

养老助餐服务是“以居家为基础、社区为依托、机构为补充”的多层次养老服务体系的基础工程。[②] 通过文献梳理，我国养老助餐服务的相关研究主要集中在长者食堂建设运营（包含长者食堂的设施建设、运营方式、就餐和收费等）、助餐服务的供给主体、助餐服务对象、助餐服务需求、助餐服务模式、助餐服务质量和助餐服务安全管理等方面。[③] 总体而言，目前已有的研究仍存在研究内容不够系统全面深入、研究对策可行性可操作性不强、研究视角和研究方法较为单一等问题。

在我国，不同地区、不同城市根据老年人的实际情况和现实需求，出台了不同的养老助餐政策，为老年人提供便捷安全的助餐服务。聚焦福建省养老助餐服务，根据《福建省“十四五”民政事业发展专项规划》[④]，提出“促进养老服务业健康发展”的要求，重点支持“长者食堂和老年人助餐点”的养老服务项目，全省每年新建10所以上长者食堂、不少于100处老年人助餐点。如何让广大人民群众在养老助餐服务领域有更多的获得感、安全感、幸福感，需要持续将养老助餐服务发展的实践经验与地方政策相结合，就二者互动关系展开深入研究。基于此，本文重点聚焦于福建省养老助餐服务实践问题，助力政府做好长者食堂服务推广工作。

二、福建省长者食堂的现状分析与地方经验

根据福建省第七次全国人口普查数据，截至2020年11月1日零时，全省常住人口（不含金门、妈祖等岛屿的人口和在福建接受普查登记的港澳台居民及外籍人员）为4 154.01万人，其中，60周岁及以上人口为663.79万人，占15.98%（其中，65周岁及以上人口为461.00万人，占11.10%）；80周岁以

① 福建省民政厅课题组：《福建省长者食堂建设情况的调查与思考》，《发展研究》2022年第5期。

② 刘颂：《居家养老送餐服务研究综述》，《老龄科学研究》2016年第9期。

③ 参见马冬梅、王佳慧、顾悦等《我国养老助餐服务研究述评》，《社会福利（理论版）》2018年第3期；福建省民政厅课题组《福建省长者食堂建设情况的调查与思考》，《发展研究》2022年第5期；福建省民政厅课题组《“小食堂”凝聚“大民心”——福建长者食堂建设情况的调查与思考》，《中国民政》2022年第7期；樊美清《关于长者食堂建设与运营的建议》，《政协天地》2022年第3期。

④ 福建省人民政府：《福建省人民政府关于印发福建省“十四五”民政事业发展专项规划的通知》，《福建省人民政府公报》2021年第10期。

上的人口 93.78 万人，占比 2.26%。①

（一）福建省长者食堂的政策措施与实践分析

1. 福建省长者食堂网络与《福建省民政厅关于切实加强民生保障服务经济社会发展的十二条措施》

养老助餐服务关系着民生保障，结合福建省民政工作实际制定《福建省民政厅关于切实加强民生保障服务经济社会发展的十二条措施》②，其中在“加快民生项目建设”中提出“加快推进养老项目建设”和“加快推动银发经济发展”，重点推进省委、省政府为民办实事项目，加快 70 所农村区域性养老服务中心和 300 个长者食堂项目实施进度，并支持各地建设一批具有配餐、送餐功能的养老服务“中央厨房”，健全长者食堂助餐服务网络。

截至 2021 年 12 月，全省已建成长者食堂（老年人助餐点）总计 822 个，2021 年全年服务 570 万余人次。依托照料中心等城市社区养老服务设施、农村幸福院等农村社区养老服务设施、养老机构食堂、其他单位食堂、其他社区公共服务设施和其他设施的建设数（个）分别为：162、462、79、4、20、95（见表 1）。全省有 31 个县（区、市）实现长者食堂乡镇（街道）级全覆盖，占总数的 35.6%。可见，福建省养老助餐服务开展主要依托城乡社区养老服务设施。

表 1　福建省长者食堂基本情况

地市	设立长者食堂（老年人助餐点）总数（个）	2021 年服务人次	建设数（个）						运营模式（个）				
			依托照料中心等城市社区养老服务设施建设数	依托农村幸福院等农村社区养老服务设施建设数	依托养老机构食堂建设数	依托其他单位食堂建设数	依托其他社区公共服务设施建设数	依托其他设施建设数	自建厨房模式	单位食堂专区（窗）模式	集体用餐配送服务模式	餐饮企业参与助餐配餐模式	自助互助服务模式
福州	133	286 223	48	44	19	0	2	20	72	17	11	18	15

① 《福建举行第七次全国人口普查主要数据结果新闻发布会》，国务院新闻办公室网，http://www.scio.gov.cn/xwfbh/gssxwfbh/fi_1383812022071/20220716_235107.html。

② 《福建省民政厅印发关于切实加强民生保障服务经济社会发展十二条措施的通知》，福建省民政厅网，http://mzt.fujian.gov.cn/gk/zcfg/gfxwj/202206/t20220617_5931736.htm。

（续表）

地市	设立长者食堂（老年人助餐点）总数（个）	2021年服务人次	建设数（个）					运营模式（个）					
			依托照料中心等城市社区养老服务设施建设数	依托农村幸福院等农村社区养老服务设施建设数	依托养老机构食堂建设数	依托其他单位食堂建设数	依托其他社区公共服务设施建设数	依托其他设施建设数	自建厨房模式	单位食堂专区（窗）模式	集体用餐配送服务模式	餐饮企业参与助餐配餐模式	自助互助服务模式
厦门	39	594 460	16	11	0	0	8	4	26	—	1	1	11
漳州	37	421 062	14	14	0	0	3	6	23	1	0	7	6
泉州	69	676 678	14	43	12	0	0	0	48	0	8	2	11
三明	47	15 049	16	28	—	1	—	2	5	1	11	3	27
莆田	68	287 405	19	47	0	0	2	0	66	0	2	0	0
南平	42	391 310	10	25	5	0	0	2	15	0	3	1	23
龙岩	28	72 876	12	16	0	0	0	0	24	1	1	1	1
宁德	255	2 956 660	10	234	42	3	5	61	228	28	1	4	94
平潭	4	7 167	3	0	1	0	0	0	1	3	0	0	0
合计	822	5 708 890	162	462	79	4	20	95	508	51	38	37	188

数据来源：福建省民政厅养老处2021年统计数据。

2. 福建省长者食堂运营模式与《关于长者食堂建设运营的指导意见》

自2019年7月福建省启动第一批20个长者食堂试点建设以来，历经4年多实践探索，深受老年人及其家属的欢迎，并取得良好的社会效益。为补齐城乡社区养老服务短板，解决城乡老年人，特别是独居、留守老年人“做饭难、吃饭难”问题，省委、省政府将长者食堂建设列入为民办实事项目。依据《中共中央、国务院关于加强新时代老龄工作的意见》《国务院关于印发“十四五”国家老龄事业发展和养老服务体系规划的通知》《民政部、市场监管总局关于强化养老服务领域食品安全管理的指导意见》等政策，出台《关于长者食堂建设运营的指导意见》①，提出到2025年，建设1 000个以上食材可溯、服务规

① 《福建省民政厅 福建省发展和改革委员会 福建省住房和城乡建设厅 福建省市场监督管理局 福建省消防救援总队关于长者食堂建设运营的指导意见》，福建省民政厅网，http：//mzt.fujian.gov.cn/gk/zcfg/gfxwj/202206/t20220617_5931736.htm。

范、价格公道、安全卫生、老年人满意的示范性长者食堂的建设任务，依托“功能拓展型、社会合作型、社区新建型”三种建设方式，并针对居住在小、散、远自然村的农村老年人，鼓励长者食堂提供送餐服务或开展邻里互助的助餐服务。其主要的保障对象为老年人，并兼顾其他特殊困难对象，在满足老年人就餐服务需求的同时适度向社会开放。

目前，福建省养老助餐服务运营模式共包括 5 大类：（1）自建厨房模式（由政府出资或与社会力量共同出资，利用社区居家养老服务设施自建厨房，设置就餐场地，以现场烹制的方式专门为老年人提供助餐配餐服务）；（2）单位食堂专区（窗）模式［高校、企事业单位、养老服务机构食堂开辟老年助餐专区（窗），或通过订餐外送盒饭提供就近供餐服务，将内部餐饮资源向周边社区老年人开放］；（3）集体用餐配送服务模式（不设门店，引入集体用餐配送单位为长者食堂进行配餐）；（4）餐饮企业参与助餐配餐服务模式［持证经营且具备餐饮服务食品安全量化等级的社会餐饮服务单位依托社区门店设置老年助餐专区（窗）或采取“中央厨房＋社区门店”等方式，为老年人提供助餐配餐服务］；（5）互助服务模式（未聘请专职厨师或管理人员，由老年人采取自助互助方式运营）（见表 1）。由此可见，福建省长者食堂的运营模式呈现多元化的发展趋势。

3. 福建省农村长者食堂与《福建省民政厅关于加快补齐农村养老服务短板的通知》

由于农村留守老人多，特困、留守、孤寡、高龄、失独、失能等特殊老年人吃饭困难问题突出。面对农村老年人吃饭难的困境，2020 年下发的《福建省民政厅关于加快补齐农村养老服务短板的通知》[①]，提出“发展老年人助餐配餐服务”，支持各地建设具有配餐、送餐功能的养老服务“中央厨房”，科学布局长者食堂和老年人助餐点，解决老年人就餐难题。在县（区、市）层面每年新建不少于 10 所长者食堂（中央厨房），在镇、村层面依托现有养老服务设施每年建设不少于 100 处老年人助餐点。

从福建省长者食堂费用情况表可观察到相较于中心城区乡镇或街道，农村长者食堂的午餐收费更低，长者食堂建设数更多，资金投入以县级及以下为主要来源，可见养老助餐服务为基本民生保障兜底（见表 2）。

① 《福建省民政厅关于加快补齐农村养老服务短板的通知》，福建省民政厅网，http：//mzt. fujian. gov. cn/zfxxgkzl/zfxxgkml/gfxwj/ylfw/202012/t20201219 _ 5495597. htm。

表 2 福建省长者食堂费用情况

地市	中心城区乡镇或街道建设总数	其中午餐收费（个）				农村建设数	其中午餐收费（个）				资金投入情况（万元）				聘请专职厨师或管理人员情况				列入为民办实事项目的县（市、区）个数	出台县级建设运营扶持补助措施的县（市、区）个数	出台县级管理制度的县（市、区）个数
		免费	5元以下	5—10元	10元以上		免费	5元以下	5—10元	10元以上	省级及以上资金	市级资金	县级及以下资金	慈善资金	人数	每人每月工资					
																2 000元以下	2 000—3 500元	3 500元以上			
福州	70	2	0	23	45	63	4	10	42	7	160	99.5	827.1	292.5	341	56	118	167	5	5	3
厦门	25	6	0	1	18	14	14	0	0	0	150	30	338.7	484.6	86	11	2	73	1	5	3
漳州	19	5	0	6	8	18	16	2	0	0	350	0	724.8	269	107	45	57	5	6	3	3
泉州	24	12	1	9	2	45	31	4	10	0	350	786	332	223	129	46	58	25	10	6	8
三明	23			23		24			24		260	67	135	24.6	13	11	2		11	11	11
莆田	18	5	2	11	0	50	36	5	9	0	363	171	4	51	62	26	20	10	5	1	2
南平	13	2	3	8	0	29	0	14	15	0	150	116	133.5	77.2	53	26	24	3	3	1	
龙岩	12	1	0	11	0	16	3	5	8	0	60	72	450	30.2	49	17	31	1	4	0	0
宁德	30	0	19	11	0	325	5	216	104	0	80	192	2 010	267	501	80	419	2	20	7	8
平潭	3	0	0	3	0	1	0	0	1	0	0	32.0	0	0	7	0	7	0	1	1	0
合计	237	3	25	106	73	585	109	256	213	7	1 923	1 566.1	5 005	1 719	1 348	318	733	286	66	40	36

数据来源：福建省民政厅养老处 2021 年统计数据。

（二）各地长者食堂结合专项政策的案例分析

为更好地满足老年人多层次和多样化的就餐需求，福建省各地结合属地实际情况出台专项政策，更好地推进长者食堂和养老助餐服务。本文主要围绕宁德古田县、泉州永春县作为地方经验展开案例分析。

1. 宁德古田“互助孝老食堂”模式

由于老龄化问题突出，宁德市积极探索试点“互助孝老食堂”，构建“政府搭台、村居承办、居民互助、个人自愿、梯度收费、社会参与”的运作模式。截至2021年底宁德全市已建成355个互助孝老食堂，乡镇街道覆盖率100%，其中宁德古田县的工作做法入选第三批全国农村公共服务典型案例。①

在工作方法方面，宁德市民政局出台了规范化建设指南，对食堂的场所、设施、管理、标识等方面进行严格规定。在选址方面，坚持“宜新则新、宜旧则旧”原则，充分整合利用农村幸福院、老人活动中心、党群服务中心、宗祠等现有场所，进行必要的消防安全和适老化改造，既节省成本又便于老年人就近用餐。在运营方面，由村（居）支部书记担任第一责任人，负责食堂的日常运营和监管。食堂管理人员和厨师均由村党组织召开党员代表大会、村民代表大会进行民主讨论选聘，持预防性健康检查合格证上岗。在管理方面，每月公布收支，每季度审核兑现运营补助，将收费、捐款捐物、菜品采购、掌勺义工补助等收支情况公之于众，接受社会监督，确保好事办好、实事办实。

在具体实践中，古田县基于上述规范化建设指南，根据当地实际情况进一步出台《古田县“互助孝老食堂”试点工作方案》，选定10个试点村建设互助孝老食堂。古田县委、县政府多次召开会议强调，深入开展调研，进行广泛思想动员，促进思想统一和认识到位，以办好惠民实事为抓手，着力解决山区农村留守老人和困难群众用餐的急难愁盼问题，积极探索抱团互助居家养老服务模式，采取“政府搭台、村居承办、居民互助、个人自愿、梯度收费、社会参与”的运作模式，重点解决贫困、留守、孤寡、高龄、失独、重残等特殊困难老年人的用餐问题。

在社会参与上，“互助互济”是古田县“互助孝老食堂”试点工作最为鲜

① 《宁德市推行城乡社区近邻服务提升基层治理水平》，福建省民政厅网，http：//mzt. fujian. gov. cn/ztzl/sqjlfw/zcwj/202206/t20220606 _ 5925694. htm。

明的特色，也是保障食堂可持续运营的重要精神力量。由于各试点村的自身条件不同，在坚持互助孝老食堂公益性原则不变的前提下，古田县积极引导农村基层党组织发挥乡村治理引领作用，允许食堂运营管理方式多样化。在开展互助孝老食堂助餐服务方面，倡导邻里乡亲“一袋米、一把菜、一份爱心献食堂”的乡村邻里互助模式，鼓励乡贤、乡村邻里捐献爱心，将点滴捐助统一整理并发布在食堂公示栏、乡村微信群、抖音等上，积极引导慈善资源、志愿者组织、慈善超市参与互助孝老食堂建设，把互助孝老食堂打造成社会公益慈善的重要窗口，并将助餐服务与留守等特殊群体老年人的探访、关爱和精神慰藉有机结合，激发乡村基层内生动力和正能量，营造共建共治共享的格局。

在建章创制上，古田县各部门形成合力，先后出台《古田县“互助孝老食堂”财务收支管理制度（试行）的通知》《古田县“互助孝老食堂”等级评定标准（试行）》《古田县关于开发养老互助乡村公益性岗位的通知》《古田县“互助孝老食堂”规范建设指南（试行）》《古田县推进“互助孝老食堂”建设工作方案》等政策文件促进食堂建设运营管理的标准化、科学化和规范化，进一步健全互助孝老食堂长效运行机制。宁德古田“互助孝老食堂”模式从试点先行到推广应用，受到用餐群众的普遍欢迎，被列入2021年古田县为民办实事项目。目前已推广至80个村，投入运营48个食堂，用餐人数约1 500人，显现出广泛的群众基础和持久的生命力。①

2. 泉州永春“爱心午餐＋互助养老”模式

近年来，泉州市永春县瞄准山区农村居家养老服务方面的短板，聚焦农村留守、空巢、独居等老年人特殊群体，始终以“老有所养、老有所依、老有所乐、老有所安”为目标，充分发挥社会慈善等各界力量，打造“爱心厨房”平台，创新“爱心午餐＋互助养老”模式，一定程度上解决老人日常饮食不规律、农村精神文化生活匮乏等问题。同时，引导老人反哺乡村治理，呈现乡村振兴新景象，逐渐形成“爱心午餐助养、半耕伴读乐养、邻里守望互养”的山区养老永春样板。

2014年8月，永春县以苏坑镇嵩溪村居家养老服务站为试点，发挥社会慈善力量，多方筹措资金、镇村补助运营，建立“爱心厨房”，在全省率先推

① 《小食堂 大民生——古田县首创互助“孝老食堂”，开启农村养老新模式》，宁德网，http：//www.ndwww.cn/xspd/gtxw/2021/0326/187906.shtml。

行农村养老“爱心午餐”，解决山区留守老人因居住分散导致参与居家养老服务站活动所面临的中午回家用餐“两头赶”的问题。随着“爱心厨房”的推广和运行，吸引该村越来越多的留守、独居、孤寡等老人参与。老人在服务站不仅能参与文体活动，而且还能吃上营养可口的餐食，让在外打拼的子女消除后顾之忧。目前，已有56个村发挥社会慈善力量，借鉴嵩溪村居家养老服务站开设“爱心厨房”，惠及农村留守老人比例高达96%，逐渐实现农村老人“有得吃、有人管、有事做、享乐趣”的目标。

在物资筹措上，永春县全面发挥社会慈善等各界力量，通过采取“政府补贴扶持、慈善捐赠帮扶、子女捐资投劳”的办法进行筹集。在运营方面，通过创建“三个一”机制，确保“爱心厨房”规范运营。一是建立一个制度。县、乡、村三级把关怀农村留守老人等群体的居家养老关切纳入重要议事日程，建立联席会议制度，会同村级老年协会研究对策，整合资源，在建设农村幸福院时，坚持因地制宜，利用闲置的村部、校舍、旧茶厂等资源改造建成“百善阁”“邻里守望堂”等，打造更多的“爱心厨房”平台。二是制定一套办法。通过制定《爱心午餐厨房管理制度》《老年人营养与膳食指南》等办法，加强对厨房及用膳等的管理，避免出现浪费等现象。如永春县湖洋镇吴岭村居家养老服务站严格实行“挂牌报膳制”，要求每天10点前“报膳”才能用膳。三是设立一个账户。设立“乡村养老基金会”，规范资金管理使用，保障食堂长效运转，将筹集的资金存入金融机构，让“基金生财”。吴岭村成立“邻里守望堂”基金会，将已筹集的50多万元存入金融机构，每年利息收益约7万元，可保障“邻里守望堂”有序高效运转。另外，推行老人“自助管理”模式，在服务站老人既是服务对象，又是工作人员，变“被动养老”为“主动养老”，大大降低运营成本。同时，创新“养老+”活动载体，不断丰富老年人的精神文化生活，提升养老内涵。①

三、福建省长者食堂存在的主要问题

（一）长者食堂政策支持不足，政策覆盖人群限制较大

在我国农村养老服务政策出台前，农村老年人的养老服务主要依靠家庭养

① 《泉州永春：打造“爱心厨房” 助推农村互助养老》，泉州文明网，http://qz.wenming.cn/wmcb/202011/t20201103_6793361.shtml。

老及宗族亲邻的协助照护。家庭保障一直是农村老年人的养老服务主体形态，大部分老年人的经济支持、生活照料来源于子女、亲朋等。农村老年人最初从国家得到的制度化帮助主要是“五保”制度。聚焦福建，从全省养老助餐服务的社会供给现实来看，农村养老助餐服务始终不足。而社会分配的基础在于养老政策服务的对象应从缺失、选择性到普遍性的过程。对农村养老助餐服务的供需匹配现状的研究发现，存在城乡养老助餐服务不均等发展、农村养老助餐服务可及性低等问题。①

已有研究表明，县域长者食堂总体供给不足，服务利用率较低，特别是农村基本养老服务的经济可及性、养老服务内容可及性与养老服务方式可及性存在明显差异。② 不论是从政策的规定或是实地调查的情况来看，政策的受惠对象主要限定于低保、低收入及“三无”老人，虽然其他老年人也可以自费在服务点就餐，但并不享受政策优惠。因此这一福利政策在受惠对象上带有浓厚的“选择性”色彩，体现政府的兜底责任。但与此同时，大量在经济上不存在显著困难的老年人同样存在助餐需求，尤其近年来独自居住和高龄孤寡的老人增长迅速，而家庭福利“失灵”现象普遍存在，由此引致老年人用餐质量低下并开始成为社会性问题。养老助餐服务作为老年福利的重要组成部分，应当惠及更广大的老年群体，否则覆盖人群狭窄与日益增加的老年助餐服务需求之间的矛盾将更加突出。

（二）长者食堂资金来源不到位，存在不可持续性问题

政府在为老年人提供养老助餐福利补贴的同时也为爱心商家提供补贴和税费减免，而增设助餐点、放宽优惠政策的对象限制必然需要承受更大的财政和管理压力。由于某些长者食堂的资金来源不到位，存在不可持续性的问题。同时，助餐政策存在的局限性使大量存在实际就餐困难的老年群体仍处于窘境之中，而随着城市化和老龄化发展，老年人日常餐饮问题也将更加普遍。当个人需求无法通过家庭得到满足时，就会产生“需求溢出”的现象。需求溢出理论认为，个人的需求溢出，尤其是基本需求的溢出，会催生出两种解决方式。除政权组织通过“强制利他”来解决个人需求溢出的问题外，非营利组织也会以

---

① 济南社会科学院编《新时代健康老龄化理论与实践》，山东大学出版社 2020 年版，第 65—66 页。

② 参见王飞鹏、白卫国《农村基本养老服务可及性研究——基于山东省 17 个地级市的农村调研数据》，《人口与经济》2017 年第 4 期。

“志愿利他”为基本功能路径来回应个人的需要。①

（三）养老问题思想观念局限性，对老龄餐饮存在误区

受传统的养老思想观念影响，推动养老助餐受限较多。例如，宁德市在开展“互助孝老食堂”试点初期，“不爱做”“不敢做”“不会做”的思想比较突出。有的乡村干部认为孝老爱亲是子女的责任，办食堂吃力不讨好；有的习惯已有的农村管理模式，不敢在服务民生方面进行有益探索；还有的对如何引导互助互济，一脸迷茫，观望等待思想浓厚。这些陈旧观念的存在，实际上已成为举办互助孝老食堂的阻力。而助老就是防贫，助餐就是兜底解决急难愁盼问题。养老思想观念局限性某种程度上反映出对老年人养老问题的忽视。

当前，越来越多的餐饮企业开始聚焦于日益庞大的“银发族”身上，认为“银发族”有望成为继“单身族”“熬夜族”“宅家族”之后餐饮业的消费新势力。然而，许多正在从事老龄餐饮的养老机构对此却叫苦不迭，认为老龄群体消费观念传统且消费能力缺乏，获取利润微薄难以为继。

四、推进福建省长者食堂高质量发展的对策建议

（一）加强长者食堂政策有效支持，加大资金扶持力度

从“加大投入、多方支持、政策优惠”三个方面提出激励措施，各地整合资源、加大投入、经营场所实行低租或免租及经营场所的水、电、气按居民价格执行等。例如，宁德古田坚持民生底线，财政杆杠撬动。在新冠疫情影响财政收支的情况下，古田县强化政府托底保障职能，每个村投入开办费 8 万元，用于购置厨具、桌椅、餐具及必要的修缮和适老化改造，还根据供养“八类优待对象”人数，按每人每天 6 元的标准拨付运营补助，统筹用于厨师补助、管理等支出，将运营费补助与人头挂钩，激励食堂提高服务质量，增添开办食堂的信心勇气。创新福建养老助餐服务模式，多措并举提升养老助餐服务水平，满足最广泛的养老助餐服务需求；逐步建立包括中央厨房、老年食堂、助餐服务点和配送入户的多层次养老助餐服务体系，打造养老助餐服务网络。

注重制度建设，规范长效运营。相关部门要加强监督检查和运营评估，提

① 刘太刚、吴峥嵘：《我国社区居家养老服务中非营利组织的功能嵌入分析研究——以北京市 A 助老食堂与上海市 B 助餐点为例》，《北京行政学院学报》2019 年第 3 期。

升助餐服务质量。一是探索建立分级分类、梯度收费体系。收费过高，群众不可接受，过低又难于运行。建立收费价格管控机制，要求用餐收费要能覆盖本金，这是“互助互济”的本意所在。明确对困难群体给予优待，兼顾“五老”人员、老党员、计生家庭、军烈属，这是政策要求。收费标准由村民代表大会通过后执行或根据实际情况收取，捐助和慈善资金作为补充。二是规范财务收支，确保易行合规。食堂的长期运营，有赖于一个易行合规的财务制度，因此制定下发《养老助餐服务收支管理实施细则》，实行每月公布收支，季度审核兑现运营补助，将收费、捐款捐物、菜品采购、掌勺义工补助等收支情况公之于众，接受监督，取信于民，取信于社会。根据法律法规和邻里自助互助良俗，明确向农户采购菜品可以 3 人签字的采购验收单入账，对于定向捐赠票据开具协调由县红十字会和慈善总会负责。

（二）严格落实长者食堂主体责任，加强老年助餐管理

强化党政主导，建立多元要素保障机制。各级党委政府要加强组织领导，将长者食堂建设列入为民办实事项目。在目前农村养老服务体系建设滞后，服务能力较弱，而农村老龄化形势严峻、养老服务需求无法满足的情况下，必须明确政府在推动农村养老服务业发展中的首要责任。首先，加快完善农村兜底保障性养老服务建设，落实政府责任。政府兜底养老服务主要面向农村“五保”供养老人、农村高龄老人、生活不能自理的经济困难老人等。提高农村失能老人及高龄老人的养老服务补贴与高龄津贴标准，切实增加基础保障性养老服务社会产品的供给量，转变养老服务方式，提升养老服务水平。其次，转变政府职能，强化社会治理服务意识。构筑社会化养老服务体系，要求政府有积极的责任意识，主动落实政府责任。强化政府相关部门的监督管理责任，包括履行管理责任和压实监管责任。各级民政部门是各类养老服务机构的主管部门，负有管理责任。市场监管部门要压实养老服务机构和社区老年配餐助餐服务场所食品安全监管责任。政府不仅要服务于经济建设，而且还要加强社会治理；要实施积极的社会政策，对于养老服务建设主动担责。

引导社会多元主体参与，推动养老助餐服务发展。我国养老服务的供给脱胎于“国家＋家庭”的二元模式，特别是农村的养老服务，社会化程度非常低，家庭养老等传统思想与方式根深蒂固。推动我国城乡养老服务建设，必须树立多元主体共同参与的基本信念，以政府为主导，追求社会化的养老服务方

式，同时注意家庭的基础作用。① 明确各养老主体责任边界，扩展或延续家庭养老功能，在政府、市场、社区等与家庭合作的框架下，整体统筹这些不同社会系统的作用。② 重视发挥五体联动的作用：一是政府作为社会养老服务的主导；二是社区和驻地养老服务机构作为社会养老服务的主要载体之一，充分发挥基础作用；三是家庭作为社会养老的强力支撑；四是公益组织作为社会养老服务的补充；五是社会志愿者主动参与服务保障。如何发挥和整合不同养老系统的作用，更需要不断地实践探索与理论总结。③

（三）打破养老思想观念局限，学习借鉴国内外成熟的长者食堂经验

打破养老思想观念局限，发展"互联网＋"养老服务，开展"智慧养老"。"互联网＋"养老是互联网时代、老龄化时代和中国现代化进程交织的产物，是互联网和养老两个领域的深度融合。④ 我国互联网（包括移动互联）技术的快速发展及应用为农村养老服务发展带来了新机遇。要借鉴互联网的快速、信息化、数字化、集约化优势，充分运用养老服务网络平台，联结服务机构与服务终端，重点在降低服务成本、增加服务时效、丰富服务内容、扩充服务对象、分析服务需求等方面实现突破。利用智慧养老平台，科技赋能长者食堂。可依托"互联网＋养老"模式，将居家养老、社区养老、机构养老纳入平台统一管理并对外提供服务，并将长者食堂作为智慧养老平台的模块之一。一方面，通过为老年人提供指尖上的便捷养老服务，通过指纹或人脸识别等技术，提供对长者食堂集中就餐和上门送餐两种形式的服务管理，同时满足食堂后台菜品菜谱维护及价格维护等管理需求，让老年人方便快捷地享受高品质的餐食服务。另一方面，还可自动记录就餐人次，生成助餐结算数据，政府可通过系统对助餐记录进行自动核算，实现助餐补贴的精准发放。⑤

参照国内养老助餐服务优秀案例，因地制宜拓展养老助餐服务模式，学习借鉴并转化运用。例如，古田县作为宁德市试点之一，首先提出互助孝老食堂

---

① 济南社会科学院编《新时代健康老龄化理论与实践》，山东大学出版社 2020 年版，第 72 页。

② 胡湛、彭希哲：《应对中国人口老龄化的治理选择》，《中国社会科学》2018 年第 12 期。

③ 董万章：《中国人口老龄化时代的战略抉择：当我们老的时候如何变得更好》，中共中央党校出版社 2020 年版，第 348 页。

④ 严志兰：《城市社会养老服务递送：基于福建的田野调查》，社会科学文献出版社 2021 年版，第 56 页。

⑤ 樊美清：《关于长者食堂建设与运营的建议》，《政协天地》2022 年第 3 期。

方案并作为顶层设计，随后各部门出台《古田县“互助孝老食堂”财务收支管理制度（试行）的通知》《古田县“互助孝老食堂”规范建设指南（试行）》等文件，把举办长者食堂作为“乡风文明”“乡村治理”工作的内容列入乡村振兴战略实施，使之全面推进、持续运营。

人口老龄化是全球共同的未来景象，发达国家老龄化进程超前于中国，国外对老龄化社会的许多创新做法和改革措施值得学习和借鉴。发达国家的养老模式，归根结底是国家、社会福利养老型。例如，“时间银行”源起于日本，发展于美国，最初是指一群志愿者组织的具有互帮互助性质的公益项目，志愿者将参与公益服务的时间存进时间银行，自己遭遇困难时就可以从中支取“被服务时间”。学习借鉴引入日本的“时间银行”机制，以此激励居民相互帮助，积极投入自身管理与社区管理，共同加强外界与社区的联结。宁德市也已经在古田、东侨等地探索推行了“助老时间银行”机制，服务对象先确定在各“互助孝老食堂”就餐老年人中实行，待条件成熟后适用于全体老年人，通过构建县、乡、村三级管理体系对“时间银行”进行分级管理，打通与公益志愿服务的积分统筹兑换“助餐、助浴、助洁、助急、助医”等服务，实现“以时易服、以时易物”。

党的二十大提出“全面推进乡村振兴”，扎实推动乡村产业、人才、文化、生态、组织的全面振兴，可以说乡村振兴战略关系全面建设社会主义现代化国家的全局性任务。深化福建省乡村振兴战略，推进长者食堂及养老助餐服务实践，对于坚持以人民为中心的发展思想和全方位推进福建高质量发展具有重要意义。在全球人口老龄化程度日益深重和我国全面推进乡村振兴的背景下，就如何应对人口老龄化问题提出较为有益的县域地方经验和实践模式，不仅对于探索应对人口老龄化的中国方案具有重大而深远的意义，也将为世界各国应对人口老龄化、着力构建人类老龄社会应对共同体，贡献中国智慧和“福建方案”。

建设县域社会治理共同体初探

——以漳州市县域治理实践为例

陈贤滨*

习近平总书记曾指出，如果把国家比喻成一张网，县就像这张网上的“纽结”。“纽结”松动，国家政局就会发生动荡；“纽结”牢靠，国家政局就稳定。总体上看，我国县域社会治理体系不断完善，人民安居乐业、社会安定有序，广大人民群众的安全感和满意度不断增强。但也要清醒地看到，乡村社会利益关系日趋复杂，特别是随着互联网的迅猛发展和广泛普及，广大乡村百姓的生产生活、思维方式、交往方式发生深刻改变，社会观念、社会心理、社会行为发生深刻变化。新形势下，需要进一步加强和创新县域社会治理，积极化解基层社会矛盾，更好维护社会稳定。要坚定不移走中国特色社会主义社会治理之路，善于把党的领导和我国社会主义制度优势转化为社会治理效能，建设人人有责、人人尽责、人人享有的县域社会治理共同体。

一、建设县域社会治理共同体的理论逻辑

（一）建设县域社会治理共同体是践行中国共产党初心的本质要求

习近平总书记指出，江山就是人民，人民就是江山，人心向背关系党的生死存亡。始终同人民在一起，为人民利益而奋斗，是马克思主义政党同其他政党的根本区别。为民造福是立党为公、执政为民的本质要求，中国共产党的初心就是为人民谋幸福。一部百年大党奋斗史，就是一部从毛泽东同志“全心全

---

* 陈贤滨，中共漳州市委党校（福建谷文昌干部学院）哲学法学教研室主任、副教授。

意为人民服务”到新时代习近平同志“以人民为中心”的“人民”核心话语体系不断拓展演进的发展史。坚持人民至上是中国共产党治国理政的不变承诺，也是县域社会治理共同体建设的价值准则。坚持人民主体地位，充分调动人民积极性，始终是我们党立于不败之地的强大根基。人人有责、人人尽责、人人享有是坚持人民主体地位的根本体现，是县域社会治理共同体的基本特征和要求，从打造共建共治共享的社会治理格局，到建设人人有责、人人尽责、人人享有的社会治理共同体，不仅回应了新时代社会治理实践的深刻变革和人民对美好生活的向往，更对社会治理现代化提出了新要求。只有坚持“人人有责”的主人翁地位，才能激发“人人尽责”的社会责任感，最终实现“人人享有”的社会治理效果。

（二）建设县域社会治理共同体是马克思主义共同体思想的创新发展

《共产党宣言》深刻阐述了马克思主义“共同体”的思想：“代替那存在着阶级和阶级对立的资产阶级旧社会，这个新社会将是这样一个联合体，在那里，每个人的自由发展是一切人的自由发展的条件。”马克思和恩格斯认为，社会主义之所以能够代替资本主义，不仅是因为社会主义能够适应生产力的发展，更重要的是社会主义能够使人得到自由全面的发展，这甚至是未来共产主义最显著的特征。虽然马克思并没有对共同体作出明确定义，但根据马克思不同时期的著述中对共同体进行的阐述，“共同体”可以概括为：“现实的人”基于共同利益和共同解放诉求而形成的一种共同关系模式，它是人类生存的基本方式，充分体现人的本质作为“一切社会关系的总和”，人类只有通过“真正的共同体”即自由人的联合体才能实现自身的解放，得到自由全面的发展。县域社会治理共同体理念正是马克思共同体本源思想的生动体现，是中国特色社会主义社会治理理论对马克思共同体思想的创造性发展。习近平总书记强调：“坚持人民性，就是要把实现好、维护好、发展好最广大人民根本利益作为出发点和落脚点，坚持以民为本、以人为本。”建设社会治理共同体正是习近平总书记的人民情怀在社会治理领域的生动实践。人人有责、人人尽责、人人享有这三个基本特征反映了自由人联合体的思想，只有作为社会主体的每个“人”真正担负起社会责任，才能够让每个“人”享有这样的自由发展的共同体。

（三）建设县域社会治理共同体是国家治理体系和治理能力现代化的应有之义

国家治理体系和治理能力现代化的逻辑起点是“人”，而其在社会治理领域的表现就是“以人民为中心”的社会治理理念。县域社会治理是国家治理的重要领域，县域社会治理现代化是国家治理体系和治理能力现代化的应有之义。三个“人人”的县域社会治理共同体至少包括以人为核心的国家基层治理体系的三个方面：一是治理主体的人民性——人人有责。县域社会治理共同体里的乡村社会是一个熟人社会，个人在党委政府的正确引导下，不断提升共同体意识，不断意识到自身应该对整个共同体负责。二是治理方法的人民性——人人尽责。基层作为社会的单元细胞，是广大人民群众利益诉求的集中体现地，基层治理也因此成为社会治理的重点，积极发挥人民群众的自治作用，实现共建共治的治理格局。三是治理成果的人民性——人人享有。县域社会治理的全民共建必然要求社会公共利益和治理成果的全民共享。县域社会治理最终是实现人人享有、各得其所，满足最广大人民的根本利益才是其价值旨归。

（四）建设县域社会治理共同体是全面推进中国式现代化的内在要求

概括提出并深入阐述中国式现代化理论，是党的二十大的一个重大理论创新，是科学社会主义的最新重大成果。全面建设社会主义现代化国家，最艰巨最繁重的任务仍然在农村，推进中国式现代化在县域的落脚点就是全面推进乡村振兴，建设县域社会治理共同体是全面推进乡村振兴的重要载体。首先，基层广大人民群众是经济发展和社会治理的最终落脚点，建设县域社会治理共同体有利于助力全面乡村振兴，为早日实现全体人民共同富裕奠定坚实的基础。其次，建设县域社会治理共同体有利于促进乡村公众明确社会责任、履行社会义务、参与社会进步。例如，促进移风易俗等乡风文明，大力发展社会主义先进文化，进而达到乡村个人文明素养和整个社会精神文明的提升，促进物的全面丰富和人的全面发展。最后，在县域社会治理共同体中，坚持走生产发展、生活富裕、生态良好的乡村振兴道路，统筹乡村基础设施和公共服务布局，建设宜居宜业和美乡村，是人与自然和谐共生的新农村建设的必由之路。

二、建设县域社会治理共同体的漳州实践

漳州是第一批全国市域社会治理现代化试点城市，三年来，始终加强和创新社会治理，完善党委领导、政府负责、民主协商、社会协同、公众参与、法治保障、科技支撑的社会治理体系，建设人人有责、人人尽责、人人享有的社会治理共同体，矢志不渝打造市域社会治理现代化的“漳州样本”，共建共治共享格局逐步形成，人民群众的获得感、幸福感、安全感不断提升，为加快建

设现代化滨海城市、全方位推进高质量发展超越创造安定稳定的社会环境。在这个过程中，漳州市各部门各地区涌现出一批具有地方特色、山海有别的县域社会治理典型经验，主要从党建引领、矛盾化解、风险防控、法治保障、共建共治、基层基础、优化服务、智慧赋能等八个方面建设县域社会治理共同体，形成从一地“盆景”到全域“风景”的创建格局。

（一）打造党建引领网格，建立治理联盟机制

漳州市南靖县积极探索“党建带网格”治理模式，积极发挥县直机关单位职能优势，齐抓共管，不断打造治理联盟，协同提升社会治理实效。一是打造基层治理联盟。成立行政执法、教育卫生、党群服务、综治维稳、应急处置、营商环境、乡村振兴七大治理联盟，建立七大治理联盟联席会议、联盟内各部门定期沟通协调等制度，定期召开会议，沟通信息，通报情况，合力解决市容市貌管理、市场监管执法、校园安全、疫情防控、社会维稳、防灾减灾救灾、优化营商环境、乡村善治等方面问题。二是形成“基层吹哨、部门报到”的应急响应。建立基层党组织“吹哨”，部门党组织和党员立即到场服务的工作机制，组织联盟内的部门和党员到基层单位“双报到”，大力开展机关单位与基层党组织共建、党员志愿服务等活动，帮助基层单位快速解决各种问题和难题。例如，在新冠疫情防控期间，全县共800多名机关党员到社区报到担任疫情防控网格员，开展志愿服务活动27场次，帮助群众解决难事、烦事、操心事258个。三是健全规范化网格运作机制。县、镇、村（社区、非公企业）分别成立党建网格化管理工作领导小组，建立网格化治理季度联席会制度，组建党建网格化督察小组，定期开展工作督导，推动网格治理措施落细、落到位。近年来，共召开联席会13场，开展工作督导12次，协调解决网格员调配等问题38件，对26名网格员进行谈话提醒。

（二）赓续毛泽东同志批示肯定的工作法化解基层矛盾

1955年，漳州市华安县仙都镇先锋村《一个整社的好经验》中“四对比、五算账”工作经验得到毛泽东同志的批示肯定，这一工作经验的核心就是提高基层及时就地解决问题的能力。华安县赓续“四对比、五算账”工作经验，打造“对比算账”信访评理特色品牌，成立各级信访评理室，组建评理队伍，不断提升矛盾纠纷的化解处置能力，切实将矛盾化解在源头、解决在基层。一是比事前防范，算成本账。全县各镇村信访评理室定期开展矛盾纠纷排查，在第

一时间全面掌握各种矛盾纠纷的详细情况和动态，做到未动预知、异动先知，防止矛盾纠纷激化、“民转刑”、群体性事件、进京越级上访等行为的发生，切实守住“第一道防线”，突出抓早抓小抓苗头，降低化解成本。二是比事中化解，算成效账。为提高矛盾纠纷评理化解成效，积极发挥“最多投一次”阳光信访工作机制作用，多措并举化解矛盾纠纷，对排查掌握的事项或群众申请评理事项，主动上门服务，实地了解详情，有针对性地邀请评理员及时组织信访评理，推动问题解决。三是比事后服务，算情感账。组织专门工作人员与群众面对面沟通、心贴心交流，切实做好回访工作，持续跟踪问题解决后续动态，对评理结果不太满意或有其他新增意愿的当事人给予二次调解，或指导其走法律途径维护自身权益等。华安县连续 6 年获得全国信访工作示范“无进京越级上访、无大规模集体上访、无因信访问题引发的极端恶性事件”的“三无”县称号，2021 年获得“全国信访工作示范县”荣誉。

（三）推行渔船安全渔民自管机制防范风险

漳州市海岸线长、海域面积广阔，渔业发展涉及众多沿海乡村。全通过渔民自管机制防范基层重大安全风险。渔民自己想要安全，才会自觉从意识上、行为上、习惯上约束自己，保证渔船航行、作业或锚泊安全。一是抓宣传，发动渔民群众自管。坚持以责促行，拧紧渔船全员安全生产责任链条，建立渔船安全生产职责清单 23 条及负面行为清单 14 条，促使船东、船长、船员知道渔船安全管什么。坚持以教促行，深入开展安全宣传教育“三送”“五进”活动 253 次，“送知识、送技能、送政策”“进渔村、进协会、进渔港、进渔船、进渔家”，指导渔民怎么管渔船安全。坚持以惩促行，倒逼船东、船长管好自家渔船安全。二是搭平台，发动渔民家属自管。利用网络信息资源，借力做功，建立“帮老公看船”“帮老公看风”平台。渔民家属在自家渔船、自家亲人出海作业期间，已上平台“看船看风”1.05 万次，有效促进了渔船海上安全。三是建机制，发动渔民组织自管。推进渔船安全生产组织化管理，引导 449 艘渔船的船东、船长以利益和安全为纽带，发展渔业公司、协会、同业公会等专业组织 21 个，建立渔船专业组织自我管理机制，促进渔船安全生产自治自律。

（四）不断深化提升“一村一法律顾问”工作

漳州市司法部门立足本地实际，在全市开展“一村一法律顾问”工作机制，并通过以点带面、示范带动的方式，在全市 1 861 个村居（社区）实现

“一村一法律顾问”全覆盖，不断满足广大群众日益增长的法律服务需求。近年来，针对山区县法律专业人才短缺、自然村分布散且大小村不一等难点痛点，探索建立“乡镇律师工作室”，走出一条切实可行的法治乡村建设工作新路子。一是实行组团模式。由镇政府与律师事务所签订总服务协议，在乡镇建立律师工作室，通过政府购买方式将全镇村居法律服务整体打包给律师事务所，打造以政府为主导、片区为单位、重点村为突破口的法律服务体系。二是拓展服务项目。在解决群众日常法律咨询的基础上，不断适应乡村振兴战略新要求，将法律服务拓展延伸到农村集体经济、重点项目建设等方面。针对集体土地问题多发，法律顾问通过举办村主干岗前任职培训、农村集体产权主题沙龙及开展农村集体产权制度改革遇到的历史性遗留问题梳理专项活动，有效遏制村集体资产流失，共同筑牢村民自治法治根基。三是融入联片调解。加快推进法律顾问专业团队与人民调解深度融合，引导律师主动融入联片调解工作机制，积极参与“网格管理中心”、“调解网格站”和“联片调解室”专项调解活动。一方面，坚持属地管理、就地化解原则，协助村居调解组织参与调解2 200余人次，化解矛盾纠纷1 800余起；另一方面，会同司法所、法庭、派出所等参与乡镇每月一次的重大疑难矛盾纠纷集中调解，目前已参与调解685场次，化解矛盾纠纷475起。

（五）打造共建共治的社区网格治理“2＋N”模式

近年来，漳州市探索打造城乡社区网格治理“2＋N”模式暨“社区（乡村）110”。“2＋N”模式中的“2”，指城乡社区农村的网格员和民警（辅警）；“N”是指治安巡防队、法律援助队、志愿服务队等若干支专门队伍。具体操作中，由所在社区（村居）“两委”成员担任的网格员和按“一社区（村居）一警（辅警）”配置的民警（辅警）发挥人熟、地熟、情况熟的优势，专职承担采集基础信息、收集社情民意、排查整治安全隐患、排查化解矛盾纠纷、宣传政策法律法规、代办公共服务等职责和任务，加上因地制宜组建的治安巡防队、法律援助队、志愿服务队等若干支专门队伍，组成城乡社区综合治理的一张大网，实现“矛盾不上交、平安不出事、服务不缺位”的目标。目前，漳州全市已配齐配强网格员2 216名，警员（含辅警、警务助理）2 744名，“N队”2 147支16 467人，实现全市所有社区（村居）全覆盖。

（六）探索居民自治新途径，打造大型社区治理的“锦绣方案”

漳州市龙文区步文街道锦绣社区2005年建成使用，有住宅楼64幢3 400

多户，常住人口 8 500 多人。为破解城市大型老旧社区常见的治理问题（基础设施老化、服务管理薄弱、安全隐患较多），该社区通过创新议事途径，实现政府治理和社会调节、居民自治的良性互动，初步形成大型社区治理的“锦绣方案”。一是落实社区党员“双报到”机制。将在职、退休等不同类型的 1 178 名党员纳入小区党支部管理，推行退休党员“常态报到”、支持在职党员“引领报到”、鼓励青年党员“志愿报到”，推动党员亮身份、干实事、作表率，积极参与社区治理。二是创建“红色物业”党建品牌。实行物业公司管理层和社区“两委”班子成员“双向进入、交叉任职”，由物业经理兼任社区党支部副书记，打造“红色物业”党建品牌，推动物业工作与社区治理深度融合。三是推动党员“楼栋长”制度。社区党支部以楼栋为单位，将 14 名党员发展为楼栋长，制定出台楼长职责清单及楼长暂行奖励办法，明确楼长的权利义务。四是创设“居民议事厅”。社区搭建线下协调议事载体和机制，既让居民有地方议事，又畅通协调解决问题的渠道。建立社区、小区、楼栋三级居民议事会制度，与居民携手共商共议小区建设、居民服务等社区日常事务。例如，针对小区中庭水系治理问题，锦绣社区召集业主代表、党员代表、楼栋长等参与商议，经过充分深入讨论，当场确定设计方案，采取公开投票和启用物业公共收益的办法，方案投票通过率达 95%，推动复杂疑难问题有效解决。

（七）探索“近邻”服务新模式，激活社区治理新动能

近年来，漳州市民政部门积极践行“近邻”理念，弘扬“近邻”文化，打通基层服务“最后一米”，不断健全完善共建共治共享社区治理体系。一是推进助幼服务行稳致远。建立 10 个未成年人救助保护中心，积极发挥好民政部门职能作用，持续开展农村留守儿童关爱保护专项行动，配备乡镇儿童督导员 150 名，村（居）儿童主任 2 074 名，实现了全覆盖。及时对陷入困境的未成年人开展临时监护或长期监护，全面保障未成年人的合法权益。二是加快推进互助式“近邻”养老服务设施建设。积极推动普惠工程提质建设，全市建成街道级养老服务中心 63 所、社区养老服务站 323 所，农村幸福院、老年活动中心等互助式养老服务设施 2 000 多个，老年人自助餐点（长者食堂）37 家，有效解决空巢老人的用餐问题。三是以乡镇（街道）社工站聚力赋能。按照有场地、有人员、有项目、有服务功能、有工作流程、有规章制度的“六有”标准，建设乡镇（街道）社会工作服务站，实现全市 122 个乡镇（街道）全覆盖，依托社工站统筹联动各方资源，进村入户开展社会救助、为老养老、儿童

关爱、社会治理等方面的服务，践行“远亲不如近邻”理念，为社区居民提供精准化、标准化、专业化社会公共服务。

（八）织牢县域信息化网格管理，致力构建平安海岛

漳州市东山县深化“全岛一体”思维，聚力织牢县域信息化网格管理体系，通过智慧赋能举措，平安海岛建设取得显著成效，综治工作考评连续9年进入全市先进行列，获2017—2020年度“平安中国建设示范县”荣誉称号。一是视频监控“一体化”。实施“雪亮工程”，投入资金超4 800万元，建成公安视频监控探头1 056个，收编社会监控探头2 675个，城区每平方公里监控探头数达到40个以上，镇区达30个以上，实现视频监控城乡全覆盖。同时，加强治安防控体系建设，招募本地平安志愿者1.05万人，开展治安巡逻、维稳处突等常态化工作。二是信息统管“一张网”。成立县、乡、村三级网格管理中心（站），按照国家标准“9＋X”模式，改造升级网格化平台，抓好三级网格的信息采集录入，接入综治、公安等12个部门系统，实现县、乡、村三级联网和重点部门业务对接。三是海上管理智能化。以渔业船舶安全生产标准化达标创建为抓手，1 262艘大中型渔船做到“三个到位”，即“海上110”平安海域动态管理平台加入到位、船舶北斗定位系统配置到位、海事VTS船舶交通防碰撞系统安装到位，实现信息化管理、动态化预警，切实保障海上渔业生产安全。

三、建设县域社会治理共同体的目标愿景

基础不牢，地动山摇。在推进国家治理体系和治理能力现代化的过程中，县域社会治理共同体的目标是重心向基层下移，健全基层党组织领导的基层群众自治机制，完善网格化管理、精细化服务、信息化支撑的基层治理平台，健全城乡社区治理体系，实现政府治理和社会调节、居民自治的良性互动。

（一）推进县域社会治理网络化和智能化

2020年3月，习近平总书记在浙江考察时指出：“运用大数据、云计算、区块链、人工智能等前沿技术推动城市管理手段、管理模式、管理理念创新，从数字化到智能化再到智慧化，让城市更聪明一些、更智慧一些，是推动城市治理体系和治理能力现代化的必由之路，前景广阔。”今天，人类已经迈入“智能时代”，互联网、大数据、5G技术已经浸润到社会生活的方方面面，网

络化和智能化是县域社会治理现代化的重要指标，要准确把握互联网技术和人工智能对社会治理的深度影响，提高社会治理的预见性，建设县域社会治理的大数据平台，利用线上的各种“微平台”，实现县域社会治理线上线下深度融合。近年来，漳州市创新开发“芗里芗亲”App，打造共建共治共享的社会治理新媒体，将互联网的创新成果与传统群防群治深度融合，全力打造以互联网为支撑的公众参与平安建设的新模式，打造老百姓自己的 App。该项目获得中央政法委第四届“四个一百”优秀政法新媒体评选“融媒公共服务奖”一等奖、福建省机关体制机制创新案例一等奖、全国政法智能化建设“智慧警务”创新优秀案例。未来可以把这一类型的 App 向广大乡村地区扎实推广，聚合县域社会治理共同体的“云平台”，打造共建共治共享的乡村社会。

（二）不断提升人民群众的获得感、幸福感、安全感

习近平总书记强调：“检验我们一切工作的成效，最终都要看人民是否真正得到了实惠，人民生活是否真正得到了改善，人民权益是否真正得到了保障。”建设县域社会治理共同体就是要使人民群众更有获得感、幸福感和安全感，这是县域治理最鲜明的导向。社会治理依靠人民，社会治理更是为了人民，不断增强人民群众的获得感、幸福感和安全感正是社会治理效能的生动体现。县域社会治理同样需要立足人民所需所盼，使社会安定有序、人民安居乐业，“幼有所育、学有所教、劳有所得、病有所医、老有所养、住有所居、弱有所扶”。要改变当前冗繁复杂的基层考核指标体系，让治理成效回归为民初心，让治理成果人人享有的人民性特质得到充分体现。

（三）正确处理县域维稳与维权、活力与秩序的关系

习近平总书记指出：“社会治理是一门科学，管得太死，一潭死水不行；管得太松，波涛汹涌也不行。”要讲究辩证法，正确处理好维稳与维权、活力与秩序的关系，充分调动一切积极因素，确保基层社会既充满生机活力又保持安定有序。县域社会治理现代化，最终指向一种以人民为中心的充满活力、安定有序、生活美好的县域社会治理生态。在我国社会主要矛盾发生转变的当下，实现美好生活和县域社会共享发展，是新发展阶段县域社会治理能力现代化的理想图景。坚持和发展新时代“枫桥经验”，推广“漳州 110”的快速化解群众矛盾机制，畅通和规范群众诉求表达、利益协调、权益保障通道，及时把矛盾纠纷化解在基层、化解在萌芽状态。

县域社会治理共同体理念深刻回答了由谁治理、怎么治理、治理成果由谁享有的重大问题，彰显着浓厚的人民性特质。县域社会治理最大的特点是既要“接天线”又要“接地气”。对上，要贯彻党的路线方针政策，落实中央和省、市的工作部署；对下，要领导乡镇、社区，促进发展、服务民生。建设县域社会治理共同体要为推进国家治理体系和治理能力现代化奠定坚实的基础。

基层治理创新视角下社区福利水平提升

解　静* 李　月**

一、引言

德国经济学家伊瓦斯（Evers）早在 1996 年提出了福利四分法的思想，扩展了社会福利的供给主体，认为福利的供给主体是国家、市场、社会和社区四大主体，丰富了福利多元主义理论，为社区福利合作供给模式奠定了必要的理论基础。当前，针对社区福利的供给的研究主要体现在：首先，从社区福利的供给主体来看，关于社区福利供给方式的研究逐渐趋向于“多中心”的供给模式，政府在福利的供给中仍然占据着重要的地位，从财政、人力、政策等方面负有主要责任，非政府组织等也共同参与到服务供给的协同治理中，并承担相应社会责任。其次，从社区福利的供给机制来看，一些学者从社区的现状出发认为，由于政府存在服务供给能力有限、福利性资源供给不足等问题，需要更多适量的经营性的便民服务项目的供给，以满足社区居民的物质和精神生活的多方面需求，体现出社区服务的福利性和公益性。最后，从社区福利的供给内容来看，一些学者将社区福利具体内容划分为两大类：一类是需要政府或社会组织提供的居民的基本生活服务需求；另一类是居民可以通过自我实现并直接享用的综合性社区福利。

二、实现基层有效治理是提升社区福利的着力点

社区是城市最基本的空间单元，是基层福利的主要提供者，社区治理的一

* 解静，中共成都市委党校（成都行政学院）公共管理教研部副主任、副教授。

** 李月，中共成都市委党校（成都行政学院）公共管理教研部主任、教授。

项本质要求就是提供福利，在城市管理体制的转型、社会结构发生变化、快速城镇化的背景下，为了更好地满足人民群众对美好生活的向往，需要社区在基层治理中优化福利供给，为社区居民提供高品质的福利，提高社区居民的幸福感、安全感、获得感。

1. 社会体制转型需要不断强化社区福利的功能

从发展来看，我国社区福利与经济体制转轨同步，具有鲜明的特色。在计划经济时期，城市基层管理的模式表现为“以单位制为主、街居制为辅”的方式，能够更好地整合资源，巩固基层政权。在这一时期，城市人口的福利由“单位”作为主要的供给主体，单位不仅从事生产经营活动，承担职工就业、工资等职能，还要承担职工的劳保、住房、医疗、子女等各方面福利的职能。这一时期的福利具有政府统一规划、集中管理、全权安排、城市居民被动接受服务的特征。随着市场经济体制的不断发展，企业更专注于生产经营活动，原来由单位承担的社会职能不断受到剥离，福利的职能逐步转向社区和市场。在此背景下，社会群体逐渐从单位人向社区人进行转变，社会管理体制从单位制向社区制转变，社区不仅仅是生活的空间，更是基层治理的重心。人民群众生活在基层社区，对于公共服务等福利项目的需要，需要在社区去满足。社区的治理水平、治理模式将直接关系到社区居民的切身利益。

2. 家庭功能弱化需要社会化的福利供给

1982 年，我国平均每户 4.43 人，到了 2010 年，每户人数已下降至 3.10 人，第七次人口普查数据显示，每个家庭户人口 2.62 人，家庭规模在持续缩小。家庭结构小型化意味着传统家庭的功能在逐渐减弱，家庭对于生育、养老等传统照护功能有所弱化，家庭抵御风险的能力下降。家庭照护功能的降低意味着传统养老、子女照护等需求需要通过社会化的福利供给的形式实现，面对服务需求的增加，“家门口养老”“社区托育机构”等这样以 15 分钟社区生活圈为服务半径的社区福利能够更好地应对“一老一小”福利供给的需要。尤其是在老年人口比重较大的老旧小区，社区养老院、日间照料中心、老年食堂等养老服务供给场景能够更加使老年人在熟悉的社区环境中享受相应的养老服务，节约成本的同时更能够提升居民的满意度。

3. 新发展阶段城市高质量发展需要不断优化福利供给

在发展型的社会，进入了现代化的发展阶段，也进入到高质量的发展阶段，伴随着快速的城市化与现代化，过去以增量建设为主要方式的城市开发建设已经不能够满足城市发展的需要，严重制约了经济发展方式的转变。城市化已由以新区发展为主到老城提升与新区发展并重的阶段，城市存量的更新提质即城市有机更新越来越重要。老旧小区改造作为城市更新的重要环节，是新发展阶段城市高质量发展的重要内容。对于城市快速发展中释放的大量服务需求，已经远远超出了传统社区服务的承载能力，城市更新不仅仅是基础设施的完善，更重要的是以老旧小区改造为契机，转变社区治理模式，化解群众的利益冲突和社会矛盾，使社区承担更多福利供给的社会职能，提高社区居民的福利水平，促进基层的和谐稳定。

4. 满足人民美好生活的需要要求社区提升福利供给水平

我国社会主要矛盾已经转化为人民日益增长的美好生活需要和不平衡不充分的发展之间的矛盾，人们对于物质文化生活提出了更高要求，社区福利资源配置和提升又是其中的一大难点，这对进一步完善城市社区福利对策提出了更加迫切的需求。目前社区福利普遍存在福利设施不足、供给主体缺乏、服务理念欠缺，无法有效满足居民对美好生活向往的需求，制约居民幸福感的提升。因此，紧紧围绕建设高品质和谐宜居生活社区目标，坚持以共建共治共享为导向，在福利的视角下，通过老旧小区的微更新创新社区治理模式、提升社区的治理能力，进而打通痛点、难点，优化社区福利的资源配置，提升社区居民的幸福感有着重要的实践意义。

三、社区福利水平提升面临的问题

1. 福利基础设施陈旧缺失

社区福利是以社区为单位的区域性福利形态，具有以社区为空间范围，以服务社区内居民为宗旨的特征。在过去，社区提供福利的作用不凸显，缺乏相应的规划，尤其是一些老旧小区建设年份久远，时间跨度大，公共空间建设及服务配套与现代化住宅小区的服务标准相去甚远。在这样社区生活的老人、儿童不仅生活、娱乐、健身、休闲空间受限，社区基础设施建设不足，福利设施陈旧或缺失。

2. 福利供给低质低效

福利供给主体对政府的惯性依赖。有效的多元治理要求政府关注各方主体的利益，切实保护福利供给各主体的正当权益，配置资源、解决问题。但在实际工作中，政府占有主导地位，具有身份优势，在社会组织资格审批、许可等各个方面长期占据着“制高点”，习惯先要求、后部署，经常大包大揽、亲力亲为，使其他社会力量不能充分发挥作用。政府过多地干涉社区自治不仅会导致社区治理过度行政化，还会造成社区自治能力减弱。在实践中，没有针对居民需求的福利供给，福利供给缺失，影响社区居民幸福感的提升。

3. 福利供给主体参与不足

一些社区整合资源能力较差，没有搭建以社区为平台的福利供给体系。同时，社会组织在福利供给中发挥作用不明显。一些社会组织处于新生阶段，缺乏发展韧性，部分社区社会组织数量不足、专业水平差、规模偏小、独立性不足，在福利供给中处于被动地位。一些社会组织的动员能力有限，缺乏经验和人力资源，大部分社区居民不愿意配合社会组织的工作，开展工作困难。一些社会组织大多内部发展不充分，有的需要政府审批设立，有的则是通过自上而下的社区治理发展起来的，甚至一些社会组织由于经费投入等原因使其具有“官方”或“半官方”的色彩，独立性和自主性不强，参与社区治理的职能和作用不明显，在社区治理中处于边缘地位。同时，由于公益性导向的性质，部分社会组织开展营利性经营活动比较困难，自身发展也存在困难。

4. 福利供给模式失效

随着过去计划体制下单位制管理制度逐渐瓦解，社区要承担更多治理的功能，而部分老旧小区面对居民服务需求和政策需求却不具备相应的能力基础，传统职能失范，服务体系失衡。社区治理手段落后的问题体现在借助互联网、物联网、云计算、智能终端等新兴信息技术设施实现智能家居服务、智能物管服务、智能社区服务的能力都比较落后；部分小区运用的服务系统相对比较独立，无法实现数据信息的互通互享，智慧化治理程度不高，难以享受智能技术带来的便捷服务。

四、社区福利水平提升的路径

1. 供给主体从单一向多元转变

社区福利并不是由社区直接提供福利，而是以社区为平台，整合多方资源，由政府、社会组织、辖区单位为居民提供福利，满足社区居民多元化、个性化的需求。因此，在社区福利供给的实践中，推动多元主体参与社区福利供给，推动社区服务市场化、社会化、自治化，不仅有助于创新基层社会治理，从而完善社区治理体系，也有助于社区福利体系的不断优化。

新福利理论提出福利的最终目的是提高现代人民生活的质量，在福利供给过程中要明确福利的目的，福利政府的角色和职责、福利的供给主体、福利的供给对象等。从多元化的供给主体来看，虽然政府在民生项目中的供给责任不可替代，但是政府不是民生项目的唯一供给主体。社区的福利体现在更多的社会、市场中的专业性主体参与到福利的供给中来。在政府主导下，构建多元供给主体协同的民生项目供给机制，鼓励和引导专业的社会组织、社会企业、市场主体提供普惠性的福利，才能为社区居民提供更优质、更专业化、更具精准性的福利。为了更好地优化福利供给，需要政府和非营利部门相互合作，在福利供给中相互依存，进行充分合作，以多元主体构成社区福利的治理形态。在过去，政府被认为是福利的单一主体，受经济和社会发展的影响，我国城市居民享受的社区福利都主要由政府包办，社区的福利设施都是根据政府的行政资源的实际情况建立形成的。政府作为服务主体在需求精准性、专业性、灵活性及供给效率等方面与市场主体、社会组织相比差距较大，而政府在资源整合能力、政治动员、稳定等方面具有比较优势，因此，多元治理能够促进各个主体相互合作、弥补缺陷。随着社会转型，社会组织开始逐渐成为承担社区福利的供给的一方主体，直到民政部门倡导的多部门联合供给，再到现如今的“三社联动”，社区福利的供给主体在不断增加。不论是嵌入社区的社会组织，还是内生于社区的社会组织，都是社区福利的重要供给主体，在政府政策的主导下，以社区为平台整合资源，不断丰富合作模式，通过政府购买、财政补贴等方式，使社区福利各个主体之间的合作更加规范化，形成正向的联动机制，向社区成员提供了更专业化、更多元化、更契合的服务。因此，要实现老旧小区福利的精准、有效治理，就必然要求福利的供给主体从单一向多元进行转变，构建多主体参与的福利体系网络，形成各个主体之间的良性互动。只有以社区居民的福利需求为中心，优化福利供给主体、治理模式、制度设计，才能提高优质的社区福利水平。在优化老旧小区福利水平的过程中，将多元主体的价值观聚焦在居民需求，确定福利内容和传递形式，实现居民福利需求的精准供给。

2. 服务理念从福利救济向普惠性转变

在过去，以政府为单一主体提供的社区福利是社会福利事业的组成部分，福利供给水平主要体现在以兜底为主要目标，聚焦于福利救助项目，为社区内困难人群，尤其是传统的民政服务对象提供福利，以保障其生存。在这种模式下，无法激发社会主体的积极性。随着社会体制转轨和城市化发展进程加快，社区福利的范畴已经远远超出传统政府提供福利的内容范围，社区福利多主体供给增强了市场、社会组织、家庭等各方主体的目标与能力，充分激发了市场、社会组织、家庭等各方主体的活力，刺激其潜在要素资源优势的整合，提高各个主体的能动性，凭借专业优势，为社区公众提供形式多样、内容丰富的福利，改变了过去政府单一主体模式下带来的其他主体的依附性、刻板性缺陷，提升了社区福利的水平。因此，社区福利的质量、社区居民生活服务满意度已经成为公共利益问题，而社区福利的商业性和互助性特征也越发明显。以居民需求为导向向社区居民提供多样化福利需求，多元化的福利在社区为居民搭建新场景，激发创新活力，激活社区内居民潜在的消费需求，扩大内需，在高质量发展中保障和改善民生，实现经济发展和民生改善的良性循环。在当前社区福利“三社联动”的模式下，加强社区治理体系建设，推动社会治理重心向基层下移，随着治理权力的下放，通过制度规范将大量事务下移到社区，各街道可以根据自己的区域特色、人口构成和资源配备情况设计福利项目，通过资金补助、公益活动、服务协助等政策支持，以更广大的社区居民为对象，提供普惠性的福利项目，不仅增强了增强社区的组织能力，更加提高了社区的号召力。

3. 服务方式从行政化向社会化转变

社区是培育公民精神的重要场所，社区福利项目有助于培养公民性格、公共意识与公共精神，增进居民主体意识。社区福利的意义不仅在于直接服务于居民的需求，更要通过福利这一载体培育居民，增强其积极主动的公民意识。居民是社区福利的核心，这意味着服务需求、服务项目、服务方式、服务主体都要以居民意识为导向，借助福利这一载体来实现城市社区的良性发展、重塑和谐的共同体、培养积极有为的公民。在过去的实践中，社区承担了过多政府的行政工作，从福利的供给内容来看，由于政府作为单一的福利供给主体，控制并垄断了社区福利的资源，福利的供给内容主要取决于政府而非居民的现实需求；从福利的供给主体来看，“上面千条线，下面一根针”，社区承担了大量的行政事务，甚至一些社工、社会组织也承担了一定的行政工作，降低了福利的供给效率；从福利的评估标准来看，不是以人民群众实际的获得感作为评估标准，而是着重关注行政量化指标的完成情况。针对社区福利水平的提升，要不断优化社区服务的整体化和社会化治理。

社区福利并不是由社区直接提供。通过资源换服务，整合社区资源，通过公开招投标等市场化的竞争，将社会组织、社会企业、市场主体引入福利供给中来，实现财政资金的有效配置，提升福利的供给质量。针对过去社区服务过程中的信息隔离、断裂、冲突等问题，不断优化社区福利的服务信息、服务流程、服务方式，整合纵向多层次服务审核和横向多部门会审的服务流程，为社区减少行政化事务。因此，要着眼于智慧社区的建设，搭建智慧社区福利平台，利用信息技术手段通过数据的互动共享、部门间集中协调、各个主体跨边界合作的方式进行治理，推进社区福利的一站式供给和跨部门信息共享，也有助于推进社会组织、市场主体、居民等社会力量成为社区福利供给的主力。在此过程中，不断增强社会共同体意识，培育社会力量，增强基层治理的能力，最大限度把矛盾风险防范化解在基层。在政府的引导下，有了政策、资金的支持，社会组织等其他主体在福利供给方面发挥着越来越大的作用，不仅有助于提升社区福利的供给水平，还有助于增强社区的治理能力。

习近平总书记关于基层治理重要论述的科学内涵

谢丹妮*

改革开放以来，我国基层治理取得了显著成效，概括而言：一是基本建立了中国特色社会主义基层治理体制机制，从以往高度集中的管制模式逐步转变到现代治理模式，不同参与主体发挥积极作用，为实现基层治理体系和治理能力现代化奠定坚实基础；二是基本形成了系统的基层宏观治理和微观治理的运行机制，构建以基层党组织为核心，人民群众共同参与的现代基层治理体系；三是综合运用法律、道德、行政、科技等诸多手段，基层治理能力不断提升。随着国家社会发展不断深入，各种力量、技术不断出现，基层变得更加错综复杂，对基层的治理提出了新要求新挑战。党的二十大报告提出“坚持大抓基层的鲜明导向”,① 突出强调基层治理的地位作用。党的十八大以来，以习近平同志为核心的党中央高度重视基层治理工作，把其摆在治国理政的重要位置，并对加强和创新基层治理提出了一系列新观点新论断新要求，这些是习近平新时代中国特色社会主义思想的重要组成部分，开拓了新时代中国特色社会主义社会治理理论与实践的新境界。通过梳理习近平总书记关于基层治理重要论述的主要内容，为基层治理打牢理论基础，提供创新性、建设性思路。

一、功能定位：基层治理是国家治理的基石

基层治理既事关党执政的基础，又事关国家政权的基础，还事关人民群众

---

* 谢丹妮，中共漳州市委党校（福建谷文昌干部学院）管理学教研室讲师。

① 习近平：《高举中国特色社会主义伟大旗帜 为全面建设社会主义现代化国家而团结奋斗——在中国共产党第二十次全国代表大会上的报告》，人民出版社 2022 年版，第 67 页。

切身利益的实现和维护。习近平总书记指出："党的工作最坚实的力量支撑在基层，经济社会发展和民生最突出的矛盾和问题也在基层，必须把抓基层打基础作为长远之计和固本之策，丝毫不能放松。"① 这意味着，基层治理已成为当前工作的重中之重，在党和国家的发展和治理中发挥着重要作用。

（一）党的执政基础在基层

基层是党的事业的肥沃土壤，是党和国家各项方针政策最终落实的地方。基层工作做得好不好，直接关系着党的政策的实施效果。而基层治理涵盖广泛，往往是"上面千条线，下面一根针"，为确保基层治理的正确方向，基层党建就必须发挥至关重要的作用。习近平总书记强调："只有把基层党组织建设强、把基层政权巩固好，中国特色社会主义的根基才能稳固。"② 做好基层基础工作十分重要，只要每个基层党组织和每个共产党员都有强烈的宗旨意识和责任意识，都能发挥战斗堡垒作用、先锋模范作用，我们党就会有力量，我们国家就会有力量，我们人民就会有力量，党的执政基础就能坚如磐石。③ 因此，做好基层工作是兴党兴国的必经之路，要努力实现党心聚民心，才能厚植党长期执政的根基。

（二）国家治理的神经末梢在基层

习近平总书记指出："基层强则国家强，基层安则天下安，必须抓好基层治理现代化这项基础性工作。"④ 基层治理既是国家治理的基础部分，也是社会治理的重要内容。一方面，基层治理是国家治理现代化的结构性要件。推进改革发展稳定的大量任务在基层，推进国家治理体系和治理能力的基础性工作也在基层。因此，基层治理是国家治理、地方治理的微观基础。另一方面，基层是社会治理的基础和重要支撑。基层处于承上启下的节点、各种矛盾产生的实际场域，承担着计划、指挥、协调、服务等的重要责任。习近平总书记指出："社会治理的重心必须落到城乡社区，社区服务和管理能力强了，社会治

---

① 中共中央文献研究室编《习近平关于社会主义社会建设论述摘编》，中央文献出版社 2017 年版，第 131 页。

② 《习近平谈治国理政》（第四卷），外文出版社 2022 年版，第 60 页。

③ 《习近平在全国组织工作会议上强调建设一支宏大高素质干部队伍确保党始终成为坚强领导核心》，《党建》2013 年第 8 期。

④ 《习近平春节前夕赴贵州看望慰问各族干部群众 向全国各族人民致以美好的新春祝福 祝各族人民幸福吉祥祝伟大祖国繁荣富强》，《人民日报》2021 年 2 月 6 日。

理的基础就实了。”[①] 必须通过精细化管理，把矛盾和问题尽早排解疏导；通过健全社区管理和服务体制，整合资源，提升基层公共服务能力。

（三）人民对美好生活的感知在基层

在国家治理的体系中，人民美好生活的实现与基层治理的关系最为密切。基层治理是良好治理的重要组成部分，是实现美好生活的基础。做好基层治理工作要以最广大人民根本利益为根本坐标，帮助人民群众解决实际困难。对群众普遍反映的问题，要对症下药，系统研究加以解决。只有这样，才能把美好生活的实现在基层治理中真正付诸实践。习近平总书记指出：“社区是党委和政府联系群众、服务群众的神经末梢。”[②] 党和政府要充分保障人民群众的根本利益，从群众最关心、最直接、最现实的问题入手，解决好基层群众的操心事、烦心事、揪心事。

二、价值遵循：构建以人民为中心的基层治理理念

以人民为中心是贯穿于习近平总书记治国理政的核心理念。在梁家河的7年时间里，习近平同志最大的收获之一是“懂得了什么叫实际，什么叫实事求是，什么叫群众”。[③] 从1988年担任宁德地委书记时推动的“四下基层”，到1990年担任福州市委书记时倡导的“四个万家”，强调必须贴近基层和群众一线，再到2007年担任浙江省委书记时提出的“为民办实事旨在为民”“解决人民群众最关心、最直接、最现实的利益问题”，[④] 习近平同志始终牢牢把握以人民为中心的发展理念。坚持以人民为中心，就是要坚持基层治理为了人民、依靠人民、成果由人民共享。

（一）基层治理为了人民

始终坚持人民至上是中国共产党治国理政的内在规律和独特优势，增进人民福祉是根本要求。基层是最贴近人民的地方，是最需要回应群众关切、服务

---

① 中共中央文献研究室编《习近平关于社会主义社会建设论述摘编》，中央文献出版社2017年版，第127页。

② 中共中央党史和文献研究院、中央“不忘初心、牢记使命”主题教育领导小组办公室编《习近平关于“不忘初心、牢记使命”论述摘编》，中央文献出版社、党建读物出版社2019年版，第142页。

③ 习近平：《我是黄土地的儿子》，《西部大开发》2012年第9期。

④ 习近平：《之江新语》，浙江人民出版社2007年版，第245页。

人民群众的场所。正如习近平总书记指出的："我们要改革创新基层治理，提高治理能力，更好服务于人民群众。"① 从制度实践而言，要通过制度改革实现和维护人民群众的切身利益；从人民群众地位而言，要保障基层群众在价值上、动力上、权力上的主体地位，实现真正的主体性；从治理评价标准而言，要以生产力发展、人的全面发展、国家长治久安等来综合评判。总体而言，要以人民为基层治理视角、以人民需求为制度建设方向、以人民参与为基层发展的主体性动力、以人民群众满意度为基层治理的监督性方式，从而实现基层治理为了人民的理念。

（二）基层治理依靠人民

基层是最能体现治理属性和人民主体地位的领域。习近平总书记强调，"建设人人有责、人人尽责、人人享有的社会治理共同体"，② 并明确了建设社会治理共同体的基本途径。人人参与、人人受益，概括了基层治理的主要方式和依靠力量。通过深化社区自治机制建设，健全群众意见表达、决策参与机制，优化社会参与机制等，提升基层群众的主体意识和参与意识，逐步构建起共建共治共享的社区治理新格局。着眼强化为人民服务的宗旨意识，维护人民群众的主体地位，让一切来自人民的积极力量源泉充分涌流，是中国共产党坚持为人民服务的初心与使命，也是中国共产党依靠群众、集中力量办大事的优良传统。因此，基层治理工作需要依靠人民群众，尊重人民的权利地位、激发人民的主体意识、凝聚人民的治理智慧，让人民在参与基层治理中有处发力。

（三）基层治理成果由人民共享

从理论和实践双重角度来看，人民群众是基层治理的主体，这个主体既是治理实施的主体，更是治理受益的主体。换而言之，城乡社区建设的核心就是实现人的全面发展，以人民性为根本立场。而在实践过程中，要依靠人民群众实现社区治理，这也明确了基层治理为了谁、依靠谁的问题。要紧紧抓住人民群众急难愁盼问题，坚持需求导向，从就业、教育、住房、社保等方面采取更多惠民生、暖民心举措，进一步健全和完善基本公共服务体系，让更多实实在

---

① 《习近平考察武汉，强调要充分发挥人才优势》，新华网，http：//www.xinhuanet.com/politics/leaders/2018-04/26/c_1122748911_3.htm。

② 习近平：《高举中国特色社会主义伟大旗帜 为全面建设社会主义现代化国家而团结奋斗——在中国共产党第二十次全国代表大会上的报告》，人民出版社 2022 年版，第 54 页。

在的治理成果真正惠及广大群众。

三、改革目标：实现基层治理体系和治理能力现代化

实现基层治理，必须构建现代化的基层治理体系和治理能力。2021年4月，中央提出要用5年左右时间建立起“党组织统一领导、政府依法履责、各类组织积极协同、群众广泛参与，自治、法治、德治相结合的中国特色基层治理体系”，[①] 同时通过党建引领、群众自治组织、公共服务等的提升不断提高基层治理能力。在此基础上再用10年时间，基本实现基层治理体系和治理能力现代化。

（一）坚持系统观念、协同治理

在治理理论视角下，国家与社会的关系是平等互助的，因此现代基层治理的参与力量是多元的。习近平总书记指出：“治理和管理一字之差，体现的是系统治理、依法治理、源头治理、综合施策。”[②] 树立系统性治理思维，是实现基层治理现代化的必经之路。基层治理不仅是政府的工作职能，而且也需要社会各界共同参与。基层包括党组织、政府、社会组织、群众自治组织等多种力量，如何实现系统治理、形成共治格局是关键。习近平总书记认为，在党委领导下，“推动社会治理重心向基层下移，发挥社会组织作用，实现政府治理和社会调节、居民自治良性互动”。[③] 首先，要完善群众参与基层治理的制度化渠道，这是实现共同治理的基本前提。其次，要分工明确，充分发挥各个参与主体的作用。在多个连续性议题和决策中，要坚持发挥党委的领导统筹作用，发挥政府的行政权力、资源整合作用，发挥企业的市场竞争作用、社会组织的自发性优势作用，社区组织和居民的自治作用，使各个主体的参与热情都得到最大限度的激发。

（二）坚持自治、法治、德治相结合

“三治”既是中华优秀传统文化的历史积淀，也是中国特色基层治理体系的重要特征。三者共同治理的同时，又各有分工。自治是基层治理的形式，为了调动人民群众的自主性、积极性，发挥其主体地位和作用。改革开放后，随

---

① 《中共中央 国务院关于加强基层治理体系和治理能力现代化建设的意见》，《人民日报》2021年7月12日。

② 中共中央文献研究室编《习近平关于社会主义社会建设论述摘编》，中央文献出版社2017年版，第127页。

③ 《习近平谈治国理政》（第三卷），外文出版社2020年版，第38—39页。

着中国民主政治建设的发展，基层群众自治制度逐步建立起来，国家将社会和基层管理的权利部分让渡出来，以激发基层社会治理的活力。随后，基层群众自治制度成为中国基层社会最基本的治理制度框架。习近平总书记强调以人民为中心，开展广泛的基层协商，他指出："涉及人民群众利益的大量决策工作，主要发生在基层。要按照协商于民、协商为民的要求，大力发展基层协商民主，重点在基层群众中开展协商。"[①] 法治是治国基本方略在基层的覆盖，为了规范基层公权力和自治权力，是基础性的约束规则。进入新时代以来，由于社会主要矛盾的发展变化及当前社会结构出现的新问题、新焦点，都对基层治理提出了更高、更严格的要求，这就要求我们必须依靠法律的约束力，加强基层法治建设。而德治是基层治理的基础，为了规范基层社会人与人之间关系的柔性力量，是提升基层社会和谐的价值导向。习近平总书记高度重视基层德治建设，强调"法律是准绳，任何时候都必须遵循；道德是基石，任何时候都不可忽视"。[②] 因此，只有正确处理好这三者之间的关系，才能发挥"三治结合"在基层治理中的优势作用。

（三）坚持运用现代技术治理

以互联网、大数据、人工智能、云计算、超级计算机等现代智能技术为核心的智能化，是推进基层治理现代化的重要目标和重要手段。习近平总书记指出："完善网格化管理、精细化服务、信息化支撑的基层治理平台。"[③] 大数据时代的治理，特别强调信息技术的运用和治理资源的数字化。因此，必须坚持数字赋能，以智慧云平台推进共享数据建设，加快大数据、区块链、人工智能等与基层治理的结合，提升基层治理智能化水平。

四、根本保障：发挥基层党建的引领作用

中国共产党是中国特色社会主义事业的领导核心。习近平总书记强调："把加强基层党的建设、巩固党的执政基础作为贯穿社会治理和基层建设的一条红线。"[④]

---

① 《习近平谈治国理政》（第二卷），外文出版社 2017 年版，第 297 页。

② 习近平：《论坚持全面依法治国》，中央文献出版社 2020 年版，第 165 页。

③ 习近平：《高举中国特色社会主义伟大旗帜 为全面建设社会主义现代化国家而团结奋斗——在中国共产党第二十次全国代表大会上的报告》，人民出版社 2022 年版，第 54 页。

④ 中共中央文献研究室编《习近平关于社会主义社会建设论述摘编》，中央文献出版社 2017 年版，第 129 页。

因此，基层治理要把党的领导贯穿始终，发挥基层党组织和党员干部的重要作用。

（一）发挥基层党组织的战斗堡垒作用

基层党组织是基层的领导核心，是实现基层治理的关键要素，发挥着整合资源、健全机制、价值引领的重要作用。一是整合资源。习近平总书记指出："要加强党的领导，推动党组织向最基层延伸，健全基层党组织工作体系，为城乡社区治理提供坚强保证。"[①]"推进以党建引领基层治理，持续整顿软弱涣散基层党组织，把基层党组织建设成为有效实现党的领导的坚强战斗堡垒。"[②]在基层治理中，基层党组织要以牵头和抓总把握关键环节，牢牢掌握基层治理的主动权。通过发挥其政治优势，站稳政治立场，将自己建设成为"宣传党的主张、贯彻党的决定、领导基层治理、团结动员群众、推动改革发展的坚强战斗堡垒"；[③]通过发挥其组织优势，将其他参与力量吸纳进来，建设基层治理共同体，并在具体参与和治理过程中，强化沟通协调功能，构建稳定的基层治理新格局。二是健全机制。要发挥基层党组织的战斗堡垒作用，首先要加强制度建设。在合理的制度下，必须建立健全长效机制，加强基层党组织建设的相关机制，不断健全完善农业农村优先发展的制度安排，把党的工作基础打得更扎实，从而切实增强人民群众的幸福感、获得感。三是价值引领。党组织领导核心作用，更体现在治理共同体的思想凝聚和统一上。通过基层党组织将党的理论政策宣传到位、落到实处，巩固共同奋斗的思想基础，凝聚起广泛的政治认同。此外，基层自治组织的发展，既包括自治能力的提升，也包括组织体系与群众的融合，通过价值传递与思想统一，实现组织构建与群众信任相协调，从而推进基层治理现代化。

（二）发挥基层党员干部的先锋模范作用

习近平总书记指出："基层社会治理成效如何，基层干部是决定性因素。"[④]基层干部是联系党组织和基层群众的重要纽带，要通过发挥先锋模范

---

① 《习近平在吉林考察时强调坚持新发展理念深入实施东北振兴战略加快推动新时代吉林全面振兴全方位振兴》，《人民日报》2020 年 7 月 25 日。

② 习近平：《高举中国特色社会主义伟大旗帜 为全面建设社会主义现代化国家而团结奋斗——在中国共产党第二十次全国代表大会上的报告》，人民出版社 2022 年版，第 67 页。

③ 习近平：《论坚持党对一切工作的领导》，中央文献出版社 2019 年版，第 200 页。

④ 中共中央文献研究室编《习近平关于社会主义社会建设论述摘编》，中央文献出版社 2017 年版，第 129、134 页。

作用，扎实做好联系服务群众工作，拉近党组织与群众之间的距离，形成良好的基层治理氛围。同时，也要重视干部队伍建设。基层干部素质高低、能力强弱、作风好坏，关系着党和国家各项事业的发展。习近平总书记认为，要抓关键少数，突出基层干部队伍建设。他指出："要统筹考虑基层干部队伍建设，逐步建立一支素质优良的专业化社区工作者队伍。"① "社区工作要时时处处贯彻党的宗旨，让党的旗帜在社区群众心目中高高飘扬，让社区广大党员在服务群众中充分发挥作用、展示良好形象。"② 党组织通过其广泛的分布和严密的组织，聚集了一大批社区精英。要注重培养基层党务人员、社区两委人员、网格员等，实现人才队伍聚集；通过业务培训、挂职锻炼、政策倾斜、引进人才等方式，不断推动基层干部队伍建设。

五、结语

习近平总书记关于基层治理的重要论述内容丰富、见解深刻、观点深邃，分别从基层治理是国家治理的基石、构建以人民为中心的基层治理理念、实现基层治理体系和治理能力现代化、发挥基层党建的引领作用等方面展开重要论述，回答了"为什么要重视基层治理、怎么推进基层治理"等一系列现实问题，为当今基层治理寻找方向，创新和发展了马克思主义社会治理理论，开辟了中国化马克思基层治理理论新境界，指导和推进了新时代基层治理现代化，巩固了中国共产党的执政基础，提供了提升基层治理能力的根本遵循。

---

① 中共中央文献研究室编《习近平关于社会主义社会建设论述摘编》，中央文献出版社 2017 年版，第 129 页。

② 中共中央文献研究室编《习近平关于社会主义社会建设论述摘编》，中央文献出版社 2017 年版，第 134 页。

市域社会治理现代化下社会矛盾问题综合治理的逻辑方略*

陈盛兰**

一、引言

党的十九届四中全会审议通过的《中共中央关于坚持和完善中国特色社会主义制度、推进国家治理体系和治理能力现代化若干重大问题的决定》提出加快推进市域社会治理现代化，这是市域社会治理现代化第一次正式出现在中央全会文件中，市域社会的区位优势和战略功能受到广泛关注。在党的十九届五中全会审议通过的“十四五”规划中，针对基层治理现实困境，在社会治理领域设立了强针对性的阶段性目标，即“社会治理特别是基层治理水平明显提高”,[①] 频繁出现的“体系建设”和“平台建设”意味着做好新时代的社会治理现代化工作亟须获取更高的治理权限，推进市域社会治理现代化迫在眉睫。党的二十大报告强调“在社会基层坚持和发展新时代‘枫桥经验’，完善正确处理新形势下人民内部矛盾机制……加快推进市域社会治理现代化，提高市域

* 基金项目：2022 年度福州市社会科学规划课题一般项目“志愿服务在推进市域社会治理现代化中的‘自治强基’功能及其实现路径”（项目编号：2022FZC24）；中共福建省委党校福建行政学院中国特色社会主义理论研究中心 2022 年度一般课题“市域社会治理现代化视域下社会矛盾问题综合治理的逻辑方略”（此课题无编号）。

** 陈盛兰，中共福州市委党校（福州行政学院）公共管理教研部讲师。

① 《中共中央关于制定国民经济和社会发展第十四个五年规划和二〇三五年远景目标的建议》,《人民日报》2020 年 11 月 4 日。

社会治理能力”，[①] 这意味着全国市域社会治理现代化试点工作已经进入了全面推进的关键阶段，如何切实提升市域社会治理效能成为当前工作的重心，一个相对完善的市域社会治理现代化体系能够为有效治理社会矛盾问题提供系统性逻辑方略。

自市域社会治理现代化被正式提出以来，学术界对市域社会治理现代化的研究主要聚焦于几个方面：一是市域社会治理现代化的内涵阐述。学者们尝试从理论基础、生成背景、本质特征等方面对市域社会治理现代化进行剖析。在理论基础方面，杨发祥、郭科聚焦市域社会治理内含的全域治理范式转型，强调其“域”属治理理论基础。[②] 魏淑艳、蒙士芳认为国家治理现代化和总体国家安全观是市域社会治理现代化的理论基础。[③] 在生成背景方面，姜方炳认为由于风险性因素增多且社会系统性风险不断增大，社会矛盾从传统的县域层级扩散至市域层级，需要发挥市域优势予以应对。[④] 王阳、熊万胜认为，市域社会治理在统筹城乡一体化、引领基层社会治理、协调区域发展等方面具有区域性、专业性、整体性优势等。[⑤] 在本质特征方面，市域社会治理具有时代性、合作性、枢纽性、行动性等基本属性。陶希东强调市域社会治理具有再造市、县、街（镇）政府职能体系和竞合关系、集成社会治理制度系统、创新数据化治理的本质内涵，其核心内涵在于协同高效。[⑥] 杨磊、许晓东认为市域层级是基层社会治理的组织和空间支点，具有重塑基层治理结构的重要功能。[⑦] 二是市域社会治理现代化的困境研究。陶希东认为很多市域社会治理现代化试点城市的治理实践仍然局限于县域治理思维桎梏，市域属性不明显。[⑧] 宋贵伦等认

---

① 习近平：《高举中国特色社会主义伟大旗帜 为全面建设社会主义现代化国家而团结奋斗——在中国共产党第二十次全国代表大会上的报告》，人民出版社 2022 年版，第 54 页。

② 杨发祥、郭科：《全域治理：基层社会治理的范式转型》，《学习与实践》2021 年第 8 期。

③ 魏淑艳、蒙士芳：《中国市域社会治理现代化的理论框架、行动取向与实现机制》，《理论探讨》2022 年第 3 期。

④ 姜方炳：《理解“市域社会治理现代化”的三个着力点》，《杭州》（周刊）2019 年第 19 期。

⑤ 王阳、熊万胜：《市域社会治理现代化的结构优势与优化路径》，《中州学刊》2021 年第 7 期。

⑥ 陶希东：《市域社会治理现代化：理论内涵、现实困境与优化路径》，《治理现代化研究》2022 年第 1 期。

⑦ 杨磊、许晓东：《市域社会治理的问题导向、结构功能与路径选择》，《改革》2020 年第 6 期。

⑧ 陶希东：《市域社会治理现代化：理论内涵、现实困境与优化路径》，《治理现代化研究》2022 年第 1 期。

为现有市域社会治理现代化工作还存在着理论认识浅、体制机制散、工作运行乱、实际效果虚等问题。① 三是市域社会治理现代化的实践路径探究。学界基本形成了“文化导向论”“公众参与论”“制度推动论”“技术赋能论”四种研究取向，这与中央提出的政治、自治、法治、德治、智治相契合。党国英认为市域社会治理应以转变认识、明确方向、配套改革为关键，进行城乡社会治理一体化改革。② 陈成文、陈建平强调必须重视社会组织在市域社会治理中的重要功能。③ 此外，部分学者尝试从法治保障的“杭州模式”探析、网格化治理的“福州”实践等地方案例出发提炼治理经验。综上，现有研究主要从理论建构和案例探析等方面对市域社会治理现代化进行解析，存在理论与实践相分离的现象。因此，作为强实践性的新课题，市域社会治理现代化需要在不断应对社会治理现实难题的过程中得到进一步修正与完善。

二、市域社会治理现代化战略布局下的社会矛盾问题治理

在全国市域社会治理现代化工作会议上，中央政法委提出“聚焦解决市域社会治理突出问题”“要主动破解社会矛盾外溢这一最突出的难题，提升市域社会稳定风险防范化解水平”。④ 可见，新时代社会矛盾问题治理必须放在市域社会治理现代化战略布局下进行理解：一方面，社会矛盾防范化解是市域社会治理现代化的题中应有之义；另一方面，破解基层社会矛盾困局必须借助市域社会治理体系。

（一）社会治理策略变换催生市域社会治理现代化

市域社会治理现代化隶属于中国特色社会治理现代化体系，是中国特色社会治理现代化理论的自我反思和实践探索，是共建共治共享在市域治理层级的制度建构。作为一个新生的本土概念，它是中国特色社会治理传统经验与新时代下中国社会治理现实困境相互作用的结果，具有强烈的在地性、实践性、探

① 宋贵伦、张汉、梁家祺：《推进市域社会治理现代化的主要问题和对策建议》，《社会治理》2022年第2期。

② 党国英：《论城乡社会治理一体化的必要性与实现路径——关于实现“市域社会治理现代化”的思考》，《中国农村经济》2020年第2期。

③ 陈成文、陈建平：《论社会组织参与市域社会治理的制度建设》，《湖湘论坛》2020年第1期。

④ 《中央政法委：市域社会治理要破解社会矛盾外溢这一最突出难题》，中国新闻网，https：//www.chinanews.com.cn/m/gn/2019/12-03/9024134.shtml。

索性。因此，深刻理解市域社会治理现代化的科学内涵必须首先置身于中国特色社会治理现代化发展历程之中，在社会治理策略变换中理解市域社会治理现代化应运而生的内在规律。实际上，党的十八大以来中国社会治理发展路径与政府主体的功能定位关系密切：党的十八大强调创新社会管理体制，“政府负责”的治理策略得到高度重视；党的十八届三中全会将社会治理体制创新首次写入中央文件，尝试政府主体放权于社会力量，实施从“政府主导”到“政府负责”的策略转换，探索西方治理理论在中国社会治理领域的适用性；党的十八届五中全会延续“政府主导”策略，在“构建全民共建共享的社会治理格局”的基础上探索社会治理精细化；历经四年探索，党的十九大将“政府主导”改回“政府负责”，“在社会在哪、公众在哪尚未明晰的情况下，我们需要确切的责任者”；[①] 党的十九届四中全会将“党委领导”“政府负责”以制度化的形式在共建共治共享的社会治理体系中确立下来，并且高度强调党政权责的精细划分。党委如何领导？政府如何负责？对此，市域社会治理现代化从治理层级切入，给出了一个新的探索方向。2018 年 6 月，中央政法委首次正式提出“市域社会治理现代化”概念；2019 年底，全国市域社会治理现代化试点工作正式启动，《全国市域社会治理现代化试点工作指引》正式出台；2020 年初，市域聚集的新冠疫情迫使尚处于市域社会治理现代化探索初期的各大城市必须正面灵活应对“非常态”事件，抗疫中市域社会治理有许多创新经验，但也暴露出不少短板弱项。我们要把加强市域社会治理体系和治理能力现代化，作为撬动国家治理现代化的一个战略支点来抓。[②] 可见，新冠疫情在客观层面揭示了我国市域社会治理现实状态，倒逼市域社会治理现代化进入发展快车道，这意味着在“十四五”时期，我国的市域社会治理现代化工作必须尽快取得重大突破。

作为强实践性新生概念，市域社会治理现代化表现出强烈的现实关照性，它既包含中国特色社会治理现代化对社会治理层级优化的制度探索，又涵盖共建共治共享的社会治理制度对跨域性社会矛盾问题的积极回应。以中央政法委对市域范畴的定义为标准，市域社会治理即“以设区的市为基本治理单位，以

---

① 成伯清：《市域社会治理：取向与路径》，《南京社会科学》2019 年第 11 期。

② 陈一新：《把抗疫精神财富转化为社会治理现代化的强大力量》，《学习日报》2020 年 7 月 24 日。

城区为重点、覆盖农村、城乡联动，充分发挥市级层面主导作用，在市域范围内统筹谋划和实施的社会治理”。[①] 从战略地位来看，市域治理层级位于国家治理体系的枢纽地位，上承国家和省域，其角色为上级政策实施者，下启县域和镇（乡）域，其角色为下级政策制定者，具有较为完备的社会治理体系，具有解决重大矛盾问题的资源能力和统筹能力，是将风险隐患化解在萌芽、解决在基层的最直接、最有效的治理层级，是推进基层治理现代化的前线指挥部。[②] 从治理对象来看，一方面，市域社会治理区别于无所不包的市域治理，其治理对象限定于公共事务管理、社会矛盾问题治理及公共服务供给三大重要领域。其中，社会矛盾防范化解已经成为市域社会治理现代化工作的首要任务。另一方面，在平安建设目标指引下，市域社会治理并非仅局限于社会负面问题防控，公共服务供给应被视作有效维护社会秩序的正面激励手段。“‘市域社会治理现代化’是‘市域社会治理’与‘社会治理现代化’相结合的一个新命题”，[③] 旨在充分发挥市域治理层级承上启下、以点代面、以城带乡、地方立法、资源统筹协调等独特优势，在纵向上形成“市—区（县、市）—乡镇（街道）”各治理层级贯通联动的善治指挥链，在横向上构建党委、政府、社会、公众等各方主体有机合作的共治同心圆，从而加快推动人民、社会、国家等全方位的平安建设。

（二）社会治理突出难题：社会矛盾问题向市域聚集

以县域为核心的基层社会是社会治理的重心。改革开放以来，县域经济优先发展，由经济发展联动生成的社会矛盾问题往往集中出现于县域范围内且县域具备应对社会矛盾问题的治理能力，中央以“扩权强县”“省直管县”等方式强化了县域在传统社会矛盾问题治理中的优势地位。在中国特色社会主义新时代，伴随时代背景、空间结构的剧烈变动及县域社会治理体系内部制度风险的长期累积，多年基层社会治理实践经验宣告，县域层级的社会矛盾问题治理策略已然陷入“内卷困境”，即在基层社会治理过程中，任何资源投入、制度创新、技术革新行为均难以产生明显提升社会治理效能的预期效果，[④] 因此，

---

① 姜坤：《新时代市域社会治理现代化初探》，《行政与法》2019 年第 11 期。

② 陈一新：《推进新时代市域社会治理现代化》，《法制日报》2018 年 7 月 18 日。

③ 陶希东：《市域社会治理现代化：理论内涵、现实困境与优化路径》，《治理现代化研究》2022 年第 1 期。

④ 许晓东：《当前基层治理存在的突出问题与治理路径》，《国家治理》2020 年第 2 期。

社会矛盾问题向市域聚集成为当前社会治理突出难题。

互联网时代、快速城镇化、基层社会治理实践困境是促使社会矛盾问题向市域聚集的关键因素，主要表现在以下几个方面：第一，互联网时代凸显跨域性社会矛盾问题。截至 2022 年 6 月，在全国 10.51 亿网民中，72.1％集中于城镇，这也就意味着网络谣言、网络诈骗等虚拟社会领域相关问题将优先聚集于市域层级，互联网在滋生出新型社会矛盾问题的同时加强了传统社会矛盾问题的复杂性，在公民发声成本低廉的互联网时代，部分人的区域性的合理利益诉求有可能演变为群体性的跨域性的非理性表达洪流。第二，快速城镇化促使复杂性社会矛盾问题向市域聚集。截至 2022 年末，我国常住人口城镇化率为 65.22％，“乡土中国”已然成为“城乡中国”或“城市中国”，大量人口涌入城市增强了社会异质性，公共基础设施与资源不足、社会不稳定因素增长、公共卫生安全挑战、生态环境破坏、流动人口心理失衡等棘手问题相互交织。第三，基层社会治理实践困境倒逼社会矛盾问题向市域聚集。基层解决社会矛盾问题的资源和能力极为有限。在“条块分割”的政府管理体制中，治理项目以任务分解的形式被各级政府层层下压至基层，“权责不对等”的基层政府往往选择以局部形式创新来应对绩效考核要求。然而，对于“新旧政策不一导致的历史遗留问题”和“快速城镇化发展过程中带来的‘人的城镇化’问题”等棘手事项，全局性、结构性社会矛盾问题是无法依靠局部特别是基层消解的，“会闹的孩子有奶吃”“形象工程”等基层治理“权宜之计”所积累的政策副作用正在集中释放，社会矛盾问题的市域聚集风险有所加大。

三、市域社会治理现代化视域下社会矛盾问题综合治理的理论逻辑

作为中国特色社会治理理论的重要研究课题，市域社会治理现代化兼具理论性与实务性双重特质，其演绎思路严格遵循“理论—实践—再理论—再实践”的辩证逻辑，是中国特色社会治理理论精髓与基层治理实践的互动产物。以市域社会治理现代化内置理论框架来演绎新时代社会矛盾问题综合治理的逻辑理路有助于突破当前“宏观—微观”式的社会矛盾问题治理困境，在完善社会矛盾问题治理研究的基础上提供中观层面的强实践性治理路径。

（一）市域社会重构社会矛盾问题治理的中观界面

当前学界对中国社会矛盾问题治理的相关研究主要专注于两方面内容：一

方面是宏观层面的顶层设计，聚焦于社会主要矛盾与总体矛盾特点，运用西方治理理论、中国特色社会治理现代化理论、马克思社会冲突论、西方社会冲突论、社会资本理论等学术工具对新时代社会矛盾问题治理路径进行整体性分析和重点研究；另一方面是微观层面的制度建构，面对不同群体、个体之间因利益、观念冲突而产生的狭义社会矛盾，着眼于基层社会矛盾特点，对于相应的基层社会矛盾治理实践策略进行案例分析，从精准执行层面构建具有可操作性的机制。① 宏观层面的社会矛盾问题治理顶层设计专注于理论演绎的系统性、整体性和多样性，旨在为治理实践提供多视角路线指引而不涉及具体制度的组织实施；微观层面的基层治理精准执行受制于基层治理权限，局部精巧的制度设计虽具有较强的在地性和可操作性，却因缺乏系统性制度安排而难以真正提升社会矛盾问题治理效能。实际上，在整体治理体系下，完整的治理机制体系可以通过三个维度来构建，一是宏观层面的顶层设计，二是中观层面的衔接协调，三是微观层面的基层精准执行。② 中观层面的衔接协调功能缺位使得顶层理论设计与基层精准执行互不交叉，“理论—实践—再理论—再实践”的逻辑闭环中断，断裂的社会矛盾问题治理链条难以应对新时代社会矛盾问题。位于国家治理体系的枢纽位置的市域层级，具备承上启下的区位优势和资源统筹优势，是衔接协调社会矛盾问题治理宏观规划与微观执行的最理想的中观层级。市域社会矛盾问题治理中观界面注重在相对完整的社会治理体系范围内以系统性制度安排强化顶层与基层的内部链接，在探索践行宏观理论的基础上强化基层社会矛盾问题治理创新的制度基础和法制保障。

（二）市域社会蕴藏“社会安全阀”建设所需制度化资源

当前我国社会矛盾问题治理过程中普遍存在群众诉求表达渠道不畅、利益协调机制不完善、社会矛盾化解配套体制机制缺乏等制度化手段不足的“量”的问题。相比于马克思的社会冲突理论及中国社会矛盾学说热衷于对社会矛盾“质”的研究，现代社会冲突理论更擅长在“量”的方面对社会矛盾进行探索，“注重对冲突的制度化机制和调节机制的设计”。③ 达伦多夫认为除了“相对剥

---

① 李春根、陈起风：《完善矛盾化解机制开创基层社会治理新局面》，《中国行政管理》2019年第4期。

② 谢小芹：《市域社会治理现代化：理论视角与实践路径》，《理论学刊》2020年第6期。

③ 焦娅敏：《社会冲突理论对正确处理我国社会矛盾的启示》，《湖南大学学报》（社会科学版）2012年第1期。

夺”变量以外，“社会角色分化程度”“社会流动”和“自组织化程度”，均与冲突强度和冲突烈度成反比，[①] 提出了达成共识、建立机构、约定规则等关于“冲突的制度化调节”的社会政策。科塞继承了齐美尔的社会学思想，聚焦社会冲突在社会发展中的正向功能，即一种“社会安全阀”制度，“‘社会安全阀’制度的功能类似锅炉上的‘安全阀’，凭借它可以不断释放猛烈的蒸气，以防破坏整个结构。‘社会安全阀’制度通过社会减压、社会报警、社会整合、社会创新四个方面来维持社会秩序稳定”。[②] 当前我国社会矛盾问题治理缺少制度化的冲突解决路径，这使得新闻媒体、网络、信访等在当今中国发挥主要作用的社会安全阀机制都游离于制度化渠道之外，呈现潜制度化特点，即缺乏制度化特征，稳定的规则限定、规范的组织形式及常态化的运行模式不足。[③] 因此，将“潜社会安全阀”变为“显社会安全阀”是提升社会矛盾问题治理效能的关键路径。相比于位于行政体制末端的基层政府，作为较为完备的社会治理体系，市域层级内置“市—区（县、市）—乡镇（街道)”权责明确、高效联动、上下贯通、运行灵活的纵向善治指挥链，拥有更高的行政权力、资源能力、统筹能力及地方立法权等制度化资源，有能力通过自上而下的“社会安全阀”制度体系设计与搭建来实现社会安全阀的显性化与制度化，针对已具备市域可复制性的“社会安全阀”制度，市域可合理运用地级市所特有的地方性立法权，以地方性法规的形式进一步提升“社会安全阀”的法制化水平。

（三）市域社会吸附社会矛盾问题治理所需社会资本

结构性变革的中国社会正面临着政府公信力弱化、人际关系淡漠、社会公共意识不足、组织化程度低、德治衰退等社会资本缺失难题，它们在引发社会矛盾问题的同时阻碍社会矛盾问题有效化解。“社会资本”这个概念是 1980 年由法国社会学家布尔迪厄首先提出的，他把社会资本视作一种社会关系网络，即“实际的或潜在的资源集合体，那些资源是同对某种持久的网络的占有密不可分的；这是大家熟悉的、公认的、制度化的关系网络”。[④] 科尔曼认为社会

① 参见 R. 达伦多夫《工业社会中的阶级与阶级冲突》，斯坦福大学出版社 1959 版。

② 参见刘易斯·科塞《社会冲突的功能》，孙立平等译，华夏出版社 1989 年版。

③ 周长城、唐勃：《社会安全阀运行与和谐社会构建》，《黑龙江社会科学》2009 年第 1 期。

④ 皮埃尔·布尔迪厄：《文化资本与社会炼金术——布尔迪厄访谈录》，包亚明译，上海人民出版社 1997 年版，第 20 页。

资本是人们在团体中一起工作的能力；林南将社会资本定义为“嵌入在社会关系网络中的资源”；[①] 帕特南首次将社会资本理论应用于公共管理和公共治理研究，他认为“社会资本指的是社会组织的某种特征，如信任、规范和网络，它们可以通过促进合作行动而提高社会效率”。[②] 学者们从多角度对社会资本的内涵进行阐发，但均意识到社会资本并非个体独有，而是嵌入社会结构之中的社会整合资源，其核心要素包括社会信任、参与网络、互惠规范。积累社会矛盾问题治理所需的社会资本就是在多元治理主体间培育社会信任、构建参与网络、制定互惠规范的过程。市域层级内含较强的政府公信力，拥有广泛的治理主体和完备的社会力量资源，具备党委领导、政府负责、社会协同、公众参与的多元共治制度基础，以及政治、法治、德治、自治、智治等丰富的参与网络搭建手段，有能力合理运用行政强制力等优势资源来重构或修正矛盾主体间的互惠规范，是吸附社会矛盾问题防治所需社会资本的理想场域。例如，针对快速城镇化所带来的流动人口问题，依据市域社会治理定义，市域以城区为主、兼顾农村，具有以城带乡的区位优势，以市域治理层级为战略高地可以做到统筹规划，在兼顾城乡发展差异的基础上合理配置有限公共资源，从而提升城乡居民间的社会信任水平。

（四）市域社会供给社会矛盾问题智治所需数字化资源

社会矛盾问题外溢风险可通过提升智治水平进行有效防控，即以搭建社会矛盾问题信息化治理平台为重要载体，借助数字化技术实现不同层级与不同部门之间的无缝对接，实现了市域内的跨层级、跨部门、跨区域管理，发挥了整体性政府的作用。[③] 在以县域为核心的基层社会治理过程中，科技支撑主要体现为建立雪亮工程、智慧政务、人脸识别门禁等智能化基础设施。在如火如荼的基层社会治理创新比拼中，部分经济强县（区、市）试图引进数字化技术搭建县域社会矛盾问题信息化治理平台，但囿于条块分割、各自为政的行政体制桎梏，县域信息化治理平台极易陷入横向不同职能部门数据难共享、纵向不同

---

① 林南：《社会资本——关于社会结构与行动的理论》，张磊译，上海人民出版社 2005 年版，第 28 页。

② 罗伯特·D. 帕特南：《使民主运转起来：现代意大利的公民传统》，王列、赖海榕译，中国人民大学出版社 2015 年版，第 216 页。

③ 陈彩娟：《数据赋能全链条治理：市域社会治理现代化的路径选择》，《中共杭州市委党校学报》2020 年第 5 期。

治理层级数据不开放的困境，有限且碎片化的信息供给难以支撑系统性的智能化场景营造和大数据智能研判，县（区、市）域社会矛盾问题智治创新极易陷入“高投入、低效能”的困境。在信息化社会，相比于县域，市域层级可视作整体性设计并构建社会智治体系的理想场域。互联网时代在激化市域社会矛盾问题的同时赋予市域治理层级大量数字化资源：一方面，在互联网时代，大数据、人工智能等信息技术资源和人才资源主要聚集于市域；另一方面，市域具备合理应用大数据技术所需的基本治理规模和保障治理平台正常运营所需的基本数据信息，因此，市域层级有能力运用信息化技术搭建“上传下达”的数字化治理平台。市域社会呈现天然的智治属性，它是市域纵横向规范化、协同化的政府职能权责关系与数字化优势资源相互作用的理想结果，市域社会治理现代化本身就是以数据分析、研判、决策为核心的数字治理过程，因此，将社会矛盾问题智治放置于市域层级有助于获取更强的信息化技术、更高的数据库权限和更完善的制度保障体系。

四、市域社会矛盾问题综合治理的实践方略

党的十九届五中全会强调构建源头防控、排查梳理、纠纷化解、应急处置的社会矛盾综合治理机制，① 首次明确了构建社会矛盾问题治理闭环的关键要素。新时代社会矛盾问题综合治理的实践方略应当在遵循上述市域社会矛盾问题治理理论逻辑的基础上，以社会矛盾综合治理四大机制所涵盖的治理要点为主体内容进行制度性阐释。

（一）加快推进市域社会矛盾问题治理理念现代化

2019 年底召开的全国市域社会治理现代化工作会议高度重视市域社会治理理念现代化。作为市域社会治理现代化工作的重点任务之一，市域社会矛盾问题治理实践必须符合市域社会治理现代化所秉持的理念指向：第一，树立系统融合理念。各级党政部门难协同、治理要素难融合是导致社会矛盾问题治理的顶层设计与基层实践相脱离的关键因素，面对复杂多维的社会矛盾问题，新时代社会矛盾问题治理试图通过重构市域中观界面来弥合顶层设计和基层执行的断裂，借助市域枢纽层级内置的资源能力及统筹能力，在合理配置社会矛盾

① 《中共中央关于制定国民经济和社会发展第十四个五年规划和二〇三五年远景目标的建议》，《人民日报》2020 年 11 月 4 日。

问题治理资源的基础上打破不同治理层级“各自为政”的怪圈，推进社会矛盾问题的治理主体、治理方式、治理机制、治理目标等诸多要素在市域范围内真正实现有机整合。第二，强化开放共治理念。新时代社会矛盾问题的市域聚集倾向日益凸显，在类型、主体、内容、表达方式等方面均呈现高度复杂性，社会矛盾问题治理不仅需要治理层级跃升，而且需要在优化党委领导体制与政府负责体制的基础上充分运用制度化手段来大量吸纳社会力量与公众，以加快社会治理共同体建设来抵御政府失灵、市场失灵、社会失灵等多重风险。第三，深化包容协商理念。在阶层分化、利益关系复杂化的社会结构转型期，互联网在降低公众利益诉求表达成本的同时，促使网民采取日益策略化、激烈化的诉求表达方式，针对网络暴力、社会泄愤、自杀低龄化等问题，民主协商成为新时代社会矛盾问题治理的前置需求。系统性制度化协商渠道的缺乏极易催生非正式诉求表达方式，它们甚至可能跳过上访、“散步”等连续性预警行为由不良社会心态直接跃升至犯罪行为。党的十九届四中全会首次把民主协商写入社会治理体系，宣告在包容利益诉求多元化的基础上以民主协商实现公共利益最大化是处理社会矛盾问题的基本态度。第四，根植精细治理理念。新时代中国社会主要矛盾发生转变是引发社会矛盾问题的本质因素，在互联网时代，面对人民群众日益增长的对美好生活的新需求和社会异质化所带来的潜在矛盾主体，社会矛盾问题治理应及时转变传统的粗放式治理模式，以治理技术精准化、治理制度精巧化、治理过程精确化、服务供给精细化为路径提升社会矛盾问题治理效能。

（二）借助市域纵向善治指挥链，建强四级联动的社会矛盾问题治理制度化框架

市域纵向善治指挥链所附带的纵横向规范化、协同化的政府职能权责关系与多元治理资源有助于构建制度化的“社会冲突阀”体系。相对于各级治理空间争相设立强“属地化”性质的“社会冲突阀”机制，市域社会矛盾问题治理的首要任务即打破“社会冲突阀”机制的地域性限制和碎片化格局，在统筹布局市、县、乡、村“社会冲突阀”平台机构的基础上，利用市域丰富治理资源整合各级“社会冲突阀”机制，实现系统联动，以此搭建市域社会矛盾问题治理的整体性制度框架。依据相关试点城市的市域社会矛盾问题治理经验和浙江省社会矛盾纠纷调处化解示范经验，遵循“分级治理、权责明晰”的工作思路，可分层级设立规范化基础治理平台：第一，强化市级统筹协调功能，建立

实体性市级社会治理综合指挥服务中心。市级社会治理综合指挥服务中心以城市大脑为依托，以治理层级纵向联动、职能部门横向协同为运行机理，在集成汇总市域社会治理信息资源的基础上，对于县域治理权限内的社会矛盾问题进行监察督办、反馈评估，对于县域无权处置的社会矛盾问题或外溢性社会矛盾问题进行分析研判、综合治理、风险预警。第二，提高县（区、市）级组织实施效能，重点建立县级“一站式”社会矛盾纠纷调处化解中心。县级矛盾调解中心应当具备调处化解信访和矛盾纠纷、处置社会治理事件、研判社会风险等功能，在集成线上、线下治理路径的基础上，统筹协调党政部门、社会力量、公众等多方资源，实现接访、调解、仲裁、诉讼、行政复议、法律咨询等“一站式”服务供给，打造访调对接、诉调对接、警调对接的全链条矛调模式。第三，提升乡镇（街道）执行落实效率，在乡镇（街道）层面构建社会矛盾分类治理平台。针对基层政府部门出现的职能交叉、职责不清现象，在推进县级下派部门与乡镇（街道）之间职责重构、资源重配、体系重整的基础上构建综治工作、市场监管、综合执法、便民服务等社会矛盾分类治理信息化平台。第四，夯实乡镇（街道）基础底座，打造“全科网格”。在建设标准地址库的基础上绘制全市统一的网格地图，整合党建、综治、社保等各自为政的部门网格，建立专兼职网格员统管的全科网格，实现“一网管天下”。

（三）依托市域横向共治同心圆，拓展并规范多元主体共治市域社会矛盾问题的参与网络

市域横向共治同心圆旨在依托“党委领导”“政府负责”核心策略，借助市域的资源优势和制度手段主动引导多元治理主体实现有机联结，要求多元主体间形成情感化、规范化、制度化的有机互动网络。由于社会资本是依附于社会关系网络的公共资源，因此，依托市域横向共治同心圆，拓展并规范多元主体共治社会矛盾问题的参与网络是提升社会矛盾问题治理所需社会资本的关键举措：一是拓展网络参与主体，加强社会矛盾问题治理相关社会组织建设。“社会组织具有培育和维系社会信任、创造和执行社会规范、构筑和维持公民参与网络等功能。”[①] 市县应建立枢纽型社会组织孵化机构，鼓励乡镇街道成立社会组织联合会，发挥群团组织的桥梁纽带作用，重点培育专业调处类、心

① 刘卫平：《社会协同治理：现实困境与路径选择——基于社会资本理论视角》，《湘潭大学学报》（哲学社会科学版）2013 年第 4 期。

理服务类、治安维稳类、应急防范类等社会矛盾问题治理相关社会组织，拓展多元主体互动渠道。二是规范网络参与途径，构建多元主体参与市域社会矛盾问题治理的制度化平台。一方面，借助信访、居民议事会、三社联动、公益创投、党建联盟等方式建立多元主体有机合作的规范化诉求表达渠道和制度化协商共治平台；另一方面，针对医疗纠纷、金融纠纷、劳资纠纷等社会矛盾问题多发领域探索建立市域社会矛盾纠纷联动化解平台，以此为枢纽推进党政部门、司法部门、行业专家、专业性人民调解组织、热心公民实现社会矛盾问题共治。三是制定网络互动规则，建立促进多元主体共治社会矛盾问题的互惠规范体系。社会互惠规范体系涵盖行政性、契约性、道德性等多种规范。在宏观层面，要充分发挥市域的地方立法权，在医患关系、城乡关系、社区物业等社会矛盾问题重点领域制定《医疗纠纷预防与处置条例》《城乡规划条例》《物业管理条例》等行政法规和相关规范性文件。在中观层面，要完善促进多元主体参与社会矛盾问题治理的契约性规范，例如，广州市出台的《城市社区议事会工作指引》《城市社区居民议事会章程》，明确了居民协商议事清单、内容、形式、程序及结果反馈要求。在微观层面，要因地制宜充分挖掘有利于社会矛盾问题治理的道德规范，例如，在农村社会矛盾治理中发挥乡贤文化、家风家教的作用，创新乡贤调解等情感治理模式，建立好家风评价体系。

（四）发挥市域社会智治属性，搭建“一网通调”“线上＋线下”解纷、大数据辅助决策的市域社会矛盾问题智治模式

作为信息技术应用的理想场域，市域社会依托“重塑上下级政府之间、不同职能部门之间信息系统互联互通、数据开放共享、治理平台集成共享的数据化治理方式”，再造县域社会矛盾问题智治流程，以“科技支撑”提升市域社会矛盾问题的治理效能。一是完善政府数据开放体系，夯实市域社会矛盾问题智治的数据基础。以四级联动的社会矛盾问题治理制度化框架为支撑，依托以“城市大脑”为基础的市级社会治理综合指挥服务平台，集成法院、信访、公安、人社等市级部门涉及矛盾纠纷的主要业务系统，重点打造市域社会矛盾问题治理的多数据库协同应用系统并向基层开放访问权，统一基层社会矛盾问题的受理入口、流转渠道、基础支撑、管理考核，实现市域社会矛盾问题“一网通调”。二是打造“线上＋线下”矛盾调处系统，补齐市域社会矛盾问题智治链条。依托市域社会矛盾问题治理的多数据库协同应用系统，以线下各级实体矛盾调处中心为枢纽，强化各部门现有线上矛盾调处平台、人民调解大数据管理平台、微信矛盾调处小程序等的在线解纷功能，打造线上线下一体化的矛盾调处系统，在线上通过数据共享、部门协同、视频调解等方式解决矛盾纠纷，重点推动异地社会矛盾问题在线治理。例如，浙江省率先推出“浙江解纷码”应用场景，实行“一案一编码、一码管到底、全程可追溯”机制，用户可登录线上矛盾调处系统，通过“纠纷登记—多元调解—调诉对接—疑难问题包案化解”的方式治理社会矛盾问题。三是健全大数据辅助决策的社会矛盾问题排查预警机制，提升市域社会风险研判能力。一方面，在汇集市域社会矛盾问题信息数据的基础上，运用大数据技术加强对市域内社情、舆情、公众诉求以及调解、诉讼情况等的监测分析，研判社会矛盾纠纷内在规律（高发区域、高发时段、高发类型）和影响社会稳定的情况动态，形成阶段性分析报告。另一方面，在对社会矛盾历史数据和实时信息进行统计分析、智能计算的基础上，建立风险预测模型，从社会矛盾生成规律、社会矛盾关联性特征、社会矛盾涉稳个案等方面进行社会风险排查预警，及时发现并处置行动性、苗头性社会风险问题，形成“精准识别风险因素—多维风险智能定量评估—风险信息实时自动预警”完整链条，例如，杭州余杭区发布平安建设“五色图”，该区依据纠纷警情、交通安全、信访矛盾等十二项指标数据对各街镇的平安建设情况进行综合评估和“五色”风险预警。

五、结语

防范化解社会矛盾风险是市域社会治理工作布局现代化中的重要任务，党的二十大报告在强调社会矛盾化解重点任务的基础上聚焦基层民主、平台建设、群众自治等重难点问题，进一步提出要提升市域社会治理现代化推进速度和治理效能，明确市域是将风险隐患化解在萌芽、解决在基层的最直接、最有效的治理层级，这意味着新时代社会矛盾问题治理过程中遇到的难题可以在市域社会治理现代化体系中找到突破口。市域社会中观界面充分利用其在政治、制度、地方立法权、信息技术等方面的资源优势和统筹优势，纵向可构建多级联动的社会矛盾问题治理制度体系和信息化平台，横向可拓展并规范多元主体共治社会矛盾问题的参与网络，在补齐新时代社会矛盾问题治理枢纽层级的基础上以系统性社会矛盾问题治理实践来进一步修正市域社会治理现代理论体系，为推进中国式社会治理现代化奠定基础。

学习弘扬谷文昌先进事迹
推进县域治理现代化东山实践

何　霭*

东山地处福建南端、海峡西岸，陆地面积 243.4 平方公里，海域面积 1 845.72 平方公里，是全国第六大、福建第二大海岛县，辖一个国家级经济技术开发区、7 个镇、61 个行政村、25 个社区，常住人口 22.12 万人。主要有以下几个方面特质：东山是风光秀丽的“旅游胜地”，“天蓝水碧海湾美，沙白林绿岛礁奇”，拥有 181.47 公里海岸线、74 个离岛、10 多个月牙形海湾，居全国美丽海岛之首。东山是因海而兴的“海洋强县”，拥有国家一类对外开放口岸，港口优势突出，是国家级沿海渔港经济区试点县、福建省海洋经济示范县。东山是底蕴深厚的“文化名城”，是明末理学家书法家黄道周的出生地、谷文昌先进事迹的发祥地、全省首个“中国曲艺之乡”；东山关帝庙获批国家级海峡两岸交流基地。东山是传统光荣的“英雄海岛”，戚继光在这里练兵抗倭；郑成功、施琅从这里出征收复台湾；这里三次击退日军侵略，打赢东山保卫战。毛泽东同志指出，东山保卫战的胜利，不光是东山的胜利，也不光是福建的胜利，而是全国的胜利。近年来，东山连续五届获评全国双拥模范县。东山还是舒适宜居的“长寿之乡”，东山生态好、空气好、民风好、食材好，是长寿养生福地，荣获中国“长寿之乡”称号。“要想身体好，请来东山岛”的口号口口相传。

---

* 何霭，中共东山县委书记。

一、循迹溯源，从谷文昌典型事迹中探寻县域治理经验

在东山，回顾党领导推进县域治理现代化的历程和成就，总是要提起东山的老县委书记谷文昌。谷文昌同志在东山 14 年间，围绕发展、民生、稳定，进行一系列的治理探索和实践，东山人民对他满怀崇敬，“先祭谷公，后拜祖宗”在东山沿袭成俗。习近平同志从 2001 年到 2021 年，先后 10 次对谷文昌先进事迹作出重要指示。这里，分享几个谷文昌同志治县先进事迹，并从中探寻县域治理经验。

1. 根治风沙，从“九棵木麻黄”到“荒岛变绿洲”

谷文昌初到东山时，东山贫困、落后、荒凉。400 多座山头寸草不生，3 万多亩沙滩风沙肆虐，森林覆盖率仅 0.12%。谷文昌老书记带领全县群众“上战秃头山、下战飞沙滩”，尝试了 10 多个树种，历经 8 次大规模种植失败，后来试种木麻黄成活了 9 棵，最终建成“百里防风堤”，治服了“神仙都难治”的风沙。

2. 发展经济，从“百业凋零”到“起步发展”

1950 年，东山百业凋零、经济萧条。谷文昌带领全县干部群众致力发展经济，充分发挥滩涂资源和海岛优势，以盐业发展为突破口，兴建两大盐田，成为海盐主产区，带动全县经济起步发展，地区生产总值从 1950 年的 680 万元增长到 1964 年的 2 102 万元。

3. 兴修水利，从“十年九旱”到“大旱不旱”

东山以前“十年九旱、月月抗旱”。谷文昌带领全县人民建设 13 公里引水渠、红旗水库、南门海堤、八尺门海堤等 705 处水利工程、20 多座水库，红旗水库至今还是东山重要的水源地。当时，还提出“天上无雨地上找，地上无水地下挖”，研制“沙地过滤水管”，建成当时全国最大的湖尾地下水工程，这些水利基础设施的建设，为人民群众生产发展奠定了良好基础。

4. 重教兴文，从“文化贫瘠”到“百花齐放”

解放初期，东山教育落后，全县只有一所初级中学，谷文昌大办街区“扫盲班”，主动兼任东山中学校长，创建东山第一所完整中学——东山一中，培养了一大批人才。他还十分重视群众文化生活，在全省率先实现有线广播村村通，先后创建 13 个业余文艺团体，兴建人民会堂、城关戏剧院。一时间，潮

剧、南音、古八音等齐登场，文化呈现一派百花齐放景象。

5. 实事求是，从“敌伪家属”到“兵灾家属”

解放前夕，撤退台湾的国民党兵从东山抓走了 4792 名青壮年，解放后，这些壮丁家属背上了“敌伪家属”的黑锅。在充分调查研究的基础上，谷文昌认为，国民党造灾，共产党要救灾，向县工委建议将“敌伪家属”改为“兵灾家属”，政治上不歧视、困难户给予救济、孤寡老人由乡村照顾。从此，“兵灾家属”沐浴在党的阳光下。因一项德政，得十万民心。

以上事迹，是谷文昌在东山工作 14 年的缩影，是那一代共产党人在县域治理的探索实践，虽然时空相隔几十年，时代背景、发展任务不尽相同，但是其所体现的重生态、重发展、重基础、重民生的治理理念和实事求是、求真务实的工作作风，仍然具有极其重要的思想价值、实践价值、方法价值，为我们在新时代新征程推进东山县域治理现代化留下一份宝贵的经验财富。

二、弘扬传承，推进县域治理现代化东山新实践

习近平总书记指出：“在我们党的组织结构和国家政权结构中，县一级处在承上启下的关键环节，是发展经济、保障民生、维护稳定、促进国家长治久安的重要基础。”新时代新征程，东山县坚持把学习贯彻习近平总书记关于国家治理现代化的重要论述同弘扬谷文昌先进事迹有机结合起来，循迹溯源，弘扬传承，推进县域治理现代化东山新实践。

1. 传承“重基层”取向，坚持党建引领、治理创新

县域治理关键在党，我们全面加强党的建设，不断强化党建引领作用。一是党建引领乡村振兴。突出“三创三力”，即创载体增强组织凝聚力、创机制增强干部战斗力、创模式增强基层创造力，开展乡村振兴“八个一”活动，推行村（社区）干部“一岗五级”动态管理机制，探索“三资增值”“渔旅融合”“红色物业”“集体带富”4 种模式，带动 2022 全县一半以上的村集体收入突破 50 万元，农村居民人均可支配收入连续多年保持漳州市第一。二是党建引领营商优化。注重改革创新，在福建省首创项目代办制，全过程保障重点项目建设，创设“党员代办岗”“党员义务中介”等，率先推出“交地即交证”“桩基先行”等做法，“跨省通办、异地代办”等典型经验入选省、市改革典型案例。三是党建引领社会治理。实施“三上”工作法即支部建在“海上”解纠纷、党员派到“网上”防风险、普法做到“心上”强意识，建立海域联调机

制，推动三级综治平台一体监测，组建“法律明白人”等一批普法队伍，打通社会治理“最后一公里”。例如，陈城镇三年来成功调解海上纠纷230多起、涉案金额2 100多万元，实现海上问题不上岸；澳角村获全国民主法治示范村称号。

2. 传承“重发展”理念，坚持壮大产业、激活动能

充分发挥海的优势，推动“海、城、产”融合发展。一是“海”，做强海洋经济。推动水产品加工从“粗放”到“精深”、水产养殖从“浅蓝”到“深蓝”、港口发展从“内支”到“外贸”，培育外贸型水产品加工企业95家，规划六大现代生态养殖片区发展种苗，引办海天阅、中国海洋牧场等深海养殖项目，水产品总产量、出口量位居全国县级前列，对外开放、港口发展正在加速突破。二是“城”，建设文旅名城。紧盯国际旅游岛的定位，做好“文旅＋”文章，推出“文旅＋农渔”“文旅＋研学”“文旅＋运动”“文旅＋影视”等新模式新业态，打造铜陵古城、苏峰山、马銮湾等十大景区，使东山成为全国重要旅游目的地。三是“产”，壮大新兴产业。以“一区两园”为载体，集约资源集群发展，培育壮大新材料新能源产业，引办了一道新能源、旗滨一窑多线、太阳海缆等项目，建设福建南部唯一的光伏组件生产项目、福建首家海底电缆生产制造企业，致力打造福建南部500亿元乃至1 000亿元以上的临港工业产业集群。

3. 传承“重环境”意识，坚持生态优先、绿色崛起

深入践行“绿水青山就是金山银山”理念，坚持走生态路、做生态事、吃生态饭。一是整治和修复并举。持续开展“五海保护”行动和“山、水、田、林、路”综合治理，推动海域综合治理生态修复工程，2021年以来，累计投入超6亿元，用于清淤、造滩、种植红树林，实现“湾湾相连、海水相通”。二是保护和发展并重。注重发挥法治在生态环境保护中的作用，生态环境技术调查官制度和“蓝碳司法”协同保护机制成为全国首创，东山“双碳司法”写入《中国环境司法发展报告》。同时，依托海域资源，谋划推动蓝碳经济，提升生态产品价值。三是绿化和美化并进。实施“一廊道三林区”木麻黄种植，规划迎宾大道两侧等“六大片区”“五条主干道”景观提升。3年来，种植木麻黄1.6万亩、生态林7.2万亩，完成79公里主干道绿化美化，实现城乡环境“质”的提升。

4. 传承“重民生”情怀，坚持城乡融合、统筹发展

每年民生项目支出占财政总支出75%以上，坚持谋民生事、造民生福，实施“六心工程”。一是称心教育工程。完成一中新校区建设、职业中专迁建等一批教育项目，努力提升师资力量，构建优质均衡的教育服务体系。二是暖心医疗工程。加快县医院扩建、县中医院迁建等项目建设，实施“全民健康管理”行动，致力提供更加优质的医疗服务。三是贴心养老工程。提升社会福利中心、乡镇敬老院等公办养老机构服务水平，到2023年年底村（社区）居家养老服务站将实现全覆盖。四是舒心出行工程。构建“一环三纵三横”的综合交通网络，高铁入岛设站即将打通外循环，改造提升西铜公路、迎宾大道等畅通内循环，改造建设一批镇道村道优化微循环，全县路网更加完善，获评“四好农村路”全国示范县。五是放心用水工程。构建“建管一体、全域覆盖”的供水格局，2022年，岛外引水第二水源通水，从根本上解决东山生产生活缺水的问题。同时，供水污水一起抓，在全省率先实现“城乡污水一张网收集处理”，农村污水治理样板工程获评全省第三名。六是顺心乡风工程。开展“育家风、淳民风、树新风”“创建全国文明城市”等活动，常态化举办“好媳妇”等评选表彰，建设家风家训馆26个，乡风更加文明。石埔村《村规民约》被民政部评为“全国百篇优秀村规民约”。

5. 传承“重调研”作风，坚持问策于民、求真务实

贯彻中央大兴调查研究的部署要求，结合实际，快速行动。一是实施“课题式”调研。围绕高质量发展，谋划光伏新能源产业、港口经济区建设等16个重点课题，作为全县重中之重的工作，建立一月一汇报机制，有效服务发展。二是实施“载体式”推动。将调查研究与省委“深学争优、敢为争先、实干争效”行动、全市产业发展项目建设提升年活动和“七比一看”竞赛、全县“学习谷文昌、实干立东山”主题教育等载体有机结合，统筹推进，在实际工作中检验成效。三是实施“一站式”化解。县处级领导下沉一线开展“办实事、解民忧”活动，牵头解决群众急难愁盼问题，取得较好成效。

谷文昌先进事迹是引领治理现代化的重要力量源泉，是基层党员干部治理县域的标杆榜样，也是推动县域治理现代化的宝贵财富。

二、中国式现代化与县域治理现代化

充分激发社会活力 提升县域治理水平

傅昌波*

习近平总书记指出，一个现代化的社会，应该既充满活力又拥有良好秩序，呈现出活力和秩序有机统一。“要完善共建共治共享的社会治理制度，实现政府治理同社会调节、居民自治良性互动，建设人人有责、人人尽责、人人享有的社会治理共同体。要加强和创新基层社会治理，使每个社会细胞都健康活跃，将矛盾纠纷化解在基层，将和谐稳定创建在基层。”① 提升县域治理水平的一项重要而紧迫的工作，就是如何建立和完善共建共治共享的社会治理制度，充分激发社会活力，推动建设有机社会。

一、县域治理的理想图景：共建共治共享

党的二十大报告强调，要完善社会治理体系，健全共建共治共享的社会治理制度，提升社会治理效能。实际上，党的十八大以来，中央关于社会建设和社会治理的思路十分明确。党的十八大之前，我们有中央社会治安综合治理委员会，后来更名为中央社会管理综合治理委员会。2013 年，党的十八届三中全会通过的《中共中央关于全面深化改革若干重大问题的决定》（以下简称《决定》）首次提出要“加快形成科学有效的社会治理体制”，要求“紧紧围绕更好保障和改善民生、促进社会公平正义深化社会体制改革，改革收入分配制度，促进共同富裕，推进社会领域制度创新，推进基本公共服务均等化，加快形成科学有效的社会治理体制，确保社会既充满活力又和谐有序”。《决定》明

---

* 傅昌波，北京师范大学社会治理与公共传播研究中心主任，北京师范大学社会学院教授。

① 《习近平著作选读》（第二卷），人民出版社 2023 年版，第 332 页。

确提出，要“正确处理政府和社会关系，加快实施政社分开，推进社会组织明确权责、依法自治、发挥作用”，并明确要求，“适合由社会组织提供的公共服务和解决的事项，交由社会组织承担。支持和发展志愿服务组织。限期实现行业协会商会与行政机关真正脱钩，重点培育和优先发展行业协会商会类、科技类、公益慈善类、城乡社区服务类社会组织，成立时直接依法申请登记”。

2015 年，党的十八届五中全会提出，要加强和创新社会治理。建设平安中国，完善党委领导、政府主导、社会协同、公众参与、法治保障的社会治理体制，推进社会治理精细化，构建全民共建共享的社会治理格局。2019 年，党的十九届四中全会提出，必须加强和创新社会治理，完善党委领导、政府负责、民主协商、社会协同、公众参与、法治保障、科技支撑的社会治理体系，建设人人有责、人人尽责、人人享有的社会治理共同体。两次全会关于社会治理体系的表述的重要区别在于，政府主导还是政府负责。

提升县域治理水平，总体应当遵循党的十九届四中全会确定的“党委领导、政府负责、民主协商、社会协同、公众参与、法治保障、科技支撑”的社会治理格局。但在实际工作中，特别是县域范围内乡镇（街道）、村委会（居委会）层面，强调“党委领导、政府主导”仍然是最合适的，因为社会治理不仅需要激发街道、乡镇和村委会、居委会的活力，更需要倡导党委政府之外的多元主体参与，包括在地企业、社会组织、慈善机构、志愿团体及各类社会服务机构。

多元主体能不能参与进来，社会治理共建共治共享能够在多大程度实现，是新时代衡量治理水平能力和水平的重要参考。这里涉及思想理念的转变，基于惯性思维，各级党政机关最为熟悉的就是行政思维，比较习惯的，是自己干而不是带动多元主体一起干。2022 年我们协助有关部门推动基层减负工作，发现这项工作难度很大，因为几乎每个党政机关都想在村委会（居委会）建立阵地、挂个牌子，最后明确规定每个村委会（居委会）只能挂三块牌子，但实际上到基层可以看见，几乎每个村委会（居委会）还是有五六十块牌子。这些年推进基层社会治理创新，不少镇街村居花大力气安装了视频系统，但是只要深入了解就能发现，那些看起来高大上的显示屏甚至还不如微信群实用。

建立基层共建共治共享的制度，最重要的是落实党的十八届三中全会通过的《决定》有关社会治理的部署，回答好为什么治理、治理什么、如何治理、谁来治理以及如何评价治理成效等问题。在县域层面以及县域以下推进社会治理，最佳模式就是共建共治共享，这既是中央的要求和新时代群众路线的法宝，也是全过程人民民主在基层的真正体现。

二、明确慈善的功能定位：共创美好生活

党的二十大指出，从现在起，中国共产党的中心任务就是团结带领全国各族人民全面建成社会主义现代化强国、实现第二个百年奋斗目标，以中国式现代化全面推进中华民族伟大复兴。在党的二十大报告的“完善分配制度”部分，明确强调要构建初次分配、再分配、第三次分配协调配套的制度体系，增加低收入者收入，扩大中等收入群体，调节过高收入，同时明确提出要“引导、支持有意愿有能力的企业、社会组织和个人积极参与公益慈善事业”。

2016 年颁行《中华人民共和国慈善法》，本质上应该叫公益慈善法。该法第三条明确，新时代慈善事业的范围，已经远远不止救灾救济救穷等传统慈善，而是包括科技、教育、文化、卫生、体育、环保及生态保护等广阔的领域，也就是说，整个社会建设和社会治理，都应该有公益慈善参与的空间。

按照党的二十大的部署，我们要以中国式现代化实现中华民族伟大复兴，创造人类文明新形态。人类文明新形态是什么模样，在《中共中央国务院关于支持浙江高质量发展建设共同富裕示范区的意见》中关于共同富裕的解释，基本描述了人类文明新形态的雏形——共同富裕具有鲜明的时代特征和中国特色，是全体人民通过辛勤劳动和相互帮助，普遍达到生活富裕富足、精神自信自强、环境宜居宜业、社会和谐和睦、公共服务普及普惠，实现人的全面发展和社会全面进步，共享改革发展成果和幸福美好生活。

建设中国式现代化，政府、市场和社会应当同心同向同力，让有为政府、有效市场和有机社会成为现实。这些是思考新时代慈善事业功能定位的基础。

按照全国人大的公开报告，近年来我国的慈善事业取得了前所未有的发展，但还存在一些突出问题，主要是慈善事业发展现状与社会财富的量级和第三次分配的地位不相匹配。以 2019 年为例，我国人均捐赠额大约为 100 元，捐赠总量占 GDP 的比例大约为 0.15%；同年美国的人均捐赠额大约为 1 000 美元，捐赠总量占 GDP 的比例为 2.14%。

如何充分发挥新时代慈善事业在推进社会治理创新方面的作用，需要真正落实 2006 年习近平同志在浙江慈善大会的讲话精神，必须把发展慈善事业作为一件大事来抓，真正确立慈善事业在经济社会发展中的地位。在人类文明新

形态视域下，慈善事业是社会力量在党和政府引领下参与社会建设和社会治理的伟大事业，是党政机关、企业机构、社会组织、家庭、个人等多元主体共建的重要载体、共治的重要方式和共享的重要途径。

一是多元主体共建的重要载体。坚持党的领导、人民当家作主、依法治国三者有机统一，是社会主义民主政治的首要任务。众人的事情由众人商量，是人民民主的真谛。协商民主是实践全过程人民民主的重要形式。中国慈善事业在党的领导下，为实现人民当家作主提供重要渠道，是人民共同建设社会主义民主国家的重要载体。公民基于自愿依法将私有资源用于公共目的，通过捐赠善款、成立社会组织、开展志愿服务等参与社会建设、提供社会服务、探索社会融合，体现的是中国特色的公民结社权利和责任担当。

当前我国高收入人群慈善方兴未艾，大众慈善也在蓬勃发展。信息技术的飞速发展，使得慈善活动的成本不断降低，不仅更加方便了大众的参与，也让更大规模的群众从中获益。无论是互联网慈善还是传统慈善，大额捐赠还是志愿服务，企业慈善还是企业家慈善，都彰显出慈善事业是中国公民实现政治、文化、社会权利的重要渠道和多元主体参与建设社会主义现代化国家的重要途径。

二是多元主体共治的重要方式。党的十八大以来，我国逐步构建了党委领导、政府负责、社会协同为主要特征的社会治理新格局，其目的是团结多元主体的力量，让各方积极因素充分涌流，共同参与社会治理，建设充满活力的社会。慈善事业的资源来自社会力量基于道德的自愿奉献，也包含税收减免、政府支持等公共资金，其本质是政府和社会力量对于公共议题的合作治理。

慈善事业作为具有广泛群众基础的社会事业，是构建政府和社会新型关系的重要通道。在新型政社关系中，在党委领导、政府负责前提下，各类社会组织协同参与社会治理，能够最大限度发挥社会调节和居民自治的优势，激发社会活力。党政主导是新型政府与社会关系的前提特征，以人民为中心是新型政府与社会关系的本质核心，体现在慈善领域，政府和社会组织作为推进社会公共事务的重要主体，既是监督和管理的关系，又是协调和配合的关系。政府作为公权力的代表，对社会组织的发展具有决定性影响。政府主导不仅对慈善组织进行监督和管理，还通过政策工具赋能和服务慈善组织，使社会力量具备资源和能力参与解决紧迫的社会问题，有效协同社会治理。

三是多元主体共享的重要途径。改革开放以来，一部分人和地区在法律和政策许可下先富起来，并且通过先富带动后富，极大地促进了生产力发展和人民群众生活质量的提高。在现代化国家建设的新征程上，“全体人民共同富裕取得更为明显的实质性进展”被放在更加重要的位置。促进共享发展、推进共同富裕，需要更好发挥第三次分配的重要作用。慈善事业是第三次分配的主要实现方式，推进慈善事业高质量发展，有助于充分发挥第三次分配作用，提升各阶层群众的获得感、幸福感、安全感。

慈善事业为共享发展提供一种长久稳定机制。越来越多的先富人群将行善列为家族财富分配的重要实现方式，将公益慈善作为实现利他和自利平衡的必选项，家族财富惠及后富人群。新时代慈善事业将从补充社会救助向协同满足人民群众对美好生活的向往发展。无论是高收入群体、中产阶层，还是普通大众，以慈善捐款或提供慈善服务等方式，在帮助困难群体的过程中，既可以增进不同群体之间的彼此了解和相互信任，又能够实现社会财富向未富群体的转移，助力未富群体共享发展成果，促进社会充满活力又和谐有序。

三、释放社会的巨大潜能：建设有机社会

总体来看，需要全面改善新时代慈善事业的制度环境，特别是在县域这个层面，释放各类社会主体的巨大潜能，推动建设基层社会治理共同体。

所谓“共同体”，一般是指人们在共同条件下，以特定形式和纽带联结起来的组织体。建设基层社会治理共同体，核心是坚持在党的全面领导下，统筹整合政府、社会、市场等多元主体的力量，增强县域社会治理的整体性、协同性，更加注重运用协商、契约、道德、习俗等社会治理内生动力，同时积极推进县域信息基础设施联通、平台贯通、数据融通，提升多元主体运用大数据、人工智能治理社会风险、化解社会问题的针对性和有效性。

党的十九届五中全会通过的《中共中央关于制定国民经济和社会发展第十四个五年规划和二〇三五年远景目标的建议》指出，“十四五”时期经济社会发展主要目标包括“社会治理特别是基层治理水平明显提高”，并明确要求“完善基层民主协商制度”“发挥群团组织和社会组织在社会治理中的作用，畅通和规范市场主体、新社会阶层、社会工作者和志愿者等参与社会治理的途径”。

一是党委政府科学统筹，为多元主体参与提供依据、规范和基础。党委政府是公共规则制定者、公共服务提供者、社会秩序维护者、共建共治促进者。

要创新新时代基层党建工作，把党的领导落实到基层社会治理的各方面。同时要深化“放管服”改革，拆除限制其他主体参与社会治理的壁垒，挖掘多方主体参与市域社会治理的内生动力，发挥社会各方主体的积极性主动性创造性，要建立社会治理共建共治共享平台，拓宽非政府主体参与社会治理的路径。

二是完善基层民主协商，尊重各方代表意见，形成基层社会治理合力。由于财产制度、劳动就业制度、收入分配制度均已发生了深刻变化，农村居民中出现了包括农民工人、农民雇工、个体工商户私营业主等新群体，很多城市居民生活和工作在新经济组织、社会组织及社区里，生活和工作在网络空间里。应当落实中共中央办公厅、国务院办公厅下发的《关于加强城乡社区协商的意见》，组织村（社区）党组织、村（居）民委员会与驻村（社区）单位、社区社会组织、业主委员会、农村集体经济组织、物业服务企业和非户籍居民代表等利益相关方充分协商。

三是激励各类市场主体参与基层社会治理。当前我国有各类企业 3 858.3 万个、个体工商户 8 261 万个、农民专业合作社 220.1 万户。随着企业社会责任的理念与实践不断拓展与深化，积极履行社会责任，自觉参与社区事务等，已经成为越来越多企业的共识和实际行动。许多知名公司已将原来的社会责任部门转变为社会创新部门，致力于在教育、环保、社区等领域的社会创新实践。通过社会创新，政府、企业或第三部门单独或合作创造性地整合利用社会资源，通过新的途径或方式来解决社会问题或满足社会需求，并建立新的衡量标准，对于建立社会治理共同体也是十分重要的。

四是完善慈善事业制度环境，为慈善事业参与基层治理提供保障。近年来，我国发布了近 40 个与发展慈善事业相关的文件，但整体而言慈善法治建设进展缓慢，法律及配套政策不完善、政策衔接不顺畅等问题仍然突出，保障慈善组织发展、落实慈善税收优惠的重要制度尚未突破。建议对现有法规政策进行整体梳理，系统重构以《中华人民共和国慈善法》为核心的慈善事业发展政策和管理制度，特别是以《社会团体登记管理条例》《基金会管理条例》《民办非企业单位登记管理暂行条例》为基础，制定统一的社会组织管理条例，为慈善组织登记认定和内部治理提供具体依据。完善包括股权等非现金财产捐赠、慈善信托、慈善捐赠及社会组织运行相关的税收政策和法规体系，创新表彰激励形式，落实综合激励政策。

五是完善培育和监管政策，激活社会组织参与社会治理的巨大能量。目前全国基层工会组织已达280.9万个，拥有会员3亿多人；全国共青团基层组织344.1万个，团员7 200.1万人；已经登记的社会组织达87.8万个（其中，全国性社会组织2 300个）；全国社会工作专业人才总量接近149万人，持证社会工作者53.5万人。同时还有大量的枢纽社团、行业协会、慈善团体、民非团体、志愿组织，可以共同担负起建立社会共同体的责任。

六是尊重基层社区自治组织意愿，激发基层治理主体的内生动力。应当推动社会治理重心向基层下移，加强城乡社区治理和服务体系建设，减轻基层特别是村级组织负担，同时要抓紧修订居民委员会组织法和村民委员会组织法，通过“放管服”改革，切实减轻村（居）委会负担，提高自治弹性，尊重群众首创精神，把全国约70万个村委会，约11万个居委会建设成为党组织领导的自治、法治、德治相结合的城乡基层治理体系的坚实基础。

加快县域经济治理现代化建设的几点思考

许光建*

一、充分认识县域经济治理现代化的重要性

加快县域经济治理现代化建设是推进国家经济治理体系和治理能力现代化的重要组成部分和重要一环。党和国家高度重视县域经济治理，习近平总书记指出："县一级承上启下，要素完整，功能齐备，在我们党执政兴国中具有十分重要的作用，在国家治理中居于重要地位。"习近平总书记还强调："在我们党的组织结构和国家政权结构中，县一级处在承上启下的关键环节，是发展经济、保障民生、维护稳定、促进国家长治久安的重要基础。"

从我国的国家治理结构来看，县域在国家治理体系中扮演着连接中央、省、市和乡镇的桥梁纽带的重要角色，直接关系到党和国家各项方针政策措施在基层的贯彻落实。推进县域治理现代化能够更加全面有效地实施党和国家方针政策，将中央和省、市等上级党委政府的政策转化为具体的地方行动或基层行动，确保党和国家的各项方针政策在基层的顺畅传导和执行。从这个意义上说，加快县域治理体系和治理能力现代化建设在推进国家治理体系和治理能力现代化建设中发挥着基础性作用。更要看到，县域也是城乡群众，特别是广大农村群众与政府之间的关键媒介，政府的各项经济功能履行情况如何，群众获得的基本公共服务水平如何，都和县域经济治理现代化水平关系密切。因此，县域经济治理现代化对于国家经济治理体系和治理能力现代化的建设具有重要意义。

---

* 许光建，中国人民大学公共管理学院教授。

从我国社会主要矛盾是人民日益增长的美好生活需要和不平衡不充分的发展之间的矛盾的角度来看，地区之间发展不平衡、城乡之间发展不平衡的问题在县域表现得相对更加突出。不同区域之间发展不平衡，不论是东中西部这些大的区域之间的发展不平衡，还是一个省或一个地级市范围内的发展不平衡，都可以通过县域之间的不平衡进行分析。至于城乡之间发展不平衡，在每个县域表现得最为明显，干部群众感受也是最深切的。通过加快推进县域治理现代化建设，不仅有利于解决城乡之间发展不平衡问题，也有利于解决区域之间发展不平衡的问题，有利于推动区域均衡和城乡均衡发展。不同县域具有不同的资源禀赋、产业特点和发展阶段，加快现代化治理，可以合理配置资源，引导优化产业结构，促进经济社会更加协调发展。

从政府的经济职能来看，推进县域经济治理现代化有利于加强基本公共服务和基础设施建设，提升县域竞争力，实现经济社会的共同繁荣和社会的全面进步。我们知道，在政府的各项主要职能和作用中，除了保持宏观经济稳定，其他各个方面，都是县域经济治理的重要内容，包括加强和优化公共服务、保障公平竞争、加强市场监管、维护市场秩序、推动可持续发展、促进共同富裕、弥补市场失灵，等等。当然要全面有效履行政府的职责和作用，必须科学界定中央和各级地方政府之间的事权和财力关系。地方政府尤其是县级政府，直接联系城乡居民和企业，是履行好政府职能的重要一环。政府经济职能履行状况如何，离不开中央政府和省市政府的运筹帷幄、统筹规划，但最终还是要落实到县域政府。推进县域经济治理现代化能够提高县乡政府的服务能力和治理效能。在信息化、数字化、智能化的基础上，构建了高效便捷的政务服务平台，提升了政府工作效率和服务质量。通过现代化的治理手段和技术支持，县域能够更好地响应城乡居民需求，加强公共安全管理，改善环境保护，推动社会治理创新，提升政府的形象和公信力。

综上所述，加快推进县域经济治理体系和治理能力现代化作为国家治理体系和治理能力现代化建设的重要组成部分，通过承上启下、促进区域城乡均衡发展和增强政府公共服务能力等方面的作用，推动国家治理体系和治理能力的完善和提升，对于促进经济社会的协调发展和实现国家现代化宏伟目标具有十分重要的意义。

二、当前县域经济治理现代化中存在的问题

党的十八大以来，以习近平同志为核心的党中央立足全面建设社会主义现

代化国家新征程，提出和坚持新发展理念，高度重视区域和城乡经济均衡发展，持续推进区域重大战略和区域协调发展战略，高度重视县域发展，在有效解决区域之间、城乡之间经济发展不平衡方面取得了一系列重要成就。很多省、市的党委、政府都在大力鼓励和支持县域经济高质量发展并在其中长期规划中做了具体部署。但是也要看到，我国区域发展和城乡发展中出现了一些新情况新问题。区域经济发展分化态势明显，部分区域发展面临较大困难、部分地区的比较优势有待充分发挥、城乡发展差距依然偏大等。这些问题都会不同程度地反映在县域经济发展和经济治理上。从全国的情况看，在县域经济治理方面存在的问题主要有以下几个方面。

一是资源短缺和发展不平衡。我国东中西部和东北地区自然条件和经济发展水平差别很大。不同区域的不同县域地区在资源禀赋、经济基础和发展阶段上存在较大差异。总的来看，大部分县域经济发展顺利，经济发展水平较高。但是，也有些县域面临着资源短缺和经济困难的情况。特别是在一些过去主要依赖煤铁等矿产资源发展较快的县域，现在就面临资源衰竭和产业结构转变的困难，也有一些县域经济由于交通等基础设施建设滞后而长期发展缓慢。这些问题其实也反映了这些县域在治理现代化方面存在着明显的“短板”：或者缺乏明确的发展战略与规划；或者是领导班子特别是主要领导干部缺乏领导力或执行力，难以制定好、贯彻好、落实好发展战略与规划；或者是由于不同省、市地方财政体制和地方财力分配问题，缺乏必要的财力支持，财权和事权不相匹配，经济发展和社会进步相对滞后。

二是体制机制改革创新不平衡。回顾一下改革开放以来在地方治理方面取得的一些创新性成就，不少新举措新制度往往都出自那些具有改革和创新精神的县域。应当说这也是不同县域经济发展差距较大的重要原因之一。也可以说明，推进县域经济治理现代化需要具备适应时代变化的机制和体制支撑。目前一些县域在制度创新和体制改革方面面临很多挑战。一些县域的政府管理部门难以协同合作，县与乡镇之间关系不顺，没有形成创新创业的良好环境等问题。治理能力建设滞后，限制了县域治理现代化进程的顺利推进。

三是人才培养和队伍建设滞后。推进县域经济治理现代化，关键是能力建设，迫切需要具备高素质、专业化的公务员队伍和公共部门管理人才，同时也需要有一批企业家人才。可以说，经济治理水平比较高的县域往往既有一批优秀的公务员人才，特别是领导干部人才，也有大量敢闯市场、懂经营、会管理的企业家人才。目前确实有一些县域在人才储备和队伍建设方面存在诸多困难：一方面是由于相对欠发达的经济水平和较低的薪酬福利待遇，吸引人才和留住人才都存在一些困难。另一方面，一些县域也面临着人才培养体系不完善、人才结构不合理等问题。这些都制约着这些县域经济治理水平的提高。

四是公众参与意识和社会参与度不足。推进县域经济治理现代化需要广泛有效的社会参与和群众的积极参与。然而，在实际工作中，一些县域治理过程中公共参与机制不够健全，公众参与意识相对薄弱，社会组织参与度不高，影响了县域经济治理的质量和效果。

三、推进县域经济治理现代化的路径选择

推进县域经济治理体系和治理能力现代化建设，首先要以习近平新时代中国特色社会主义思想为指导，坚持党的集中统一领导，发挥好党总揽全局、协调各方的领导核心作用。这就要求在县域经济治理中，地方党委、政府必须自觉在思想上政治上行动上同党中央保持高度一致，坚决贯彻党的理论和路线方针政策，确保县域经济治理的正确方向。在实际工作中发挥好党委的核心作用，贯彻落实好中央和省市党委、政府的各项方针政策，正确处理经济治理与其他方面治理的关系，把经济治理置于县域治理体系和治理能力现代化建设的总体布局中。

具体来说，县域经济治理体系和治理能力现代化建设要把以下几个方面作为抓手稳步推进。

一是要因地制宜，依据当地优势，制定和实施正确的经济和社会发展战略和规划。从全国层面看，国家发展规划与战略始终是我国推动经济发展的重要抓手，也是实现“坚持全国一盘棋，调动各方面积极性，集中力量办大事的显著优势”的重要途径。从县域层次来看，县域规划是国家规划体系的重要组成部分，加快县域经济治理现代化建设，必须鼓励和支持县级党委、政府因地制宜，发挥本地优势，制定和实施科学可行的经济和社会发展的长远战略与规划。通过规划，确定县域的经济发展重点领域和重点产业，以及产业的空间布局。在科学研究制定经济发展战略与规划的基础上，更要做到“一张蓝图绘到底”，避免出现“一届班子一套规划”、发展战略与规划多变的不良局面。

这方面的成功案例不少。其中之一就是福建省三明市沙县小吃的发展奇迹。根据有关资料介绍，沙县小吃已有一千多年的历史。20 世纪 90 年代初，

沙县小吃发挥低价优势，从沙县走向全国，迅速填补了“低消费”的空白，为当地农民增收致富闯出了一条新路子，已经成为全国著名的餐饮品牌。习近平总书记曾多次点赞沙县小吃。2021 年 3 月，习近平总书记到沙县考察时指出，沙县人走南闯北，把沙县小吃打造成了富民特色产业。“乡村要振兴，因地制宜选择富民产业是关键。”在沙县小吃发展过程中，沙县县委、县政府制定了一系列正确有效的支持政策，特别是在发展初期，县委、县政府多次召开小吃产业发展专题会议，将小吃定位为当地的支柱产业。通过举办小吃文化节等方式，引导当地农民和经营者把沙县小吃向品牌化和产业化方向发展。之后又不断出台资金扶持、人才培训、创业指导、质量监管等各种政策给予鼓励和支持，使之从沙县小吃成长为全国知名的“国民小吃”。在沙县小吃成长和发展过程中，沙县农民的创新精神和创业的勇气和智慧是主要的力量，党委、政府及时的适当的鼓励和支持也是非常重要的。可以说是有效市场和有为政府相结合带动县域经济高质量发展的优秀案例。

二是推动市场化改革和产业升级。一定要抓住市场机遇：以市场化为导向，引导县域经济发展，加大产业转型升级力度。推进农业农村现代化，培育新兴产业，扶持小微企业和创新创业，提升县域的竞争力和可持续发展能力。

山东曹县“淘宝村”的发展是一个很好的案例。近年来，曹县紧紧抓住电子商务发展的历史机遇，搭上“互联网＋”快车，培育了数千家电商企业、数万家网店，带动了数十万人创业就业。创造了电商赋能乡村产业转型升级的奇迹，使曹县成为国内外知名的淘宝村镇集群，获评了“全国电子商务促进乡村振兴十佳县域”和“国家级电子商务进农村综合示范县”等荣誉称号。在曹县“淘宝村”遍地开花大发展过程中，农民和小微企业敢闯敢干的创业精神和对农村电商市场的独特感知发挥了主要作用。当地县委、政府和乡镇党委、政府的及时大力支持，制定和实施产业规划、园区规划，不断优化营商环境，加大招商引资力度等，发挥了不可或缺的引导和支持作用。也是一个有效市场和有为政府相结合大力发展电商经济带动县域高质量发展的好典型。

曹县的发展经验说明，在信息技术、网络技术、互联网技术、电商经济、数字经济、数字社会迅猛发展的新时代，必须积极利用信息技术和数字化手段，建设智慧县城和智慧乡村，运用新技术创造新产业、引进新产业。政府既要为农民和小微企业构建有利于创业创新的大平台，也要运用好各种资源，扩大投资，不断建设和改善道路、通信、网络等基础设施，更好地满足县域企业和个人的发展需求。

三是强化专业化人才队伍建设。提升县域经济治理现代化水平，人才是关键，必须加大培养和引进具备现代治理理念和管理能力的专业人才，建设高素质的县域干部队伍。通过加强培训和学习，提升县域政府的决策能力、问题解决能力和公共服务能力，为县域经济治理现代化提供坚实的人力人才资源支撑。

最近几年各地在鼓励和支持人才回乡创业方面取得了很好的成绩。在经济比较发达地区打工或者创业的人才回乡创业成功的案例不少。例如，根据有关媒体介绍，曹县在全国大中城市建立 35 处返乡创业服务站及 9 个招才引智工作站，通过多种方式鼓励吸引优秀人才回乡投资兴业。

四是加强多层次合作与合作共赢。实施跨地区、跨部门、跨行业的协同治理机制，加强县域间的合作与交流。解决相邻县域之间产业同构、低水平竞争等问题。积极参与国家和省市发展战略，促进省际协作，统筹规划和资源配置，形成合力，解决共性问题，实现县域经济治理现代化的优势互补和协同效应。

四、加快县域经济治理现代化的两个重点任务

一是大力支持民营经济发展。不论是从全国看还是从县域看，发展民营经济都具有重要意义。特别应当指出的是，民营经济在县域经济中扮演着非常重要的角色，有不少县区，民营经济已经成为当地经济发展的主力军。发展民营经济，不仅有利于推动县域经济的增长，提升产业链和价值链水平。更加重要的是，民营企业能够创造更多的就业机会，解决部分富余农村劳动力本地就业，为县域提供更多的就业机会和稳定的收入来源。

大力支持民营经济发展，有利于增强经济竞争力和创新能力。发展民营经济能够引入更多的市场竞争机制，促进县域经济的优化和升级。民营企业通常更加注重技术创新和产品研发，能够带来更多的科技进步和创新成果。这将为县域经济注入新的动力，提高其竞争力，推动经济治理现代化。

大力支持民营经济发展有利于促进资源配置和社会稳定。发展民营经济可以促进资源的有效配置和利用。特别是高效利用农业农村经济资源，促进城乡产业融合，通过提供就业机会和改善城乡居民收入水平，减少社会矛盾，增强县域内部的社会和谐，为县域经济治理现代化创造有利条件。

二是发展新型农村集体经济。发展新型农村集体经济有助于推动乡村治理的现代化和乡村振兴战略的落地实施。通过建立健全农村经济组织和农民自治机制，提升农村社会管理能力，推动农村产业发展、农村社会事务管理、生态环境保护等方面的现代化进程。同时，新型农村集体经济也是乡村振兴战略的重要组成部分，可以为县域经济治理提供有力支撑，促进农村治理体系和治理能力现代化。促进农村经济发展对于增加农民收入作用更大。新型农村集体经济是农村改革创新的重要内容，通过合作组织、多元经营和规模化经营等方式，能够提高农业生产效率和农民收入水平。发展新型农村集体经济可以推动县域农业的现代化，提升农产品的质量和附加值，带动农民就业和增加收入，推进农村经济的持续健康发展。

发展新型农村集体经济可以实施市场化运作和专业化管理，通过整合农业资源、优化供给结构，提高农产品的产销对接能力。新型农村集体经济组织能够促进农业要素的合理配置和利用，提高土地、劳动力、资金和技术等要素的综合效益，提升农业的竞争力和产业链水平，优化资源配置和农业供给结构。

用好政策试点示范效应 持续推进数字乡村建设

——来自对数字乡村建设政策试点的调研和观察

胡仙芝*

数字乡村是伴随网络化、信息化和数字化在农业农村经济社会发展中的应用，是随着农民现代信息技能的提高而内生的农业农村现代化发展和转型进程。数字乡村建设对于农村农业农民的现代化具有重要意义，它既是乡村振兴的战略方向，也是建设数字中国的重要内容。① 党的十八大以来，数字乡村建设受到了国家领导人的高度重视，党中央、国务院在党的二十大和历次的中央经济工作会议、中央农村工作会议中都有相关部署。2019 年，中共中央办公厅、国务院办公厅专门制定和印发《数字乡村发展战略纲要》（以下简称《纲要》），制定了我国数字乡村建设的中长期发展目标，明确“到 2020 年，数字乡村建设取得初步进展。……到 2025 年，数字乡村建设取得重要进展。……到 2035 年，数字乡村建设取得长足进展。……到本世纪中叶，全面建成数字乡村，助力乡村全面振兴，全面实现农业强、农村美、农民富”②。在《纲要》发布后，中央有关部门围绕实施数字乡村发展战略制订了政策试点方案。2020 年，中央网信办、农业农村部、国家发展改革委、工业和信息化部、科技部、市场监管总局、国务院扶贫办联合印发《关于公布国家数字乡村试点地区名单

---

* 胡仙芝，中共中央党校（国家行政学院）公共管理教研部研究员，贵州省信息中心副主任（挂职）。

① 《中共中央办公厅 国务院办公厅印发〈数字乡村发展战略纲要〉》，中国政府网，https://www.gov.cn/zhengce/2019-05/16/content_5392269.htm。

② 《中共中央办公厅 国务院办公厅印发〈数字乡村发展战略纲要〉》，中国政府网，https://www.gov.cn/zhengce/2019-05/16/content_5392269.htm。

的通知》，公布首批国家数字乡村试点地区名单，并对抓紧组织开展试点工作提出了具体要求。该政策试点进入试点工作的终期评估和后续推广阶段，中央网信办、农业农村部、国家发展改革委、工业和信息化部、科技部、市场监管总局、国家乡村振兴局七部委对全国首批数字乡村试点地区完成情况进行了终期评估，并公布了全国数字乡村试点终期评估报告。与此同时，中央网信办等十部门印发《数字乡村发展行动计划（2022—2025 年）》，2023 年中共中央、国务院还出台了《关于做好 2023 年全面推进乡村振兴重点工作的意见》。基于以上紧锣密鼓的政策出台，全国上下真正掀起一股探索以数字化赋能乡村产业发展、乡村建设和乡村治理的建设热潮。本文以数字乡村建设为题，实地调研了我国西南部的几个国家数字乡村试点地区，[①] 对国家数字乡村建设的实践推进情况进行了比较深入的了解，现结合我国政策试点及扩散理论，对我国当前的数字乡村建设试点政策及其优化作如下方面的研究。

一、作为政策试点的国家数字乡村建设

2020 年 7 月，中央网信办等七部门联合印发了《关于开展国家数字乡村试点工作的通知》（以下简称《通知》），正式拉开了我国数字乡村发展战略贯彻实施的序幕。该《通知》的依据主要来自《中共中央 国务院关于抓好“三农”领域重点工作确保如期实现全面小康的意见》、《数字乡村发展战略纲要》和《2020 年数字乡村发展工作要点》，由中央网信办、农业农村部、国家发展改革委、工业和信息化部、科技部、市场监管总局、国务院扶贫办联合部署，首批确定国家数字乡村试点地区达 117 个县（区、市），试点区域覆盖 31 个省、自治区、直辖市及新疆生产建设兵团。[②] 该《通知》明确提出试点工作的目标是“到 2021 年底，试点地区数字乡村建设取得明显成效，城乡数字鸿沟明显缩小，乡村数字经济快速发展，农业生产智能化、经营网络化水平大幅提高，依托互联网开展的农村创业创新蓬勃发展，乡村数字治理体系基本完善，乡村公共服务体系基本建立，乡村网络文化繁荣发展。通过试点地区在整体规划设计、制度机制创新、技术融合应用、发展环境营造等方面形成一批可复

① 本次调研重点是围绕贵州息烽、金沙、黔西、余庆四个试点地区。但有些问题具有全国代表性。

② 《首批国家数字乡村试点地区名单公布》，中国网信网，http：//www.cac.gov.cn/2020-10/23/c_1605022250461079.htm。

制、可推广的做法经验，为全面推进数字乡村发展奠定良好基础”。

作为我国治理实践中所特有的一种政策测试与创新机制，“政策试点”是一种在特定领域内进行“政策测试”的实践和机制，它对于政策实施和“政策生成”具有同样重要的作用。就国家数字乡村建设的试点目标来看，有如下三个特点。一是在时间上体现了国家数字乡村战略全面实施的前奏，预先吹响政策全面实践的号角；二是在空间上体现了通过“政策试点”试点项目、试验区等，为国家数字乡村战略从局部实施到全域实施提供先行先试的经验；三是在制度创新方面，通过在局部范围内对已经成型的政策文本进行验证的“政策测试”，逐步生成更具操作性的实施方案，甚至产生全新的政策方案和制度创新。因此，跟踪评估、经验总结和政策推广等政策评价活动和机制是政策创新中的一项关键程序，是确保试点取得效果的必需机制。

我们以政策过程的前试点、试点和后试点三个阶段的划分来分析国家数字乡村试点，可以看到我国数字乡村建设的国家试点应该属于政策试点阶段①和后试点阶段，符合政策试点向后试点过渡的基本阶段特征。具体而言，该阶段表现为上级组织与自发进行的政策试验共同推进，有比较明确的政策目标、清晰的政策内容和比较具体的政策工具，但政策的实施方案和政策细节尚在摸索制定中，具体的实施路径和策略允许地方政府的自发试验，一些地方和企业也被允许参与其中，而中央政策部门则以政策评估和绩效管理的方法鼓励试点地区的探索创新，并利用“地区间的某种竞争”来推动政策的实施和方案的优化。在这个阶段，“两种不同层面（自发组织与上级组织）的试验会进一步交织在一起。上级组织的试验体现了上级对其政策内容的倡导与推动”，基于“竞争”的自发试验和上级依靠一定程度的行政命令所组织的试验开始相互交织，有关政策目标与政策内容的共识会进一步得到加强。②

到了后试点阶段，政策试点就需要经历严格的经验总结和评估环节。在该环节中，那些未通过试验的政策，其政策过程就此终止。而对于那些通过试验进行了试错、积累了经验、统一了思想的政策，在这一阶段便进入了实质性的实施落实。此时上级政府有了明确的政策目标、清晰的政策内容与具体的政策

① 刘伟：《政策试点：发生机制与内在逻辑——基于我国公共部门绩效管理政策的案例研究》，《中国行政管理》2015 年第 5 期。

② 刘伟：《政策试点：发生机制与内在逻辑——基于我国公共部门绩效管理政策的案例研究》，《中国行政管理》2015 年第 5 期。

工具，发布行政命令，在其辖区内以命令形式推动政策，实现政策的命令式扩散或强权型扩散。对于条件成熟的，可以采用“全国一盘棋”的方式同步实现扩散；对于条件不太成熟的，则可以采用“由点至面，全面推进”的方式推广（见表1）。

表1　政策试点三个阶段的特征①

阶段	前试点阶段	试点阶段	后试点阶段
条件	有政策目标 无政策内容 无政策工具	有政策目标 有政策内容 无政策工具	有政策目标 有政策内容 有政策工具
上级（中央）政府	不干预下级政策试验	组织政策的局部试验	推动政策全面落实
下级（地方政府）自发政策行为的驱动力	为创新而竞争	先进者：为行政效率而竞争被动执行/主动执行	
后进者：“随大流”政策特征	下级政策 内容与工具多样化	下级政策 内容与工具趋同	政策内容与工具的强制性扩散/形成共识
政策试点	下级自发的政策试验	上级组织的试验与下级自发的试验	政策试验结束；政策推广

总之，政策试点作为一种政策推进工具，在我国数字乡村建设战略实施中发挥了一个特定的历史使命。如何充分发挥政策试点效用和综合功能，需要紧紧抓住数字乡村发展评价工作和绩效管理工作，持续开展数字乡村试点工作，深化试点成果应用推广。同时要推动将数字乡村建设工作情况纳入各级党委和政府推进乡村振兴战略实绩考核。作为试点评估及其转段的关键环节，也需要保持清醒，客观认识存在的问题和可能风险，树立正确的政绩观，科学地总结经验做法，及时修正政策偏差，为完善政策和制度而不断优化方案，推动数字乡村建设取得实际进展。

二、数字乡村建设战略及试点政策成效评估

2023年以来，中央网信办、农业农村部、国家发展改革委、工业和信息

① 刘伟：《政策试点：发生机制与内在逻辑——基于我国公共部门绩效管理政策的案例研究》，《中国行政管理》2015年第5期。

化部、科技部、市场监管总局、国家乡村振兴局七部委组织专家对首批国家数字乡村试点完成情况开展终期评估，利用同一指标折合分数的方法对 117 个试点县（区、市）进行综合排名，并根据评估结果对各试点地区数字乡村建设成效、特色亮点及经验做法做了总结分析。目前各试点县正在总结深化试点成果，打造数字乡村建设样板以及逐步推广经验的后续安排之中。这里我们可以围绕数字乡村建设试点建设的主要评估指标（见表 2），来看一下我国数字乡村建设的试点取得的系列成效。

表 2　国家数字乡村建设试点建设的主要评估指标（根据报道材料整理）

序号	一级指标	二级指标	具体项目
1	乡村数字基础设施	移动设备介入情况	
2	乡村产业数字化	智慧农业建设情况	农业生产信息化率
3		乡村新业态	农村电商
4	乡村治理数字化	数字化治理工具应用情况	县级政务服务事项在线可办率
5	乡村数字惠民服务	乡村公共服务在线情况	远程教育、远程医疗普及率
6	典型经验	优秀案例遴选情况	报送情况和入选情况
7	群众评价	群众对乡村数字基础设施、乡村产业数字化、乡村治理数字化、乡村数字惠民服务的感知和评价	问卷统计测算结果

一是大力推进数字基础设施的建设，为乡村全面发展构建新基座。据《中国数字乡村发展报告（2022 年）》，截至 2022 年 6 月，农村互联网普及率达到 58.8%，与“十三五”初期相比，城乡互联网普及率差距缩小近 15 个百分点。而在各个试点县、市地区中，到 2022 年底，该数据大大增加，贵阳息烽达到 64.9%，遵义余庆达到 54.9%，毕节黔西和金沙分别达到 63.7%和 66.3%。此外，各个试点地区通过加强科技创新引领，加速推动 5G、云计算、大数据、人工智能等数字技术在乡村地区的建设和应用，有的建设大数据中心，汇集工业、农业、医疗、教育、交通及乡村治理、公共服务大数据，不断开发应用，形成了由数字技术构成的乡村经济社会运行新基础，为农民生产生活、创新创业等提供有力的数字基础设施条件。

二是促进乡村产业振兴，实现三大创新，为缩小城乡差距提供新动能。数字乡村建设规划实施以来，截至 2021 年底，全国接受信息化农技推广服务的新型农业经营主体（包括农民合作社和家庭农场）数量共计 223.3 万个，农技推广服务信息化率为 61.3%。2021 年农业生产信息化率为 25.4%。在试点县（区、市），智慧农业和乡村新业态的全国水平分别达到 63%和 64%以上。在乡村产业方面，试点各县（区、市）通过数字化技术改造，促进了生产方式创新，探索“农业产业大脑＋未来农场”模式，推动 5G、农业机器人、物联网等数字新技术在农业领域的普及、推广和应用；通过营销模式创新，推进“互联网＋”农产品出村进城、电子商务进农村综合示范工程，持续开展品牌推荐和线上线下结合的农事节庆活动，大力发展直播电商、跨境电商、直播带货等新模式，有效拓宽农产品网络销售渠道。通过经营机制创新，培育共享农业、云农场、数字文旅等乡村新业态，推动美丽休闲乡村、农家乐（民宿）、乡村康养和文创基地等开展在线经营，推动农文旅体融合发展，让乡村传统产业焕发新的活力。总之，数字乡村政策试点地区建设加强了数据要素与其他生产要素的交叉融合、有机融合，突破了土地、资本等传统生产要素有限供给对经济增长的制约，进一步解放和发展农村生产力，形成乡村经济社会发展的“增长极”。

三是促进乡村治理数字化，为基层治理现代化提供新的农村样板。数字乡村助力于乡村治理的数字化，2021 年“三务”网上公开行政村覆盖率达到 78.3%。其中，党务、村务、财务分别为 79.9%、79.0%、76.1%。2021 年全国已经建设了应急广播主动发布终端的行政村占比为 79.7%。试点地区的相关数量普遍在 95%以上，有的甚至达成 100%。数字乡村试点地区更是在农村治理方面进行创新和探索，有的实施乡村“四治融合”推进行动，纵深推进数字化应用与县乡一体基层治理“四平台”融合建设，优化形成数字监管“一张网”、整体智治“一张图”，打造线上线下事件处置联动体系。有的试验智慧乡村综合管理系统将社会综合治理的考核和社会各项积分有机整合，推出“善治积分”“乡村钉”“村民说事”“共享法庭”“线上矛调”等一批数字化治理新模式，让乡村自治更高效、乡村法治更温暖、乡村德治更入心。

四是着眼于乡村治理数字服务，改善农村农民生活。据《中国数字乡村发展报告（2022 年）》，各地整合利用现有设施和场地推进“一站式”便民服务，完善村级综合服务站点，利用信息化手段开展或者支撑开展党务服务、基本公共服务和公共事业服务。截至 2021 年底，全国已建有村级综合服务站点的行政村共 42.8 万个，共建有村级综合服务站点 48.3 万个，行政村覆盖率达到

86.0%。数字乡村试点县（区、市）探索了公共服务数字化便民化的行动，促进乡村数字服务提质增效，在智慧养老、智慧医疗、智慧教育、数字警务及公共事务方面进行便民应用，大大改善农村农民生活。

五是在缩小城乡差距消弭数字鸿沟方面，为全民共建共富提供新模式。数字乡村建设最早与脱贫攻坚工作相连接，将防止返贫动态监测机制数字化。当前又结合乡村振兴发展现状和情况，依托全国防止返贫监测信息系统和乡村振兴云系统，继续做好乡村全面振兴，促进全民走向共同富裕。数字乡村检视试点发展壮大了一支爱农业、懂技术、善经营的新型职业农民队伍，培育和筛选一批善于学网、懂网、用网的“新农人”，使农村资源和要素通过互联网与城市形成一体化市场，实现要素自由流动，促进农民增收，促进优质公共服务资源高效、便捷地向农民输送。

总之，通过数字乡村建设实现了以发展乡村数字经济为根本赋能乡村产业振兴、以乡村数字治理为手段赋能乡村组织振兴、以智慧绿色乡村为载体赋能乡村生态振兴、以数字技术赋能乡村文化振兴、以数字人才为关键赋能乡村人才振兴的综合目的，为数字中国战略在广大农村的贯彻实施提供了样板和先行先试的经验，是数字中国战略推行的重要步骤和主要组成部分。正如《2023年数字乡村发展工作要点》中明确提出的，要“持续开展数字乡村发展评价工作，推动将数字乡村建设工作情况纳入各级党委和政府推进乡村振兴战略实绩考核”，下一步要“持续开展数字乡村试点工作，深化试点成果应用推广”。

三、我国数字乡村建设存在的问题及其分析

国家数字乡村建设试点让我们看到了可喜成效，为我们提供了一系列可以总结借鉴甚至推广的经验做法，同时也暴露出一系列的问题。其中反映比较集中的有以下几个方面。

一是基础设施建设不均衡，城乡数字鸿沟依然存在。有的地方虽然缩小了互联网基础设施和网络通信服务供给等方面的硬件差距，缩小了“数字接入鸿沟”，但在“数字使用”“数字资源”方面，还是存在因对互联网的认知和技能素养差异而形成的互联网使用行为差异及其所转化的数字红利鸿沟；存在在众多“互联网+”领域的海量数据资源的差异及在云计算、大数据、物联网、人工智能等数字资源处理能力与应用方面的差异。故消弭城乡“数字鸿沟”依旧任重道远。

二是专业技术人才短缺，数字化发展意识薄弱。总体来说，乡村居民缺乏对数字技术和数字经济的深入认识，对数字化的理解还浮于表面，数字化发展意识还不强。乡村数字化管理水平与县域发展目标不匹配，乡村内部难以挖掘出专业技术人才，也很难吸引到专业技术人才“加盟”，难以保障数字化基本运维。农村的专业人才严重不足。

三是数字难以融入现有产业，联动发展效率较低。大部分乡村的产业比较单一，且以生产效率和质量较低的农业为主，数字技术也未能充分运用到生产环节，缺乏市场竞争力；数字乡村建设中，乡村的产业融合度低，各产业之间关联较少，没有将数字技术充分应用到产业融合的过程中，基本还处于“单兵作战”的初级阶段，生产效益较低。

四是统筹协调力度不足。数字乡村建设涉及内容多、覆盖面广，由于目前缺少市级层面的整体统筹和顶层规划设计，部门和乡镇处于各自为战状态，多头建、重复建造成资源浪费，且实践应用推广效果不够理想。工作机制方面，缺少强有力的组织领导和部门协同推进工作机制，致使信息孤岛、数据壁垒、数据碎片化等现象比较突出，尚未真正形成功能融合、共建共享的数字乡村建设工作格局。数据整合共享不充分。

五是乡村数据资源相对匮乏，农业农村数据资源分散，公共数据共享开放不足。天空地一体化数据获取能力较弱、覆盖率低，数据要素价值挖掘利用不够。乡村数字应用系统碎片化。对乡村产业发展、乡村治理和乡村服务的痛点堵点难点问题研究不够充分，应用场景不能有效满足群众生产生活需求，尚未形成应用系统开发的集成效应，数字乡村建设释放的红利有限。

六是支持保障措施缺乏。建设资金投入不足、技术力量比较薄弱、承接应用能力不强，限制了数字技术的应用和数字技术在乡村振兴中的作用发挥。

四、充分利用好政策试点效应，持续推进数字乡村建设

作为我国治理实践中所特有的一种政策测试与创新机制，“政策试点”是一种在特定领域内进行“政策测试”的实践和机制，它对于政策实施和“政策生成”具有同样重要的作用。因此，跟踪评估、经验总结和政策推广等政策评价活动和机制是政策创新中的一项关键程序，是确保试点取得效果的必须机制。针对数字乡村建设战略的政策目标及政策实施和优化路径，下一步需要我们以科学正确的政绩观为指导，持续开展数字乡村发展评价工作，推动将数字

乡村建设工作情况纳入各级党委和政府推进乡村振兴战略实绩考核，为数字乡村战略的实施和政策优化做出努力。

一是要树立和践行正确的政绩观，正确对待数字乡村建设的长期性问题。数字乡村建设是一个长期的艰难的系统工程。要按照习近平总书记关于树立正确的政绩观的要求，深刻领会正确政绩观的丰富内涵和实践要求，增强思想自觉、政治自觉、行动自觉；坚持人民满意至上，正确对待政绩。拒绝“形象工程”“面子工程”，看清“数字政绩”“虚假政绩”，追求让百姓得实惠的实绩；坚持兼顾长远和当前，既做显功，也做潜功。“风物长宜放眼量”，“潜功”看不见、摸不着，但功在当代、利在千秋。不能局限于个人利益搞形式主义，不能急于求成拔苗助长，应放眼长远、戒浮戒躁、怀抱耐心，充分尊重事物发展的客观规律，踏踏实实做好当下的事。对当务之急立行立改，对长期任务久久为功。

二是要加强对试点地区的前期经验和教训的总结，做好以点带面和政策优化生成功能。摸着石头过河，既会有成功的经验，同时也会较早接触到可能存在的风险。数字乡村试点在以推进乡村数字基础设施建设为抓手，全力提升乡村治理数字化、促进农业农村资源信息化、深化数字惠民服务及提高群众感知评价幸福感获得感方面总结了一定的经验做法，要充分发挥试点县（区、市）实践的先进带头作用。对在过程中反映出来的重复建设、多头管理、统筹兼顾不力等问题，要全面发挥风险和教训的警示作用，做好问题预防和风险防范。

三是持续加强政策评价，建立可持续的绩效管理模式。乡村数字战略的实施需要充分明确数字乡村建设的重点任务、存在的困难瓶颈及下一步的措施思路，政策试点结束后需要以点带面，逐步推广。在此过程中，要进一步提高干部群众对数字政府、数字治理的思想认识和认知理念；进一步整合利用好已有资源条件；进一步加强系统谋划、政府推动；进一步集成创新、实现体制机制、技术环境等各要素优化；进一步提升项目开发的可持续性；进一步发挥示范引领、点面结合，打造示范样板点、发挥示范带动作用，不断实现以发展乡村数字经济为根本赋能乡村产业振兴、以乡村数字治理为手段赋能乡村组织振兴、以智慧绿色乡村为载体赋能乡村生态振兴、以数字技术赋能乡村文化振兴、以数字人才为关键赋能乡村人才振兴，为实现乡村振兴、建成数字中国发挥基础和保障作用。

基层公安机关行政执法问题研究*

——以Z市X公安分局为例

孙杨杰** 林仁贵***

一、前言

随着经济发展、社会转型及移动互联网的普及，社会治安管理问题也随即向复杂化、动态化和跨区性发展，群体冲突等不稳定因素也日益增多，不自觉加大了基层公安机关的工作强度与难度。加之社会大众对法律意识、维权意识的逐步提高，对于公安机关的服务要求也逐渐变得多元化。此外，部分警务人员在行政执法过程中出现的负面行为、警民冲突等新闻，在信息化社会中也往往容易被放大、歪曲而形成谣言，从而造成社会大众对公安机关缺乏基本的信任感，公安机关执法公信力大打折扣。在此严峻形势下，可以看出基层公安机关传统的行政执法制度、相关机制及执法活动等，难以满足现实需求和适应新的工作环境。

党的二十大报告中明确提出要“扎实推进依法行政”“全面推进严格规范公正文明执法”①。在依法治国方略的实施过程中，依法行政是重中之重，广泛涉及各个阶层，与广大人民群众切身利益息息相关，同时也是现阶段发现问

* 基金项目：2021年国家社科基金年度项目“公共卫生应急救援队伍组建机制研究”资助项目（项目编号：21BSH071）；本文为阶段性研究成果。

** 孙杨杰，中共福建省委党校（福建行政学院）公共管理教研部副主任、副教授。

*** 林仁贵，福建省漳州市公安局芗城分局三级警长。

① 习近平：《高举中国特色社会主义伟大旗帜 为全面建设社会主义现代化国家而团结奋斗——在中国共产党第二十次全国代表大会上的报告》，人民出版社2022年版，第42—43页。

题较多的地方。因此，行政执法水平的高低、质量的优劣，直接和社会的法治环境、群众的满意度等有着紧密关联，也在很大程度上影响全面依法治国方略的推进。因此，思考与探究如何采取有效措施规范基层公安机关的行政执法行为，具有重大理论价值和现实意义。

二、Z市X公安分局行政执法现状

（一）研究对象概况

Z市X公安分局属于县级公安机关，为Z市X人民政府组成部门之一，受Z市X人民政府的管制。同时又在Z市公安局的直接领导下，依法行使刑事职权和行政职权。主要目的在于通过宪法和法律法规所赋予的权力维护社会治安秩序与广大人民群众的生命财产安全。具体职责职能表现为：组织、领导和指挥X区公安工作；组织、指导X公安机关预防、侦查和打击各类犯罪活动，治安行政管理工作，维护交通安全与秩序工作，禁毒工作和相关保障工作。目前Z市X公安分局内设机构如图1所示。

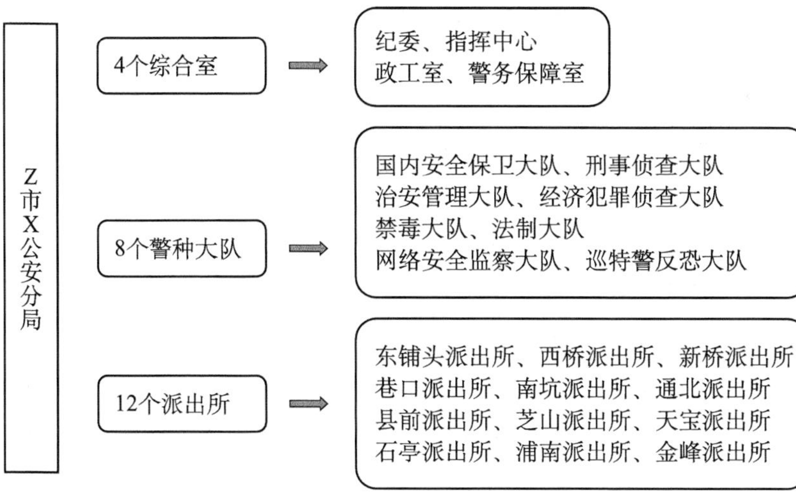

图1　Z市X公安分局内设机构

（二）行政执法现状

近年来，Z市X公安分局在各级党委、政府领导下，以全面深化公安改革为发展契机，坚持“立警为公、执法为民”，不断加强行政执法规范化建设，在维护辖区内社会稳定和经济发展等方面发挥重要作用。Z市X公安分局行政执法现状主要表现为以下几方面。

1. 逐步完善规章制度

近年来Z市X公安分局注重建章立制，从执法各个环节到执法过程的各个领域都加以规范，并进一步细化明确执法流程和相应的责任。一方面完善制度制定工作。组织政工室人员将近年来在基层行政执法过程中行之有效的经验加以总结并制度化，陆续制定Z市X公安分局的《队伍管理办法》《队伍绩效考评制度》《案件评查制度》等，并将其严格落实于日常行政执法活动中，提高公安人员执法水平。另一方面加强执法制度的立、改、废工作，对照最新版相关法律法规对《涉案财物管理规定》《案件承办人责任制度》等多项执法制度进行适用性的调整和纰漏的纠正、更新和细化，以更加契合基层行政执法实际，做到有法可依、有章可循。

2. 扎实推进规范执法

公安机关行政执法要求社会管理、打击犯罪和社会治安等相关执法行为必须限制在法律框架内，确保做到有法可依。近年来Z市X公安分局通过案件评查、流程规范，推进规范执法。一方面开展案件评查工作，专门抽调精通办案业务、法律水平高的人员从案件事实、法律适用、程序使用和处理效果等方面对案件办理过程进行评查、指导、总结和整改。2022年度共评查行政案件13件、刑事案件9件，其中达标卷7件、优秀卷15件。另一方面对执法办案流程加以规范，严格执行层层把关审核机制，规范案件的网上录入标准、操作流程和基本要求，接受网上监督，明显减少案件执法纰漏问题，有效杜绝利益案和关系人情案。

3. 加大执法公开力度

对行政权力的最好监督方式在于各类相关信息的依法公开。近年来Z市X公安分局通过两种途径推动执法公开。一方面采用网上执法的方式实行执法公开制度，利用局官微、官网等媒介公开执法流程，接受社会广大群众监督，扩大执法透明度。另一方面通过电话采访、街头随机采访、各村（社区）各户采访等形式开展对片区民警和其他相关的评警活动，征集社会广大群众意见，大大加强了社会监督。

4. 加强行政执法监督

公安机关行政执法的规范化离不开内外部的监督。近年来Z市X公安分局一方面结合工作实际，强化公安内部的行政执法监督，从加强执法质量考评机制的落实、案件回访、基层执法监督审核和案件审核等方面对各执法部门和人员进行检查监督，以便及时发现和坚决制止违法违规执法、滥用职权等问题。近3年围绕卷宗检查行政案件447起、治安案件203起、刑事案件53起，并对其中发现的60余个各类大小问题进行全部整改，实现卷宗达标率、考评率100%，在有效提高执法人员执法水平的同时，也对其行政执法形成有效监督。另一方面加强公安机关开展外部监督的重要主体——纪检监察机关的监督。从走访调查所获得资料来看，X区纪委及督察部门近3年来共对Z市X公安分局展开专项或现场督查46次，对反腐反贪、党风廉政工作的推动起了重要作用。

三、Z市X公安分局行政执法存在的问题及成因

Z市X公安分局通过采取系列有效举措，大大推动行政执法的规范化建设，在很大程度上提升了公安机关的管理效率，提高了行政执法人员的执法水平，扩大了行政执法的透明度，改善了警民关系，有效实现了社会治安秩序的明显好转。但近年来随着Z市X区经济的较快发展，流动人口、闲散人员陆续增加，广大群众的诉求也逐渐多元化，各种社会矛盾、不稳定因素、网络犯罪、跨区域流动犯罪等也陆续增多，社会维稳压力增大。为了深入剖析相关执法问题及其成因，本文采用问卷调查法和深度访谈法，获得相关数据和一手资料。

（一）问卷设计与实施调查

本次问卷调查对象为Z市X公安分局治安大队下辖的12个派出所部分警员，调查时间为2022年1月—2023年1月。调查问卷以纸质问卷的形式展开，共发放纸质问卷240份，回收236份，回收率为98.33%。其中扣除答卷不完整或不规范等问题问卷，统计得到有效问卷232份，问卷回收有效率为96.67%。本次问卷调查对象基本信息如表1所示。

表1　问卷调查基本信息统计

问卷调查基本信息统计表				
性别				
男	女			
225人	7人			

（续表）

问卷调查基本信息统计表				
年龄段				
20—30 岁	31—40 岁	41—50 岁	51—60 岁	
29 人	87 人	62 人	54 人	
学历				
中专	高中	大专	本科	研究生
3 人	3 人	62 人	162 人	2 人

数据来源：根据调查问卷数据整理。

（二）存在问题

1. 执法定位不明确

作为主要的社会管理参与部门及重要的行政执法部门，Z 市 X 公安分局承担治安、交通、户政及维稳等诸多方面管理及服务，是开展社会治理的主要机构。受传统“大公安”理念的影响，X 公安分局在执法过程中仍存有执法定位不明确问题。主要体现在以下两方面。

一方面服务理念不足。虽然公安分局近年来努力转变执法理念，强化服务职能，但受执法环境、政治因素及个人理念等因素影响，部分执法人员在执法过程中仍以命令、严格管控的方式展开行政执法活动，单纯将管理视为服务，难以满足广大群众多元化利益诉求。

另一方面承担职能泛化。也就是 X 公安分局在社会治理过程中大包大揽，而 X 区党委、区政府也往往将如征地拆迁等工作以行政干预或强制命令的形式交由 X 公安分局承担。从图 2 可以看出过重的工作任务让大部分执法人员觉得身心俱疲、精力耗尽，工作压力大，情绪变化也很大，这也就容易在一定程度上制约执法人员将精力放在行政执法上，限制其执法能力的提升。

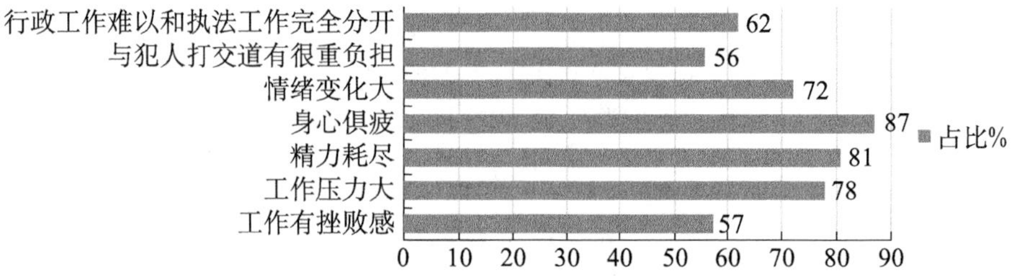

图 2　受访公安人员对执法行政工作的整体感受

2. 执法行为不规范

X区属于Z市的中心城区，是Z市的政治、经济、文化中心，人口密度及人口流动性较大，各类不稳定因素、社会矛盾相对更为凸显，而公安机关主要职责在于维护社会治安，因此对其行政执法能力也提出更严格要求。

近年来X区公安分局加大行政执法规范化建设，但在实际执法过程中依旧存有一定的执法行为不规范和违法违纪问题。这一方面体现在办人情关系案件。“有人好办事”“熟人好办事”的思想容易导致人情之风盛行，在行政执法过程中人情化力量有着很大作用。在访谈中，Z姓负责人表示：“基层行政执法问题中遇到的最大一个问题在于熟人社会。基层范围较小，基本上是一个熟人社会，不少人在遇到问题的时候，不是通过正常法律途径，而是马上找关系、托熟人。”① 在这些案外因素的影响下，部分执法人员或私下接受宴请、金钱，或照顾个人感情，或畏惧领导“招呼”权势，进而容易出现办人情关系案，严重挑战公安执法的权威性与严肃性。另一方面表现为滥用职权。公安机关行政执法权由国家宪法和法律所赋予，来源于人民，因此权力的行使也要以法律为依据，以“全心全意为人民服务”为宗旨，做到依规行使权力、严格执法，防止职权滥用而侵犯广大群众利益。例如，刑事侦查大队机动侦查队L姓副队长便是为讲江湖义气，“帮助”朋友、滥用职权而于2021年9月被W区纪委监委监察调查。

3. 执法舆情应对不足

据统计信息显示，2022年底X区共有人口约64万人，其中使用手机上网的人群占比76%以上。以X公安分局的官方微博为例，有粉丝量2.1万人。随着数字技术的成熟和自媒体的不断发展完善。加之个别不负责任媒体的错误渲染、引导和放大阴暗面，让本来就容易被不良情绪裹挟的网络言论变得更加以偏概全，甚至被不法分子利用，造成恶性循环而形成负面舆情，严重影响社会秩序的稳定。网络舆情在产生之初往往苗头较小，公安机关警惕性不高、重视程度不足而疏于防范，缺少应急处置预案，加上行政执法具有严格的层级审批制度，难以在最佳处置时机展开舆情疏导和及时公开发布真实信息，这就容易让网络舆情滋生为谣言，加剧广大群众的恐慌情绪。

例如，2018年3月，韩某于3日下午手机上网时看到标题为“T镇××鞭

① 来源于访谈资料整理。

炮店”的火灾视频，未经证实便在微信群、朋友圈转载、传播，当日观看人数多达11万余人次，造成不良影响。后经调查情况不实，被T派出所抓获并处行政拘留3日。在这一案件中，从视频转发到形成舆情、变为谣言，再到韩某被抓、T镇“智慧天宝”公众号及时辟谣，共历经3天时间，从中可以明显看出X公安分局在执法过程中存在舆情应对不足的问题。

4. 队伍建设有待加强

公安机关行政执法具有特殊性和专业性，因此对于执法人员具有一定的要求。行政执法效率的高低和社会治理成效的好坏与队伍综合素质有着直接关系。虽然近年来X公安分局应用培训、外出交流等多种举措提升执法人员综合素质，但整体而言队伍建设有待进一步加强。这体现在以下两方面：

一方面，部分执法人员专业素质不高。X公安分局中，行政执法主要由治安大队和局下辖的12个派出所负责，其中治安大队有民警32人，12个派出所有民警343人，共有375人。

如图3所示，从行政执法人员的学历结构来看，其中中专学历有10人、高中学历6人、大专学历97人、大学本科学历257人、研究生学历5人。从中可以看出：X区行政执法人员中，大学本科学历以下的共有113人，占比30.14%；而研究生学历的占比仅为1.33%，高层次人才占比太小。本科学历虽然占比68.53%，但其中是法律、公安专业出身的执法人员仅为133人，占比51.75%。这就很容易造成在执法过程中专业知识及业务能力不足，缺乏程序意识和法律意识，只能凭经验办案，执法程序和手段也不尽规范化。

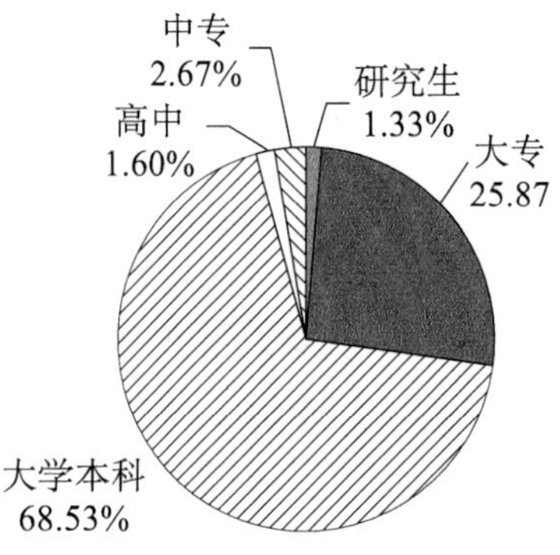

图3　X公安分局行政执法人员学历结构分布

另一方面，办案业务素质有待进一步提高。从前述内容可知现有执法人员科班出身较少，更多是通过后期从业继续教育等进行自我提高。随着当前科学技术的发展，犯罪活动日益向“高技术”含量趋势发展。特别是信息化技术背景下，对于执法人员的信息采集、信息分析和信息综合研判等能力有着更高要求，但目前不少执法人员难以适应，特别是部分年纪较大的民警更是表示心有余而力不足。调查数据显示，共有77人、占比33.1%的执法人员表示对于电脑等现代设备存有一定的操作难度。另外，通过走访调查也可以发现当前X公安分局行政执法人员队伍中，法医、专业照相和痕检这三方面特殊人才较为缺乏。

（三）问题成因

公安机关行政执法属于一项系统性工作，同时又要面对复杂多变的社会实际问题而随时更新工作模式、理念和方法，因此难免会存有一定的甚至是会影响社会整体稳定的问题。这些问题是多方面合力作用的结果，因此只有找出这些问题成因，才能为X公安分局行政执法工作的完善提出针对性建议。

1. 执法理念相对滞后

公安机关执法人员的执法理念制约着执法人员的行为。X公安分局行政执法过程中存在系列问题的最重要成因之一在于执法理念相对滞后，传统的管理观念难以满足现实需求，从而直接影响执法工作效率和执法水平。

一是如治理理论所强调，虽然当前X公安分局在行政执法中已有意识与党和国家强调创新社会治理保持一致，且将其运用于具体执法活动中，但尚未将社会治理的本质和内涵完全贯穿于公安工作中。亦即当前行政执法工作过程中习惯用传统的管理思维、办案模式和思路，尚未实现执法理念从管理向治理的转型，尚未完全将“以人为本”理念完全落实到位。这就造成X公安分局在行政执法过程中，难以完全适应治理理论指导而采用社会治理的手段和方式，二者之间形成矛盾，从而导致公安机关执法定位不明确、治理能力不足、行政执法水平难以在短时间内获得很大提升以满足现实需求。

二是行政执法人员受多年办案积累经验的影响，在行政执法过程中存在一定的“轻程序、重实体”的思想倾向。如在对案件的定性上，执法人员往往十分重视对案件情节、事实和性质的认定，而忽视或轻视采用强制措施、一人取证等行政案件的程序问题，部分执法人员甚至直接省略，这也就容易导致在行政执法过程中出现执法程序不规范问题，从而难以有效提高执法效能。

2. 法律法规不够完善

我国受历史、政治等因素影响，对于公安机关行政执法的相关法制建设起步较晚，整体而言现有法律法规体系还不够完善。这体现为：一是现行法律体系之间存在冲突。目前公安机关行政执法虽然有《行政处罚法》《治安管理处罚法》《行政诉讼法》《行政复议法》等法律法规，但整体并不成系统、不成配套，缺乏统一的程序法之规定，彼此之间关联性也较差，在行政执法过程中容易带来困惑，整体而言实践性有待提高。

二是表现为现有法律法规体系具体规定可操作性有待优化。随着社会经济的发展和执法环境的变化，原有法律法规原则性过强，部分规定和执法细则也慢慢失去其时效性，可操作性弱化。以《治安管理处罚条例》中对违反治安管理的处罚规定为例，“处 15 日以下拘留、200 元以下罚款”，规定较为笼统。这就造成在实际行政执法过程中，执法者的自由裁量权过大，既可以处以拘留又可以处以罚款，还可以在最高及最低处罚幅度中做出不同选择，执法者就容易根据自身意愿而随心所欲执法，从而行为与处罚间不平衡加剧，失去执法的公正性。

3. 监督机制存有漏洞

公安机关行政执法工作涉及的人员和范围均较为广泛，其执法力度、水平对于社会秩序的稳定及和谐社会的建设均有直接影响。一旦行政执法监督机制存在漏洞，就容易导致出现“出问题无责任、有责任无惩治”的局面，势必会影响行政执法的公信力及法律的权威性和严肃性。当前 X 公安分局行政执法过程中监督机制不完善，造成执法透明度不高，表现主要有以下几个方面。

一是监督体制和制度尚未形成监督合力。目前 X 区纪委、法制、督促及 X 公安分局纪委等监督部门没有形成统一协调的监督机制，在行政执法监督中配合度不足、分工不明确，往往各自为政，难以形成监督合力。

二是内部监督力度不足。众所周知，公安机关行政执法监督主要来自内部监督，虽然《公安机关督察条例》及《人民警察法》第六章第四十三条等对于内部监督有明确规定。但在实际工作中，X 公安分局在责任机制、管理机制建设与落实均不够到位，加上责任追究机制和考评机制间的衔接度也不足，自上而下的单向监督模式势必造成内部监督效果差，很多工作可以说流于形式，部分违规问题并未受到有效追究，难以发挥应有的监督作用。

三是外部监督不力。受信息不对称限制，公安机关行政执法工作具有一定的保密性特点，在行政执法过程中，执法人员往往以此为理由拒绝外部监督，加上监督渠道不顺畅及社会大众监督意识普遍较弱等因素限制，外部监督更多为间接或事后监督，难以实现监督实效。

4. 执法环境日益严峻

社会经济的发展带来社会环境的复杂多变，当前公安机关行政执法面临着日益严峻的外部执法环境。一是媒体导向失之偏颇。结合改革开放后媒体对于公安的态度可以发现：早年媒体与公安机关密切合作，积极宣传公安英模形象，为公安从幕后走向前台提供了最佳展示平台。20世纪90年代中后期以来，媒体除舆论监督外，更加注重追求注意力效应，反而特别关注案件或公安负面事件，容易出现夸张渲染、负面宣传现象，舆论导向失之偏颇，加上网络上充满对公安机关的负面舆论，在很大程度上造成公安机关公信力的下降，话语权变得更为被动，公安机关行政执法环境日益变差。

二是广大人民群众法律素质带有滞后性。虽然广大人民群众的维权意识、守法意识有了很大程度的提高，但面对我国法治建设进程的加快，具有超前性，而人民群众的守法自觉性、法律素质整体而言具有滞后性，容易造成警民冲突，警民关系进一步恶化，势必给公安机构行政执法带来一定的阻力。群众法律素质滞后性与法治建设超前性形成矛盾，影响公安机关行政执法环境。

四、基层公安机关行政执法的优化策略

Z市X公安分局行政执法过程中出现的系列问题，既凸显了基层公安机关行政执法的特殊性，同时也是我国其他基层公安机关行政执法问题共性的反映，在很大程度上限制基层公安机关展开行政执法的效能及维护社会稳定。因此，新形势下的基层公安机关行政执法需要树立正确执法理念、深化体制机制改革、加大执法监督力度和优化行政执法环境等，从而为提高执法水平、提升队伍素质、推进执法规范建设及维护社会稳定奠定基础、提供保障。

（一）树立正确执法理念，深化法治观念

优化基层公安机关行政执法的关键在于让执法人员树立正确执法理念，通过执法理念和思想观念制约其执法行为。针对基层公安机关行政执法过程中出

现的执法定位不明确、执法理念相对滞后的问题，需要树立善治引领执法理念，深化法治观念。

1. 树立善治引领执法理念

善治理论要求政府与公民通过协商、合作的方式展开公共事务的共同管理以实现公众利益最大化。而基层公安机关在行政执法过程中始终坚持以“立警为公、执法为民”为执法理念，这与善治的内在价值有互相契合之处。

基层公安机关优化行政执法，首先要求树立善治引领执法理念，遵循以下原则：一是平等、民主原则。这也就是要求在行政执法过程中，要求参与治理主体之间坚持平等、民主原则，从而推行人性化执法工作模式、构建多元主体联动治理机制，从而实现整合、协同和创新效应。二是公开、透明原则。公安机关行政执法中要求拓展执法透明度和完善警务公开制度，这与善治理论中的公开、透明、开放的内涵要素有着内涵价值一致性。基层公安机关优化行政执法，应当深化治理观念，严格落实警务公开原则、放开公开听证；严格执法程序，提高执法透明度，提高社会大众的知情权与参与深度和广度，从而让基层公安机关行政执法更好地从管理向治理和服务方向转变，充分发挥执法效能。

2. 推行人性化执法工作模式

虽然基层公安机关在行政执法过程中采取多项有效措施以提高执法效能，但仍存有办理人情关系案、不平等执法等问题。因此要求基层公安机关推行人性化执法工作模式。从其本质而言，是将以人为本的执法理念贯穿于以依法治国方略为基础的整个行政执法过程之中。

一是要求基层公安机关在行政执法过程中杜绝侵犯人权。也就是在各法律法规允许的范围内，尽最大可能保护行政相对人的心理感受和维护行政相对人的合法权益，避免滥用职权损害公民合法权益，如对轻微伤害案件，尽量采取治安调解代替拘留的柔性手段，更好发挥行政执法的教育疏导功能，实现执法目的同时促进警民关系的和谐。二是从立法与执法监督层面，贯彻以人为本理念。基层公安机关根据辖区内实际情况，制定相对细化的执法规范，健全监督体系制约执法，从而让行政执法活动的开展有法可依、有章可循，也可以规避执法人员滥用权力问题的出现，确保人性化执法的实施和执法效果的实现。

3. 构建多元主体联动治理机制

如前所述，治理理论强调治理主体的多元化、协调性及合作性，同时也强调治理方式从管理向治理和服务转变。优化基层公安机关行政执法，需要深化法治观念，构建起多元主体联动治理机制。

一是基层公安机关自身首先将部分服务和辅助职权分离与下放至社会组织，与社会组织建立起沟通顺畅、协调有序的联动平台，从而充分发挥基层公安机关与社会组织在执法行政中的互助、协同作用，推动执法行政的社会化、民本化，真正提高执法效能。二是借助当前推行的网格化警务管理和社区警务治理，基层公安机关应加大宣传力度，增强广大人民群众对基层公安机关执法行政的熟悉度，激发群众参与热情，并鼓励其积极参与其中。在提高执法效能同时提升社会民众对于公安机关的认同感，逐步增加基层公安机关的公信力。

（二）完善法律法规体系，规范公安执法

完善的法律法规体系是基层公安机关行政执法的基础，而相关法律具有相对稳定性，适用于公安机关行政执法的法律法规在立法层面具有滞后性，难以满足新形势执法需求。而基层公安机关行政执法权具有强制性、单向性的特点，需要约束、规范公安执法以防止滥用职权、违法违纪问题的出现。

1. 细化执法规范

为更好实现有章可循、有法可依，从宏观角度而言，需要国家、公安部等以公安机关行政执法的现实需求和实际需要为基础，推进重点立法，以构建起较为完备、成系统的行政执法相关法律法规体系。如公安部对《公安机关执法细则》《人民警察法》《公安机关执法质量考核评议规定》等的修订和完善经验，具有诸多值得借鉴之处。

针对基层公安机关行政执法的优化而言，则重点在于细化执法工作规范。这就要求以宪法和法律为依据，针对动态执法活动，从不同情形、不同岗位进行执法规则的细化与系统化，制定有利于规范行政执法的具体化、标准化和精细化的规章制度。如结合《福建省公安机关警务辅助人员管理条例》制定《X区警务辅助人员管理条例》，从招聘、录用、薪酬待遇、考核等加以细化，以强化执法保障，提升执法效果。

2. 完善评价标准

基层公安机关行政执法过程中出现缺位、越位等不作为问题，其重要影响因素之一为缺乏对执法人员的执法评价标准。因此，基层公安机关行政执法的优化，需要进一步完善执法人员考核、评价标准，对执法人员的行政执法进行

量化考核。

一是制定科学考核标准。要针对行政执法过程中的不同岗位和不同警种的特点，组织专业人员制定科学、合理的考核标准与评分数值，并按照规定严格进行考核、评比，并与薪酬待遇等结合起来，确保评价标准的顺利实行。

二是细化执法奖惩办法。以奖勤罚懒为标准，以公正、公平、公开为原则，结合考核评价标准对行政执法人员展开评定后，与绩效挂钩，对业绩突出人员和工作不合格者分别给予奖励和处罚，从而为行政执法的高效展开提供原动力。

3. 严格执法程序

对于保障行政相对人合法权益和基层公安机关依法行政而言，严格公安机关行政执法程序有着重要意义，以基层公安机关行政执法的优化确保执法程序的严格执行。

一是要完善民主参与制度。基层公安机关需要在严格执法、依法执法的基础上，以最大限度维护广大社会群众的合法权益为目标，注重与行政相对人展开交流和沟通，从而让更多群众参与决策，尽力减少非必要的利益冲突。

二是完善信息公开和相关追责制度。为更好地维护与保障行政相对人及利害关系人的参与权、知情权和救济权，基层公安机关可以通过局官微、官网、县电视台等媒介公开执法程序，推行公开听证制度，从而拓展行政执法的透明度。同时，严格落实有责必追、有错必查原则，对行政执法过程中出现的消极执法、执法不严、办人情关系案等问题展开违法必究，保证执法公平，从而进一步规范×公安分局行政执法秩序。

（三）完善执法监督机制，优化执法环境

为实现基层公安机关行政执法程序、过程、条件的规范化、正当化和法治化，需要完善纪委监察、司法等各类监督机制建设，通过对各监督主体的有效整合以形成监督合力加强对基层公安机关的监督，从而杜绝执法腐败、防止滥用权力，同时注重引导舆论宣传，改善舆情应对，优化执法环境，真正做到“执法为民”。

1. 理顺执法监督体制

基层公安机关行政执法过程中既要接受内部监察的自纠、自查，同时也要接受司法监督和社会监督，让内部监督与外部监督配合又能各司其职，从而在

制度层面实现对公安机关性质执法活动和权力行使的监督和约束。基层公安机关行政执法的优化需要理顺与完善执法监督机制。

一是完善公安机关内部执法监督。公安机关内部执法监督是基层公安机关行政执法监督的第一道防线，基层公安机关虽然展开执法检查、案件审核、执法过错责任追究、警务督察等监督活动，但监督效果有待进一步强化。这就要求基层公安机关要加强监督队伍建设，强化政工、法制、监察、基建、信访等多个部门相互协调与配合，形成监督合力。

二是明确外部监督职能分工。外部监督包含人大监督、法院检察院监督、纪检监察部门监督和社会公众监督等。基层公安机关行政执法的优化需要明确外部监督职能分工，以“工作交叉而不重复”为原则，合理整合外部监督力量以形成监督合力，提高整合效率。

三是加强监督过程中应用科技手段和软件建设。随着公安警务信息化建设的深入，加强对基层公安机关在行政执法监督中科技手段的应用和软件建设。基层公安机关行政执法的优化需要从“制度＋科技”出发，完善执法办案平台的建设和升级，有效展开网络管理、网络执法和警务信息公开，同时也专门开辟咨询投诉板块，接受网上投诉与监督，从而促进监督工作的可视化、透明化。

2. 健全警务公开制度

对权力进行监督的最好方式之一在于公开，这是基层公安机关依法行政的基础和前提，而“信息公开也是现代行政程序的基本制度之一”①。因此，基层公安机关行政执法的优化需要健全警务公开制度，创新警务公开方式。一是严格落实公开原则。基层公安机关严格遵循“公开为原则，不公开为例外”的标准，严格落实非法律禁止案件的执法过程和执法程序的公开，通过局官方网站、微博、县电视台等媒介向社会公布执法程序、结果和依据等，在培养社会公众法治意识的同时，也能让自身主动、自觉接受社会监督。

二是扩大警务公开。为更好保障相关人员知晓执法信息的获知权、监督权和参与权，同时也能促进公安机关更好把握主动权，基层公安机关需要借鉴江西月湖区的“警务公开触摸一体机”、四川射洪县“一周警情播报”等成功做法的经验，进一步扩大警务公开范围，提高执法效率，从而增强行政执法的透明度，也提升人民群众的满意度。

---

① 应松年：《行政程序立法研究》，中国法制出版社2001年版，第177页。

3. 优化行政执法环境

社会环境的复杂多变、网络舆情处理得不及时、媒体宣传的负面化影响等，都给基层公安机关行政执法环境带来不良影响。因此，需要通过宣传引导、改善舆情应对等以优化行政执法环境，提高基层公安机关的公信力，从而为行政执法工作的顺利展开奠定基础。

基层公安机关行政执法环境的优化需要做到：一是引导舆论宣传。充分运用基层公安机关的机关微信公众号、微博、腾讯政务及其他新闻媒体展开普法教育宣传，特别是采用社会大众易于理解的语言、喜闻乐见的以案说法形式等对基本法律法规、法律常识、典型案例解析展开宣传，从而有效提高宣传效果，提高全民法律素质。二是改善舆情应对。随着互联网信息技术的发展，特别是自媒体的发展、不良信息的快速传播造成公安形象和公信力的下降。为有效优化基层公安机关行政执法环境，需要基层公安机关组建自己的普法宣传队伍，在舆情形成之前积极主动掌握话语权，从而正确引导舆论走向。同时也要针对当前网络舆情问题，需要以全媒体为支撑，建立涉警舆情快速处理机制、构建“大公安大宣传”机制以更好控制舆情平台、完善网络发言人制度，并充分利用话语权，主动、及时向社会公布正确、真实的信息，引导大众心理，让社会大众了解事实与真相，从而提高行政执法公信力。

（四）强化执法队伍建设，提升综合素质

作为我国各法律法规、规章的执行机关，行政机关执法工作的高效高质在很大程度上取决于执法队伍的综合素质。优化基层公安机关行政执法的基础在于加强行政执法队伍建设，提升执法人员综合素质。

1. 建立人才流动引进机制

随着社会法治水平的提高与社会大众法治意识的增强，加大了对基层公安机关行政执法的规范化要求。针对基层公安机关行政执法中普遍存在的专业技术薄弱、专业人才紧缺问题，需要打破当前人才引进和使用的制度障碍，建立与完善人才流动引进机制。一是完善公安专业人才招录工作。针对当前基层公安机关行政执法中公安、法律专业人才少的问题，需要在招录工作中严把“入口关”，限定招录专业，同时针对特急需人才，则可以特设招考岗位，从而更好地将业务精通、具备法律知识、政治过硬的符合工作需求的专业人才、复合型技术人才、急需专业人才等吸纳进队伍中。二是建立人才流动机制。为更好

促进局机关与派出所的交流，可以设立基层公安机关与下辖派出所以及不同警种和岗位间的流动机制，形成区局机关执法人员到派出所基层锻炼、基层派出所执法人员到区局机关学习的良性互动局面，从而有效增强行政执法人员的综合执法能力。

2. 加大在职人员培训力度

结合基层公安机关行政执法队伍中科班出身的行政执法人员较少问题，研究认为需要加大对在职人员的培训力度，从而保证行政执法工作质量、提高执法效能。一是“走出去”。根据不同警种、不同岗位，制订相适应的分期、分批培训计划，将短期培训与长期培训有机结合，并与社会上具有相关培训资质的培训机构建立合作关系，展开分期、分批业务培训，保证培训效率和质量，形成长效培训机制，从而提高行政执法人员的政治、业务、文化和心理等综合素质，为X公安分局行政执法的优化提供人才保障。二是“请进来”。针对基层公安机关行政执法队伍部分执法人员综合素质偏低的情况，可以邀请相关专家等进局授课，对行政执法人员展开相关法律知识、执法业务知识、执法规范细则等方面知识的定期培训，从而有效提高执法队伍的整体执法能力、增强执法人员的法治理念。

3. 完善协、辅警队伍建设

在协助公安机关维护社会治安环境稳定、有力打击违法犯罪活动过程中，公安协警和辅警起着不可忽视的重要作用，是基层公安机关行政执法队伍建设中的重要力量，是对在编执法人员数量有限的一种重要补充。因此，基层公安机关行政执法队伍建设中需要将协、辅警队伍建设纳入其中。一是针对协、辅警社会保障、薪酬待遇较低问题，将其工资待遇等经济方面需求和经费纳入县级年度财政预算，从而为其提供较好的资金保障，更好激发协、辅警参与执法活动的积极性。二是针对协、辅警流失率高、整体素质偏低及管理不全面的情况，则需要完善相关管理办法的制定，严格招聘标准的落实，进一步完善解聘、辞退等程序。同时经常性对协、辅警展开业务知识、法律知识的培训，进一步提高协、辅警协助行政执法的能力。另外，需要对服装样式、证件及名称等方面进行统一，方便加强对其管理。

五、结语

近年来，Z市X公安分局通过采取逐步完善规章制度、扎实推进规范执法、加大执法公开力度及加强行政执法监督等措施，不断加强行政执法规范化建设，在维护辖区内社会稳定和经济发展等方面发挥了重要作用。新时代要进一步推动形成共建共治共享的社会治理新格局，着力打造适应市域、县域社会治理现代化和基层公安执法的警务模式，还需要从以上方面持续深化改革，从而全面掌控驾驭Z市社会治安局势，提升市域、县域社会治理现代化水平，使人民群众的安全感更加充实、更有保障、更可持续。

提升规范性与获得感
——上海“一网通办”评估的实践与思考

马佳铮[*]　董幼鸿[**]

习近平总书记在2019年考察上海时提出“人民城市人民建、人民城市为人民”的重要理念，强调要抓一些“牛鼻子”工作，抓好“政务服务一网通办”“城市运行一网统管”，坚持从群众需求和城市治理突出问题出发，把分散式信息系统整合起来，做到实战中管用、基层干部爱用、群众感到受用。习近平总书记的重要论述为持续推进“一网通办”改革提供了根本指引和遵循。

“一网通办”改革融合了服务型政府、整体性政府、智慧政府的特征，是新时代践行“以人民为中心”重要发展理念，进行政务服务改革的新探索，标志着政府建设由数字政府迈入智慧政府的新阶段。2018年以来，上海通过建章立制、成立机构、构建平台等多种举措促进公共管理和政务服务的整合，初步构建了“一网通办”体系。民众满意度不断提升，营商环境也不断优化。

一、上海市“一网通办”工作推进情况

2018年10月17日，上海“一网通办”总门户正式上线开通，标志着上海“一网通办”建设迈出关键一步，进入全面打响上海高效政务服务金字招牌的新阶段。2018年9月1日上线的“随申办·市民云”App作为手机端统一入口，与总门户构成“一网通办”统一受理平台。

---

* 马佳铮，中共上海市委党校（上海行政学院）公共管理教研部副主任、副教授。

** 董幼鸿，中共上海市委党校（上海行政学院）公共管理教研部主任、教授。

随着改革的深入，上海逐渐形成了“一梁四柱”的“一网通办”运行体系，成功打造线上“一网”、线下“一窗”，努力做到线上有“速度”、线下有“温度”，全面建设“一网通办”的支撑系统。

“一梁”即“一网通办”统一受理平台，包括PC端“一网通办”总门户与移动端“随申办·市民云”App，分别实现“一次登录”与“一号通行”。“四柱”包括统一身份认证、统一总客服、统一公共支付和统一物流快递。统一身份认证，建成上海市统一的多源身份认证体系，实名认证用户分为低、中、高三个等级，并赋予不同的网上办事权限。统一总客服，将“12345”市民服务热线作为“一网通办”的总客服，为各类政务咨询、投诉和建议提供托底服务。统一公共支付，依托上海市公共支付平台实现与支付宝、微信和银联三家支付机构合作，满足市民群众扫码支付、网上支付和快捷支付等不同支付习惯；证件费、考试费、工本费、诉讼费、停车费和交通罚款等几十个事项，都可以进行线上统一支付。统一物流快递，与邮政EMS签约合作，将政务服务“送货上门”，减少办事主体跑腿次数。

二、上海市“一网通办”评估概况

从2020年起受上海市政府办公厅委托，笔者所在团队连续三年以第三方评估的方式对上海市“一网通办”状况进行评估和分析，从政务服务供给侧和需求侧两个维度，采用定量与定性相结合的评估方法，采取实时信息监测、后台信息抓取、在线问卷调查、真实体验等手段，基于“一网通办”线上线下的服务供给、用户体验、服务效能等方面的数据，反映上海各区、各单位政务服务的质量和水平。

从近年来“一网通办”评估情况可以看到，总体而言，“一网通办”改革取得了一定成绩和成效，区级政府和市直单位在“一网通办”服务能力上都有所提升，尤其突出的是在政务服务规范性、标准化方面保持着较高的水平，主要表现在无论是市直单位还是区级政府的办事指南成熟度得分都较高。同时，政务服务范围日益扩展，服务方式不断丰富，表现为政务服务的覆盖范围和服务方式完备度也都获得了较高的分数，在政务服务覆盖范围方面，有从注重行政权力事项向行政权力事项和公共服务事项并重的趋势；在政务服务方式完备度方面，注重“进一网”，各市直单位、各区基本能做到依托上海“一网通办”总门户向企业和群众提供统一便捷的一网式服务情况。

三、上海市“一网通办”评估的基本思路

（一）“一网通办”评估的政策依据

推进“一网通办”改革，需要对改革现状进行分析和评估。这既是对原有改革的梳理和分析，也为进一步推动改革提供了基础和支撑。以2020年度评估为例，相关政策依据有：

（1）中共中央办公厅、国务院办公厅《关于深入推进审批服务便民化的指导意见》；

（2）国务院办公厅《关于印发进一步深化“互联网＋政务服务”推进政务服务“一网、一门、一次”改革实施方案的通知》；

（3）国务院办公厅《2020年度省级政府一体化政务服务能力（政务服务“好差评”）第三方调查评估工作方案》；

（4）上海市委办公厅、市政府办公厅《2020年上海市深化“一网通办”改革工作要点》。

根据上述政策精神及要求，中共上海市委党校（上海行政学院）对2020年度市、区两级“一网通办”工作情况开展了第三方评估。

（二）“一网通办”评估的基本原则

（1）客观性原则。评估从第三方的视角，从政务服务供给侧和需求侧两个维度，采用定量与定性相结合的评估方法，采取实时信息监测、后台信息抓取、在线问卷调查、真实体验等手段，基于“一网通办”线上线下的服务供给、用户体验、服务效能等方面的数据，科学客观地反映上海各区、各单位政务服务的质量和水平。

（2）导向性原则。评估按照国家关于推进审批服务便民化、建设全国一体化在线政务服务平台，以及上海市推进“一网通办”加快建设智慧政府工作，推进城市治理数字化转型等要求，以“实战中管用、基层干部爱用、群众感到受用”为导向，以“一网受理、只跑一次、一次办成，逐步实现全市通办、全网通办、单窗通办”为重点，以“好差评”推动政务服务提质增效，评估上海市各区、各单位政务服务效能，进一步引导政务服务持续规范健康发展。

（3）实效性原则。按照“以用户为中心”的原则，推动政务服务从“能办”向“好办”转变，以企业和群众“获得感”为第一评价标准，重点细化完

善推进“一网通办”及政务服务效能建设工作目标，注重对一体化政务服务平台实际应用成效进行评估，以帮助上海各区级政府、各个政府部门及时发现网上政务服务工作中存在的问题，推动形成以评估推执行、以反馈促改进的闭环管理模式。

（三）“一网通办”评估的重点内容

在遵循“一网通办”评估基本原则的基础上，进一步梳理“一网通办”评估的主要内容，重点评估网上政务服务能力、线上线下融合度和数据治理及应用三个方面。评估内容聚焦创新行政管理和服务方式，重点关注政务服务的整体服务、服务供给、创新服务、精准服务、协同服务等一体化、以评促改能力等。

一是整体服务能力。推动各区、各部门依托“一网通办”政务服务平台整合各级、各类线上线下政务服务系统，促进跨区、跨部门、跨层级数据共享和业务协同，提升一体化政务服务规范化和标准化建设水平，推动更多事项在更大范围内实现“一网通办”。进一步提升平台能力，全面深化数据治理，持续改善用户体验，推动“一网通办”平台实际办件网办比例达到80%以上。

二是服务供给能力。按照“应接尽接、应上尽上”的要求，推动各区、各部门各级行政审批类和公共服务类事项接入“一网通办”，依托“一网通办”政务服务平台推进政务服务线上线下深度融合，向企业和群众提供统一便捷的服务。重点推进“高效办成一件事”，推出一批“好办”“快办”服务。

三是创新服务能力。围绕优化营商环境和提升服务效能等方面，鼓励各区、各部门在建设管理、服务模式、流程优化等方面积极探索，开展个性化、有特色的服务创新，促进互联网创新成果与政务服务深度融合，持续提升“一网通办”政务服务平台对深化“放管服”改革和优化营商环境的支撑能力。

四是精准服务能力。从提升企业和群众办事“获得感”的角度出发，围绕办事难、办事慢、办事繁等问题，深入了解用户的服务需求，精准配置服务资源，改善用户体验，推动实现“一网通办”政务服务平台的需求精准化、供给精准化和服务精准化。

五是协同服务能力。围绕系统对接难、信息共享难的“卡脖子”问题，充分发挥“一网通办”政务服务平台建设成效，推动实现各区、各部门业务信息系统与“一网通办”政务服务平台的互联互通和数据共享，打破信息孤岛，更好地满足普遍性高频政务服务数据的共享需求。

六是以评促改能力。持续推进“一网通办”从“以部门为中心”向“以用户为中心”转变，夯实政务服务绩效由企业和群众来评判的“好差评”制度。推进政务服务“好差评”工作全面实现服务事项、服务渠道、承办单位全覆盖，评价与办事人、办理事项、承办人“三对应”，评价内容、部门反馈“双公开”。通过企业群众“好差评”，倒逼各级政务服务部门不断改进工作，提供优质高效的政务服务。

四、上海市“一网通办”评估的具体实践

（一）“一网通办”评估的主要对象

以2020年度评估为例，评估对象涉及各区政府，市政府各相关委、办、局及“一网通办”工作参与单位，具体如下。

（1）市辖区（16个）：浦东新区、黄浦区、静安区、徐汇区、长宁区、普陀区、虹口区、杨浦区、宝山区、闵行区、嘉定区、金山区、松江区、青浦区、奉贤区、崇明区。

（2）市直单位（44个）：市发展和改革委员会、市经济和信息化委员会、市商务委员会、市教育委员会、市科学技术委员会、市公安局、市民政局、市司法局、市财政局、市人力资源和社会保障局、市规划和自然资源局、市生态环境局、市住房和城乡建设管理委员会、市交通委员会、市农业农村委员会、市水务局、市文化和旅游局、市卫生健康委员会、市应急管理局、市市场监督管理局、市地方金融监督管理局、市体育局、市医疗保障局、市绿化和市容管理局、国家税务总局市税务局、市民防办公室、市粮食和物资储备局、市房屋管理局、市药品监督管理局、市知识产权局、市新闻出版局、市人民政府侨务办公室、市档案局、市残疾人联合会、市总工会、市民族和宗教事务局、市国家安全局、市机关事务管理局、市审计局、市国有资产监督管理委员会、市人民政府合作交流办公室、市统计局、市烟草专卖局、市气象局。

（二）评估的主要方式

依托上海市“一网通办”工作评估指标体系，采取线上线下联动和定量定性等方式，通过第三方机构进行评估、委托上海市大数据中心开展线上监测，通过政务服务“好差评”“12345”市民服务热线和自测自评等途径，多维度评估形成年度评估数据。

首先，用好政务服务“好差评”。根据国务院办公厅建立“好差评”制度

的要求，建立本市“好差评”制度。构建用户导向的“好差评”评价指标体系，对实体大厅、服务热线、政务服务门户及移动端等渠道提供的服务开展评价，从企业和群众处获取第一手评价情况，力求客观反映政务服务整体水平。其次，引入社会第三方测评。委托中共上海市委党校（上海行政学院）参与线上线下评估工作。再次，充分发挥“12345”市民服务热线作用。定期汇总投诉电话受理及处理情况，按部门、地区、事项等类别进行分类统计。最后，做好自测自评。各评估对象通过上海市“一网通办”工作评估系统，汇总填报本单位年度工作完成情况、重点工作完成情况、改革创新情况、社会满意度测评情况等，并上传相关附件。

（三）“一网通办”评估指标体系的基本框架

指标体系设计整合了EGDI（电子政务发展指数）评估框架和CAF（通用评估框架）评估框架，从供给侧和需求侧两方面入手筛选KPI指标，充分兼顾“规范性”和“获得感”，评价总体上包括网上政务服务能力评估、线上线下融合度评估、数据治理应用评估三个大方面。具体评估内容由八项一级指标构成，分别为在线服务成效度（政务服务“好差评”）、特色创新、在线办理成熟度、服务方式完备度、服务事项覆盖度、办事指南准确度、线上线下融合度及数据治理和应用。

以区级政府为例，2020年度具体评估指标体系如下（见表1）：

表1　2000年度区级政府“一网通办”评估指标体系

一级指标	序号	二级指标	序号	三级指标	序号
在线服务成效（政务服务“好差评”）	A1	“好差评”管理体系建设	B1	评价数据汇聚	C1
				主动评价和差评整改	C2
				答复情况	C3
				推广情况	C4
				事项覆盖度	C5
				窗口覆盖度	C6
		用户体验度	B2	申报易用度	C7
		服务满意度	B3	“减跑动”	C8
				即办程度	C9

（续表）

一级指标	序号	二级指标	序号	三级指标	序号
特色创新	A2	创新工作	B4	“两个免于提交”工作	C10
				“一件事”工作	C11
				智能服务	C12
				“两页”工作推进情况	C13
				“随申码”拓展场景应用情况	C14
在线办理成熟度	A3	办理深度	B5	网办率	C15
				全程网办率	C16
				信息发布（Ⅰ级）	C17
				材料预审（Ⅱ级）	C18
				材料核验（Ⅲ级）	C19
				全程网办（Ⅳ级）	C20
		协同办理	B6	主题集成服务	C21
		统一身份认证	B7	统一身份认证体系接入情况	C22
				单点登录	C23
		应用支撑	B8	办件信息	C24
服务方式完备度	A4	政务服务“一张网”建设	B9	一网服务	C25
				集约化程度	C26
		移动端服务	B10	移动政务服务用户体验	C27
		服务同源	B11	多渠道数据同源	C28
服务事项覆盖度	A5	公共服务事项	B12	事项拓展和优化	C29
				办事指南发布数量	C30
		事项标准化程度	B13	办件信息与事项关联度	C31
办事指南准确度	A6	基本信息	B14	承诺办结时限	C32
				办理地点	C33
				办理时间	C34
				咨询方式	C35
		办理流程	B15	流程内容翔实性	C36
				到办事现场次数	C37

（续表）

一级指标	序号	二级指标	序号	三级指标	序号
线上线下融合度	A7	窗口建设	B16	一窗受理和集成服务改革	C38
				政务服务中心制度建设	C39
				政务服务中心事项管理	C40
		线上线下融合	B17	线上线下不一致情况	C41
				政务服务地图（窗口平台）	C42
				政务自助服务终端部署情况	C43
		服务拓展	B18	长三角“一网通办”	C44
				服务创造性工作	C45
数据治理及应用	A8	数据汇聚	B19	信息系统及库表目录清单整理情况	C46
				资源目录编制情况	C47
				数据汇聚情况	C48
		数据共享开放应用	B20	需求填报情况	C49
				责任清单审核情况	C50
				区大数据资源平台	C51
				数据共享利用情况	C52
		数据治理	B21	综合库建设	C53
		电子证照	B22	证照应用	C54
				使用安全性	C55

（四）“一网通办”评估的结果

年度评估工作于当年10月中下旬启动，数据采集截至11月底，并于12月中旬形成年度评估结果。以2020年度浦东新区为例，根据综合评估，浦东新区人民政府“一网通办”总评估得分为90.44分。从评估结果来看：浦东新区在特色创新、服务事项覆盖度、办事指南准确度、线上线下融合度和数据治理及应用方面工作开展比较好；而在在线服务效度、在线办理成熟度、服务方式完备度方面工作效果有待进一步提高。具体得分情况见图1到图9：

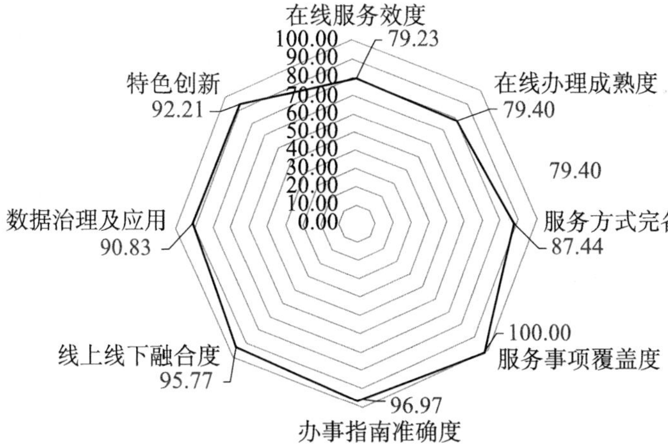

图 1　浦东新区一级指标维度得分情况（单位：分）

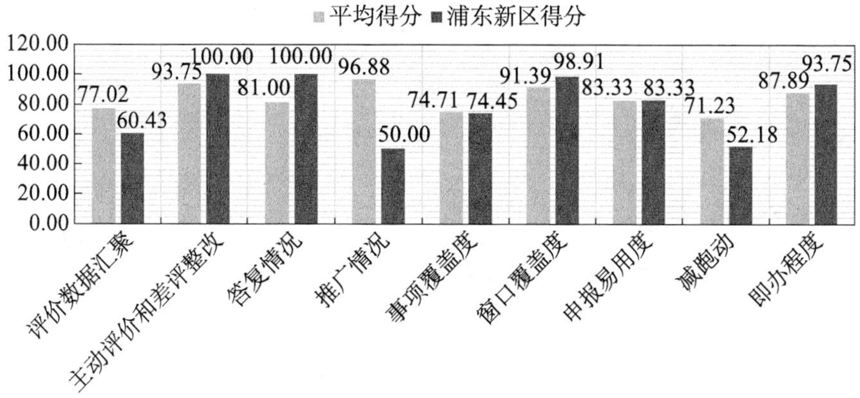

图 2　浦东新区在线服务效度得分情况（单位：分）

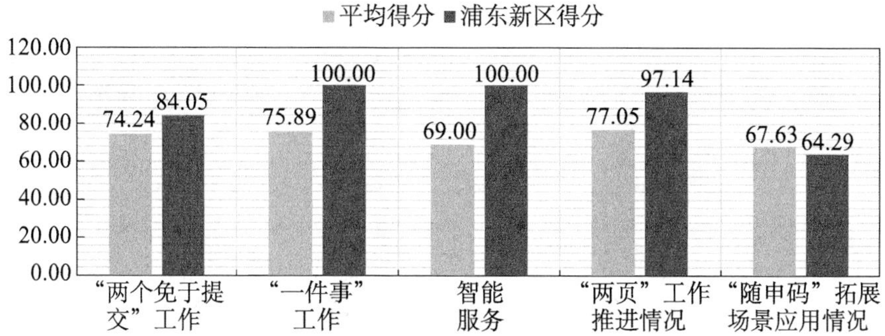

图 3　浦东新区特色创新得分情况（单位：分）

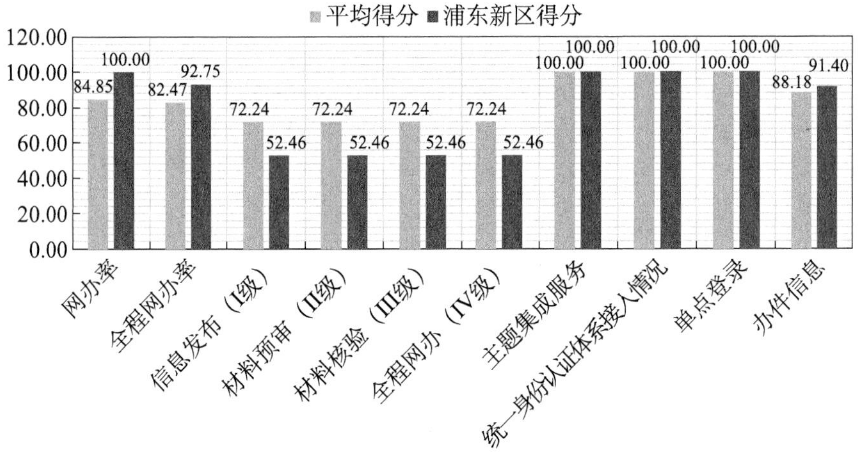

图 4　浦东新区在线办理成熟度得分情况（单位：分）

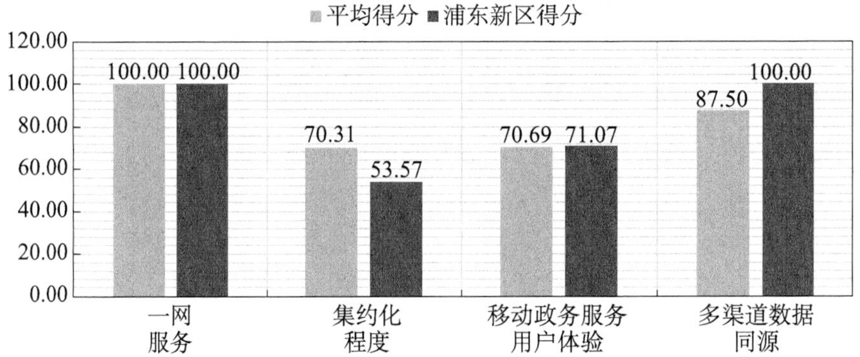

图 5　浦东新区服务方式完备度得分情况（单位：分）

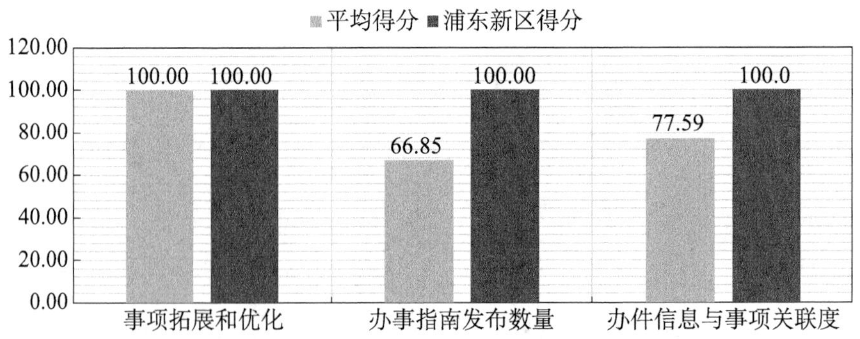

图 6　浦东新区服务事项覆盖度得分情况（单位：分）

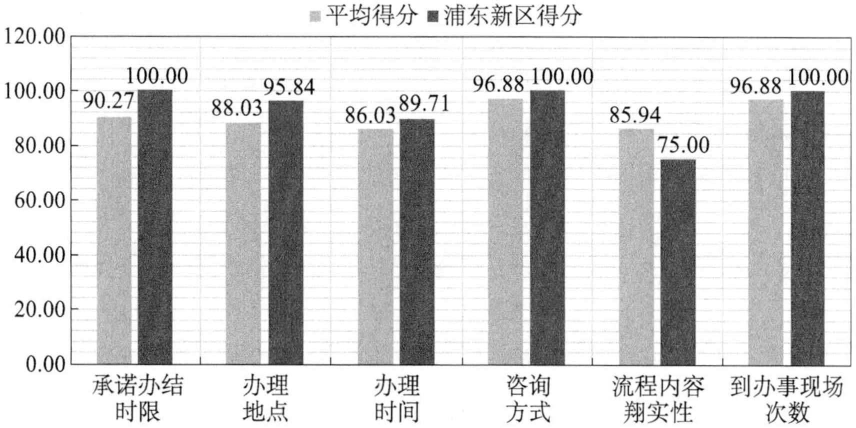

图 7　浦东新区办事指南准确度得分情况（单位：分）

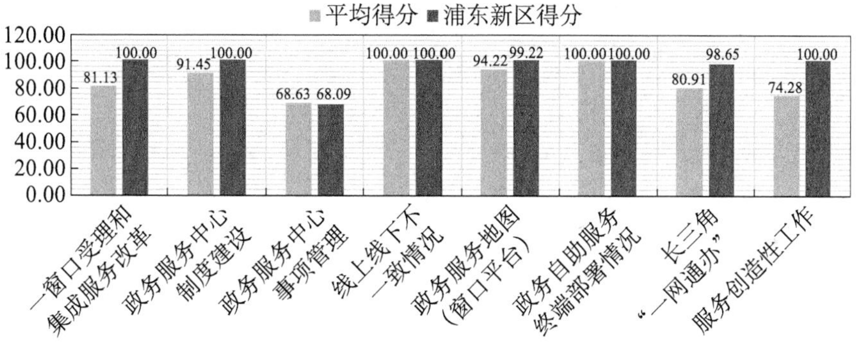

图 8　浦东新区线上线下融合度得分情况（单位：分）

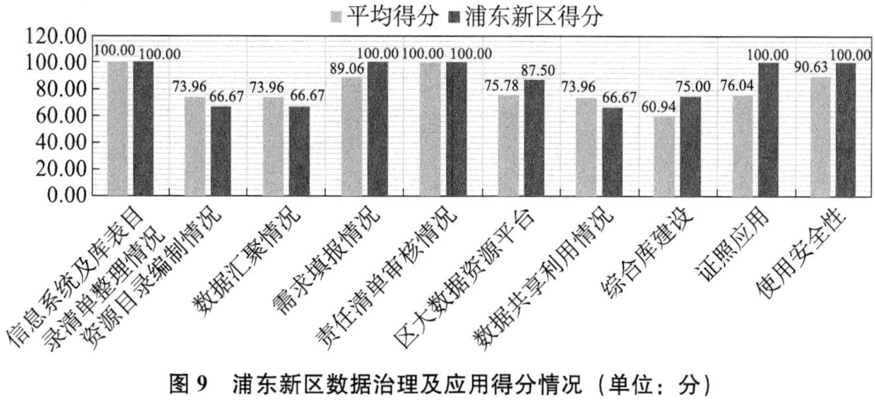

图 9　浦东新区数据治理及应用得分情况（单位：分）

五、结语

进一步推动“一网通办”评估实践，仍需从两个方面发力：一要落实习近平总书记关于“数字政府”建设的重要指示精神，践行“以人民为中心”重要理念，重视和强调评估工作要服务于城市运行生命体、法人主体和民众个体这一基本原则，切实增强企业和民众的获得感、幸福感、安全感；二要在历年评估问题梳理的基础上，按照以评估推执行、以反馈促改进闭环管理模式的目标要求，促进政务服务流程由“物理整合”到“化学聚合”的革命性再造，为经济社会发展提供高效便捷、精准可靠、更有温度的政务服务，进一步推动“一网通办”由“能办”向“好办”、“愿办”深化。

关于构建中国式现代化之县域治理现代化综合评价指标体系的探究*

王　健**　周　超***　徐芳芳****

“中国式现代化”是习近平总书记在庆祝中国共产党成立100周年大会上提出的重要论断。党的二十大报告明确提出，“以中国式现代化全面推进中华民族伟大复兴”①，并从多个角度对中国式现代化进行了深刻阐述。县域治理现代化是国家治理体系和治理能力现代化的重要组成部分，是中国式现代化的必然要求，是新时代新征程全面建设社会主义现代化国家的基础性工作。因此，如何从我国国情出发系统考量中国式现代化背景下的县域治理现代化，成为学界关注的热点问题。

一、相关研究综述

目前，国内学者对县域治理现代化的评价研究不多，从已有的研究来看，更多的学者是基于可持续发展理论、农业现代化理论去讨论如何推动县域农业现代化，他们往往从“三农”的角度（农村和谐稳定、农业稳固发展、农民的主题彰显）去探讨；还有的学者是从农业现代化、工业现代化、流通现代化、生态现代化等领域进行有益探索，对人口素质、政府治理、区域经济、农村发

* 基金项目：2020年度国家社会科学基金项目“大数据赋能超大城市流动人口公共服务精细化研究”（项目编号：20BZZ086）阶段性成果。

** 王健，中共天津市委党校（天津行政学院）公共管理教研部副主任、教授。

*** 周超，中共天津市委党校（天津行政学院）副教授。

**** 徐芳芳，中共天津市委党校（天津行政学院）讲师。

① 耿明公、张兴瑞：《县域社会治理现代化研究》，《机构与行政》2021年第7期。

展、教育事业、企业管理、水利建设、城镇化水平等细分领域的评价指标体系也进行了探讨。截至目前，已经开始应用于评价领域的有“长三角县域治理现代化指数”“江苏基本实现现代化指标体系”“中国地区现代化指数”等成果，它们坚持统筹兼顾与因地制宜相结合、技术创新与制度创新相结合，引领着学术研究不断深入发展。

二、中国式现代化之县域治理现代化综合评价指标体系构建的理论基础与现实要求

2023年7月1日，习近平总书记在中共中央政治局第六次集体学习时强调：“要牢固树立大历史观，以更宽广的视野、更长远的眼光把握世界历史的发展脉络和正确走向，认清我国社会发展、人类社会发展的大逻辑大趋势，把握中国式现代化的历史沿革和实践要求……全面系统地提出解决现实问题的科学理念、有效对策。”构建中国式现代化之县域治理现代化综合评价指标体系，需要从历史的维度和运用发展的眼光去思考、去实践，需要厘清综合评价指标体系构建的理论逻辑，从理论来源、文化根基、基本原则、根本要求等方面剖析中国式现代化背景下全面推进县域治理现代化综合评价指标体系构建的理论逻辑，以增强评价指标体系的大局观、历史观、系统观、国际观、人民观，确保评价指标体系见实效、真管用、可推广。

（一）理论基础

中国式现代化之县域治理现代化综合评价指标体系的构建绝不是“闭门造车”，要以现实国情、历史传统与时代背景为基石，以马克思主义现代化思想为理论指导，既要合理扬弃西方现代化指标体系，又要将不适合当前形势发展的县域治理现代化综合评价指标过滤掉。构建中国式现代化背景下的县域治理现代化综合评价指标体系，必须坚持以马克思主义理论为指导。马克思、恩格斯深刻论述了“现代资产阶级社会”“现代文明已经发展的国家”“现代大工业”“现代生产力”等一系列概念，认为“现代”是与封建社会相对的社会性质概念，提出了“这一运动的‘历史必然性’”趋势，为后发国家独立探索现代化道路提供了理论依据。值得注意的是，马克思、恩格斯始终坚信通往现代化的道路并不唯一，提出了后发国家“跨越资本主义卡夫丁峡谷”的设想。西方学者始终存在着强烈的“西方中心主义”“欧洲中心论”倾向，采用“传统

社会”与“现代社会”的两分法，将传统与现代、城市与乡村、农业与工业人为割裂，武断地认定资本主义社会即现代社会，先发国家所具有的特征即现代化特征，将全盘西化视为后发国家改变欠发达状态的唯一途径。因此，我们在研究中国式现代化和中国式现代化背景下的县域治理现代化时，应该合理扬弃这些思想和由此衍生的综合评价指标体系。

（二）文化根基

构建中国式现代化背景下的县域治理现代化综合评价指标体系，必须具备历史观。在综合评价指标体系构建过程中，要深刻体现同中华优秀传统文化相结合，不断传承和发展中华优秀传统文化。

1. 中华优秀传统文化具有丰富的民本思想

在中华优秀传统文化中，有致力于建设“小康”“大同”的理想社会，为新发展理念共享维度提供了不竭动力。“民为贵，社稷次之，君为轻”“以百姓心为心”“均无贫，和无寡，安无倾”“夫霸王之所始也，以人为本”等论述已成为中国式现代化道路坚持人民至上发展理念的生动诠释，凸显了以实现人的全面发展为现代化最终目标的深刻内涵。深度挖掘博大精深的中华优秀传统文化，有利于深刻把握中国式现代化背景下的县域治理现代化综合评价指标体系构建的方向、力度与方式，从历史积淀中汲取力量。

2. 中华优秀传统文化高度重视生态环境保护

中华优秀传统文化具有“天人合一”“索取有度”的生态观与自然观，主张“质于爱民，以下至于鸟兽昆虫莫不爱”“天法道，道法自然”“斧斤以时入山林，材木不可胜用也”等，这些论述坚持生态保护优先的基本方针，彰显了中华民族数千年来尊重自然、顺应自然、保护自然、热爱自然的真挚情感，跨越时空地展现了中国负责任大国的形象，也为新发展理念的绿色维度提供了丰富素材。这些都为完善和丰富中国式现代化背景下的县域治理现代化综合评价指标体系奠定了理论基础。

3. 中华传统文化强调创新的理念

在中华优秀传统文化中，“革故鼎新”“温故知新”的认知方式滋养着一代又一代的中国人，“井道不可不革，故受之以革”“不期修古，不法常可”“修学好古，实事求是”“变法而强，守旧而亡”等论述表现出求真务实的创新精神，这些理念折射出中国式现代化道路“不唯书”“不唯上”“不唯外”“只唯实”的特质，始终将创新视为事物发展的动力和源泉，这就为中国式现代化之县域治理现代化综合评价指标体系的构建提供了有力依据。

（三）基本原则

构建中国式现代化背景下的县域治理现代化综合评价指标体系是一项系统工程，必须具备系统观。中国式现代化背景下的县域治理现代化综合评价作为一个过程与结果相统一的历史范畴，其评价指标体系构建应遵循三大基本原则。

1. 理论与实践相结合的原则

中国式现代化背景下的县域治理现代化综合评价必须以马克思主义理论为指导，与中华优秀传统文化相统一，同时要把握好中国的国情，顺应时代变化和广大人民群众的实际需求，让评价指标经得起历史和实践的考验，做到理论与实践相统一。

2. 现实与长远兼顾的原则

中国式现代化背景下的县域治理现代化综合评价既要兼顾当下实际发展的需要，又要结合党的二十大提出的“两步走”战略和第二个百年奋斗目标的要求，在指标设计时进行前瞻性思考，既要认识到中国式现代化背景下的县域治理现代化所处的历史方位，又要对标发达国家和先进地区的发展经验和成功举措，彰显社会主义制度优势，选取富有中国特色的指标数据，结合国家发展战略目标和国情实际持续进行协同创新与适应性改造。

3. 完备性与简明性相结合的原则

中国式现代化背景下的县域治理现代化是一个综合的、复杂的系统工程。中国式现代化背景下县域治理现代化综合评价要保证各个评价维度与指标数据间应科学合理、逻辑清晰、层次分明，所选指标均能客观有效地反映上一级指标的基本内涵，并能综合反映县域治理现代化建设的进展情况。此外，要处理好评价指标体系整体的完备性与分项指标的简明性这一对关系；简明扼要的分项指标不仅有助于提升数据收集效率，而且有利于保障数据加工处理精度，提升数据质量，确保获取一手数据的可操作性。

（四）根本要求

1. 中国式现代化背景下的县域治理现代化综合评价指标体系要充分体现“中国式现代化”的特色和本质要求

党的二十大明确提出，中国式现代化是中国共产党领导的社会主义现代化。它具有五个特色：一是人口规模巨大的现代化；二是全体人民共同富裕的现代化；三是物质文明与精神文明相协调的现代化；四是人与自然和谐共生的现代化；五是走和平发展道路的现代化。中国式现代化具有九个本质要求：一是坚持中国共产党的领导；二是坚持中国特色社会主义；三是实现高质量发展；四是发展全过程人民民主；五是丰富人民精神世界；六是实现人民共同富裕；七是促进人与自然和谐共生；八是推动构建人类命运共同体；九是创造人类文明新形态。因此，中国式现代化背景下的县域治理现代化要充分体现“中国式现代化”的特色和本质要求。

2. 中国式现代化背景下的县域治理现代化综合评价指标体系要彰显“五治融合”和共建共治共享的重要优势

一是强化“政治”统领。发挥基层党组织的战斗堡垒作用，将党员先锋模范作用发挥在网格中，为多元共建提供坚实的组织保障。二是强化“法治”保障。古人言“法治兴则县域兴，法治衰则县域乱”，县域治理要运用法治思维和法治方式，将问题整治、矛盾化解及隐患消除等工作纳入法治化轨道。三是强化“自治”基石。全面提升群众自治能力，在满足群众多样化需求的同时，推动社会组织的发展壮大和自治氛围的不断浓厚。四是强化“德治”先导。在县域内构建以评立德、以文养德、以规促德的德治建设体系，促进乡风民俗和道德风尚的根本转变。五是强化“智治”支撑。利用大数据、人工智能、区块链技术等科技手段辅助县域治理，创建信息化治理平台，打造专业化治理队伍，提升规范化治理标准。

三、中国式现代化之县域治理现代化综合评价指标体系的构建

（一）评价指标体系的初步构建

中国式现代化背景下的县域治理现代化综合评价指标体系是由一系列相互联系同时又相对独立、互为补充的指标数据所构成的有机整体。我们从县域经济治理现代化、县域政府治理现代化、县域文化治理现代化、县域社会治理现代化、县域生态环境治理现代化五个维度来探讨中国式现代化背景下的县域治理现代化综合评价。依据以上五个维度，通过目标层的目标确立、准则层的系统分析、指标层的准则测度，并运用德尔菲法进行筛选，最终构建了包含 5 个

目标层、20个准则层与52个指标层的中国式现代化之县域治理现代化综合评价指标体系（见表2）。

表2　中国式现代化之县域治理现代化综合评价指标体系

目标层	准则层	指标层	单位	指标属性
县域经济治理现代化	经济实力（规模、结构）	地区人均GDP	万元	+，客观
		规模以上工业增加值	万元	+，客观
		第二、第三产业占地区生产总值的比重	%	+，客观
	创新能力	R&D经费内部支出	万元	+，客观
		每万人高价值发明专利拥有量	件	+，客观
		人才资源对经济增长的贡献率	%	+，客观
	供应保障能力	粮食综合生产能力	吨	+，客观
		能源综合生产能力	大卡	+，客观
	基础设施建设	县城燃气普及率	%	+，客观
		宽带网络覆盖率	%	+，客观
		人均道路面积	平方米	+，客观
	区域协调发展	常住人口城镇化率	%	+，客观
		城乡居民可支配收入比	%	+，客观
		城乡公共服务均等化率	%	+，客观
县域政府治理现代化	基层政治民主	基层民主参选率	%	+，客观
		群众利益表达响应率	%	+，客观
	政府治理效能	“一网通办率”/一站式办理率	%	+，客观
		政府部门之间信息资源共享率	%	+，客观
		公众对政府服务的满意度	%	+，客观
	法治政府建设	地方性法规出台的数量	件	+，客观
		权力的制约与监督	—	+，客观
	公务员队伍建设	公务员队伍结构合理度	%	+，客观
		公务员队伍清廉满意度	%	+，客观

（续表）

目标层	准则层	指标层	单位	指标属性
县域文化治理现代化	文体设施建设	每万人拥有图书馆面积	平方米	+，客观
		每万人拥有体育场馆面积	平方米	+，客观
	文化产业发展	文化及相关产业增加值	亿元	+，客观
		人均教育文化娱乐消费支出占消费支出比重	%	+，客观
	文化传播	电视、广播、移动电话、互联网普及率	%	+，客观
		公众对文化体育设施、服务的满意度	%	+，客观
	人才储备	地区人口平均受教育年限	年	+，客观
		主要劳动年龄人口受过高等教育的比例	%	+，客观
		各类人才每年接受培训数	人次	+，客观
县域社会治理现代化	基本社会保障	城乡基本养老保险覆盖率	%	+，客观
		城乡基本医疗保险覆盖率	%	+，客观
		新型农村合作医疗覆盖率	%	+，客观
		每千名老人拥有养老床位数	%	+，客观
	居民健康水平	人均预期寿命	岁	+，客观
		婴幼儿死亡率	%	-，客观
	基本公共服务	教育支出占财政支出比重	%	+，客观
		医疗支出占财政支出比重	%	+，客观
		就业服务满意度	%	+，客观
		每千人执业医师数	人	+，客观
县域生态环境治理现代化	环境治理	城市污水处理能力	万 m^3	+，客观
		水土流失治理面积	千公顷	+，客观
	污染排放量	二氧化碳排放量	万吨	-，客观
		氮氧化物排放量	万吨	-，客观
		化学需氧排放量	万吨	-，客观
	能源消耗	单位 GDP 能耗	大卡/元	-，客观
		单位 GDP 电耗	千瓦时/元	-，客观
	绿化水平	建成区绿化覆盖率	%	+，客观
		人均公园绿地面积	平方米	+，客观
		人均森林覆盖率	%	+，客观

（二）评价指标体系的指标说明

1. 县域经济治理现代化

基于中国式现代化的内涵和本质要求，按照新时代新征程经济高质量发展的需要，中国式现代化背景下的县域经济治理现代化不仅体现在规模、结构方面，而且还要体现在区域经济协调发展方面。包括经济实力（规模、结构）、创新能力、供应保障能力、基础设施建设、区域协调发展等方面。

从促进经济高质量发展的角度出发，在中国式现代化背景下的县域经济治理现代化综合评价指标体系构建中，可以选择地区人均 GDP、规模以上工业增加值、第二、第三产业占地区生产总值的比重等指标来反映经济实力（规模、结构）；可以选择 R&D 经费内部支出、每万人高价值发明专利拥有量、人才资源对经济增长的贡献率这几个指标来反映创新能力；可以选择粮食综合生产能力、能源综合生产能力等指标来反映供应保障能力；可以选择县城燃气普及率、宽带网络覆盖率、人均道路面积等指标来反映基础设施建设水平；可以选择常住人口城镇化率、城乡居民可支配收入比、城乡公共服务均等化率等指标来反映基础设施建设水平。

2. 县域政府治理现代化

县域政府治理现代化是国家治理体系和治理能力现代化的重要组成部分，是中国式现代化的充分彰显，也是县域治理现代化的重要组成部分。包括基层政治民主、政府治理效能、法治政府建设、公务员队伍建设。

从完善县域政府治理、建设人民满意的服务型政府角度出发，在中国式现代化背景下的县域政府治理现代化综合评价指标体系构建中，可以选择基层民主参选率、群众利益表达响应率等指标来反映基层政治民主水平；可以选择“一网通办”率/一站式办理率、政府部门之间信息资源共享率、公众对政府服务的满意度等指标来反映政府治理效能；可以选择地方性法规出台的数量、权力的制约与监督等指标来反映法治政府建设；可以选择公务员队伍结构合理度、公务员队伍清廉满意度等指标来反映公务员队伍建设水平。

3. 县域文化治理现代化

中国式现代化的特征之一就是“物质文明和精神文明相协调的现代化”，中国式现代化背景下的县域文化治理就是要通过加快和完善县域文化事业发展，为实现县域治理现代化提供精神动力。县域文化治理现代化综合评价主要包括文体设施建设、文化产业发展、文化传播、人才储备等方面。

从健全和完善县域社会主义文化体系建设的角度出发，在中国式现代化背景下的县域文化治理现代化综合评价指标体系构建中，可以选择每万人拥有图书馆面积、每万人拥有体育场馆面积等指标来反映文体设施建设水平；可以选择文化及相关产业增加值、人均教育文化娱乐消费支出占消费支出比重等指标来反映文化产业发展水平；可以选择电视、广播、移动电话、互联网普及率，公众对文化体育设施、服务的满意度等指标来反映文化传播水平；可以选择地区人口平均受教育年限、主要劳动年龄人口受过高等教育的比例、各类人才每年接受培训数等指标来反映人才储备状况。

4. 县域社会治理现代化

党中央多次强调，坚持和完善共建共治共享的社会治理制度，加快推进社会治理现代化。在中国式现代化背景下的县域社会治理现代化就是要坚持以人民为中心的发展思想，通过不断完善县域社会治理，提升人民群众的获得感、幸福感、安全感。县域社会治理现代化综合评价包括基本社会保障、居民健康水平、基本公共服务等方面。

从加快基层社会治理现代化的角度出发，在中国式现代化背景下的县域文化治理现代化综合评价指标体系构建中，可以选择城乡基本养老保险覆盖率、城乡基本医疗保险覆盖率、新型农村合作医疗覆盖率、每千名老人拥有养老床位数等指标来反映基本社会保障情况；选择人均预期寿命、婴幼儿死亡率这两个指标思想来反映居民健康水平；选择教育支出占财政支出比重、医疗支出占财政支出比重、就业服务满意度、每千人执业医师数等指标来反映基本公共服务水平。

5. 县域生态治理现代化

中国式现代化的特征之一就是“人与自然和谐共生的现代化”，中国式现代化背景下的县域生态环境治理现代化就是要通过不断提升环境治理能力，推进实现县域天更蓝、地更绿，水更清。县域生态环境治理现代化综合评价包括环境治理、污染排放量、能源消耗、绿化水平等方面。

从加快县域生态治理的角度出发，在中国式现代化背景下的县域生态环境治理现代化综合评价指标体系构建中，可以选择城市污水处理能力、水土流失治理面积等指标来反映县域生态环境治理水平；可以选择二氧化碳排放量、氮氧化物排放量、化学需氧排放量等指标来反映污染排放量；可以选择单位

GDP能耗、单位GDP电耗等指标来反映能源消耗水平；可以选择建成区绿化覆盖率、人均公园绿地面积、人均森林覆盖率等指标来反映绿化水平。

四、结束语

本文从县域经济治理现代化、县域政府治理现代化、县域文化治理现代化、县域社会治理现代化、县域生态环境治理现代化五个维度探讨了中国式现代化之县域治理现代化综合评价指标体系，对于今后进一步完善中国式现代化科学评价体系提供了理论参考。同时，也为更好地把握县域治理现代化的规律，增强发展信心，提升发展动力，增加了决策参考依据。时代在发展，社会在进步，今后我们还要结合县域经济和社会发展实际，逐步调整综合评价指标，以增强评价指标体系对经济社会的适应能力，真正地构建和完善经得起历史检验、实践检验和人民检验的综合评价体系，不断书写新时代中国式现代化之崭新篇章。

数字赋能助推县域治理现代化*

周　超**

习近平总书记指出，县一级在党的组织结构和国家政权结构中“处在承上启下的关键环节，是发展经济、保障民生、维护稳定、促进国家长治久安的重要基础”。县域在我国社会治理体系中发挥着基础性作用，“郡县治、天下安”，县域治理是推进国家治理体系和治理能力现代化的重要一环，是整个社会治理体系大厦的基石，也是推动国家治理现代化的基石。党的十八大以来，习近平总书记高度重视县域发展和县域治理，强调要把县域作为城乡融合发展的重要切入点。

2022 年 5 月，中共中央办公厅、国务院办公厅印发的《关于推进以县城为重要载体的城镇化建设的意见》把推进县城数字化改造作为重要任务之一。在数字化转型背景下，县域作为乡村振兴和城乡融合节点，以数字化来培育和重塑县域发展模式、产业模式和治理模式，是实现县域高质量发展的重要路径。县域作为城尾乡头，只有通过数字化才能发挥承上启下的枢纽作用，才能实现城乡协调高质量发展。

一、县域治理数字化发展的特征及趋势

（一）县域数字化发展的特征

1. 顶层谋划县域数字化升级

一是借助上级政策促进数字化发展。近年来，国家、地方先后出台促进数

* 基金项目：2020 年国家社会科学基金课题“大数据赋能超大城市流动人口公共服务精细化研究”（项目编号：20BZZ086）过程性研究成果。

** 周超，中共天津市委党校（天津行政学院）公共管理教研部讲师。

字经济发展政策，借力政策红利促进数字化发展是县域数字化发展的重要途径。如长兴、桐乡等浙江县域，紧跟浙江省数字经济“一号工程”建设，按照浙江省数字化改革要求，大力推进新智造体系建设，全力参与全省“揭榜挂帅”，推进数字产业化、产业数字化、县域智慧化发展。南安等福建县域，紧随福建省“数字福建”战略，以数字化手段助推实体产业升级，构筑数字政务系统。二是县级政府积极作为，出台促进数字化转型政策。随着我国数字经济建设的日益深化，县级政府充分认识数字化转型的重要意义，数字化重视程度提高。2022 年数字百强县（市）政府工作报告中数字化、数字经济等词汇的提及次数较上年增长 120％；数字百强区政府工作报告中数字化、数字经济等词汇的提及次数较上年提升了 86.8％。县级政府制定数字化转型专项规划促进了数字经济发展。

2. 新基建打造坚实底座

新型基础设施是促进县域数字化转型的重要因素，为县域数字经济发展和智慧社会建设提供坚实基础支撑。5G、大数据中心等新基建为县域培育新业态、推动数字化生产筑牢基石。一是传统基础设施数字化改造提升县域数字化水平。利用数字化技术盘活县域现有的大量传统基础设施，通过数字化技术提高传统基础设施的管理效率，同时提高传统基础设施本身的数字化、智能化和网络化，实现对传统基础设施的智能化管理，将传统基础设施变为新型基础设施，是县域提升数字化水平的重要手段。二是建设新型基础设施打造智慧县城。“新基建”是建设智慧城市促进县域数字化转型的重要基础。当前，一批县域持续推进新型基础设施建设，智慧县城建设取得了显著成效。

3. “两化”融合驱动经济转型升级

县域承载了众多传统产业，产业数字化转型前景广阔，通过产业数字化转型撬动数字产业发展是县域数字化转型的重要手段。培育数字化发展新模式新业态，是县域实现经济转型升级、实现跨越式发展的重要突破口。以电子商务为代表的新商业模式加速了县域金融、物流、仓储、加工及设计等供应链资源的数字化整合。2022 年数字百强县（市）、百强区两化融合贯标企业分别达到 1 100 余家和 2 500 余家。2022 年数字百强县（市）拥有电子商务企业 13.9 万家，数字百强区拥有电子商务企业 27.7 万家，为电商驱动产业数字转型提供了重要支点。一方面，新商业模式驱动县域制造业转型升级实现新制造。通过电商等新商业模式，可以更加便利地获取需求数据，有利于促进县域企业合理安排生产，结合物联网、人工智能等新技术推动企业向数字化、网络化、智能化转型，助力实现柔性制造和定制化生产，转变生产和销售模式。另一方面，数字技术促进县域创新培育新业态。县域围绕新商业模式可以充分挖掘物流、金融、信用等环节产业链潜力，促进本地产业实现从“产品提供者”向“多元服务提供者”转型。有利于充分利用人才、技术、市场资源优势，推动县域原有的研发、生产、运营、管理等环节与新商业模式融合，将数字化充分应用于新场景中，持续拓展新业态，加快推动产业转型升级。

4. 创新推动数字化发展

县域创新载体日益增强。2022 年数字百强县（市）共有科技型中小企业 3.4 万家。数字百强区共有科技型中小企业 11.4 万家。同时，“大学大院大所”加快落地县域，建立起分支机构、联合实验室、院士工作站、产业技术研究院等研发平台，开展共建科技成果转化中心、设立中试基地、创办企业等科技成果转化活动，推动了传统产业转型升级和新兴产业培育。数字百强县域集聚了县域最强劲的创新力量和产出成果。ICT 专利数量是反映地区数字核心产业发展质量的重要标志。2022 年数字百强县（市）共有 ICT（信息与通信技术）专利数量 19.8 万件，ICT 发明专利授权量 3.2 万件，其中昆山市 ICT 专利数量 2.7 万件、ICT 发明专利授权量 0.5 万件，均位居全国县（市）第一。

5. 东西部发展不均衡

县域数字竞争力百强主要集中于东部沿海地区，区域分布不平衡。2022 年数字百强县域中，数字百强县（市）有 79 个位于东部地区，数字百强区有 69 个位于东部地区。

（二）县域数字化发展面临三方面形势

一是新型城镇化建设促进县域基础设施智能化水平提升。新型城镇化建设要求加快建设现代化城市，打造新型智慧城市，为县域推进基础设施智能化升级、建设“城市数据大脑”等数字化、智慧化管理平台、提升数字化运行管理能力带来重要机遇。

二是全国统一大市场建设有利于数字要素向县域下沉。相对自然资源、地理区位等传统要素，数据要素更易跨时空流通，在全国统一大市场建设背景下，全国统一的技术和数据市场加快构建，县域获取和利用数据要素的渠道、方式更加便利，有利于县域更加充分发挥数据和信息等生产要素在县域治理体系中的作用。

三是乡村振兴战略为提高县域城乡数字化治理夯实基础。随着乡村振兴战略的持续推进，物联网、地理信息、智能设备等现代信息技术与农村生产生活的全面深度融合，乡村信息化、数字化基础进一步夯实，为推进县域城乡数字化融合发展、提升县域城乡数字化治理能力、重塑城乡关系奠定了重要基础。

二、县域治理数字化发展中存在的问题

（一）统筹机制不健全，运营理念不持续

部分地区在推动数字化建设时目标宏伟、热情高涨，主要特点是“发文件、讲故事、做宣传”。但在实际落地过程中，重概念、轻行动，靠文件来落实文件，缺乏可操作的总体规划和有成效的方法措施。一些地区在推动数字化建设时采用“建大屏、做展示、接系统”的做法，虽短期内能形成可“参观”、可“上报”的素材，但由于缺乏对真实需求的判断，导致“盆景”只可远观、实战应用效果差、绩效不够显著。

（二）数据共享协同不畅，县域治理精度不高

一是数据共享存在壁垒。其中由国家、省、市建设统一的信息平台，数据保留在上级部门政务资源中，而在县级得不到沉淀，资源共享和利用难度较大。一些县域的治理平台数据信息主要来源于上级市域统一建设的网格化系统平台和政务服务热线平台，受部门专网、信息保密、行业“数据壁垒”等制约，公安、交警、交通运输等系统平台集成力度不够，数据整合不充分，场景模型搭建还不够精准，依托部门单位各类系统平台获取的预测预警性信息不多。一些物联网传感器、智能化感知设备还存在建设不多、标准不一、部署联网缺乏统一规划与整合难度大的问题。

二是县域缺乏全局信息。县各部门数据相对分散，缺乏数据汇集和部门的协同，城市管理者难以掌控社会服务、经济发展、公共安全、城市运行、社会稳定、舆情监测等县域治理业务的运行状态，难以实时了解全县的运行情况，缺少统一视图监控能力，县（区、市）、乡（镇、街道）、村（社区）三级协调联动能力较弱，在城市管理、应急指挥业务上的执行效能有待提高。

三是信息化发展不均衡。条块融合化不高，各部门的信息化程度参差不齐，有的部门缺乏信息化系统，部分文档为纸质，或储存在本地数据库，数据

在线化程度较低。部门之间缺乏统一的县级数据交换机制，数据资源共享困难，造成了数据多次录入、重复上报的问题。目前各业务部门的数据资源呈现“纵强横弱”的局面，信息烟囱现象明显，急需数智赋能提升跨部门协作能力与数据资源共享能力。

（三）产业发展思路不清晰，场景应用不创新

部分地区推动数字化建设依靠“给项目、落企业、赚税收”，但项目配置豪华，脱离需求实际；产业贪大求全，缺乏统筹规划和整体布局，导致后续建设乏力、投入产出率低。信息化对经济推动力不足。第一、第二、第三产业融合程度较低，区域、企业、产业间发展不平衡，较多农产品的生产流程没有实现数字化，增长空间受到限制。企业信息化利用程度低，传统劳动密集型企业多，基础产业数据化水平不高，数据得不到汇聚和利用；数字驱动型企业少，农产品的销售、仓储、物流等流程采用传统手段，导致管理效率低、交易成本比较高，进而限制了产业发展。对于园区内企业服务、产业服务、产业链引导孵育等方面需求关注有一定欠缺，对产业发展的支撑力度不强，制约了产业集群发展。没有充分考虑人的多元需求特征，感知人的需求，聚焦社会民生和市场发展痛点、堵点等“小切口”，探索实现场景大应用、部门大协同、制度大创新、成果大共享。缺乏国内领先、特色鲜明的重大智慧应用，服务能力和水平有不足。

三、搭乘数字化发展快车加速县域治理现代化

随着经济社会和信息技术的发展，应该在数字治理、数字政府、数字经济、数字生活等方面发力，全面提升县域治理现代化发展水平。

（一）数字治理

1. 以党建引领实现治理智慧化

精心打造党群服务中心，推进县（区、市）、乡（镇、街道）、村（社区）、网格四级党群服务中心（站）建设；指导开展机关党组织、党员与基层党组织“双报到”活动，推进在职党员进村（社区），下沉网格开展服务工作；推动建设集信息录入、信息分析、矛盾化解、便民服务于一体的基层治理数字化平台，全面提升党建引领基层治理的智慧化水平；全面织密织牢网格组织体系，将党的领导延伸至村（社区）治理最末梢，夯实“党建＋网格”治理根基，实

现党建引领、一网统筹，打通服务群众“最后一公里”。推进村级、片区、屋场各级自治管理制度规范建设，充分整合党建、综治等已建平台资源，形成规范化的乡村治理数据指标体系，建立乡村治理知识库，不断加强乡情、县情大数据分析研判能力，分片区跟进乡村事务、政务、村务、商务、文化运行情况，提高基层解决问题的能力。推进大城管、大应急治理能力下沉，规范基层数据上报流程机制，将村情民意信息实时反馈到指挥中心，快速发现乡村各类问题，监督基层治理工作情况，及时响应百姓诉求。

2. 以机制创新实现治理系统化

创新跨部门联动治理机制，突出大城管融合特色，建立一套既满足城区各机构治理需求，又兼容适配基层治理组织架构的大城管融合管理服务体系。坚持高效联动，推进机制融合。建立信息共享机制，推动实现社区（驻村）民警、辅警和网格员采集信息互通共享，确保有针对性地开展工作；建立科技支撑机制，依托信息化手段指导辅警和网格员开展日常基础工作；完善基层社会治安防控体系，打造城乡统筹、网上网下融合、人防物防技防相结合、打防管控一体的社会治安防控新格局；整合巡特警、交警、派出所等多部门警力，组建城区巡逻组，定点巡逻巡控，实现快速响应；在农村重要部位建设视频监控点位，实现农村重要部位视频监控全覆盖。

3. 以数据共享实现治理一体化

实现跨部门、跨业务间治理数据和应用的相互打通，逐步形成覆盖“街长制、林长制、河长制”的监管、执法一体化治理机制，数字化治理能力不断向乡（镇）村下延，实现“城区融合、城乡治理”一体化，充分展现城乡治理新亮点。以多种形式、多种场景展现“领导驾驶舱”特色，通过“领导驾驶舱”建设，打造县域服务、社会治理和应急指挥为一体的大数据核心大脑，全面接入政务、产业、社会、商业等数据，集成各部门业务系统，汇聚政务数据资源，强化数据挖掘和分析应用，积极提升在运行风险监测、综合分析研判等方面的治理能力，确保全天候全时段“能监测、能分析、可指挥”，进一步提高县域社会治理能力现代化水平。

（二）数字政府

1. 打通数据链路，夯实数字基座

数字政府发展离不开数字政府技术平台，县域数字政府、智慧城市建设要注重基础设施的能力与市级贯通，充分利用市政务云资源以满足县域治理现代化建设各领域视频存储和应用资源需求，集约化建设县域“一个底座”能力，构建“省直达县”数据通路，打通“省-市-县”纵向数据共享链。搭建安全可靠、高可用、可灵活扩展的云基础设施、大数据、时空模型融合服务体系，面向各类应用灵活提供基础算力、算法、数据、地理空间等能力支撑，加快信息整合，努力打通“数据孤岛”，实现政务数据跨区域、跨部门、跨层级的交换共享，实现全县基础设施信息化集约建设和大数据能力的共享复用。构建数据底座，构筑起县域实时信息连接、数据处理及跨域协同的能力，搭建基本人口、企业法人、社会信用等基础数据资源库，并延伸至文化旅游、健康医疗、智慧养老、生态环境、社会治理五类重点领域，实现远距离高效协同办公、网上购物、线上娱乐、远程教育和医疗等，充分发挥数据联动价值。

2. 优化政务服务，改善营商环境

深化“放管服”改革，推进“互联网＋政务服务”“一网通办，一次办成”，真正实现“数据多跑路，群众少跑腿”，与时俱进提升政府网站线上服务能力，不断拓宽线上服务覆盖范围，与省级政务服务网站深度融合，使群众通过县级政务网站，即可享受到“一站式申请、一平台审批办理、一网式公开”的政务服务。进一步优化完善政府网站的网上办事大厅服务功能，做优“全程网办”，持续“减证便民”，实现全程网办率达100％，切实减少群众办事的跑腿次数。持续优化县域政务办事服务体验，不断推进政务服务事项下沉。进一步加强县域政务服务大厅建设管理，打造“24小时不打烊”的政务服务专区，健全线上线下融合、公开规范及“渠道多、办事易、效率高”的综合服务体系，解决企业和群众办事难、体验差等突出问题，提高公众对政府服务的满意度。围绕优化营商环境主线，以满足民生所盼、企业所需为导向，按照“小切口、大场景、快应用”要求，探索应用场景本地化、特色化，打造“用得上”的业务场景。

（三）数字经济

习近平总书记指出，“发展数字经济意义重大，是把握新一轮科技革命和产业变革新机遇的战略选择”“推动数字经济和实体经济融合发展。要把握数字化、网络化、智能化方向，推动制造业、服务业、农业等产业数字化，利用互联网新技术对传统产业进行全方位、全链条的改造，提高全要素生产率，发挥数字技术对经济发展的放大、叠加、倍增作用”。数字经济作为一种新的经济形态，有助于加快县域产业集群数字化、自动化和智能化转型，推动同类产业或同类产业的不同行业相互渗透、相互交叉。立足县域资源禀赋优势，通过激发数字经济的巨大赋能作用，促进县域传统产业集聚融合、提质增效，打造良好的数字生态体系，催生县域新产业新业态新模式，对实现县域产业集群数字化转型，丰富县域现代化经济体系发展内涵，加快城乡融合发展具有重大意义。

1. 善用数字化思维做好宣传推广

打破规划壁垒及构建县与县之间的市场共建、品牌共育、宣传共动、利益共享，促进县域资源由分散走向集成和逐步实现由点到线及面的过渡。一是利用各类互联网平台，全方位推介县域产业集群优秀企业、优质产品，助力企业拓展销售市场。媒体是连接传受两端的中介，构建立体传播矩阵有助于以更为多元生动的方式进行县域特色资源的推介。横向传播以微博、微信、抖音等新媒体为主，借助账号运营的模式，可以实现大面积的信息覆盖，不同媒体可以实现同一信息的差异化触达，并且不同平台之间还可相互引流；纵向传播以县级融媒体中心为主，通过自行建设的移动客户端，可以生产更多具有本土性、地方性的宣传内容，增强当地受众对县域品牌的忠诚度。二是加快构建层次分明的人才队伍建设，县域品牌传播急需培育或引进一批掌握数字技术、洞悉县域特色资源、擅长传播运营的专业人才，为县域品牌传播提供智力支持。培育既具备数字化思维和能力，又熟悉本地资源特色和传播运营模式的综合型人才。重视与当地职业院校的合作交流，推动宣传专业人才的定向培育，加强本土人才资源储备；同时应建立人才激励机制，通过政策吸引专业人才，并通过知识、技术入股的方式提高人才的归属感和满意度。三是创新招商方式，提升招商质效。发掘本县地域特色产业，用互联网思维健全招商机制，突出本地优势产业发展特色。聚焦优势产业，实现重大项目招商、落地、投产等全过程、全方位、无死角跟进。

2. 运用数字化技术做好管理服务

将数字经济与实体经济融合，实现县域产业集群数字化转型，需要强化数字制度建设，有序推进数字基础设施智能升级，整合企业、政府和技术提供方等多方资源，健全县域产业集群数字化转型生态圈，提升县域产业集群的核心竞争力。加快完善体制机制，突出县域产业集群数字化转型前瞻性、战略性和全局性布局，坚持“制度创新＋审慎监管”，制定县域产业集群数字化转型战略规划，建立县域产业集群数字化规则和上下游产品数字化标准，指导中小微企业数字化转型。完善数字平台监管体系，通过运用大数据等信息化手段，形成全县产业的监测数据库，用大数据手段统筹新经济产业发展，围绕本土特色产业数字化发展需求，全面掌握全县重点产业经济运行动态，做到全县产业“一图知家底”。提升企业服务能力，做到重大项目招商全程跟进服务，加快产业数字化转型，促进县域优势资源的全方位数字赋能，实现“一数通产”，助力县域数字经济的高质量发展。

（四）数字生活

推动县域居民生活方式向数字化转变，推进以人为本的惠民服务体系建设。按照“以人为本、服务导向”原则，以贯穿服务人的全生命周期需求为主线，为百姓提供全程、全时、全方位的惠民服务。

一是以数字赋能商业。重点围绕“支付、场景、服务、互动”四个维度打造本地数字生活服务品牌和数字商贸的高质量发展示范点。开展数字生活系列促消费活动。打造电商一体化直播基地，推动商贸企业开展带货直播；构建两个平台体系，围绕“一个数字生活服务窗口、一张消费地图”，打造区域性本地生活服务平台及服务行业垂直平台，最终赋能 N 个数字生活应用场景；推动商贸流通企业云化改造。

二是以数字赋能出行。逐步建立起行业监管和便捷出行的应用体系，打造智慧出行新标杆。运用交通智慧大脑进行数字化道路建设，同步上线数字交通孪生平台，推动 5G 自动驾驶微公交试运行；完成路面泊位、停车场、城乡公交站点数字化改造，实现县域实时公交一码通、跨域支付等移动支付场景全覆盖。实现县域一体化数字配送，通过县域数字配送大脑和数字配送网络，以每个小区建立的服务站点为切入点，搭建县（区、市）、乡（镇、街道）、村（社区）三级配送体系，打通每一个村的快递物流。

三是以数字赋能健康。打造智慧化县域数字医共体，跨部门、跨区域集成对接业务系统，联通周边区域三甲医院资源，整合大智慧健康应用平台，实现疾病诊疗侧与健康管理侧的高效协同、闭环服务。重塑智慧就医流程，形成全方位智能化的健康服务。

四是以数字赋能文旅。围绕一个大数据中心、“行业监管”和“公共服务”两个平台，推出数字文旅应用服务。正式推动文旅 App 应用上线，涵盖文旅手绘地图导游导览系统、全景体验等服务。构建文旅行业全面监管体系，实现全县景区和相关文旅单位监测全覆盖。与周边县市实施旅游公共服务平台合作共享机制，建设旅游公共服务网站、示范区图片库等，推进示范区公共文化馆际“一卡通”，打破省际图书系统壁垒，实现“通借通还”功能。

总之，大力发展数字化是实现县域治理现代化的重要路径，在新时代，数字化创新发展必将成为建设富有活力、宜居宜业的现代化县域的核心驱动力。

县域信访矛盾纠纷化解机制创新实践研究

——基于沂水县“四初”*信访事项办理机制的研究思考

郭太龙**

信访是送上门的群众工作，是了解民情、集中民智、维护民利、凝聚民心的一项重要工作。同时也是各级机关、单位及其领导干部、工作人员接受群众监督、改进工作作风的重要途径。党的二十大报告将加强和改进人民信访工作纳入国家安全范畴。2023 年 3 月中共中央、国务院印发的《党和国家机构改革方案》将原来由国务院办公厅管理的国家信访局调整为国务院直属机构，表明了新时代信访工作在国家治理体系中的基础性地位。党的十八大以来，信访工作更加重视运用法治思维和法治方式解决涉及群众切身利益的矛盾和问题。注重加强源头治理，坚持和发展新时代“枫桥经验”，努力将矛盾化解在基层、化解在萌芽状态。面对新形势、新要求，急需总结信访工作的成功经验和做法，推动新时代信访工作高质量发展。近年来，山东省临沂市沂水县积极探索创新，推动信访工作关口前移、重心下沉，2018 年 11 月，在全国率先提出了“四初”信访事项工作法，建立健全化解“四初”案件办理的六项工作机制，实现信访工作流程再造，提高了工作的制度化水平，推动信访矛盾纠纷的有效预防化解，对新时代县域信访工作创新发展进行了有益探索。

---

* “四初”指的是初电、初网、初信、初访，四种信访人提出信访事项的形式。

** 郭太龙，中共山东省委党校（山东行政学院）公共管理教研部讲师。

一、新时代县域信访工作困境的特征呈现

实践是审视县域信访工作困境的视角照应。“事实证明，发展起来以后的问题不比不发展时少。我国社会结构正在发生深刻变化，互联网深刻改变人类交往方式，社会观念、社会心理、社会行为发生深刻变化。”① 随着经济社会环境的深层变迁，当前我国信访矛盾纠纷呈现如下特征。

（一）非正常上访行为有所抬头

非正常上访是指未按照《信访工作条例》规定提出诉求的信访行为，实践中可表现为以下几类。

1. 越级走访多发

《信访工作条例》规定，信访人采用走访形式提出信访事项的，应当到有权处理的本级或者上一级机关、单位设立或者指定的接待场所提出。在“一切问题”找信访这一认识误区的驱动下，部分信访人仍保留着“信访不信法”的观念。“信访不信法”是指基层人民群众在解决问题、保障权利时更倾向于避免通过法律诉讼的途径，而采取向党和政府反映情况、表达诉求的信访形式。法律必须被信仰，否则它将形同虚设。但是实践中部分信访人认为更高的机关能够有利于自己事情的解决。所以信访人频繁到省、国家信访局走访，以这种方式给基层政府施压，获取主动权，进而提出一些不合理诉求，从而达到获取更大利益的目的。

表 1 数据表明，越级走访一直保持在高位运行。例如，信访人杜某，因征地拆迁问题，频繁到各级政府信访部门、纪检监察部门走访，截至 2022 年 10 月，其已经到省越级走访 57 次。

表 1　S 省 L 区到国家信访局走访情况②

年份	批次	人次
2019	49	55
2020	30	30
2021	19	24
2022	24	25

① 《习近平著作选读》（第二卷），人民出版社 2023 年版，第 331—332 页。

② 数据来源：笔者调研数据整理。

2. 到非指定场所走访时有发生

《信访工作条例》规定，信访人采用走访形式提出个人诉求，应到政府机关指定的接待场所提出。但信访人为达成个人目的，往往通过制造影响以博取公众关注，营造舆论，从而给政府施压。例如，某投资受损群体，其所反映问题，经公安机关立案侦查、检察院提起公诉、法院判决，均按照法定程序办理，为了达到多获取不正当利益的目的，该群体多次到某省委、省政府门口聚集，利用此方式给政府施压，从而获取不当利益。此种行为给基层政府带来巨大压力，基层政府需花费大量的人力、物力、财力解决问题，造成极大的行政资源浪费。

3. 集体访、群体访新情况层出不穷

表 2 的相关数据表明，近年来部分地区集体访、群体访信访行为有增长趋势。

表 2　S 省 R 县集体访、群体访情况①

年份	批次	人次
2019	159	1 960
2020	220	2 667
2021	293	3 007
2022（截至 10 月）	286	3 137

集体访、群体访出现了一些新情况：一是利益化群体抱团。为了争取自身利益最大化，相同诉求利益群体往往抱团形成规模，以集体访形式向政府施压，以得到政府的关注。例如，某房屋被征收群体剩余几十户，分别形成几个不同利益群体，有跨档选房群体、行政赔偿群体和房屋征收补偿群体，他们行动一致，共同进退，给基层政府带来巨大维稳压力。二是煽动性强。新媒体手段如微信群、QQ 群体、短视频等社交软件沟通交流方便，群内不明真相的群众较容易被别有用心的人利用。三是组织化趋势明显。按照《信访工作条例》规定，在处置集体访的过程中，来访群众应当推选代表，最多不能超过 5 名代表，进行接谈。而在实际处置集体访的过程中，这些有计划、有组织的来访群众为了能够造成一定影响，不推选代表，要求信访工作人员在非规定场所进行

① 数据来源：笔者调研数据整理。

集体答复。例如，某投资受损群体，多次到某省政府门口非正常上访，在省政府周边逗留，而且拒绝工作人员引导至正规接待场所接谈，迫使接访工作人员到非接待场所进行答复，否则持续逗留在非访场所。有时为了增加在信访场所滞留的时间，故意将自己的信访事项说成与别人的不同，要求接访人员接谈，如果对答复意见不满意，就故意在信访接待场所滞留，扰乱正常的办公秩序。再如，某公墓整治项目，来访群众拒绝推选代表，要求工作人员分批接待，该群体最多时走访人数达500多人，如果每次接5人，需要接100批，每批按30分钟，假如分成5组分别接访，全体人员接完也需要10个小时，造成极大的资源浪费。

4. 重复访问题凸显

重复信访是指同一信访人。《信访工作条例》规定，信访事项已经受理或者正在办理的，信访人在规定期限内向受理、办理机关、单位的上级机关、单位又提出同一信访事项的，上级机关、单位不予受理。而信访群众往往不按照《信访工作条例》相关规定上访，不断到各级政府信访部门走访，其信访件通过信访信息系统不停地向下转送。例如，信访人姜某某反映家庭拆迁问题、父亲工伤问题、哥哥见义勇为问题、母亲平反问题等，每天都会通过网上信访形式向国家信访局投5—8封信，其信访件占某区全年网上信访件总量的1/7，占据巨大公共资源。

（二）信访事项解决力度不足

实践中，信访部门在信访事项处置的过程中存在感不足，解决问题的权限有限。

1. 信访部门定位的局限性

信访事项遵循“谁主管、谁负责”原则。信访部门负责来访群众诉求的收集，转送、交办到有权处理的机关进行处理。信访部门就如同医院的分诊台，根据来访群体的诉求，将其诉求转送到相应的职能部门进行调处。职能部门就如同“医生”。信访部门是协调沟通的中介。信访部门对责任单位出具的答复意见无权干涉，只有区级政府的复查部门才能对答复意见书进行复查，信访人在信访部门最终的救济途径是听证。

2. 信访部门对其他同级部门缺乏约束力

在信访事项协调处置的过程中，责任部门不是下级机关，没有服从的义务，在协调责任部门时，总会遇到各种推诿扯皮的问题，而信访部门对这种情况又无能为力，只能由接访人员单独面对来访群众进行沟通解释。《信访工作条例》赋予信访部门“三项建议权”，即改进工作建议、完善政策解决问题建议和给予行政处分建议，在实际工作中，第一、二项权力经常被适用，但实际效果不佳，第三项权力使用较少。

3. 信访责任模糊不清

一方面信访部门权小责大，责任模糊，往往会被安排一些不属于自己的工作，导致信访部门管的“过宽”。“信访是个筐，大事小事都往里装”，有时为了安保维稳的需要，信访“兜底”的说法也被提了出来。在信访群众心中，信访就是一把解决问题的“万能钥匙”，无所不能。近年来，金融诈骗、非法集资、合同纠纷、民间借贷纠纷等问题不断涌现。根据相关法律规定信访人采取走访形式提出涉及诉讼权利救济的信访事项，应当按照法律法规规定的程序向有关政法部门提出。但在实际接访处访的过程中，信访部门不敢轻易出具“不予受理告知书”。另一方面职能部门“谈访色变”。职能部门责任模糊，更多在于部门之间制度衔接等原因，造成一些问题无人管理，部门之间相互推诿。

二、沂水县“四初”信访事项办理机制及启示

新形势下，沂水县积极打造信访矛盾纠纷化解新机制，通过创新实施“六项机制”，将“四初”信访事项办成“铁案”，推动了信访矛盾纠纷解决有效化，将信访问题解决在群众家门口，努力实现“最多访一次”。

（一）沂水县“四初”信访事项办理机制

1. 建立当日交办机制，问题流转不过夜

沂水县信访局坚持“群众问题不过夜”原则，当日就将发生的“四初”信访案件由主要负责人在《交办督办通知单》签批意见并转至责任单位，被纳入满意度评价的案件专门“面对面”交办，对解决难度大的案件视情提级报请县委、县政府相关领导签批。案件转办后由责任单位主要负责人牵头研究案情、提出工作意见，明确包案领导和直接责任人。在规定期限内将含有包案领导、直接负责人及相应信访程序等内容的《信访权益保障单》送到群众手中，引导群众耐心等待处理结果，实现良性互动。

2. 建立每周调度机制，动态管理盯进度

信访案件第一时间交办给责任单位，这只是第一步，关键是要做到“全程

管控”。诉求县信访局每周通过电话调度、现场调查、系统核查等方式对信访案件的受理、查处、办结、反馈等环节进行全程调度，及时发现问题，并建立问题台账，督促限期整改，直至案结。

3. 建立每月通报机制，持续加压提质效

每月通报“四初”信访案件办理情况，排出“龙虎榜”，做到“两排名”。一是按照责任单位每月“四初”信访案件化解率进行排名；二是在各乡镇、单位内部，再按包案领导化解率实名排名。排名既报给县级领导班子成员和乡镇、县直单位主要负责同志，也报给组织人事等部门，作为检验领导干部抓稳定、抓落实水平和能力的一项重要指标，对连续两个月排在后三位的责任单位，视情约谈相关负责人，压实责任，调动化解信访问题的工作积极性。

4. 建立季度研判机制，提级办理解难题

对乡镇、县直单位不能按期化解的“四初”信访案件，实行“会审制”，每季度次月 5 日前，由县级领导班子成员牵头召开分析研判会，再次明确办结时限，梳理案件难题，商定化解措施。对在乡镇、部门无法解决的疑难案件，提报至县信访联席办，由联席会议研判解决措施，确保把信访群众合理合法诉求解决在县以下。

5. 建立半年督查机制，跟踪问效促整改

坚持有利于群众的督查项目不压缩，每半年对“四初”案件办理情况进行一次“强督查”，重点督查结服率低、未按期办理转为积案及由电、信、网转为访的案件。对因工作失职、不作为损坏群众利益引发信访事项，对造成不良影响的干部严肃倒查追责。

6. 建立年终总评机制，量化考核强激励

将“四初”信访案件办理纳入全县经济社会发展综合考核和基层党组织书记年度述职评议，对一次化解率、群众满意率等指标进行量化考核并及时推广好经验好做法，切实发挥典型示范引领作用。

（二）沂水县“四初”信访事项办理机制的启示

“四初”信访事项办理机制将问题解决在萌芽状态，提升了信访工作效率和质量，是贯彻落实习近平总书记关于加强和改进人民信访工作重要思想的生动实践，可为县域信访工作提供经验和借鉴。

1. 信访事项办理要抓住“及时回应群众诉求”这一根本

做到了及时回应群众诉求，减少了群众等待的焦虑，群众的诉求就有了出口。“四初”案件办理机制坚持首接责任制与首办责任制相结合，做到“有电必回、有网必查、有访必处、有信必办”，实现即时交办、快查快结。目前，沂水县“四初”信访案件平均办理期限为28天，比法定期限缩短了32天。

2. 信访事项办理要抓住“及时就地解决问题”这一核心

做到了就地处理问题，群众就不会往上跑，矛盾就能在县以下得到妥善解决。“四初”信访案件办理机制明确工作流程、层级责任，实现工作力量整合和工作措施集合，最大限度地将信访问题及时解决在当地。2022年，沂水县办理“四初”案件174起，办结170件，按期办结率100%，化解169件，化解率99.4%，达到了控增量和减少越级上访特别是进京上访的效果。

3. 信访案件办理要抓住“流程再造”这一关键

“四初”信访案件办理机制，坚持理念创新，打破过去“重转办、轻结果”“重走访、轻信网”“重积案、轻源头”的传统观念，通过“治未病、开小方”，把信访问题解决在初始阶段，有效避免重复信访和信访积案的形成。同时，采用“全链条控制”和“闭环式办理”，通过调访对接、专班化解、联合研判等环环相扣、层层递进的措施，实现信访工作流程再造，解决信访部门“接谈交办、坐等结果”的被动局面，充分调动责任部门的积极性、主动性。

4. 信访案件办理要抓住“舆论宣传”这一阵地

前些年，信访工作出现了“花钱买平安、缠访得好处”等不良倾向，形成了“纵向效仿、横向攀比”的恶性循环，扭转这一被动局面，要充分发挥舆论宣传引领作用。沂水县每年组织开展信访法规集中宣传活动，叫响“合理合法诉求在县内就能解决，不合理不合法诉求走到哪里都白搭，违法上访弄不好还把自己搭进去”的口号，引导群众自觉维护信访秩序。

5. 信访案件办理要抓住“最小成本化解矛盾”这一原则

部分信访案件特别是信访积案处置成本高，主要是因为初期处置不及时、不到位。“四初”信访案件办理机制让干部明白了“谁用权、谁负责，谁惹事、谁处理”，促使各级干部变“等”问题为“找”苗头，变事后化解为抓早抓小，实现了用最小成本化解矛盾，也使更多群众认识到能到镇（街道）反映的问题就不到县里去，能通过电话、网上投诉就不再采用走访的方式。信访秩序越来越规范，社会和谐程度明显提高。

三、新时期推进县域信访工作高质量发展的思考建议

新形势下，推动县域信访工作高质量发展是续写“经济快速发展”和“社会长期稳定”两大奇迹新篇章的有力保证，有效预防化解信访矛盾纠纷，需在准确把握新时期信访制度功能、科学分析信访矛盾纠纷属性的基础上，优化治理的体制机制，探求信访矛盾纠纷的治本之策。

（一）明确信访工作职责

1. 发挥信访的桥梁和纽带作用

信访部门要将群众来访反映的诉求，做到上传下达，督促责任单位及时处理信访人的诉求，保障信访人的权利。信访部门应指导信访人在《信访工作条例》的规定下依法合理反映诉求，按照信访程序处理信访问题，同时将重要信访事项、信访问题、信访形势及时报送党委和政府，为党委和政府决策提供参考依据。

2. 发挥信访的监督和督促作用

信访部门有“三项建议”职责，即提出改进工作、完善政策解决问题和给予行政处分的建议。一是信访事项转送、交办到责任单位，如责任单位出现违反信访工作规定，办理信访事项推诿、敷衍、拖延、弄虚作假或者拒不执行信访处理意见的，应当及时督办，并提出改进工作的建议。二是在工作中发现的有关政策性问题，应当及时向本级党委和政府报告，并提出完善政策的建议。三是对在信访工作中推诿、敷衍、拖延、弄虚作假造成严重后果的机关、单位及其工作人员，应当向有管理权限的机关、单位提出给予行政处分的建议。

3. 发挥信访的行政救济作用

信访的行政救济是一种有限救济，不是无限救济。目前，信访人存在一个误区，认为信访无所不能，无论什么问题、什么诉求，信访都能帮着协调解决。这个“误区”的形成，是信访群众在长期的走访过程中，基层政府出于维稳的压力，都抱着“花钱买平安”的态度，从生活困难角度，给予一些救助，从而达成“案结事了、息诉罢访”的目标。久而久之，给信访人一个错觉，都认为“信访无所不能”。而信访的行政功能，只是一个有限的权力救济功能。

（二）严格落实现行信访法治化建设举措

1. 严格落实信访诉求依法分类处理

为进一步规范依法分类处理信访诉求工作，保障合理合法诉求依照法律规定和程序就能得到合理合法的结果，国家信访局 2017 年制定了《依法分类处理信访诉求工作规则》，为依法分类处理信访诉求提供根本遵循。

2. 严格落实信访听证制度

《信访工作条例》规定，对重大、复杂、疑难的信访事项，可以举行听证。为了规范行政机关信访听证工作，依法、及时、正确地处理信访事项，切实保障信访人的合法权益。在落实信访听证制度过程中，听证遵循“属地管理、分级负责，谁主管、谁负责”，公开、公平、公正，以法律为准绳，依政策、讲事实、重证据的原则。严格执行听证受理、组织、程序相关规定，邀请辖区人大代表、政协委员、律师、基层组织代表等作为听证员参加听证会，适时向社会公开，接受群众监督，通过召开听证会，为信访人和责任单位搭建良好的沟通平台，确保信访问题得到公开、公平、公正的处理，有助于化解矛盾纠纷，有效遏制缠访、闹访、无理访等违法信访行为，维护良好的信访法治秩序。

3. 严格落实信访终结制度

信访人收到职能部门出具的《信访事项处理意见书》后 30 日内未申请复查的，可视为信访终结；信访人在收到复查意见书后 30 日内，未提出复核申请的，可视为终结。一是对信访终结的信访事项不纳入考核指标。对进入信访终结的信访事项，要严格按照《信访工作条例》相关规定，不做登记，不再处理。按照信访终结制度，上级信访部门既不将信访终结的信访事项纳入信访总量考核，也不将重复信访率纳入考核评分项目。二是对信访终结的信访事项作重要标识。信访终结事项应和国家交办信访事项一样，在备注处用醒目、红色字体标注，让各级信访部门均能第一时间及时了解该信访事项属于信访终结事项，工作人员就不用再重复登记、转送，从而提高信访事项办理率。三是加大初信初访的规范办理。信访部门要指导责任单位规范出具信访事项处理意见书，意见书要征求法律顾问意见，避免出现法律漏洞，同时要告知信访人救济途径。复查复核方面，要严格按照复查复核工作的术语、工作职责、工作流程、工作要求进行办理，切实保障信访群众的合法权益。

（三）健全信访工作体制机制

1. 信访行为违法的要依法处理

一是涉稳问题应由政法部门牵头。目前实行“属地管理”的原则，公安机关信访人群体的维稳压力减轻，工作重点自然就发生转移。涉稳问题由政法部门牵头，公安机关落实稳控主体责任，乡镇街道辅助，信访部门做好信访问题的沟通和协调，这个机制将运行得更加顺畅。二是在法律框架内明确信访人在信访活动中违反信访规定的信访行为性质。对违反信访规定的行为，有关责任单位工作人员应当对其进行劝阻、批评或者教育。尚未构成犯罪的，公安机关先行实施告诫。构成犯罪的，严格按照法定程序依法追究责任。

2. 压实信访工作责任

《信访工作条例》规定，党委和政府信访部门针对信访工作中发现的违反《信访工作条例》的行为，可以适用“三项建议权”。一是压实领导责任。各级领导干部要落实“一岗双责”，建立领导干部直接研究部署信访工作的常态化机制，不断创新党政领导干部大接访的形式，将党政领导干部接访、约访、下访等形式充分利用起来，用党政领导干部包案来推动重点难点信访事项的推动化解工作，通过领导干部大接访架起与群众沟通的桥梁，密切与群众的血肉联系，推动来访群众合理诉求的解决，维护来访群众合法权益。二是压实主责单位责任。各部门严格按照“属地管理、分级负责，谁主管、谁负责”的原则，落实首办负责制，加强对信访事项的跟踪、督办，做到“案清事明”，依法推动信访事项的化解，提高信访事项化解率。三是加大追责问责力度。督查和追责是《信访工作条例》赋予各级党委和政府信访部门的权利和职责，对不按《信访工作条例》规定履行相应职责的工作人员，信访部门要敢于使用“三项建议权”，用追责问责倒逼责任落实。

3. 发挥人大、纪委监委监督责任

人大监督行政信访是宪法和法律赋予国家机关的法定职责，信访部门作为一级行政机关，由人大产生，受其监督，各级人大及其常委会的监督具有最高权威和效力。但在实践中，人大对信访的监督并未形成规范的程序性的监督机制。人大要充分发挥人大代表的质询权，将平时收集到的群众诉求及时向相关职能部门转交，并提出质询，也可以将收集的群众诉求整理后交信访部门，由信访部门转送各职能部门，人大代表可以和信访部门联合对转交信访问题进行督办，跟踪问效，从而起到对职能部门的监督作用。信访部门提出的“三项建议权”，落实到追责问责，纪委监委将履行相应的程序，对信访部门提出的建议需要进一步展开调查核实，明确责任，根据责任人造成后果的程度及时作出监察意见，确保信访工作沿着法治化进程迈进。

4. 优化考核机制

目前上级信访部门考核的重要指标是“信访总量”“重复信访率”“满意率”“及时受理率”“按期答复率”“进京访”等，而“信访总量”“重复信访率”“进京访”这三项考核指标是与《信访工作条例》相违背的，“信访总量”“进京访”都是要控制信访人的信访行为，而信访人依法通过合理的途径反映诉求，属于个人正当权利。另外，信访总量与城市的发展水平、人口规模等因素密切相关，不能一概而论。要转变原来以“信访总量”“重复信访率”“进京访”为标准的考核机制，采用“初信初访信访事项办理质量、信访件办理规范化、合理信访事项的满意率”等标准作为考核指标，以加强信访矛盾源头化解力度，减轻县（区、市）政府信访维稳压力，争取群众满意率为信访工作目标，从而实现信访工作的高质量发展。

（四）完善守法体系建设

1. 提升信访工作者信访法治化思维

信访干部常年工作在接访一线，直接与信访群众打交道，代表党和政府的形象，要牢固树立为民服务的意识，想群众之所想、急群众之所急，要依法维护群众的合法权益。要抛弃偏见，抛弃成见，强化“属地管理、分级负责，谁主管、谁负责，依法及时地解决问题和疏导教育相结合”的原则，按照“三到位一处理”[①] 和“枫桥经验”的要求，运用法治思维和法治方式，将信访问题解决在基层，督促责任主体认真负责地解决群众诉求。

2. 增强公民依法维权的意识

信访工作只有运用法治方式才能充分发挥好维护广大人民群众合法权益、反映社情民意、促进社会和谐稳定的职能作用。充分发挥街道、社区的宣传员、网格员等群体的优势，利用公示栏、图板、海报等传统媒介和互联网、微

① “三到位一处理”是指群众诉求合理的解决到位、诉求无理的思想教育到位、生活困难的帮扶救助到位，行为违法的依法打击处理。

信、微博等新兴媒介，广泛开展法治信访的宣传工作，引导信访群众依法逐级走访，大力宣传“行政机关不予受理或不再受理的 6 种情况”、“应通过诉讼、仲裁、行政复议等法定途径解决的纠纷”和“32 种非理性上访行为面临的风险”等规定，通过宣传报道让人民群众进一步明白信访工作的职能定位、职责边界、权责清单，使“法定职责必须为、法无授权不可为”的原则进一步深入人心。

（五）完善信访法规体系，加快信访与法治化衔接

1. 发挥行政复议、行政诉讼的作用，多渠道维护群众利益

按照县（区、市）信访法治化建设目标，应该是“大诉讼、中复议、小信访”的格局，但现状是“大信访、中复议、小诉讼”。一般情况下，来访群众最不愿意走的渠道就是“打官司”，认为行政复议、行政诉讼，费时费力，还得不到想要的结果，相比较下，信访的成本最低，也是来访群众最愿意采用的形式。行政复议、行政诉讼要进行改革，降低收费标准，尝试扩大受案范围，允许所有的行政行为均可进入行政复议和行政诉讼程序，将更多行政行为引发的信访问题导入司法程序，通过合理的法治途径来维护来访群众的合法权益。

2. 完善涉及信访的行政行为法规

目前，信访部门无形中承担着维稳职能，但《信访工作条例》及相应的法律法规并未对信访维稳职能进行授权。对于行政机关来说“法无授权不可为”，信访稳控、劝返没有相应的法律法规依据。对于信访人在信访过程中的违法行为，虽然《信访工作条例》有相关指导，但信访人违法行为的界定、违法行为的程度，在很大程度上没有严格的界限，不利于实际操作。因此，一是健全相应的法律法规，为行政机关工作人员从事的信访维稳、劝返等行为提供法律依据和保障。二是人民法院、人民检察院、公安局、司法局等部门应联合制定处理信访活动中对违法犯罪行为的打击办法，明确在信访活动中信访人的具体行为，如缠访、闹访、非访等行为应该依法进行处置。明确具体违法行为要受到何种处置，政法部门要联合制定实施意见，明确在打击违法信访行为中各部门所负的主要责任，完善打击处理程序，为打击处理做好指引。

3. 信访实践中法治化衔接

信访工作法治化建设经过多年的实践，目前已形成以《信访工作条例》为主体的法规，各地方各部门也根据实际情况制定出台了一系列信访工作的地方

性法规、规章，信访工作法律制度体系已相当完善。这些法律法规在依法维护保障信访人权利的同时，对信访人的行为也进行了相应的约束，但这种约束力犹如蜻蜓点水，多是停留在警告训诫层面，真正因为缠访、闹访而被打击处理的是少数。造成这种现象的原因是法律法规存在漏洞，信访人缠访、闹访行为不容易界定，信访人滞留信访场所的现象时有发生，但绝大多数并未得到相应的处理。所以必须尽快完善信访工作法律法规制度，将信访人有关违法行为法律化，市级人大制定地方性法规，将《信访工作条例》《中华人民共和国治安管理处罚法》中有关内容，结合当地实际情况进行细化，与相关法律法规中的内容进行衔接。如果违反法律法规可根据法律法规内容进行操作，避免在执法过程中出现处置办法不明、界定不清、互相推诿的问题。通过完善法律法规，依法依规对违法的信访行为进行处置，避免发生逾越法律红线的行为，让信访工作尽快步入法治化轨道。

4. 构建“大调解”机制

信访问题成因复杂多样，往往涉及多个部门，做好信访工作、解决信访问题，单靠一个部门、一个单位不够，单靠一种方式也不够，必须按照“党委统一领导、政府组织落实、信访工作联席会议协调、信访部门推动、各方齐抓共管”的要求，统筹运用各方资源，广泛吸纳人民调解员、律师、心理咨询师等社会力量，不断增强信访工作的系统性、联动性、协同性，形成共同预防化解社会矛盾纠纷的工作格局。

古厝保护与城市更新的福州实践
——以三坊七巷为例

王赣闽*

一、引言

随着城市化进程的加速，用地效能和土地空间成为城市发展的重要因素，为盘活城市土地空间价值，旧城更新成为诸多城市建设的必由之路。高楼耸立的现代建筑与古色古香的古建筑形成鲜明对比，这些古建筑是历史与文化的标识，虽不复当年繁华景象，但作为历史发展的见证，它们具有保护价值和现实意义。

城市更新是防止城市退化而采取的干预措施，通过维护、整合、再开发等措施解决阻碍城市发展现实梗阻问题，促进城市“新陈代谢”，重新焕发生机活力。城市更新的主要内容是对有限的存量土地资源进行整合与挖掘，改变过往不合理的开发模式，通过对古厝物理空间改造和文化传承，在不改变古厝作为城市文脉和历史风貌的前提下，挖掘老城区的活力，推进新旧城区之间的结构优化，寻求古厝保护与城市发展之间的动态平衡，让城市重新焕发活力。

三坊七巷历史文化街区象征着福州的历史遗产与灵魂，深入挖掘三坊七巷街区的历史等资源，在保护的基础上科学有序地开发，便是对古厝的保护和城市的更新。过去，三坊七巷遭遇城市道路扩建、房地产开发等方面的冲击，再加上对其后期相关保护管理制度的缺失，三坊七巷的保护遭到了极大的挑战，

* 王赣闽，中共福州市委党校（福州市行政学院）公共管理教研部副教授。

而现今，我们植根于三坊七巷文化底蕴的内核，出台相关政策措施，三坊七巷的保护与开发彰显出巨大的现实价值和深远的历史意义。

二、三坊七巷古厝保护状况

（一）三坊七巷的现状

三坊七巷历史文化街区位于福州市中心地带，占地面积 39.81 公顷，其起源可追溯至晋，其坊巷格局形成于 901 年，距今有 1 100 多年的历史，街区以南后街为中轴，东西平行排列 10 条坊巷，西边自北向南分别有衣锦坊、文儒坊和光禄坊，东边自北向南有杨桥巷、郎官巷、塔巷、黄巷、安民巷、宫巷和吉庇巷七条巷。[①] 坊巷内保存较为完好的明清古建筑有 159 处，其中全国重点文物保护单位有 15 处，省、市、区级文保单位 14 处，被誉为“明清建筑的博物馆”。三坊七巷是福州作为中国历史文化名城最重要的标志之一和国家级 5A 景区，凝聚坊巷建筑的精髓和当地浓厚文化的气息，坊巷中名人辈出，文化积淀深厚，曾走出 400 多位名人，仅近现代就有 150 多位，因此三坊七巷是一片“近代名人的聚居地”，有“一片三坊七巷、半部中国近代史”的美誉。

20 世纪 80 年代在城市开发热潮的冲击下，三坊七巷曾一度岌岌可危，坊巷部分文物保护故居险被拆除，因其位于市中心的优势位置，成为房地产公司涉猎的目标，后在福州市文物工作者和热心人士的呼吁保护下，在时任福州市委书记习近平同志的主持和努力下，暂缓故居拆迁事宜，同时召开现场办公会议强调对“三坊七巷”和名人故居的保护力度。此后，福州市政府对三坊七巷展开了各项保护措施，至今仍是福州文博界传为佳话的“四个一”，以及一系列有利于福州历史文化名城保护的创新之举。这“四个一”是指“一个局、一个队、一颗印、一百万（元）”[②]。2005 年，三坊七巷街区的保护修复工作全面启动。2006 年 8 月，三坊七巷拆迁改造工程正式启动。2008 年，为保护三坊七巷，福州市三坊七巷保护开发有限公司孕育而生。2009 年，三坊七巷荣获“中国十大历史文化名街”称号。2012 年，三坊七巷街区入选中国世界文化遗产预备名单。2012 年 6 月 10 日，三坊七巷古建筑壁画修复并被评为 2011 年度

① 陈亮：《历史文化遗产保护理念研究——以福州三坊七巷保护规划为例》，《规划师》2008 年第 8 期。

② “一个局”指设立一个文物局，“一个队”指组建一支考古队，“一颗印”指颁发一颗印，名城保护范围内的建设要征得文物部门用印同意，“一百万元”指每年拨付 100 万元文物保护经费。

全国十大文物维修工程。2015 年，三坊七巷荣获联合国教科文组织亚太地区文化遗产保护奖。2022 年 1 月，三坊七巷入选首批国家级旅游休闲街区名单。福州市政府在政策、资金等方面都给予了三坊七巷最大的保护支持。

（二）三坊七巷的价值

1. 研究价值

三坊七巷里的古厝建筑群呈现了中国古代里坊制格局，主街与巷道交叉，坊中巷道相连，形成了坊中有巷，巷巷相通的棋盘状格局，同时兼具防火、防盗等功能，被誉为中国都市仅存的一块“里坊制度活化石”。三坊七巷中院落式古厝建筑的研究，对加深中国古代城市规划管理具有极其重要的研究价值；三坊七巷里的古厝布局严谨，匠艺雅致，底蕴深厚，集中展示了闽越古城街巷及其历史文化，是研究福建居民建筑风格和探索福州非物质文化遗产的重要聚集地，其中别具特色的木结构建筑也具有重要的研究价值。

2. 文化价值

三坊七巷承载着闽都的建筑文化、戏曲文化、饮食文化、传统习俗文化，这些异彩纷呈的文化资源共同构造了独具魅力的街区形象，提升了福州城市的文化底蕴。三坊七巷中古厝建筑规模庞大且极具特色，被誉为“明清建筑的博物馆”，这就意味着其呈现的古厝建筑文化内涵深邃、价值极高。街区内的院落式传统居民建筑别具一格，即体现传统家族伦理观念的建筑布局，又兼具适合宜居南方气候的建筑设计。“柴栏厝”老式木结构的民居，古厝中的穿斗式建筑法、榫卯结构、斗拱构件设计、歇山顶式屋顶及室内装饰的精雕细刻呈现了建筑的特色和艺术。① 三坊七巷作为近代名人的聚居地，在历史文化长河中留下了浓墨重彩的一笔。古厝记录了 150 多位近代名人雅士的光辉足迹，见证着他们爱国奉献的民族情怀，其精神财富和文化价值足以被世人铭记，研究他们的过往经历是对名人的缅怀，也是对文明的追溯。

3. 经济价值

三坊七巷是积厚流光的历史文化遗产，吸引着全国各地游客来此观光旅游，其经济价值不言而喻，这也是其推动街区经济发展的关键所在。三坊七巷

---

① 陈少辉：《福州市三坊七巷历史文化街区的保护与旅游开发研究》，硕士学位论文，广西师范大学，2021。

以南后街为中轴，具备独特区位优势，地处区位中心，曾一度商业贸易繁荣，让其拥有扎实的商业基础和优良的营商环境。国内短期旅游在现今全球经济衰退的背景下，成为现阶段的主流旅游方式，挖掘三坊七巷所具有的深度文化旅游亮点，已然成为游客慕名而来的旅游焦点。再度开发三坊七巷物理空间和文化资源，将传统文化街区与现代商业进行巧妙结合，形成多元的产业发展；三坊七巷必将带动区域经济增长，实现街区重要的经济价值。

4. 旅游价值

三坊七巷作为全国著名的历史文化街区，它记录了名人雅士的成长和生活，还具有别具一格的地方建筑风格，如此丰富多彩的历史文化旅游资源，使其备受瞩目。毫无疑问，三坊七巷的旅游品牌创造了极大价值和广大的旅游市场。首先，三坊七巷的历史文化旅游资源具有重要社会教育意义，研学教育模式的兴起，让凝聚历史文化的三坊七巷的社会教育能效越发凸显。如游览林觉民、冰心、严复等名人故居和纪念馆，十分具有教育和感化意义，让游客在旅游途中提升爱国热情。其次，三坊七巷原有的商业基础汇聚了相关产业在此萌芽与发展，激发相关产业发展的同时也带动区域旅游，旅游又推进当地各项文化的广泛传播，推动福州城市文化的软实力。最后，三坊七巷的旅游开发能不断拓展街区的旅游市场，对激活新旧城区的活力、拉动当地消费、促进区域经济和社会效益的发展都具有积极的作用。

三、三坊七巷古厝保护的问题

三坊七巷坐落于城市核心区，由于其特殊的地理位置，对于它的保护与开发无先例可循，故此，早期建设者在三坊七巷今后发展中的功能定位、商住布局、资产运作等的更新保护上都存在不足之处。随着三坊七巷知名度的不断提升，各类问题也随之而来，成为制约三坊七巷更新保护的梗阻所在。

（一）规划的前瞻性欠缺

三坊七巷前期规划的功能定位存在短板，相应的基础配套设施未能与千万流量级景区相匹配，致使街区公共设施数量、信息化覆盖面等都无法满足目前的更新需求。随着短期自驾旅游的兴起，三坊七巷的游客人数屡创新高，基础配套设施相对滞后，这不仅影响游客游览体验，而且不利于街区的良性发展，同时将不利于吸纳优质创业团队加入，进而限制优秀商业业态的发展，最终造成本地游客外溢、外地游客引流困难的现实问题。① 三坊七巷街区前期规划中只注重保护修复规划和遗产保护规划，对街区的商业布局、消防布道、旅游布线、交通布点等规划相对滞后，当街区保护修复工作一旦完成，再试图变更原有规划，其操作难度和空间限度不可同日而语，而当前三坊七巷就面临着这个问题。此外，对于街区缺乏前瞻性规划，导致建设不能一步到位，重复建设时有发生。

（二）文化意象不明显

三坊七巷在福州人眼中具有特殊地位，它能唤起福州人眼中民俗文化和宗教活动的记忆，它是文人雅士的聚居区，也是贤人志士的聚集点，三坊七巷是非遗手工艺和传承老字号汇聚区，浓厚的文化氛围和琳琅满目的工艺品无不展示着其过往的繁华景象。可随着时代变迁，社会阶层结构和人文背景的更迭，因经济社会发展需要便会筛选出阻碍其快速发展的限制部分，早期未能实现现实价值的文化遗存，便会在这场博弈中不断被削减，文化传承问题也遭受到前所未有的危机。三坊七巷的中轴线南后街先期重建后已初具规模，但我们在热闹的商圈中却迷失了对文化意象的生动刻画。现代文旅产业的开发，经济效益是重要考量的一部分，但它应该是在传统文化传承的基础上经济效益的叠加，而非相互排斥、此消彼长的博弈关系，新鲜的事物和科技不应成为发展经济而破坏文化资源的借口，应用鲜活的形式和内容给传统文化注入现代化的新活力，对传统文化的不认同，才是阻碍文化街区持续发力的症结所在。②

（三）街区非物质文化遗产保护措施不足

随着城市建设用地结构的调整及本地人口和外来人口的增长，对城区用地效率提出更高要求。三坊七巷位处城区中心，随之而来的是社区居民结构发生变化、多元融合的文化冲击、文化多层次的需求，许多非物质文化遗产在此挑战中逐步淡出了人们的视野，这无疑给三坊七巷中的非物质文化遗产的生存和发展带来极大挑战。如传统戏曲文艺、手工技艺及民俗特色得不到应有的重

---

① 刘家明、刘莹：《基于体验视角的历史街区旅游复兴——以福州市三坊七巷为例》，《地理研究》2010 年第 3 期。

② 王炜、郑瑞明：《三坊七巷历史街区旅游资源的保护与开发》，《福州大学学报》（哲学社会科学版）2014 年第 3 期。

视，未能得到很好的传承与发展。近年来，当地政府越来越重视非物质文化遗产的保护力度，投入更多的人力和物力，取得了相应成效，虽然对一些非遗项目进行了名录保护，但未能从源头上解决传承和发展难的问题，保护力度还不够深入。首先，当前非遗保护机制还不够健全，未能完善多元主体群力群策的优势，政府、专家学者、社会力量尚未形成科学的管理体制。其次，当前政府虽对非遗加大资金投入力度，但投入仍显薄弱，一些传承人仍然无力承担南后街店面租金。最后，对非遗项目宣传力度不足，导致传播力度不够，这不利于项目的推广和保护。

（四）千街一面差异化运营难度大

三坊七巷的开发和保护交付给文旅集团经营运作，这些集团具备创新营商的理念和吸引优质项目的手段，有利于推进三坊七巷形成良性的文化旅游观光商圈。但从目前三坊七巷商圈业态来看，街区项目、街区风格同质化现象严重，在其他文化街区随处可见的商户和项目，在三坊七巷中均能找到同类装潢风格、同样商品的商店和品牌分店，差异化且兼具和谐性的设计偏少，街区业态相似性问题突出。

四、城市更新下三坊七巷古厝保护的对策

（一）科学整体规划，完备设施保障

在对三坊七巷内现存文物加以保护的基础上，对当前景区基础薄弱环节进行整体规划，增设匹配旅客人数激增后的公共基础设施，以千万游量去重新规划街巷设施和商圈布局，在保留传统的街巷空间结构机理不变的前提下，拆除与街巷整体风格不相适宜的违规建筑，并开展街巷内旧房危楼改造和重修工作，虽无法实现旧时全貌，通过局部重塑和片段式再造的手段保护更新重点古迹遗址即可，进而美化街巷整体空间环境布局，实现街巷风格协调一致。[①] 此外，通过洞察和分析游客游玩街巷的动线走向和景点偏好，可对街巷内消防线路、景点指引等进行科学合理规划，可实行分期建设，弹性地为三坊七巷今后的发展预留足够空间。

---

① 林颖、黄开灵、吴萱萱等：《文旅融合背景下文化旅游保护和可持续发展的实践研究——以福州古厝为例》，《科技经济市场》2021年第12期。

（二）突出文化意象主题，保护与开发协调推进

在千篇一律的旅游景点里，能让游客流连忘返的永远是景区的文化内核，而文化内核的外化表现，便是街巷呈现的文化意象。让文化意象和现代化价值巧妙结合，可以从以下几个方面着手。

首先，通过收集和整理历史文化资料，加大对人文遗产的保护力度，勾画出多种创新方式，如3D全息投影等方式，让人文遗产以现代化方式呈现，重新构建新颖的文化载体，让游客沉浸式体验三坊七巷的文化内涵。①

其次，可以培养一批原住民的文化讲解员，保留这一部分原住民，在商业文化冲击下保留住街区文化遗存的现实感，对文化传播者可给予相应的财政补贴，让老住户和名人后裔现身说法带领游客感悟街巷的变迁，使街巷文化以全新的方式传承下去。同时，可以引进一批担起持续保护古建筑、历史街区责任的新住民，聚集社会能人，改变文化意象不突出、文化气息薄弱等问题。

最后，整合和规划商店和商圈布局，招揽和培育具有文化价值的品牌店铺和商圈环境，扭转街巷同质化和商业化的发展势头。

（三）保护非物质文化遗产的活态传承，多措并举凝聚保护力量

三坊七巷中的非遗文化是福州历史文化的沉淀，是福州文化独特魅力之所在，对于提升福州文化影响力具有举足轻重的重要作用，其更新保护的重要意义不言而喻。三坊七巷中的非遗文化既要根据国家相关政策开展更新保护，又要依托当地实际情况，制定保护措施，根据非遗文化开展对症保护。具体更新保护举措如下。

第一，制定贴合实际情况的保护机制。当地政府在贯彻落实国家相关非遗文化保护法规政策的基础上，依据非遗文化不同特质，实行统筹规划、分类指导和专项保护，及时制定贴合工作实际的保护政策。此外，搭建由政府部门主导、专业人士指导、社会力量参与的多方协同保护机制，通过多渠道和广群体来共同谋划，以便更好地推动非遗文化传承与更新。

第二，培育非遗传承人计划。强化对非遗文化的重视程度，将优秀非遗传承人纳入政府重点专项人才培育计划，在资金和政策上给予资助，帮助他们成立个人工作室，将三坊七巷中的个别店面低价承租或给予补贴承租给优秀非遗

① 孔旭红：《新场景消费背景下文旅街区场景的创建与提升——以三坊七巷为例》，《中国市场》2022年第19期。

传承人，引导他们培育非遗接班人和推广者，并且督促他们履职尽责，真正实现非遗文化的活态传承。

第三，借助现代科技抢救濒危非遗项目。对三坊七巷中即将濒临消失的非遗项目通过现代手段逐步恢复，对于无人传承的非遗项目可通过影视录像和实物电子存档等形式加以保存，防止非遗项目从此绝迹。

（四）植根旅游业态创新，探索独特地方特色旅游线路

三坊七巷致力于旅游业态调整，分区块突出街巷旅游开发的重点项目和特色招牌。南后街开发方向是挖掘出现代元素和民俗文化融合区，如非遗精品店、非遗科技展示馆、沉浸式工艺体验馆、夜间灯光秀等；安泰河开发方向是打造成休闲美食慢步区，如福州特色美食、主题音乐餐吧、共享茶舍等；三坊开发方向是定位于文学艺术交流区，定期开展文化艺术展、文化交流会等；七巷开发方向是搭建成高雅文化展陈馆，如非遗博物馆、名人书斋和名师讲坛等。此外，可以将坊巷空间博物馆系列业态进一步细化，不同馆内主题突出特色鲜明，让游客感受不同文化元素带来的文化冲击与熏陶，对于三坊七巷旅游业态的分类与布局，要基于当地政府旅游产业开发思路和现存旅游资源再进行综合统筹和科学调整。①

① 廖祥龙、林婉婷、蔡椰萍等：《福州市古厝文化旅游产业发展对策探析》，《海峡科技与产业》2021年第11期。

积极推进城市数字化转型 加快大连数字化转型研究

张　颖*

党的二十大报告明确提出“以中国式现代化推进中华民族伟大复兴”“明确‘五位一体’总体布局和‘四个全面’战略布局”，同时，报告中多次出现“数字化”，如“数字中国”“数字经济”“教育数字化”“文化数字化”等，“数字（化）”手段在“五位一体”总体布局中的重要性也凸显出来。2022年12月2日，中共中央、国务院发布了《关于构建数据基础制度更好发挥数据要素作用的意见》，明确了“数据”为“新型生产要素”的定位，进一步对“数据”的产权、流通、交易、收益等方面进行了规制。由此可见，“数字化转型”已成为新一轮科技革命与产业创新升级的大势所向，是引领数字经济社会发展、实现经济高质量发展的必要条件，是建设数字中国的基础性和先导性工程。2020年初，一场猝不及防的新冠疫情到来，不仅改变了个人的生活方式，也对企业和经济产生了重大影响，甚至对全球的政治格局产生了深远影响。在众多变化中，趋势最为明显的，就是经济社会各领域的数字化转型，它对政府、企业、个人的影响日益增大，疫情期间的“健康码”、电子商务、直播购物等新事物，都从疫情的阴霾中破茧而出，按下了“数字化”转型的快进键，冲击了传统的人与人接触的行业与生活运行方式。

* 张颖，中共大连市委党校（大连行政学院）公共与社会管理教研部，讲师。

一、数字化的产生与数字化转型的意义

（一）数字化的产生

数字化是信息化的深化和拓展。在信息化时代，人们把各种信息输入计算机，然后用计算机处理相关信息。随着人工智能、云计算、大数据和智能终端的普及，数据能自动产生并被集中处理，这让我们对数据的利用程度大大提高，并改变了我们生产和生活的方式，这就是从信息化到数据化的转变。所以我们可以说，数字化并不是刚刚出现的新趋势，它是过去几十年技术创新的延续。从自动化到信息化，从互联网到人工智能，都是数字化不断演进的体现。数字化不仅关乎效率高低，更关系到社会治理的能力与企业发展的关键——再不数字化，就会被淘汰。

（二）数字化转型的意义

1. 提高政府公信力与科学决策力

未来城市发展趋势将是真正意义上的“大城市”化发展，农业转移人口有序市民化，以城市人口增加为核心的新型城镇化进程将是中国未来一段时期内经济社会发展的主线任务。数字政府作为数字社会与数字经济的引领性关键因素而存在，通过“资源整合，程序融合”来牵动数字经济效应扩大到民生领域，从而给民众带来更为便利的服务，提升现代化治理能力，为智慧城市的打造创造基础。现阶段的数字政府发展由于监管机制不健全、数字化治理手段无更新等问题，导致数字经济区域发展不均、政企合作不通、民众个性化需求触达不畅等梗阻产生，实现政府的数字化转型是城市数字化转型的前提与基础性工程。首先，新型的科学技术使原有的社会组成与运行模式有了翻天覆地的改变，许多社会治理难题产生，政府依靠大数据技术缓解治理压力，对实际问题进行预测、分析、管理，提高治理效能与公共价值的最大化释放，使政府公信力得到实质性的提高。其次，政府通过将数字技术应用于各级政府与内部部门之间的协同办公、交流合作，推动管理服务流程再造和模式优化，同时利用数字赋能独有的“长尾效应”对公众参与治理后所产生的差异化需求，精准化实现，数字转型后的政府切实提高了政府科学决策能力，离建成人民满意的政府更近一步。

2. 智慧城市增进民生福祉

习近平主席 2017 年 1 月在联合国日内瓦总部的演讲中指出：“当今世界充

满不确定性，人民对未来既寄予期待又感到困惑。世界怎么了、我们怎么办？这是整个世界都在思考的问题，也是我一直在思考的问题。”无论巴黎、纽约，还是上海、北京、广州，包括大连这样的国际性、港口型开放城市，都面临着超大城市所特有的“超级不确定性”，这是超大城市、现代化都市的根本运行特征。在传统城市治理中，政府为治理的中心管理主体，以任务目标为导向，强调自上而下的垂直管理，因此，传统城市可以使用“人海战术”，即“全员参战”“不惜一切代价”完成城市发展“硬指标”。但是，随着时代与科技的发展、人文素质的提高、人民权利意识的觉醒，新型城市规模不断扩大、人口结构复杂。与此同时，国家治理体系与治理能力现代化逐步推进，各社会主体作为城市治理的重要参与者，逐渐被纳入治理体系，“人海战术”面临越来越多的争议，在新型超大城市的治理中逐渐失灵，导致城市治理环境越发多变、复杂，传统的“政府单一治理”难以满足新型城市治理的需要，各社会主体不参与社会管理的治理局面将不复存在。

超大城市、新型城市的治理，需要具备选择技术、吸纳技术、运用技术的智慧，而城市的智慧化转型，也正是超大城市、新型城市发展的愿景。2020年11月，习近平总书记在浦东开发开放30周年庆祝大会上指出：“要提高城市治理水平，推动治理手段、治理模式、治理理念创新，加快建设智慧城市，率先构建经济治理、社会治理、城市治理统筹推进和有机衔接的治理体系。”智慧城市建设的关键切入点，就是智慧治理，这也是智慧城市建设的核心路径。智慧治理的本质特征，是更大程度地将“人”置于城市治理的核心，以满足人民的需求为治理的首要目的。首先，城市的智慧化转型，可以让政府更好地使用智能基建来提高公共品效率，解决委托代理中的信息不对称问题；其次，城市居民的生活质量可以通过智慧城市来得到提高，甚至困扰全球的难题，如能源枯竭、医疗服务供给不均、全球性公共卫生危机等，都将通过城市的智慧化转型来得到缓解；最后，智慧城市能够很好地解决城市中的结构性不平等问题，让人民享受到普惠的治理效能，比如，对欠发达社区的包容和扶持，对弱势人群特殊需求的最大限度满足等问题。因此，相比于传统城市，转型后的智慧城市更体现出“以人为本”的治理思想，更加注重“人民”的智慧参与治理全过程，并共享治理成果，能够更加深刻地洞察人民冷暖、迅速响应人民需求。

3. 数字经济引领产业结构升级，助力经济高质量发展

2020年，国家发展改革委、中央网信办、工业和信息化部、国家能源局

联合发布《关于加快构建全国一体化大数据中心协同创新体系的指导意见》（以下简称《指导意见》），明确提出数据是国家基础战略性资源和重要生产要素。《指导意见》指出，以深化数据要素市场化配置改革为核心，推动算力、算法、数据、应用资源集约化和服务化创新，对于深化政企协同、行业协同、区域协同，全面支撑各行业数字化升级和产业数字化转型具有重要意义。数字经济引领的新的产业结构，在三年新冠疫情的冲击下，反倒异军突起，发挥出其特有的优势，而数据资源是构建数字经济的关键生产要素，产出巨大的社会价值与经济价值。在后金融危机影响的当下，数字经济成为世界经济的重要构成部门，支撑着世界经济在危机中看到希望并相对稳定前进。在数字化全面发展的时代，我国也看准时机，抓紧推进数实融合，使数字经济成长为国内经济发展的新业态、新风向。截至2021年，我国数字经济规模在GDP中的占比已达39.8%。数据要素作为新型的生产要素，不同于传统生产要素，它可将地域、气候、经济、空间等影响降到最低，甚至可以忽略不计，使偏远地域省市摆脱束缚，获得跨越式的经济社会发展机遇。例如，辽宁处于东北地区，产业类型偏向于老工业基地模式，发展数字经济可以克服以往由于气候等因素造成的粮食熟期有限、物流效率低等问题，有利于缩小自身与我国东部、南部等地区的经济差异。因此，在党的二十大倡导共同富裕、新发展格局、产业结构升级、高质量发展等新理念的背景下，数字经济应作为主力军，冲在促进整体经济社会发展的最前沿。

二、大连市数字化转型的升级路径

（一）加快数字政府建设，推进城市智慧化转型

2019年10月党的十九届四中全会首次明确提出“推进数字政府建设”，将建设数字政府上升为国家战略。加快数字政府化转型是建设网络强国、数字中国的基础性和先导性工程，是创新政府治理理念和方式、形成数字治理新格局、推进国家治理体系和治理能力现代化的重要举措，对加快转变政府职能，建设法治政府、廉洁政府和服务型政府意义重大。

1. 大连数字政府建设，创新城市智慧化治理典型案例——“数字高新”建设

2023年是习近平总书记考察大连高新区的第十年，高新区作为大连人期待中的经济与科技发展高地，更应落实总书记嘱托，“把‘高’和‘新’两篇

文章做实做好”。并切实响应党的二十大“数字中国”任务号召，率先以数字化转型整体带动生产方式、生活方式、治理方式变革，在数字化发展浪潮中把握新机遇、应对新挑战、塑造新优势。“数字高新”于 2022 年 5 月经大连市高新区党工委、管委会批准启动，6 月投入建设，11 月 4 日正式投入使用，其中“一中心”（信息与知识资源中心）、“三体系”（大数据支撑体系、业务应用支撑体系、数字基础支撑体系）构成的基础平台提供强大的支撑能力和拓展能力，在基层治理、治安防控和安全生产上发挥了重大作用，具体体现于以下几方面。

第一，在基础平台建设方面，有效开展了数据资源共享工作，现已汇集 51 条共享目录可供各部门分享使用，并在持续推进目录增加；针对高新居民对供暖效果多次表达不满的情况，“数字高新”物联感知介入平台已介入全区 6 家供暖企业的物联感知设备信息，并开发了检测与应用；此外，“数字高新”领导驾驶舱已建成多个专题，助力科学决策和高效协同。

第二，“多格合一”城市精细化治理应用紧密结合区域实际，推进治理体系和治理能力现代化。2022 年 11 月至 2023 年 3 月，网格员通过“多格合一”系统上报并处置的自发自处事件累计 3 万余件，通过实行“网格吹哨，能力报到”，社区层处理事件 490 件、街道处理事件 484 件、区级部门处理事件 92 件。通过手机 App，网格员还可以在巡查走访的过程中进行人口信息登记、走访事件记录、基层事件上报等工作。

第三，“数字高新”将视频感知建设作为新基座，在全区 141 个小区实现“一门洞一探头、一出入口一抓拍”全覆盖建设，将“疫情管控、治安防控、要素掌控”延伸到“最后一公里”，打造了大连立体化治安防控体系建设的“高新样本”，布局广度、感知密度均位居全国前列。“智慧视频综合应用平台”实现视频汇聚及智慧分析，采用“鼠标巡逻、探头站岗、无人机巡控、视频接力、图码联侦”等技战法，为基层社会治理服务，为人民群众的安全感和获得感服务。此外，在应急管理方面，利用物联网技术和视频监控技术，依托“一中心、两平台、三系统”，对安全生产重点监管企业进行全覆盖，实现对风险源的动态监测与管控、对隐患全流程闭环管理，全方位提升应急和安全管理能力。

2. 大连市数字政府建设推进路径

上述“数字高新”的案例虽然展示了大连数字政府建设与城市智慧化转型的进步与能力，但放眼大连市整体，还存在区域转型不均衡的问题，要全面推进大连市的数字化转型，还需要加强以下几方面的建设。

首先，盘活数据资源，是大连市数字政府建设的关键之举。数据无障碍流动是实现数字政府建设目标的必要条件。我国上海市、深圳市都有成熟的数据交易所等相关机构来规范数据交易、缓解数据确权难等问题，而大连市在数据的产权划分、流通、监管等方面，尚未形成系统的、科学的管理体系与机构，在一定程度上阻碍了数据流通的畅通性、安全性，无法最大限度地释放数据的公共服务价值与经济产值。要盘活大连市的数据资源，应从以下四个方面入手。一是要加快政务系统的信息整合能力建设，在政府各个部门内部做好需求调研、协同配合、精准对接等数据工作；二是要推进公共信息数据的对外开放，使政府数据有序、安全地流向社会，释放数字红利，助力数字企业发展；三是要积极开展数据确权、数据安保等方面的研究与应用，创建专业的数据交易中心等机构，促进政府数据与社会数据的深度融合与互通，打破政、企、民之间的数据壁垒，跨越信息鸿沟，构建数据全方位共享的社会体系；四是要尝试“数字孪生”等先进技术理念进行城市治理，在数据流通问题得到缓解、要素全域数字化和虚拟化能够实现的基础上，运用数字孪生体联动线下管理，实现对物理单元的精准映射和智能操控，自动发现交通事故、人流骤然密集、违规违章、环境卫生脏乱差等问题，实现模拟、监控、预测、治理为一体的新型模式，规避重大风险、提高治理效能、降低社会治理成本。

其次，注重引入社会力量，是数字政府建设的重要保障。数字政府建设不能孤立地看作政府部门“一人”之责，在现代化的国家治理体系下，“人人参与”才是关键，数字政府建设的趋势应是开创更多的企业、社会组织、公众参与的新局面。大连市在数字政府建设方面的下一步举措，应探索各类社会主体参与治理，如健全政企合作的有效机制，将政府在数字政府建设过程中的规划管理优势，与企业在先进理念、资金投入、技术创新等方面的优势充分结合，不仅能够提高政府政务服务效率，还能降低政府管理成本。当然，在这个过程中，明晰各方权责是根本前提，以规避建设风险、消除信息不对称造成的委托-代理等问题，使数字政府建设走上有序、规范、集约的发展道路。

最后，注重缩小数字鸿沟，是数字政府建设的必要工程。2022 年发布的《联合国电子政务调查报告》显示，面向移民、贫困者、老年人和残疾人提供专门在线服务的国家相比 2016 年翻了一番。我国在线上政务普惠性方面也作出了很大的努力，面向各类边缘、弱势群体，通过数字政府建设提供了包容性、平等性的政务服务，确保信息获取的普及性与公平性，力争建成“人人共享”技术进步成果的数字化社会。大连市在建设普惠型数字政府的过程中仍需注意三点：一是要提高全民数字素养，不仅要注重领导干部、普通市民的数字化思维及技能培训，更要涵盖弱势群体的数字素养培训，提高用户使用在线服务的能力和信心，不让任何一个人掉队。例如，在公立图书馆、街道社区等地点，开展普及性宣传与培训，设立专门工作人员协助完成在线服务办理等业务。二是要多设立线下服务机构，如电子政务客服中心等机构，针对弱势群体差异化的部门服务需求，提供精准帮扶。三是在政府网站设置上，要注重无障碍网页设计，具有老年人及残障人士的简化模式选择，全面提高民众使用体验。

（二）大力发展数字经济，以高质量发展促进共同富裕

党的二十大报告指出，“中国式现代化的本质要求是……实现全体人民共同富裕”，并提到2035年，中国发展的总体目标之一就是使“全体人民共同富裕取得更为明显的实质性进展”。从时间上和数字经济的特征上看，“共同富裕”目标的提出与数字经济的崛起十分契合，数字经济对地域与地缘条件依赖较小，全国各省、市在发展数字经济的背景上相对公平，尤其对地处东北地区的省、市，更是跨越传统经济鸿沟的有利机遇；从目标导向上看，数字经济助力整体社会经济高质量发展，与共同富裕的目标趋同，并成为实现共同富裕的内在动力，对改善区域发展不平衡、城乡一体化进程起着举足轻重的作用。大连市的数字经济发展在全国范围来看，还没有进入前三梯队（第一梯队城市包括北京、上海、杭州、深圳、广州，第二梯队城市包括成都、重庆、武汉、天津、厦门、南京、青岛、西安，第三梯队城市包括济南、长沙、合肥、苏州、无锡、福州、珠海），还有很大发展进步空间，大连市着力发展数字经济，可以从以下几方面入手。

1. 以“均衡发展”理念为基础，缩小城乡、区域发展差异

大连市区内面积较小，周边县、乡地域较大，经济发展主要驱动往往来源于周边乡镇，因此，缩小数字经济发展差距，首先应从下属县、乡入手。第一，各级地方政府应建设帮促数字化体系，形成基建互联、要素市场开放的局面，为数字经济发展提供有力支持；强化市域内数字经济发展高地与低地的合作帮扶，结合区域特色与优势，支持引进新项目、创新人才、高端技术研发，发展以本地特长为主导的数字化产业链。第二，全面推进数字乡村建设，引导资本、人才、技术入村，促进乡村振兴的同时，形成城乡数字要素资源双向循

环的良好生态。

2. 产业数字化转型，释放数据要素生产价值

产业数字化是数字经济的“灵魂”所在，是数实融合的主要驱动。大连市地处东北地区辽宁省内，兼具港口城市、大型老工业基地的双重属性，让数字化渗透传统实体经济，使传统经济更智能化，是大连市发展数字经济的关键切口。从要素配置方面来看，数据要素在海洋产业、港口贸易及大型重工产业中的生产、流通、消费等环节流通，能够极大地提高资本、土地、劳动、自然资源等传统生产要素的配置，相比中小型产业，其边际收益更大，产业数字化转型的成效倍加明显。从产业融合的角度分析，数实深度融合，在现阶段的“互联网＋农业、工业、服务业”的基础上，通过数字赋能，升级为“数智化＋农业、工业、服务业”，拓展了数字化产业的发展空间，推动实体经济向数字经济一步步转化。

3. 创新产业形态，激发消费动能

大连市资源丰富，物产种类、工业类型相对齐全，在数实融合的过程中，更容易孵化出新型的产业供给与消费需求，激发城市巨大经济增长潜力。例如，从产业供给侧来看，鼓励数字赋能创新产业，从而催生了智能制造、生物医药、无人机、新能源汽车等新型技术化产业，激发大量消费需求释放。从需求侧来看，2019 年，服务业数字经济增加值占行业增加值的 37.8%，远超全行业平均水平，其中移动支付打通餐饮、外卖、旅游、短视频多个线上线下服务场景，在零售领域，2021 年上半年，实物商品网上零售额占社会消费品零售总额的 23.7%。在数字经济时代下，人们的消费方式、消费决策都受到大数据及新型销售媒介影响，尤其是生活领域的数字化应用、爆发式增长，成为产业数字化发展增速最快领域，如继续加大支持力度，必将激发更多消费潜能，助力大连实现万亿 GDP 目标。

三、结语

加快城市数字化转型，推进数字中国建设，是“十四五”期间及未来长时期内，我国推进经济社会高质量发展的重要抓手之一。大连市作为东北振兴“跳高队”，必须率先扛起“数字化转型”大旗，抓住创新发展机遇，全面推进治理体系与治理能力现代化，实现经济社会高质量发展，为东北振兴、数字中国建设目标达成贡献力量。

新时代背景下县域治理现代化的困境与路径
——以沈阳市为例

刘文茜[*]　宋琳琳[**]

当前，世界百年未有之大变局加速演进，我国正处于实现中华民族伟大复兴的关键时期。随着新时代的到来，关注县域的高质量发展与治理现代化、加快实现县域实力整体提升对于实现中华民族伟大复兴这一目标有着重要意义。如何推动县域治理现代化，从而推动县域高质量发展，为扎实推进中国式现代化贡献县域力量成为当前必须关注的重点问题。本文在厘清县域治理现代化构成要素的基础上，以沈阳市县域治理现代化的现实困境作为切入点，深入分析我国县域治理现代化的有效路径。

一、研究背景

习近平总书记在党的二十大报告中指出："全面推进乡村振兴。全面建设社会主义现代化国家，最艰巨最繁重的任务仍然在农村。"县域治理是全面推进乡村振兴的一项重点工作，县域治理现代化的成果、成效也逐渐成为一个衡量国家治理现代化水平的重要指标。近年来，为促进县域治理现代化、推动县域经济高质量发展，沈阳市先后印发了《沈阳市实施乡村振兴重点工作三年行动计划（2023—2025年）》《沈阳市关于加快县域经济高质量发展的若干措施》等文件。但在沈阳市县域治理的实践中发现，县域社会的内生困境使得在治理过程中仍存在大量难以攻破的窠臼，当前县域治理现代化的实际水平与现代化

---

* 刘文茜，中共沈阳市委党校（沈阳行政学院）公共管理教研部教师。

** 宋琳琳，中共沈阳市委党校（沈阳行政学院）公共管理教研部主任、教授。

目标之间仍存在较大差距，县域治理现代化水平的持续提升成为需要全社会共同思考和应答的时代课题。基于此，本文从沈阳市县域治理现代化的具体实践出发，通过分析阻碍县域迈向治理现代化的主要困境，进而探讨实现县域治理现代化的实践进路。

二、县域治理现代化的构成要素

（一）县域治理理念现代化

思想意识和价值取向对人们的行为具有引导作用，而县域治理正是在思想意识和价值观念等文化理念的支配下而形成的具体实践和运行形态。县域治理的走向很大程度上取决于县域领导干部与群众以何种思想意识和价值取向参与治理活动，是否树立了科学合理的治理理念将直接影响到治理现代化目标的实现，也从根本上决定着治理实践最终呈现的实际结果。因此，县域治理理念的现代化，是实现县域治理现代化的一项重要构成要素。实现县域治理理念的现代化，最重要的一点就是要明确“社会治理为了谁”的问题。习近平总书记在2019年中央政法工作会议上的讲话中明确指出，要“坚持社会治理为了人民”，要“创新为民谋利、为民办事、为民解忧的机制”。因此，科学的县域治理理念应推动治理宗旨由“维稳”向“维权”转变，始终将为人民服务、维护人民的利益和权利作为县域社会治理的价值目标。同时，科学的县域治理理念还应切合社会发展要求和时代发展潮流，将创新、协调、绿色、开放、共享的新发展理念融入县域治理的各个环节，形成共建、共治、共享的治理格局，不断提高县域治理效能，实现高质量、可持续的县域发展。

（二）县域社会治理体系的现代化

推进县域治理现代化的一项重要工作是推进制度现代化与治理主体现代化的同步协调发展。党的十九届四中全会通过的《中共中央关于坚持和完善中国特色社会主义制度-推进国家治理体系和治理能力现代化若干重大问题的决定》中提出要“完善党委领导、政府负责、民主协商、社会协同、公众参与、法治保障、科技支撑的社会治理体系”，明确揭示了治理体系现代化的主体维度和路径维度。同时，还需关注县域治理制度体系的现代化，以完善的治理制度优化县域社会公共秩序，从而激发县域发展活力。在这之中，一个尤为重要的工作就是构建和强化制度执行机制，保证制度执行效果，提高治理效能，并最终服务于县域治理现代化。

（三）县域社会治理能力的现代化

关于社会治理能力的具体内涵，学界观点众多，将观点加以总结归纳，大体可以包含增进民生福祉的能力、维护公共安全和社会秩序的能力、建设高廉洁度和高效能政府的能力，以及提升群众满意度的能力。同时，参与决策的主体是否多元化、决策目标是否公共化等问题，都成为评价县域社会治理能力的重要指标。《中共中央 国务院关于加强基层治理体系和治理能力现代化建设的意见》从党的全面领导能力、基层政权治理能力、“三治”能力及基层智慧治理能力四个方面对县域基层提升社会治理能力和实现社会治理能力现代化提出了明确的要求。

三、沈阳市县域治理现代化的现实困境

近年来，在乡村振兴战略的部署和紧迫的内在需求下，沈阳市就提升县域治理现代化水平展开了一系列探索行动，取得了众多的可喜成效。然而，县域社会在新时代背景下正经历着重大结构性变革，想要精准对接现代化发展的实际需求，进而推进县域治理现代化，仍存在多方面的发展困境。

（一）多元主体协同治理实现难

党的十九大报告指出，“要把基层党组织建设成为宣传党的主张、贯彻党的决定、领导基层治理、团结动员群众、推动改革发展的坚强战斗堡垒”。据此，搞好县域基层治理，应由基层党组织主导，县域企业、新乡贤及广大群众等多元主体协同参与县域治理，共同推动县域的治理措施与现代化发展的实际需求相对接。反观现实，在沈阳市县域治理过程中，达成多元主体协同共治的局面仍存在以下困境。一是沈阳市普遍存在基层党组织队伍的年龄结构老化、能力退化、视野不够及干事心气不高等问题。二是县域“空心化”现象在沈阳市不断加深，根据国家统计局第七次全国人口普查数据统计，与2010年第六次人口普查数据相比，沈阳市乡村人口减少约45万人，城镇人口增加约141万人，城镇人口比重上升了约7.45％。县域人口的严重流失、青壮年人口与“县域精英”向城市的迁移，进一步导致参与共治的人员数量和人口素质难以满足现代化发展需求。同时，“空心化”还进一步导致各治理主体对县域公共事务的关注度、参与积极性降低。三是在信息化时代背景下，原本个体利益内

在诉求就不可避免存在着差异的治理主体，受网络媒介输出的个性化观念影响，传统的团结协作、集体主义的思想观念受到一定程度的冲击，深化了治理主体间的矛盾，也使得沈阳市县域治理实现多元主体协同共治目标的难度进一步提升。

（二）县域治理体制机制创新难

当前，沈阳市各县域响应中央要求，积极探索县域治理新模式，力求形成县域治理的“沈阳经验”，积极开展“党建＋县域治理”“数字乡村治理”“阳光三务＋”系列等工作。但从整体上看，沈阳市县域治理的同质性情况仍然比较严重，在建立更加高效合理的民主协商和民意表达渠道、完善协商程序和议事规则、村务财务实时化透明化公示等关键问题上，各地缺乏具有创新性和针对自身地域特色的县域治理模式，此类问题的普遍存在很大程度上影响了多元主体参与县域治理的积极性。同时，在乡村振兴部署下，沈阳市积极开展“八大工程”、“三美”建设、“发展壮大村级集体经济”等工作，基层承担的任务日渐繁重多样，县域治理工作逐渐呈现“内卷化”“碎片化”问题，组织结构虽然日渐复杂化、精细化，但实际达到的治理效能并未见明显提升。

（三）县域治理制度落地见效难

新时代我国县域治理制度布局正不断趋于完善，但现有治理制度与满足新时代背景下县域高质量发展的实际需求之间仍有待进一步调整和适应。当前，县域社会群众的行为实践受正式制度和非正式制度两种规范约束，在由国家相关部门明文规定的政策法规和法律条款以外，县域社会长期以来自发形成并被绝大多数成员认可和接受的风俗习惯、伦理规范、公共约定及精英权威等非正式制度要素在很大程度上充当着“评理”的规范。如费孝通先生在《乡土中国》中所言，“这是一个‘熟悉’的社会，没有陌生人的社会”。在这样的社会里，人们往往更倾向于使用非正式制度，即“人治”来处理矛盾纠纷，随着对县域的重新规划、土地流转和拆迁等行动的大规模开展，县域社会矛盾日益复杂化。针对此类问题，沈阳市近年来积极谋划搭建“村民评理说事点”，力求在县域范围内实现“矛盾不出村、平安不出事、服务不缺位”的目标。然而，在长期的治理中，如何有效地遵守和执行制度，将正式制度与非正式制度深度融合，使二者能够协同发力，仍是沈阳市县域治理现代化需要探索的一项实际问题。

四、沈阳市县域治理现代化的有效路径

（一）坚持党的领导，提升县域治理能力

党的二十大报告提出，要“增强党组织政治功能和组织功能”，“坚持大抓基层的鲜明导向，抓党建促乡村振兴”。新时代条件下，推进乡村治理现代化，实现乡村振兴，在实践中必须将坚持党的领导放在首要位置。在价值引领方面，在推进县域治理现代化的工作中，要加强对党的路线、方针和政策等理论宣讲，做好县域群众的思想政治工作。同时，基层党组织要加强乡风文明建设，充分利用县域文化资源，促进基层“三治”的有机融合。在基层党组织建设方面，应促进基层党建工作规范化并实行工作责任制，要进一步扩大基层党组织的组织覆盖和工作覆盖工作，加强党组织对于县域治理的集中统一领导。同时，要注意提升基层党组织干部的工作务实能力，避免因治理的规范化、指标化而出现形式化和官僚化问题。在队伍建设方面，应着手从致富能手、大学毕业生、经商返乡者中选拔出一批党性强、作风好并愿意投身于为人民服务事业中的党员干部，优化基层党组织领导班子。同时，在日常工作中加强教育培训，提升党员工作的带动力，提升党员干部在村民中的威信力和影响力。

（二）厘清主体关系，构建多元主体协同共治新格局

新时代条件下，推动县域治理现代化首先要从构建多元主体协同的共治格局入手，而唯有理顺各主体之间关系，才能更好激发各主体间的协同能力，使其各尽所能，充分发挥各自的作用和优势。第一，基层党组织是县域治理现代化的领导核心力量，农村基层党组织是党在农村的“神经末梢”，是贯彻落实党中央决策部署的“最后一公里”。基层党组织要肩负起县域治理中的领导职责，坚持在基层党组织的领导下实现县域居民的自我管理和公共服务的供应。第二，村委会要树立现代化县域管理服务理念，提高协调沟通能力，善于运用“互联网＋”、大数据、人工智能等新技术提高服务的速度和效果。第三，要充分激发民众和县域社会组织参与治理的积极性和主动性，培养其参与民主共治的意识和能力，拓展多元共治的外部供给。同时，还应注意建立和拓宽民众参与渠道、完善信息公开机制、增强政策的解读和培训工作，引导县域群众摒弃私利纷争，充分发挥治理主体的积极作用。

（三）创新体制机制，完善“三治融合”制度保障体系

一是以“自治”为治理基础，提升县域治理活力。村民自治是伴随着新中

国成立后的发展而成长起来的基层群众自治制度的重要内容，是基层群众在基层党组织的带领下进行自治实践的制度体现。在实施县域自治过程中，充分尊重村民作为主体的意志，突出村民的主体地位，完善民主选举、民主管理、民主决策、民主监督机制，确保县域自治的最终结果确实起到保障广大村民的利益的作用。同时，还要以充分激发自治组织活力为目标，大力支持和培育县域基层的各类自治组织建设，构建县域社会和谐团结的美好景象。二是用“法治”形成制度保障，维护县域治理秩序。法治是一种强制约束，是县域治理的底线保障。强化法治保障，一方面要强化基层治理的法治思维，健全县域法律相关的公共服务体系，建设县域法律服务平台，以便帮助县域居民维护自身合法权益。另一方面，还要通过开展如建设法治文化墙、开设法律课堂等各类普法活动，提升村民法治意识，培养县域群众寻求法律途径解决矛盾争端、维护自身合法权益的意识和习惯，以此夯实县域治理的法治基础。三是以“德治”为伦理建构，重塑乡村社会文化。德治是县域治理的灵魂，其侧重点是通过道德教化启迪人们向善。实现县域治理现代化，需要充分发挥德治浸润人心的无形力量。首先，应将传统中华德治文化和时代紧密结合，在社会主义核心价值观的引领下，培育新型县域伦理道德，不断推动其创新与发展。其次，还应立足县域实际情况，有效整合县域中传统的非正式制度中的合理成分与新时代县域伦理道德的核心理念，构建新型县域伦理道德体系。最后，应在县域范围内树立正确的舆论导向，为县域道德模范设立相应的道德表彰活动及奖项，充分发挥榜样的道德示范和引领作用，进而培育县域群众包含对县域共同体的认同、对公共利益的维护及对公共事务的参与等方面的公共精神。

三、县域高质量发展与县域治理现代化

“千万工程”的创新意义和时代价值

姜长云*

“千万工程”最初是“千村示范、万村整治”工程的简称，系由时任浙江省委书记习近平同志亲自谋划、部署并推动实施的重大工程。20年来，浙江省坚持“一张蓝图绘到底”，推动“千万工程”顺应时代要求和发展阶段转变，不断实现阶段性跃升和转型升级，持续推进农村人居环境和生态文明建设，引发了农村经济社会发展的系统性变革和乡村布局、城乡关系的深刻调整，推动了乡村生态振兴与产业振兴、人才振兴、文化振兴、组织振兴的激荡变革和互动提升，深刻改变了浙江的乡村风貌和农民的精神风貌，为建设社会主义新农村、全面推进乡村振兴发挥了重要的探路试水作用，堪称建设宜居宜业和美乡村、推进农业农村现代化的重大创新之举，也是有效提升广大农民获得感、幸福感、安全感和广泛认同感的重大民心工程、德政工程。“千万工程”的实践，为习近平新时代中国特色社会主义思想的形成和发展，提供了重要的实践源头。通过“千万工程”的实践，体会习近平新时代中国特色社会主义思想的世界观和方法论，对于我们全面建设社会主义现代化国家，特别是全面推进乡村振兴、建设宜居宜业和美乡村，具有重要的时代价值。

一、“千万工程”的主要阶段及其成效

（一）“千万工程”20年来实施的3个主要阶段

第一阶段，为“千村示范、万村整治”的启动阶段，时间跨度为2003年

---

* 姜长云，国家发展改革委产业经济与技术经济研究所副所长、研究员，国家“万人计划”哲学社会科学领军人才。

至2010年，重点是以推进农村“脏、乱、差、散”治理为切入点，加大村庄环境整治力度。2003年，在浙江全省近4万个村庄中，仅有10%左右的村庄环境较好，绝大多数村庄环境较差，存在村庄布局缺乏规划指导和约束，农民建房缺乏科学设计，有新房无新村，环境“脏、乱、差”等现象普遍存在，农村精神文明建设、社会事业发展相对滞后等突出问题，成为制约农业和农村现代化建设的突出矛盾。2003年6月发布的《中共浙江省委办公厅、浙江省人民政府办公厅关于实施“千村示范、万村整治”工程的通知》(浙委办〔2003〕26号）将实施“千万工程”的总目标定为“用5年时间，对全省10 000个左右的行政村进行全面整治，并把其中1 000个左右的行政村建设成全面小康示范村”。

有人进一步将2003年至2007年作为“千万工程”的示范引领阶段，将2008年至2010年作为“千万工程”的整体推进阶段。“千万工程”在其示范引领阶段，在加强基层组织和精神文明建设、发展经济的同时，全面推进村庄布局优化、道路硬化、村庄绿化、路灯亮化、卫生洁化、垃圾等废弃物集中处理、污水净化处理、河道净化等。在整体推进阶段，中共浙江省委办公厅、浙江省人民政府办公厅《关于深入实施“千村示范、万村整治”工程的意见》强调“坚持‘统筹发展、富民美村、固本强基’，在全省范围内开展以改善农村人居环境为重点的村庄整治建设”，“对照村庄规划，重点整治村庄建筑乱搭乱建、杂物乱堆乱放、垃圾乱丢乱倒、污水乱泼乱排，突出改路、改水、改厕、垃圾处理、污水治理等重点，做到路平灯明、水清塘净、村洁景美”。截至2010年，浙江全省共对17 283个村实施了村庄环境综合整治，基本完成了第一轮村庄整治。

第二阶段，为“千村精品、万村美丽”的深化提升阶段，时间跨度为2011年至2020年，重点是开展美丽乡村建设，并将其作为推进生态文明建设的重要举措。中共浙江省委、浙江省人民政府2010年12月31日发布的《浙江省美丽乡村建设行动计划（2011—2015年)》要求“以促进人与自然和谐相处、提升农民生活品质为核心，围绕科学规划布局美、村容整洁环境美、创业增收生活美、乡风文明身心美的目标要求，以深化提升‘千村示范、万村整治’工程建设为载体，着力推进农村生态人居体系、农村生态环境体系、农村生态经济体系和农村生态文化体系建设，形成有利于农村生态环境保护和可持续发展的农村产业结构、农民生产方式和农村消费模式，努力建设一批全国一流的宜居、宜业、宜游美丽乡村”。2016年中共浙江省委、浙江省人民政府印发的《浙江省深化美丽乡村建设行动计划（2016—2020年）》要求进一步深化美丽乡村建设，着力打造美丽乡村升级版。扎实推进美丽乡村示范创建工作，推动“物的新农村”和“人的新农村”建设齐头并进，全面改善农村生态环境、人居环境和发展环境，不断提升广大农村的美丽度和农民群众的幸福感。实现空间优化布局美、生态宜居环境美、乡土特色风貌美、业新民富生活美、人文和谐风尚美、改革引领发展美的美丽乡村美好愿景，美丽乡村建设工作走在全国前列，推动美丽乡村建设从“一处美”向“一片美”、从“一时美”向“持久美”、从“外在美”向“内在美”、从“环境美”向“发展美”、从“风景美”向“风尚美”转型，并从“形态美”迈向“制度美”。

第三阶段，为“千村未来、万村共富”的创新升级阶段，时间跨度为2021年以来。《浙江省深化“千万工程”建设新时代美丽乡村行动计划（2021—2025年）》提出，以深化“千万工程”、推进共同富裕示范区建设为牵引，以共建共享全域美丽大花园为目标，坚持标准化推进、精细化建管、数字化赋能、品牌化经营、人文化引领、均等化服务，对标国际一流，实施新时代美丽乡村全域共美、环境秀美、数智增美、产业壮美、风尚淳美、生活甜美行动，建设具有“江南韵、乡愁味、国际范、时尚风、活力劲、共同富”特点的新时代美丽乡村，明确要求聚焦人本化、生态化、数字化、融合化、共享化导向，开展未来乡村建设试点，培育农业农村现代化先行示范。2022年1月，《浙江省人民政府办公厅关于开展未来乡村建设的指导意见》强调，“以党建为统领，以人本化、生态化、数字化为建设方向，以原乡人、归乡人、新乡人为建设主体，以造场景、造邻里、造产业为建设途径，以有人来、有活干、有钱赚为建设定位，以乡土味、乡亲味、乡愁味为建设特色，本着缺什么补什么、需要什么建什么的原则，打造未来产业、风貌、文化、邻里、健康、低碳、交通、智慧、治理等场景，集成‘美丽乡村＋数字乡村＋共富乡村＋人文乡村＋善治乡村’建设，着力构建引领数字生活体验、呈现未来元素、彰显江南韵味的乡村新社区”，要求“有农村区域的县（区、市）每年开展1—3个未来乡村建设。自2022年开始，全省每年建设200个以上未来乡村。到2025年，全省建设1 000个以上未来乡村”。“千村引领、万村振兴、全域共富、城乡和美”已成为浙江深化新时代“千万工程”的目标和抓手。

（二）“千万工程”实施的成效

20年来，浙江实施“千万工程”，引发了农村人居环境、生态环境、农民精神风貌的深刻变革，促进了农村从“脏乱差散”向“绿富美强”的有序转变，培育了宜居宜业宜游的乡风村韵，为提升乡村生活品质和广大乡村居民的获得感幸福感安全感提供了丰富滋养；也为探索“绿水青山”向“金山银山”路径的转化开拓了思路，推动了乡村打造城市“后花园”，助推打造“人人共享”、“诗画浙江”的美丽“大花园”。多年来，浙江农村人居环境质量位居全国前列，构建便捷生活圈、完善服务圈、繁荣商业圈、体验旅游圈不断取得实效，一批特色风景线、特色精品村、美丽庭院、美丽乡村交相辉映、相得益彰，许多乡村“景在村中、村在景中”，堪称建设宜居宜业和美乡村的“探路先锋”和“领航旗舰”，也为农民就地、就近过上现代文明生活提供了先行典范，其示范效应和品牌影响力迅速彰显。2022年，浙江全省农民人均可支配收入达到37 565.0元，在全国31个省（自治区、直辖市）中位居全国第二，比全国平均水平高86.6%。[①]

“千万工程”的实施，激发了城乡关系的深刻变革和城乡空间格局的深刻调整，推动了城乡融合和一体化发展，为探索城乡融合发展模式、提升乡村发展能级开拓了思路，疏通了科技赋能、文化赋能和数字、资本等现代要素赋能农业农村现代化的渠道，畅通了以工促农、以城带乡的路径，为构建工农互促、城乡互补、协调发展、共同繁荣的新型工农城乡关系发挥了重要的“试验示范”和“探路先锋”作用，促成了“城市让乡村更和美、乡村让市民更向往、城乡协力富裕富足”的生动局面。通过实施“千万工程”，浙江已形成以都市圈为依托，以县城为龙头，中心镇、中心村为重要节点，将城市基础设施和公共服务向农村有效延伸、通过信息化或数字技术等实现有效链接的县域公共服务体系，基本形成30分钟便民公共服务圈、20分钟医疗卫生服务圈、繁荣兴旺的休闲文旅圈和幸福体验的品质生活圈。2022年，浙江城乡居民人均可支配收入之比下降到1.90∶1，城乡共同富裕的步伐更加坚实。

“千万工程”的实施，还推动了乡村产业振兴、人才振兴、生态振兴、文

---

① 参见《2022年浙江省国民经济和社会发展统计公报》，浙江省统计局网，http：//tjj.zj.gov.cn/art/2023/3/16/art_1229129205_5080307.html；《中华人民共和国2022年国民经济和社会发展统计公报》，国家统计局网，http：//www.stats.gov.cn/sj/zxfb/202302/t20230228_1919011.html。

化振兴、组织振兴的激荡转化，激发了乡村人气活力，推动了乡村多重功能价值的有机结合和良性互动，带动了美丽生态、美丽经济、和美生活的融合共生和相互转化，增加了对城市人口和人才下乡、乡贤归乡的吸引力，堪称全面推进乡村振兴的“先行标杆”和加快农业农村现代化的“领头雁”。“千万工程”的推进，通过促进农村一、二、三产业融合发展，带动了新产业新业态新模式的迅速涌现及其与乡村传统产业、传统文化的深度融合，也为浙江乡村产业的蓬勃发展提供了良好的基础设施、公共服务和创新创业创造环境，推动形成了原乡人、归乡人、新乡人、游乡人合力共建美好幸福家园的良好氛围。通过实施“千万工程”，促进了现代农业与乡村制造业和乡村服务业、数字经济和数字技术与乡村实体经济融合发展态势的加快形成，也为增加农民收入、发展新型农村集体经济提供了坚实支撑。结合实施“千万工程”，加强乡村基层民主法治和基层党支部建设，形成“众人的事情由众人商量”等生动活泼局面，推动浙江形成了党建引领乡村治理和自治、法治、德治、数治有机结合的乡村治理体系，提升了乡村治理体系和治理能力现代化水平，也奠定了乡村善治成为推动乡村产业振兴、人才振兴、文化振兴、生态振兴和组织振兴互促共赢的重要基石。

二、“千万工程”的创新意义和经验启示

（一）从农民群众最关心、最直接、最现实的利益问题入手，激发广大农民参与的内生动力

20 年前，“提高广大农民群众的生活质量、健康水平和文明素质”，是当时浙江省启动“千万工程”的一个重要动因。因此，浙委办〔2003〕26 号文件要求切实把实施“千万工程”办成造福百姓的实事工程，明确以村庄规划为龙头，从治理“脏、乱、差、散”入手，加大村庄环境整治的力度，完善农村基础设施，加强农村基层组织和民主建设，加快发展农村社会事业，使农村面貌有一个明显改变，为加快实现农业和农村现代化打下扎实的基础。这正是瞄准了广大农民最关心、最直接、最现实的农村环境整治和农村人居环境改善问题，在实施过程中注意充分尊重农民意愿。中共浙江省委、浙江省人民政府发布的《浙江省美丽乡村建设行动计划（2011—2015 年）》强调，坚持以人为本。始终把农民群众的利益放在首位。因此，浙江省委、省政府实施“千万工程”从一开始就强调“防止刮风，切忌强迫命令”。在“千万工程”实施过程

中，时任浙江省委书记习近平同志亲自倡导并带头下访接访群众。当时，在浙江经济迅速发展的同时，流动人口增加、社会阶层分化、环境污染严重问题凸显，但基层治理能力跟不上，导致社会矛盾激化、信访热点问题突出。浦江问题尤为严重。习近平同志倡导推动并带头实践了领导下访接待群众制度，深入群众、直奔基层，帮助群众解决揪心事、烦心事、操心事，为加强和创新基层社会治理、走新时代的群众路线发挥了重要的示范作用。

20年来，“千万工程”的每次迭代升级和创新举措，都是通过帮助广大农民解决影响其生活品质、就业增收和民生改善的急难愁盼问题，增进了广大农民的获得感幸福感安全感和在这些方面的广泛认同感，为“千万工程”成为在国内外富有影响的“民心工程”“德政工程”提供了便利，也为激发广大农民参与“千万工程”的内生动力创造了条件。长期以来，“千万工程”能够一步步地促进浙江建设宜居宜业和美乡村由点到面、由“盆景”向“风景”转化，这是重要原因。通过推进全域、连片环境综合整治，不仅有效改善了乡村“颜值”和农民的生活体验，促进了农村美丽环境向美丽经济的转化，还带动了农民就业增收渠道的开拓和农村人气活力的增加。可以说，推进美丽乡村建设，不仅带动了浙江农家乐、民宿经济、乡村旅游的迅速发展，还促进了“好看”“好玩”“好吃”“好带”“好想”“好创意”与乡村产业发展的有效结合，拓展了乡村产业和农民就业增收的发展空间，也提升了乡村吸引城市人口、人才和资本下乡的魅力。立足新时代新征程，浙江深化“千万工程”也好，全国建设宜居宜业和美乡村也罢，农民说好，才是真的好！

（二）坚持农民主体地位，引导农民在参与发展中增强共商共建共享发展能力

之前，推进新农村建设也好，实施乡村振兴战略也罢，许多地方出现了“政府干，农民看，还有几个在捣蛋”“干部积极，农民消极，风凉话不断”的现象，一个重要原因是对坚持农民主体地位重视不够，不注意激发调动农民参与的主动性、积极性和创造性，农民参与发展的内生动力和能力不足。浙江实施“千万工程”的实践证明，坚持农民主体地位，注意激发农民参与的主动性、积极性和创造性，培育农民参与的内生动力和参与能力，是推动其取得成功的制胜法宝。中共浙江省委、浙江省人民政府发布的《浙江省美丽乡村建设行动计划（2011—2015年）》强调，“尊重农民群众的知情权、参与权、决策

权和监督权”。坚持以人为本，推进共享发展。始终把农民群众的利益放在首位，充分发挥农民群众的主体作用。

结合实施“千万工程”，浙江许多地方在探索坚持农民主体地位的方式和路径上，也进行了富有特色的探索。如杭州市余杭区径山镇小古城村坚持“众人的事情由众人商量”，在探索基层民主协商制度方面进行了不懈探索，激发了村民的主人翁意识，形成了共商带动共建共享的良好局面。坚持“众人的事情由众人商量”，不仅为维护农民群众根本利益、促进农民共同富裕提供了便利，也为激发广大农民的主动性、积极性、创造性提供了前提，有利于广大农民更好地在共商共建中共享发展成果。这也有利于规避外来企业、外来资本甚至外来人才“代替农民”而非“帮助农民”的问题，引导其在参与乡村振兴的过程中更好地实现联农带农。最早提出美丽乡村建设的安吉县，坚持把美丽乡村建设的决定权交给农民，让农民选择美丽乡村要不要建、何时建、怎么建，逐步走出了一条生态美、产业兴、百姓富的可持续发展道路，获得全国首个生态县、中国县域综合竞争力百强县、全省深化“千万工程”建设新时代美丽乡村工作优胜县等荣誉，连续 4 年成为全国县域旅游综合实力百强县榜首，并被联合国授予“地球卫士奖”。

当然，坚持农民主体地位，并非意味着可以轻视农民发挥主体作用面临的局限，如视野不宽，容易出现重当前、轻长远的问题；社会关系网络不发达，多数面临对接外部市场、外部资源和要素渠道不畅的问题。因此，加强农民培训、引导农民“在干中学”、帮助农民搭建就业创业和对接外部市场、资源要素的平台，鼓励农民在参与发展中增强共商共建共享发展的能力，是“千万工程”取得成功的一个重要经验。前述小古城村坚持“众人的事情由众人商量”，实际上为引导农民拓展发展视野、培育长远眼光提供了有效机制。《浙江省美丽乡村建设行动计划（2011—2015 年）》要求“深入开展文明村镇创建活动，把提高农民群众生态文明素养作为重要创建内容”。《中共浙江省委 浙江省人民政府关于 2022 年高质量推进乡村全面振兴的实施意见》强调，“落实乡村人才振兴扶持政策，支持布局创业孵化基地”“实施高素质农民培训计划”“实施农民创业促进行动”等。

（三）坚持生态优先、系统思维，积极培育乡村产业振兴、人才振兴、文化振兴、生态振兴、组织振兴的“大合唱”

20 年前，浙江省启动“千万工程”的一个重要目标是“加快生态省”建设，明确要求同建设生态省、打造“绿色浙江”结合起来，并将农村作为建设生态省的重点、难点和主战场。实施“千万工程”，从治理农村“脏、乱、散、差”入手，将加强村庄环境整治同建设绿色生态家园结合起来，将改善农村生产、生活、生态环境作为久久为功的重点，突出体现了生态优先的理念。《浙江省美丽乡村建设行动计划（2011—2015年）》将实施生态人居建设行动、生态环境提升行动、生态经济推进行动、生态文化培育行动作为其四大主要任务，这四大主要任务都与生态有关。2005年8月，时任浙江省委书记习近平同志在考察浙江安吉时提出了“绿水青山就是金山银山”的理念，推动安吉率先开启美丽乡村建设的探索，促进浙江的“千万工程”成为践行“绿水青山就是金山银山”理念的重要平台。

浙江实施的“千万工程”，从农村环境整治和人居环境改善入手，属于推进生态振兴的范畴，却带动了农村经济社会发展的全面系统变革，可谓“牵一发而动全身”。但是，“千万工程”并非止步于此，而是注意系统发力，利用浙江的资源优势、地域优势、人文优势和发展优势，营造农村生态振兴与产业振兴、人才振兴、文化振兴、组织振兴融合互促的格局。借此，不仅为推进农村生态振兴、巩固农村环境整治和人居环境改善成果，提供了持续的财力保障，增强了“千万工程”的可持续性；还注意带动乡村全面振兴和农民农村共同富裕，通过“田园变公园、村庄变景区、农房变客房”，拓宽了绿水青山向金山银山转化的通道，推动了乡村“生态优势”更好地对接人文优势、市场优势，并转化为“经济优势”和“民生福利”。借此，也容易增加乡村对外部人口、人力、人才和资源要素的吸引力，带动许多乡村由“脏、乱、差、散”向“绿、富、美、强”转化。让“好山好水好生活”，成为吸引游客、增加文旅收入的“杀手锏”，也为农业、乡村产业品牌产品、特色产品、文创产品拓展了市场，为产业融合、民宿经济、“电商+”等新业态的崛起，疏通了对接市场和创新要素的渠道。

（四）坚持规划先行、城乡统筹，注重发挥示范引领、头雁带动作用

浙江实施“千万工程”，从一开始就在浙委办〔2003〕26号文件中强调规划先行，统筹安排，按照统筹城乡经济社会发展的要求，统一规划中心村、逐步缩减自然村，搞好县域村庄布局总体规划和村庄规划。《浙江省美丽乡村建设行动计划（2011—2015年）》在部署实施生态人居建设行动时，明确要求“推进农村人口集聚。大力培育建设中心村，以优化村庄和农村人口布局为导

向，修编完善以中心村为重点的村庄建设规划""推动自然村落整合和农居点缩减，引导农村人口集中居住。开展农村土地综合整治，全面整治农村闲置住宅、废弃住宅、私搭乱建住宅"。通过实施"千万工程"，浙江构建了以县域美丽乡村建设规划为龙头，村庄布局规划、中心村建设规划、农村土地综合整治规划、历史文化村落保护利用规划为基础的"1＋4"县域美丽乡村规划体系。[①] 近年来，浙江城乡基础设施加快同规同网、最低生活保障实现市域城乡同标、基本公共服务均等化全国领先，成为全国城乡发展较为协调的省份。[②] 通过推动高起点规划、高品质建设、高质量管控的有机结合，促进城乡统筹和融合发展，提升了统筹城乡生产、生活、生态空间的质量，推动了城乡成为各美其美、比翼双飞、和而不同的命运共同体。2008 年，安吉县完成了全国第一个《美丽乡村建设总体规划》。长期以来，该县坚持"多规融合"，统筹协调各类空间规划，有效保障了各类项目落实落地。

浙委办〔2003〕26 号文件在部署启动"千万工程"时，不仅强调发挥"千村示范"的带动作用，还特别强调结合农村基层党组织"先锋工程"、创建民主法制村、争创文明村等活动，发挥先进典型的引领作用。通过评选全省深化"千万工程"建设新时代美丽乡村（农村人居环境提升）工作优胜县和浙江省美丽乡村示范乡镇、特色精品村、历史文化（传统）村落保护利用示范村，这些先行榜样的示范作用更加凸显。如杭州市余杭区小古城村，村容村貌治理、村庄和产业发展瓶颈的化解、民生工程建设，都坚持"村里的事情大家商量着办"，成为对建设宜居宜业和美乡村具有重要示范价值的典型模式，先后荣获全国乡村治理示范村、国家级生态村、全国文明村等 80 余项荣誉，在村集体经济收入大幅增长的同时，农民人均纯收入高出全国平均水平 1 倍以上。在实施"千万工程"的过程中，注重头雁带动作用，包括鼓励乡村社区和新型农村集体经济组织发挥引领和平台带动功能，通过增加社区公共品供给等方式，帮助普通农户降低参与"千万工程"的成本和风险。《浙江省国民经济和社会发展第十四个五年规划和二〇三五年远景目标纲要》提出，"深入实施美丽大花园建设行动""充分发挥大花园示范县引领作用，形成一批可复制推广

① 专题调研组：《总结推广浙江"千万工程"经验 推动学习贯彻习近平新时代中国特色社会主义思想走深走实》，《求是》2023 年第 11 期。

② 同上。

的县域大花园建设典型模式，推进全省县域大花园建设提质扩面”。

（五）坚持党建引领、政府主导、市场驱动，完善鼓励不同利益相关者协同参与的体制机制

浙江“千万工程”的成功，同浙江省坚持党建引领、党政重视，培育政府主导、市场驱动、社会协同的发展格局密切相关。时任浙江省委书记习近平同志牵头进行了“千万工程”的顶层设计，创新和推动了“千万工程”的“四个一”工作机制，实行“一把手”负总责，全面落实分级负责责任制；成立一个由省委副书记任组长的“千万工程”工作协调小组，每年召开一次高规格的“千万工程”工作现场会，定期表彰一批“千万工程”先进集体和个人。① 通过积极营造各级党委政府争先创优、比学赶超的浓郁氛围，并将农村人居环境整治纳入为民办实事内容进行干部绩效考核，“千万工程”的实施建立在激发调动各级政府增加投入和加强政策支持的基础之上。

加强基层基础，加强村党支部、村委会班子建设，引导村党组织和党员干部积极发挥带头作用，也是“千万工程”取得成效的重要密码。“村美、户富、班子强”，早在2003年就成为浙江省实施“千万工程”对于示范村的要求之一。近年来，浙江结合实施“千万工程”，加强党组织领导的自治、法治、德治、智治相结合的乡村治理体系和治理能力建设，推进乡村治理向基层下沉，有效发挥了为乡村振兴凝心铸魂的作用。从这方面说，“千万工程”既是乡村建设工程、乡村发展工程，也是完善乡村治理的重要基础工程。如安吉县以开展全国乡村治理体系建设试点创建为抓手，推广完善余村全国乡村治理示范村、全国先进基层党组织经验，通过“党建网、治理网、服务网、民情网”四网融合，推行“掌上矛调”App行政村全覆盖，推动组织扎根、资源下沉、服务进门、矛盾化解，畅通了基层治理“最后一公里”，形成了党建引领有力、部门协力共建、乡村积极有为、农民主动参与、社会积极响应的乡村治理格局。近年来，该县坚持建管并重，持续推进农村生活垃圾、污水、厕所“三大革命”；建立了县级农村人居环境智慧监管系统，实现农村人居环境从问题发现到问题反馈、整改、督查的云上闭环管理。

“千万工程”的实施，不仅注意增加农村集体经济和农民收入，为增强农

---

① 专题调研组：《总结推广浙江“千万工程”经验 推动学习贯彻习近平新时代中国特色社会主义思想走深走实》，《求是》2023年第11期。

村集体和农民投入能力创造了条件；还注意通过深化改革，调动社会力量支持“千万工程”的积极性，鼓励运用市场机制推进村庄运营，并争取社会支持。浙委办〔2003〕26号文件明强要求坚持“各方支持，密切协作”的基本原则，体现了调动一切积极因素支持“千万工程”的政策理念，甚至明确要求“充分运用市场机制，广泛吸纳社会资金”。《浙江省美丽乡村建设行动计划（2011—2015年）》明确“按照‘谁投资、谁经营、谁受益’的原则，鼓励不同经济成分和各类投资主体以独资、合资、承包、租赁等多种形式参与农村生态环境建设、生态经济项目开发”“广泛动员和引导工商企业、民营企业家、华人华侨、爱心人士等参与支持美丽乡村建设”。结合实施“千万工程”，浙江省许多地方在坚持农民主体地位的同时，积极完善体制机制，激发原乡人、归乡人、新乡人、旅乡人参与乡村振兴的积极性，鼓励社会力量通过企业捐建、两进两回（科技、资金进农村，人才、乡贤回农村）等方式参与“千万工程”，培育协同推进乡村振兴的“命运共同体”。近年来，结合实施“千万工程”，浙江大力深化农业农村改革，鼓励以村集体经济为主导的股份合作社发展、引导工商资本参与乡村振兴、深化强村富民集成改革、持续深化农村综合改革试点。如推动资源变资产、资金变股金、农民变股民的“三变改革”，探索盘活闲置宅基地、闲置农房的路径等，促进了文旅农融合发展和农民增收，也带动了农村创新创业创造活力的彰显。

（六）坚持因地制宜、循序渐进、久久为功，探索顺应不同发展阶段和资源禀赋特征、富有区域特色的路径和模式

浙江“千万工程”的启动，是以习近平同志为代表的时任浙江省委、省政府顺应当时浙江省情农情和发展阶段特征，审时度势，准确把握乡村发展需求和城乡发展规律的产物。浙江位于我国东南沿海，陆地有“七山一水两分田”之说，经济发达程度位居全国前列，但当时省内区域之间社会经济发展水平和资源禀赋特征差异较大，城乡发展、经济社会发展不平衡的问题也较为严重。“千万工程”的实施，始终强调因地制宜，区分不同地形地貌、不同发达程度的村庄，甚至城郊村庄和普通村庄，考虑地方财政支撑能力、社会力量的动员能力和农民接受程度，体现“千万工程”落地的不同层次、等级标准和地方特色，“有多大力量办多大事”，不追求“一口吃成个胖子”。如浙委办〔2003〕26号文件明确要求坚持因地制宜，分类指导，多层次地推进环境治理、村庄整理、旧村改造、新村建设和特色村建设等。当前，在全国学习“千万工程”

的过程中，有些地方强调由于经济发展水平限制特别是地方财力限制，“浙江经验虽然很好，但我们学不了”“因为浙江有钱”。浙江推进“千万工程”的实践告诉我们，这种质疑是不能完全成立的。只要我们注意将量力而行与尽力而为结合起来，增强工作的主动性、积极性和创造性，努力结合本地实践推进“千万工程”，取得成效的希望仍然是比较大的。

20 年来，浙江省委、省政府一步一个脚印走、一届接着一届干，接续发力，持之以恒，推动“千万工程”整治范围不断扩大到浙江全域乡村，内涵不断丰富并迭代升级，促进了浙江全域美丽生态、美丽经济与和美生活的有机结合，在推动乡村产业发展、农民就业增收、提升农民生活品质和乡村活力等方面结出了累累硕果，体现了全面推进乡村振兴、建设宜居宜业和美乡村的历史耐心。浙江通过顺应时代要求和发展阶段变化，因地制宜地探索“千万工程”的实践模式，促进了“千万工程”在不同类型地区“千姿百态”的差异化发展，形成了“百花齐放春满园”的发展格局，也培育了各地乡村振兴的独特魅力和竞争力，规避了“千村一面”对乡村多重功能价值的损害。浙江许多地方乡村产业发展能够做好“土特产”的文章，与此也有很大关系。当前，浙江的“千万工程”进一步向纵深发展，浙江省委明确提出要在“深入践行‘千万工程’上努力打头阵当先锋作示范”，提出要“在全省选树建成 1000 个左右和美乡村示范村，差异化打造、特质化发展、全域化提升，加快探索走出中国式农业农村现代化新路径”①。可见，推广“千万工程”经验，强化区域特色和区域差异，在任何时候都是必要的。

三、“千万工程”的时代价值

（一）坚持问题导向、系统观念，科学把握有效市场、有为政府、有机社会优化组合的“合理区间”

“千万工程”实施之初，从清理庭院垃圾等生活小事做起，投资少、见效快、直接惠及民生，因而容易操作。如前些年，浙江深入开展“五水共治”“三改一拆”“四化三边”“双清行动”，② 这些事情看起来都谈不上“高大上”，

① 中共浙江省委：《在深入践行“千万工程”上走前列作示范》，《求是》2023 年第 12 期。

② “五水共治”即治污水、防洪水、排涝水、保供水、抓节水，“三改一拆”即改造旧住宅区、旧厂区、城中村和拆除违法建筑，“四边三化”即在公路边、铁路边、河边、山边等区域开展洁化、绿化、美化行动，“双清”即清理河道、清洁乡村。

但都属于农民群众所思所盼，都属于影响农民农村生活品质的“关键小事”，也是影响农村民心民生的“基础实事”。“千万工程”实施以来，一直以改善农村生产、生活、生态环境为重点，注意带动农民农村加快转变生产方式和生活方式，将推动“物”的现代化和“人”的现代化结合起来，让政府工作重点与农业农村农民发展亟待化解的痛点难点结合起来，培育推进农业农村现代化的“兴奋点”。

“千万工程”从实施之初，就突出强调系统观念、综合发力。如浙委办〔2003〕26号文件强调，要围绕人的全面发展，坚持物质文明、精神文明、政治文明协调发展，坚持生产与生活条件同步改善，建设与管理同步推进。《浙江省美丽乡村建设行动计划（2011—2015年）》要求美丽乡村建设“围绕科学规划布局美、村容整洁环境美、创业增收生活美、乡风文明身心美的目标要求”，坚持“以县为单位通盘考虑，整体推进”“推进农村环境连线成片综合整治”等。安吉县很早就提出，要建设“村村优美、家家创业、处处和谐、人人幸福”的新农村。长期以来，该县坚持“生态产业化、产业生态化”思路，促进生产发展、生活富裕、生态良好相得益彰，美丽环境向美丽经济有序转变，并推动“美丽乡村”“美丽园区”“美丽城镇”“美丽县城”四美联创，近年来，正在着力打造国际化绿色山水美好城市。《浙江省国民经济和社会发展第十四个五年规划和二〇三五年远景目标纲要》提出，“建设人人共享的美丽大花园”“联动建设美丽城市、美丽城镇、美丽乡村”。

“千万工程”坚持问题导向、系统观念，还突出体现为科学处理有效市场、有为政府、有机社会关系，推动政府、市场、社会组织和农民各尽其能、各就其位、优势互补，避免主体行为错位对可持续发展机制的损害。如在实施“千万工程”之初，更重视政府投入支持和政府行为的引导作用，将众多涉农工程汇聚旗下，如农村自建饮水工程、“万里清水河道”工程、“强塘固房工程”、“农村建设节地”工程和“万家文化礼堂引领工程”。“千万工程”深入推进，日益重视培育政府投入“四两拨千斤”的作用，引导行业协会、产业联盟和强村公司发挥更大作用。在坚持发挥农民主体作用方面，更加强调尊重农民的决策选择权、参与发展权和利益分享权，但不强调农民是基础设施和公共服务的投入主体。在新型经营主体与农户关系上，更加强调联农带农的利益联结机制建设，帮助农民拓展就业增收和提升发展能力的渠道，增加“在干中学”的机会。浙江省农业农村厅、中共浙江省委组织部2023年印发的《关于促进强村公司健康发展的指导意见》提出，以增强村集体经济造血功能为目标，以市场化经营为导向，积极培育强村公司，规范公司运营机制，增强发展安全性、稳定性，扎实推进高质量发展，持续提升强村公司联村带农致富能力。

（二）坚持守正创新、融合思维，创新新阶段新征程实施“千万工程”的方式与路径

浙江实施“千万工程”20年来，推动农业农村现代化高质量发展亮点纷呈，促进城乡融合和一体化发展厥功至伟，一个重要原因是坚持守正创新、融合思维。具体地说，就是顺应发展阶段和发展要求的变化，创新“千万工程”的实施方式、路径选择和工作重点，推动“千万工程”在促进产业融合、城乡融合、数字经济和实体经济融合、乡土文化和乡村记忆与区域发展融合等方面不断取得实效，有效发挥了惠民生、暖民心、增活力的作用。面向新阶段新征程，实施“千万工程”的外部环境和内在需求正在发生新的变化，如农村人口老龄化、村庄空心化、农业劳动力老弱化问题凸显，农村人口、经济、基础设施和公共服务布局加速集中趋势明显。“50后”“60后”劳动力回农村干不动、“70后”“80后”干得动但不愿回（农村）、“90后”“00后”不会干不愿回（农村）的现象将加速显现。农村人口、经济布局和公共服务能力建设适度集中化将是大势所趋，继续沿用传统的“村村通”思路加强农村基础设施和公共服务能力建设，很难避免大量浪费。从大量国际经验看，情况也是如此。因此，立足新阶段新征程，创新“千万工程”的推进方式，因地制宜、循序渐进，更加重视中心镇、中心村建设，更加重视优化乡村布局和城乡布局，将更加紧迫。

党的二十大报告要求“以中国式现代化全面推进中华民族伟大复兴”，因此中国式现代化应该是新时代新征程实施“千万工程”的行动指南。而中国式现代化“既有各国现代化的共同特征，更有基于自己国情的中国特色”。2023年6月，中央财办、中央农办、农业农村部、国家发展改革委已发文要求有力有序有效推广浙江“千万工程”经验。坚持中国式现代化的理念和政策思维，要求我们在推广浙江“千万工程”经验的过程中，不仅要更加重视学习借鉴浙江经验体现的世界观和方法论，还要更加重视浙江特殊性对实施“千万工程”的影响，防止“照猫画虎”“照葫芦画瓢”，甚至“穿新鞋，走老路”。要注意立足所在区域的资源禀赋、发展基础和历史文化特征，提高推广实施“千万工程”的针对性和有效性，切实推动高质量发展行稳致远。中央财办等部门印发的《关于有力有序有效推广浙江“千万工程”经验的指导意见》的通知强调“学习‘千万工程’经验的目的全在于推广应用，各地要结合实际创造性转化到‘三农’工作实践之中，推动农业农村现代化取得实实在在成效”“坚决反对形式主义、官僚主义，及时纠正工作偏差和苗头性倾向性问题，确保推广‘千万工程’经验不跑偏、不走样、不落空”，很大程度上就是考虑这方面的因素。20年前浙江实施“千万工程”，从农村环境综合整治切入，其前提是通过20世纪80年代之后长达20多年的改革开放，浙江经济发展和财政实力已经形成了良好基础；乡镇企业的长期较快发展，不仅为乡村集体、社会资本和农户参与“千万工程”提供了良好的经济支撑，也导致社会发展、基础设施和公共服务严重滞后于经济发展的问题更加凸显，提升农民生活品质对改善村容村貌的要求更加强烈。

（三）坚持人民至上、稳打稳扎，着力推动村庄建设与村庄运营有机结合

坚持人民至上，强调站稳人民立场、把握人民愿望、尊重人民创造、集中人民智慧，把人民群众对美好生活的向往作为我们的奋斗目标。20年前，“千万工程”的启动，基于时任浙江省委书记习近平同志对浙江农村的长期深入调研，凸显了习近平同志深厚真挚的为民情怀和前瞻思维。20年来，“千万工程”始终坚持稳打稳扎，不断实现“小步迭代”，推进传统农村社区向现代农村社区转型，将“千万工程”建成中国式现代化道路在浙江省域、“三农”领域的成功实践和典型样板，为全面推进乡村振兴探索示范了成功路子和机制办法。① 之所以这样，一个重要法宝也是坚持人民至上，立足当前、着眼长远，从解决当前问题着手，一步一个脚印扎实前行，不搞“大拆大建”。浙江推进“千万工程”，“有钱”只是条件，但“有心”更为重要。② 这个“心”，首先应该是“坚持人民至上”的心。只要坚持人民至上，始终注意想民忧解民难惠民生暖民心，人民群众对美好生活的向往，将会一步一步实现。推广“千万工程”也好，全面推进乡村振兴也罢，要注意将尽力而为与量力而行更好地结合起来，通过一件件关系民生民心的“微改造、精提升”，逐步化解让农民揪心、

① 唐仁健：《深入学习推广浙江“千万工程”经验 奋力开创乡村全面振兴新局面》，《农民日报》2023年6月30日。

② 邵峰：《准确把握“千万工程”研究方法》，中国农网，https://www.farmer.com.cn/2023/06/25/99931317.html。

烦心、操心的“老大难”问题。

坚持人民至上、稳打稳扎，包括注意增强“千万工程”的可持续性。“千万工程”从根本上说是个乡村建设和发展工程。但将推进乡村建设、乡村发展与建设、发展成果的管护和乡村运营结合起来，又是“千万工程”能够持之以恒、历久弥新的重要原因。之前，许多地方在推进新农村建设或乡村振兴中，依靠政府投入进行基础设施和公共服务能力建设，但“重建轻管”的问题突出，很快就会导致建成的基础设施和公共服务能力建设因为缺乏管护，形成功能残缺和闲置浪费，甚至被迫部分报废。浙江在实施“千万工程”的过程中，注意解决好谁来运营和管护乡村社区公共性基础设施的问题。[①] 中共浙江省委、浙江省人民政府印发的《浙江省深化“千万工程”建设新时代美丽乡村行动计划（2021—2025年）》提出，以城乡一体化为导向，完善长效管理标准，推广物业管理等做法，不断提升农村人居环境管理精细化、专业化水平。厘清政府和农民管护职责，建立财政补助、村集体补贴、农民适当付费的运营管护经费保障制度。普及文明健康绿色环保生活方式，推动农户自觉承担起垃圾分类、门前三包等责任，建设健康乡村。2022年浙江省人民政府办公厅《关于开展未来乡村建设的指导意见》提出，“建立未来乡村、未来社区全面衔接机制，统一谋划、同步推进、统筹运营，统筹抓好未来乡村与县域风貌样板区建设，协同打造共同富裕现代化基本单元”。当前经济下行压力较大，许多地方财政减收问题凸显。在此背景下，实施“千万工程”应把环境综合整治和乡村产业发展更好地结合起来，增强可持续发展能力。

在实施“千万工程”的过程中，有些居于“旗舰”性质的县市或乡村，在推进乡村运营方面，往往走在前列。如2023年3月发布的《中共安吉县委 安吉县人民政府关于全域提升乡村能级 全面推进乡村振兴 探索中国式乡村现代化安吉路径的实施意见》提出，要推动产业质量、人才动力、运营效率三大革命系统集成，要求以工业理念发展现代农业，以市场思维运营美丽乡村，率先制定和发布全域乡村运营指南，坚持以“运营前置、产权清晰”为核心，推动运营机制村级主导向市场主体转型、建投机制从财政投入向社会投资转变、价值实现机制从有形资源向有效资产转化。安吉县提供的资料显示，近年来该县

① 黄祖辉：《“千万工程”的巨大贡献与深远意义》，搜狐网，https://www.sohu.com/a/679886199_121443915?scm=1019.20001.0.0.&spm=smpc.csrpage.news-list.1.1688697943246bIN44cl。

坚持强村富民方向，持续推动“建设美丽”与“经营美丽”双轮驱动，实现规划、建设、管理、经营一体化推进，将村庄建设与村庄运营结合起来，不断发挥优势、放大优势、创造优势，推进现代农业与乡村工业、乡村服务业融合发展，推进美丽生态向美丽经济转化不断取得实效。根据浙江省余杭区的相关资料，该区小古城村成立村级旅游公司，开展AAA级景区村庄运营，将彩虹滑道、民宿集群等旅游项目沿茶山绿道串珠成链，探索集田园观光、养生度假、农耕体验、文化文创等多功能于一体的现代农业发展方式。

县域高质量发展如何破解人才荒？

易丽丽*

一、问题的提出

县域经济是中国经济发展的“底盘”，可以说，没有县域的高质量发展就没有全国的高质量发展。截至2021年底，我国共有1 866个县及县级市，占全国国土面积的90%左右，占中国大陆人口和GDP比重分别为52.5%和38.3%。县域7.4亿人口中，33.8%集中在县城或县级市城区。中央确立了坚持人才引领发展的战略地位，高质量发展靠人才。人才是创新的第一资源。创新驱动本质上是人才驱动。改革开放40多年的高速发展，背后是我国人才队伍迅速发展。从数量上看，我国人才资源总量从2010年的1.2亿人，增长到2019年的2.2亿人，专业技术人才从5 500多万人上涨到7 839.8万人，留学回国人员总数超过400万人。从质量上看，我国的全球创新指数排名已经连续10年稳步上升。从2012年的第34位到2022年的第11位，10年间上升了23位，跑出了又一个“中国速度”。从宏观看，人才分布不均、结构失衡……种种问题隐藏其中。尤其是在县域，过去的10年，我国近七成县域常住人口在减少，这其中约15.64%的县域人口减少了20%以上，这些人口大多流向了城市。人口流出的背后是县域人才的“逃离”。占据全国90%国土面积和52%人口规模的县城，只贡献了38%的经济比重。这种空间规模、人口规模和经济规模的不匹配现象，正说明未来缩小区域发展差距的重点应立足于县域高质量发展。县域高质量发展靠人才驱动，但县域人才资源普遍匮乏，存量不足、流失严重、结构

* 易丽丽，中共中央党校（国家行政学院）公共管理教研部副教授。

不佳，严重影响了县域经济的发展。县域高质量发展如何破解人才荒？

二、我国县域人才荒的现状与问题

“如果把国家比喻为一张网，这些县就像这张网上的结。”结牢固，网结实。我国面积最大的县，若羌县的面积达 19.83 万平方公里，相当于 12 个北京、32 个上海；我国人口最多的县临泉县有 229.5 万人，而人口最少的县札达县只有 0.78 万人，可见我国县域差异性大。中央将全国的县分为五大类，分别是大城市周边县城、专业功能县城、农产品主产区县城、重点生态功能区县城、人口流失县城。这意味着解决县域人才荒没有一套统一的解决方案。从县域人才的总体分布看，差异体现在东、中、西部之间，我国不同类型、不同特点、不同区位、不同经济发展阶段的县域面临的人才荒程度不一样。一般来说，一个地方人才多，经济发展就好；经济好，就能吸引更多人才，这是一个良性循环。而县域现在却陷入了“人才少，经济发展停滞；经济差，人才流失更严重”的恶性循环。目前我国在县一级人才方面普遍存在引不来、留不住、育不了、用不好等情况，很难为县级经济发展提供人才支撑。

三、县域高质量发展破解人才荒的出路

（一）政府有作为

20 世纪 80 年代，河北省正定县为了吸引人才，出台了著名的“人才九条”，在全国引起很大反响，为什么有如此反响？科技人员到正定完成的项目，利润按双方商定比例分成，这就是现在的科研成果转化；不问出身，不唯学历，凡有技术专长的人才一律接收，这就是现在人才评价“破五唯”；同时允许项目失败，不追究责任，工资报酬、往返车费照付，这就是现在所说的宽容失败。设立人才服务处，搬煤到屋，送粮到户，解决生活上的后顾之忧等。这些措施吸引了 20 多个省、自治区、直辖市的 700 多名科技人员来函咨询，或提供项目，或联系工作调动。20 世纪 80 年代河北省正定县的“人才九条”至今仍有启示意义。

县域的人才在哪里？正定县建起了一本“人才账”，记载的不是金钱往来、事务明细，而是县里各行各业的技术人才和 2300 多名大、中专毕业生的专业、特长、工作经历。这本“人才账”对每个人根据所学专业对号入座，人岗适配。时至今日，正定县“一把手抓第一资源”的经验仍然是县域高质量发展破

解人才荒的法宝。

当前，县域发展仍缺人才，同时县域人才工作仍有不少误区，认为高学历就是人才，海归就是人才，有人才帽子的就是人才，但那些有实际贡献的“田秀才”“土专家”却不是人才。县域破解人才荒，需要精准识别人才，对一个区域或一个组织来说，适用即人才。

在新技术背景下，县域破解人才荒能够更精准。例如，浙江绍兴亟须产业转型升级，产业结构正由原来的“染缸”“酱缸”“酒缸”的“三缸”传统产业，向“布片”“芯片”“药片”的“三片”新兴产业转型升级。绍兴围绕产业出台人才政策，推出了新兴产业集成电路产业人才服务和传统产业黄酒产业人才服务专项计划。产业人才政策出台后，当地通过大数据，绘制了与产业精准匹配的“人才地图”，各县域纷纷开出招才引智专列。调研中，企业家谈道：当地政府服务企业正努力做到“无事不扰，有事必到”，营商环境很好。

再如，国家级贫困县确山县，是河南的一个山区县，被称为“小提琴之乡”。20世纪80年代，该县一批农民到北京的提琴厂打工，一步步成长为技艺精湛的制琴师，他们在北京创办了上百家提琴企业。为了将这批在外的人才转化为县里的人才优势，确山县到北京找到了商会的负责人，动员整体回迁。该县2015年规划建设提琴产业园，出台免厂房租金、税收优惠等政策吸引他们回流，60多位制琴师先后返乡创业。8年后，世界上每生产两把高端提琴，就有一把由确山县制造。

留住人才要让人才有归属感。在调研中发现一个有趣的现象：青年人才引进后，3年会是一个决定去留的重要时间节点。如何能留住他们？除了事业和待遇，还要让人才在8小时之外有生活、有圈子、有朋友、有归属。

由此可以看出，破解县域人才困局的第一把钥匙在政府，政府要围绕资源禀赋定产业，围绕产业聚人才，围绕人才搞服务，围绕服务创环境。

（二）市场有机会

当然除了政府的作用，还要注重发挥市场的功能。人才看重的是机会，哪里有机会，人才就往哪里走，光靠政府也不行。人才资源配置的背后还有一只无形的手，就是市场。

县域如何发挥市场会聚人才的作用？浙江东南山区的一座小县城新昌县通过市场汇聚给出一个答案。新昌县的人口只有43万人，曾经是浙江的次贫县，如今却成了百强县。靠什么逆袭？资料显示，1994年，当新昌地方经济发展还处于起步阶段的时候，全县专业技术人员只有 11 100 名，每一万人中有 256 名。到了 2005 年，当新昌县的生产总值达到 122 亿元，财政总收入 11.41 亿元，跃居全国综合实力百强县第 69 位的时候，该县已拥有各类专业技术人才 2.990 5 万人，人才万人拥有量达到 695 人。2022 年全县万人拥有人才量达 2 844 人，拥有 4 家企业博士后科研工作站。全县现有国家单项冠军企业 3 家、上市企业 14 家、国家高新技术企业 257 家（占规上企业 73.4%）人均上市公司数和人均市值均列长三角地区县域第一。研究发现该县有两条线：一条是经济规模快速上升；一条是人才引进数量的同步增长。这背后发生了什么？

原来，新昌县每一个企业成长的背后都有人才支撑。20 世纪 90 年代，新昌县的化学老师胡老师创办了一家企业，工作内容是从废液中回收酒精。正苦于没有技术支持，一次偶然的机会，他在县里的一家小面馆偶遇了浙江大学的两位青年教师。一番详谈后，胡老师为他们付了面钱，并邀请他们优化工业酒精回收工艺。自此，“两碗面”开启了双方 30 余年的产学研合作。如今，当初的小企业成了国内中小企业版第一股，两位青年教师也成为浙江大学的资深教授，还获得了国家科技成果奖。“两碗面”的故事成了县里企业家重视人才的佳话。为什么很多企业与高校专家的合作不能长久，而他们却合作了 30 多年？调研中，企业的负责人回应称：“一是彼此信任，二是尊重，我们最好的办公环境是留给人才的。三是为人才提供事业发展的平台和施展才华的机会。”

无独有偶，20 世纪 80 年代，每年高考揭榜时，新昌县一家企业的老板，就在县高中的门口招揽人才，该企业家在当初经济环境差的条件下，将没考上大学的高中毕业生招来，送去大学进修。如今，该企业已是上市公司行业龙头。

调研中，新昌县的企业家说，“企业是树，人才是根，根有多深，树有多盛”。这个小县城还引起了科技部的关注：全县上市企业 17 家、16 个产品全球占有率排名第一。

我们发现，县域聚才发挥市场作用，背后的秘密是：市场有机会，遵循市场规律；企业成为创新主体，企业家发现人才、重用人才发挥关键作用。

（三）社会有力量

虽然政府有作为、市场有机会，但这还不够，还需要社会有力量。发达省份县域有企业，有企业家，但有的县域没有大企业，引不来人才，怎么办？就地取“才”，这就需要调动社会力量培养开发本土人才。

7年前，笔者在老家驻京办的支持和帮助下，发起了“萍聚京城”乡村教师公益计划。萍聚京城创始团队本着“100个有理想的人去影响10 000个乡村孩子”的使命，通过选拔家乡优秀的乡村教师免费进京培训，让他们提高水平、开拓视野、接触先进的教育理念。

当他们在北京培训回去后，组织起了大型培训分享会。乡村教师从受益者变成志愿者，从客人变成主人。就这样沉淀下来，共建平台，一起成长。我们惊喜地发现，乡村教师作为志愿者参与公益项目，由于除了提升自己还能帮助到别人，他们的学习内驱力就会被极大激发。这两年“萍聚京城”引入了针对大家实际问题的行动学习法，让不善于沟通的教师提升了沟通能力，让参加工作不到5年的青年教师规划好了未来10年的专业成长道路，让老师们的师生关系得到改善，其中一位教师还成功入选教育部新时代中小学名师名校长培养计划……行动学习项目、双周论坛、公益大讲堂、送教下乡百校行等活动，为乡村教师的成长赋能。

7年来，“萍聚京城”不仅吸引了越来越多的家乡人，还有越来越多的“外地人”参与其中，科学家、教授、企业家、记者、艺术工作者等都成了志愿者。“每一个参与者都是志愿者”公益理念，汇聚了各行各业的人才。

经济学家的研究表明，缩短和弥补落后地区和发达地区的差距，必须加强人力资源开发。县域高质量发展靠乡村振兴打牢基础，乡村振兴靠乡村教育振兴，乡村教育振兴靠开发培养乡村教师人才队伍。习近平同志在中央人才工作会议指出：推动高质量发展，必须把人才资源开发放在最优先位置。

通过社会力量让本籍人才回乡，培养开发本土人才的案例还有不少。比如，浙江柯桥乡贤名医义诊活动，在基层卫生院设立乡贤名医工作室。一方面，乡亲们在家门口就能获得乡贤名医、专家的诊治。另一方面，基层医疗人才在家门口能获得乡贤名医专家“传帮带”式的培养。再如，云南墨江县回乡创业的女大学生李泓应成立了县里首个非遗扶贫就业工坊，带领当地群众传承古茶制作技艺，帮助贫困母亲实现了家门口就业。

从乡愁、情感出发，不仅能感召本籍人才回流，更能通过乡土情结让在外的人才，持续地为家乡发展出谋划策、贡献力量。县域人才库不仅在本地，也包括本籍在外的人才。在乡土中国，牵系好人才乡情乡愁，和对故土真挚热爱的乡情线，在外的人才回家的路是最短的。对在外的人才，不求所在，但求所为；不求常在，但求常来。

四、结论

县域高质量发展破解人才荒，需要政府、市场、社会三方协同。党的二十大报告提出教育、科技、人才一体化推进，“今天的教育，明天的科技，后天的经济”。县域高质量可持续发展，需要人才驱动，让人才引得来，也要育得了、用得好，更要留得住。政府有作为、市场有机会、社会有力量。

提升干部领导现代化建设能力以县域高质量发展推进乡村振兴

——以贵州威宁彝族回族苗族自治县为例

尹静珏*

党的二十大全面阐释了中国式现代化的深刻内涵与重要意义，要求“以中国式现代化全面推进中华民族伟大复兴”。为了实现这一宏伟目标，党的二十大报告明确指出要“建设堪当民族复兴重任的高素质干部队伍”；同时指出，“全面建设社会主义现代化国家，必须有一支政治过硬、适应新时代要求、具备领导现代化建设能力的干部队伍”①。2023年4月，习近平总书记在广东考察时强调，“推进中国式现代化，必须全面推进乡村振兴，解决好城乡区域发展不平衡问题”。县域是城乡融合和区域协调发展的主阵地，是全面推进乡村振兴的主战场。在县域高质量发展的统筹谋划与整体部署下全面推进乡村振兴是实现县域治理现代化的基本方略，是以县域实践现代化推进和实现中国式现代化的重要支撑。一支政治过硬、适应新时代要求、具备领导现代化建设能力的高素质专业化干部队伍是以县域高质量发展推进乡村振兴的重要保障。

习近平总书记在党的十九届五中全会上就已经强调了建设具备领导现代化建设能力干部队伍的重要性：“全面建设社会主义现代化国家，必须有一支政治过硬、具备领导现代化建设能力的干部队伍。”党的十八大以来，习近平总

* 尹静珏，中共贵州省委党校（贵州行政学院）公共管理教研部副主任、副教授。

① 习近平：《高举中国特色社会主义伟大旗帜 为全面建设社会主义现代化国家而团结奋斗》人民出版社2022年版，第66页。

书记针对干部能力提升先后提出“八项本领”[①]“五个过硬”[②]“七种能力”[③]等具体要求，面对国家治理体系与治理能力提升的现实需求与中国式现代化推进的历史使命，习近平总书记又提出了“领导现代化建设能力”，这体现了新时代干部队伍素质能力建设的逻辑延续，也说明高素质专业化干部队伍建设进入了目标更加明确、要求更加具体、内涵更加丰富的提质阶段。学者们对“领导现代化建设能力”的丰富内涵进行了分析和研究。例如，“领导现代化建设能力”的提升要求领导干部要面向现代化、适应现代化、建设现代化，不断提升贯彻新发展理念、构建新发展格局的能力水平。具体表现为：一是提升顺应大势、把握规律的能力；二是提升调查研究、科学决策的能力；三是提升心系群众、服务群众的能力；四是提升法治思维、依法治理的能力；五是提升科技素养、涵养文化的能力；六是提升风险防控、应急处突的能力；七是提升实干担当、狠抓落实的能力。要求广大党员干部必须具备领导现代化建设的能力，在坚持正确的政治方向、涵养崇高的道德品质、厚植扎实的理论素养、锻造过硬的担当能力等方面下足功夫，进一步发挥引领表率作用。总的来说，“领导现代化建设能力”不仅要求干部提升个人外在素质能力的行为表现，也要求干部加强政治责任担当以及道德与理论修养的内在提升实现。在《国家乡村振兴战略规划（2018—2022年）》[④] 中的“健全现代乡村治理体系”部分，突出强调了要“加强农村基层党组织带头人队伍建设、加强农村党员队伍建设”。党的二十大报告对新时代乡村振兴工作进行了全面部署，特别强调要“抓党建促乡村振兴”，即以党建抓牢抓实干部队伍建设，从而实现乡村振兴向前推进。

---

① 习近平总书记于2017年10月18日在党的十九大报告中提出了“八大本领”本领要求，具体指：学习本领、政治领导本领、改革创新本领、科学发展本领、依法执政本领、群众工作本领、狠抓落实本领、驾驭风险本领八大本领。

② 2018年1月5日，习近平总书记在学习贯彻党的十九大精神研讨班开班式上，对中央委员会成员和省部级主要领导干部提出了“五个过硬”要求，具体指信念过硬、政治过硬、责任过硬、能力过硬、作风过硬。

③ 习近平总书记在2020年秋季学期中央党校（国家行政学院）中青年干部培训班开班式上强调，干部特别是年轻干部要提高政治能力、调查研究能力、科学决策能力、改革攻坚能力、应急处突能力、群众工作能力、抓落实能力七种能力。

④ 《国家乡村振兴战略规划（2018—2022年）》是中央农村工作领导小组办公室提出的乡村振兴规划。2018年5月31日，中共中央政治局召开会议，审议通过《乡村振兴战略规划（2018—2022年）》。

在这样的统筹部署与要求下，威宁县①以党建为引领及载体，大力选拔任用培养高素质专业化干部，进一步提升干部领导现代化建设能力，以县域高质量发展全面推进乡村振兴。

一、威宁县提升干部领导现代化建设能力，以县域高质量发展推进乡村振兴的主要做法与成效

（一）健全制度体系建设，明确干部“领导现代化建设能力”提升的目标与重要意义

威宁县通过出台系列文件②明确了全县基层组织建设及抓党建促乡村振兴工作目标及内容，更明确了通过抓牢、抓实干部队伍建设，健全高素质专业化干部队伍建设促进乡村振兴的实践路径。2022年，毕节市委印发系列文件，坚持以铸魂、固本、塑形、聚力、健体“党建五项行动”为总载体，以加强学习型、思考型、主动型、担当型、落实型、廉洁型“六型干部”队伍建设推进“固本行动”深入实施为抓手，着力构建上下贯通、执行有力、运转高效的组织体系，夯实党的执政基础，切实增强党建支撑力，提升干部素质能力。威宁县委依照毕节市委文件精神，制定并印发了《威宁县关于加强“六型干部”队伍建设推进“固本行动”深入实施的方案》，要求着力建设“六型干部”队伍，实现干部队伍的政治素质更加过硬、系统思维更加凸显、能力本领更加高强、斗争精神更加坚决、工作作风更加务实。威宁县委组织部制定并印发了《威宁县“固本行动”10项攻坚任务清单》，以高质量发展促进乡村振兴为目标，要求固干部德才之本，通过压实党委主体责任、党支部具体责任、领域党建责任、行业党建责任从严压实党建责任；通过强化思想引领、转变干部作风、落实培训任务，多元化、多渠道、全方位强化干部素质能力提升；通过源头培养把关、强化能力提升、加强日常管理考核着力建强村级班子。威宁县把政治标

① 贵州威宁彝族回族苗族自治县隶属贵州省毕节市，为贵州省面积最大的民族自治县，位于贵州省境西北部，北、西、南三面与云南省毗连，面积为6 298平方千米。威宁县辖41个乡镇（街道）、623个村（社区）、3 845个村民小组。根据第七次人口普查数据，截至2020年11月1日零时，威宁县常住人口为1 280 116人。

② 威宁县制定出台了加强“六型干部”队伍建设推进“固本行动”“1＋6＋2”系列文件、城市社区工作者职业体系建设“1＋8”系列文件和《威宁县“固本行动”10项攻坚任务清单》《威宁县乡村振兴驻乡工作队组建工作方案》《威宁县“组团式”帮扶人才服务保障办法（试行）》和“一县一方案”等系列文件。

准和政治要求贯穿融入干部队伍建设的各个方面，坚持政治首关作用，严明政治纪律和规矩，破除论资排辈、平衡照顾、隐形台阶、求全责备等陈旧观念，坚持在五湖四海内任人唯贤，健全干部选育管用全链条培养体系，抓好平台培养、重点培养、实践培养，切实提高干部推动高质量发展和解决实际问题的能力水平。

（二）实施多措并举，全面提升干部“领导现代化建设能力”

以采取优化考核指标体系、实行包片联系指导、开展有针对性的干部培训、挂职与跟岗锻炼等措施，压实党建工作责任，全面提升干部素养能力水平，健全高素质专业化干部队伍建设。例如，在优化考核指标体系方面，威宁县高质高效完成2022年全省党建成效考核任务，研究制定5个领域2023年高质量发展绩效考核（评价）实施方案及考核指标体系，将建设“六型干部”队伍建设、“固本行动”10项攻坚任务清单、人才工作等纳入2023年度党建成效考核体系。同时，威宁县组建7个调研组，深入各乡镇（街道）、县直各部门对领导班子运转和培养储备优秀年轻干部、党外干部工作情况，以及推进“固本行动”重点工作等情况进行专项调研和督导。在实行包干联系指导方面，威宁县制定下发《关于实行部务会班子成员包片联系乡镇（街道）基层党建工作的通知》，明确7名部班子成员包片联系41个乡镇（街道），全面督促指导全县各乡镇（街道）党建工作。同时采取“一月一调度、一季度一督查一通报”方式，推进重点任务落地落实，提升干部抓落实能力。在开展有针对性的干部培训、挂职与跟岗锻炼方面，对“威宁县在深圳新型产业工人党支部”16名积极分子开展了1期培训。制定下发《威宁县干部素质提升工作实施方案》，不断完善党员干部教育培训内容体系、分级培训体系、培训保障体系，启动党员干部大规模培训。把党的二十大精神第一时间纳入党员干部教育培训课程体系，持续用好理论学习中心组、“三会一课”、“党课开讲啦”等常态化学习机制，推动学习宣传贯彻党的二十大精神走深走实。组织干部走访威宁籍在深、在粤企业21次，拟选派13名村（社区）党组织书记到商会企业跟岗锻炼，扩展干部视野。同时选派70名金融干部到乡村挂职担任“金融助理”，发放贷款资金22.31亿元，有效提升了干部业务工作实践能力，提升了金融服务乡村振兴质效。根据乡镇（街道）对相关专业需求选派42名干部到41个乡镇（街道）挂职；选派县直机关单位干部下沉联系帮扶乡镇开展走访帮扶；选派新提拔的科级干部到信访部门跟班锻炼。通过有计划地选派优秀年轻干部跨地区跨部门跨行业交流任职，进一步对年轻干部进行思想淬炼、政治历练、实践锻炼、专业训练，到重要岗位、基层一线和困难艰苦地方磨炼。

（三）创新体制机制建设，激发干部不断提升“领导现代化建设能力”

一是探索建立干部工作机制，健全体制机制建设。威宁县制定并印发了《中共威宁县委威宁县建设新时代高素质专业化干部队伍实施意见》,[①] 探索建立了9项干部工作机制，即常态化选拔优秀年轻干部的工作机制、领导干部署名推荐县管干部工作机制、领导班子和干部队伍日常调研分析研判工作机制、干部素质提升工程工作机制、加强干部关心关爱工作机制、从严管理监督干部工作机制、领导干部容错纠错工作机制、干部人事档案和信息系统管理工作机制、公务员职级晋升工作机制，健全干部素质培养、知事识人、选拔任用、从严管理、正向激励“五大体系”，进一步优化干部队伍和领导班子结构。例如，威宁县委全面落实干部体检制度，进一步关心关爱干部。2022年度组织全县干部职工到威宁县人民医院体检中心进行全面体检，对干部职工身体健康进行动态跟踪管理，做到早预防、早发现、早治疗。同时落实领导干部休假制度，安排领导干部调休轮休，让干部职工身心得到进一步放松，让干部以最好的身体状态、心理状态投入到日常工作中。又如，威宁县坚持把日常管理和关键时刻管理贯通起来，管好关键人、管到关键处、管住关键事、管在关键时，畅通“12380”监督举报渠道，健全与纪检、政法、信访等部门信息共享和工作衔接机制，密织日常监督“防护网”，用好问责利剑。县委换届以来，对县管领导班子及县管干部的政治素质情况进行了监测，建立负面清单，把坚持事业为上、激励担当作为贯穿始终，着力打造高素质专业化干部队伍。二是建品牌、办比赛，强化干部素质能力提升实效。威宁县聚焦“人才强县、品质威宁”品牌效应，认真贯彻落实中组部到威宁实地调研指示精神，大力实施“兴威人才”、“候鸟引才”、重点产业人才培养等工程。威宁县在2022年制定了《“阳光威宁·先锋引擎”基层党建品牌体系创建实施方案》，在威宁电视台开设

---

① 中共威宁县委相继出台了《威宁县常态化选拔优秀年轻干部实施方案（试行）》《威宁县领导干部署名推荐县管干部制度（试行）》《威宁县领导班子和干部队伍日常调研分析研判实施办法（试行）》《威宁县干部素质提升工程实施方案》《威宁县加强干部关心关爱若干措施》《威宁县从严管理监督干部办法（试行）》《威宁县领导干部容错纠错实施办法（试行）》《威宁县干部人事档案和信息系统管理实施办法（试行）》《威宁县公务员职级晋升工作实施办法（试行）》9个文件以明确9项干部工作机制。

“阳光威宁·先锋引擎”党建品牌创建专栏，目前已播出品牌创建专题12期，推出各领域先锋典型15例，创建县乡党建品牌153个。同时，在威宁全县深入开展“集成示范·集成创新”示范培育创建，创建县乡党建品牌143个、“一核带三好促三治”[①] 示范点41个，为全县全面推进乡村振兴提供方法借鉴和经验积累。此外，威宁县进一步细化“五比五创”[②] 任务清单35项，深入开展“五比五创·擂台比武”活动，激励乡村党组织书记创先争优、争比进位。依据比赛结果，选优配强乡镇班子成员188名、村（社区）党组织书记36人，选派驻村干部1 098名。

威宁县以党建为引领及载体，着力提升领导现代化建设能力，在以县域高质量发展推动乡村振兴的征程上取得了一定的成效。在组织建设与基层公共服务能力提升方面，全县16 81个党支部标准化规范化建设全部达标。2023年以来组建乡村振兴工作队40个、调整驻村工作队325个。首次认定社区工作者279名，3 000余名在职党员到社区报到参与乡村振兴等工作。调整优化社区网格296个，受理办结群众事项7 075个，帮助特殊群体代办事项221个，提供咨询服务18 520人次。规范设立社区综治中心40个、管理网格428个、十联户2 851个。在村集体经济发展方面，威宁县创建“一村一基地”583个。2023年已获村集体经济发展项目30个，实体化推进623个村（社区）党支部领办集体合作社，目前集体经济积累达2.7亿元，其中68个村2022年集体经营性收入达5万元以上、占10.91%。在推进党建全覆盖方面，不断推进学校、医院、国企等领域党建工作有序推进，严格落实党组织领导的校长负责制，选派138名业务骨干对口帮扶和支援35个乡镇卫生院工作，配备国企党建党务工作者15人。在乡村振兴人才培养方面，落实人才发展专项资金1 000万元，与贵州大学合作建立贵州大学威宁博士工作站、产业人才团队、高技能人才实训基地。评选命名第一批领军人才38名，组织申报第六批市级人才团队3个。扎实推动干部人才“组团式”帮扶工作，截至2023年6月，帮扶威宁县各级科技特派员深入现场服务1 400余天，组织开展技术培训3 300余人次，农业新技术示范推广86项，农业新品种示范推广144个，帮扶指导企业

① “一核带三好促三治”指：努力构建以建强农村基层党组织为核心，自治、法治、德治相结合，党建引领好、群众自治好、乡风文明好、为民服务好、社会风尚好。

② “五比五创”指：比党建，在建强组织上创优；比业绩，在推动发展上创优；比作风，在服务群众上创优；比管理，在乡村治理上创优；比结果，在考核评比上创优。

（合作社）206个，帮扶农户900余户，培养技术能手426名，打造科技特派员创新创业服务示范点（基地）14个。聚焦“工业、农业、旅游业、大数据”等重点产业和教育、医疗等重点领域精准引进高层次或急需紧缺人才31名，报送“人才强市”引才需求51人。

二、威宁县提升干部领导现代化建设能力，以县域高质量发展推进乡村振兴存在的主要问题

威宁县以党建为引领及载体，通过建设高素质专业化干部队伍，提升干部领导现代化建设能力，以县域高质量发展推进乡村振兴取得了一定的成效，但还存在一些薄弱环节。

一是统筹推进各领域党建不够均衡。在平时工作中，习惯将重心放在村（社区）党建工作上，对新兴领域、城市社区党建工作投入的时间精力相对不足、探索创新措施不多、成效不够明显，还没有形成推动各领域党建工作共同发展的强大合力，推动基层党建与中心工作深度融合不够，影响了干部领导现代化建设能力在乡村振兴推进过程中的发挥。

二是部分干部在经济工作领域相关专业素质能力不高，村集体经济发展壮大还有较大差距。由于干部对市场风险分析研判不够，在产业选择、技术培训、助农增收等方面作用发挥不够。目前全威宁县村级集体经济积累在5—10万元的村（社区）还有100多个，特别是一些偏远乡镇的偏远农村农业基础差、底子薄，客观自然条件限制多，产业发展短板多，发动群众投资入股难度大，导致村集体经济发展不够理想。

三是少数干部理论素养不够高，对党建品牌创建与推广的总结提炼不够。虽然在党建品牌创建、新型产业工人党支部组建等方面进行了大量探索创新，取得了一定成效，但部分基层党组织干部还存在创新意识不强、品牌打造与推广能力不足的问题，对城市社区党建、新兴领域党建、干部人才“组团式”帮扶工作等方面品牌创建总结提炼、示范带动、整体推进等还有待提升。

四是个别干部对乡村振兴人才工作认识不够，乡村振兴人才工作局面没有完全打开。威宁县乡村振兴人才储备与发展需求之间存在不平衡的现象，存在高层次人才引进培育难度大、人才总量小等问题，真正能够引领全县产业发展的领军人才、高素质企业经营管理人才、高技能科研人才等不足。

三、威宁县提升干部领导现代化建设能力，以县域高质量发展推进乡村振兴的对策建议

（一）进一步统筹推进村（社区）、新兴领域、城市社区等各领域党建，加强干部领导现代化建设能力在乡村振兴推进进程中的发挥

首先必须明确各领域党建的统筹推进是充分发挥干部领导现代化建设能力的重要载体。只有基层党组织作用的强有力发挥，才能以强大的凝聚力与执行力引领乡村振兴每一项工作任务，最终才能实现以高质量发展推进乡村振兴，党员干部领导现代化建设的能力才能得到最大限度的发挥。当前，社会发展加速变革，城镇化进程不断加快，新兴领域、行业、事务不断推陈出新，农村经济产业化布局与结构调整遇到瓶颈，易地扶贫搬迁群众面临着后续服务保障及向市民转变等的相关问题，（任春香、周俊武，2023）要求党组织以不断地发展、拓展、壮大、创新，实现各领域、各行业、各层级、各机构、各部门的引领全覆盖，不断提升党组织凝聚力、战斗力，满足民生领域公共服务供给需求、经济发展需求、基层治理需求，引领乡村振兴不断向前发展。（洪菊，2023）要加强党的领导，进一步健全基层党组织的规范化建设，建立健全基层责任机制，充分发挥基层党组织政治优势，促进党的部署扎根基层。（冯晓娟，2023）要加强基层学习型党组织的培养与发展，重视基层党员素质能力提升，强化基层党组织的思想引领及组织动员作用发挥，把基层党组织建设成为有效实现党的领导的坚强战斗堡垒，保障农村经济有序发展、农村基层治理有效推进、农村文化有效振兴。

（二）大力提升干部政治站位、理论素养及综合素质能力，全面提升干部领导现代化建设能力

干部领导现代化建设能力的提升在威宁县乡村振兴基层实践中集中体现为要提升政治站位、提升理论素养、加强引领经济发展的能力、加强乡村振兴人才工作能力。其中，提升干部政治站位与理论素养是加强干部引领经济发展的能力与乡村振兴人才工作能力的根本指引与根基所在；产业振兴与人才振兴是乡村振兴的首要、关键任务。[①] 首先，干部要进一步提升政治站位，深刻领悟

① 《脱贫攻坚取得胜利后，要全面推进乡村振兴——肩负新使命再续新篇章》，《人民日报》2021年1月8日。

"两个确立"的决定性意义，把握新时代新征程党的中心任务，坚定不移把"两个确立"真正转化为坚决做到"两个维护"的思想自觉、政治自觉、行动自觉，为乡村振兴提供根本政治保证。其次，要不断提升干部理论素养。要深入学习贯彻落实习近平总书记关于"三农"工作的重要论述，深入学习贯彻党的十九届五中全会、中央农村工作会议、党的二十大精神，不断加深对乡村振兴本质、内涵、要求的理解和把握。同时，要不断加强对马克思主义理论及习近平新时代中国特色社会主义思想的学习，进一步提升理论素养、思维能力、眼界格局，强化责任担当，创新工作方法，优化工作思路，真正以理论指导实践，用实践丰富理论，实现对现有工作的深入分析、提炼、总结，加快推动乡村振兴提质增效，更好担当起以高质量发展推进乡村振兴的历史使命。再次，要加强干部引领经济发展的能力。强产业是夯实乡村振兴的基石，要牢牢抓住产业发展这一乡村振兴的"牛鼻子"。干部要不断学习经济领域的产业发展相关知识，争当业务型、专业型的内行干部，将经济发展规律与基层产业发展的基本情况与实际需求结合起来，把握科学与绿色发展的全局性集约化道路，找准产业发展方向，摸清排查市场投资风险，创新项目推进与农民投资入股方式，贯彻落实产业发展的工作推进与责任监督机制，在谋划和制定、执行、监督实施产业发展相关政策的过程中贯彻新发展理念，科学、专业、务实、创新地引领基层产业发展，真正实现以一支高素质专业化干部队伍来推进乡村振兴。最后，（隋芳莉、董军芳，2023）要加强干部乡村振兴人才工作能力。人才是全面推进乡村振兴的核心要素和重要动力；人才资源匮乏是当前推进全面乡村振兴面临的严峻挑战。干部必须首先认识到乡村人才工作是一项系统性、长期性、会发生阶段性变革和发展的工作，而不是临时性、即时性的。干部必须不断深化对乡村人才工作的认识，把握其内在规律与工作特征，以科学的方法系统开展乡村振兴人才工作。干部要通过学习相关理论知识与实践不断结合，逐步理顺基层发展现实条件和人才需求特点及成长规律之间的关系，分类、分目标、分阶段施策，实现人才政策效能最大化的同时实现人才培育和使用效能的最大化，为以县域高质量发展推进乡村振兴提供坚强的人才保障。

（三）创新和完善干部激励机制，进一步调动、提升、发挥干部领导现代化建设能力

干部能够持续发挥、施展其领导现代化建设能力，带领干部群众为以县域高质量发展推动乡村振兴持续发力的关键在于干部激励机制的不断完善。在基

层实践中出现的干部怕风险、怕担责、“躺平”的情况，除了自身担当精神不够、个人能力不足、履职责任意识不强的原因，还与干事创业的环境是否能容错、是否能为干部创造和提供更加广阔、公平、积极向上、激励人心的成长机会和平台密切相关。（陈朋，2022）干部激励机制的完善应当实现组织目标与个人目标的统一、坚持问责约束与容错激励共进、坚持物质激励与精神鼓励并行、坚持制度供给与回应干部期望的统一。同时，（葛元涛，2022）要充分、合理运用干部考核在激励中的结果应用，通过明确考核原则、确定考核内容、建立考核程序完善考评体系，以科学考评结果合理运用营造公平、积极向上的激励氛围，避免出现激励错配的问题。

四、结语

乡村振兴是涉及产业兴旺、生态宜居、乡风文明、治理有效、生活富裕的全面振兴，也是县域高质量发展的重要标志。因此，（李婧瑗，2023）全面推进乡村振兴应与县域高质量发展同步谋划、同步部署、同步落实。威宁县在提升干部领导现代化建设能力，以县域高质量发展推进乡村振兴进程中取得了一定的成效，未来要在完善基层党建、提升干部综合能力素质、完善干部激励机制等方面持续发力，为建立一支高素质专业化干部队伍，以县域高质量发展推进乡村振兴，推进中国式现代化提供强大动能。

湖南经济发达镇行政管理体制改革现状与对策研究

孙翊锋*

2014年以来，湖南省启动了经济发达镇行政管理体制改革试点，先后设置了大瑶镇等3个国家级试点镇和黄花镇等9个省级试点镇。这些试点镇在推进行政管理体制改革方面做出了积极有效的探索实践，在推动经济社会发展等方面取得了明显成效；但也面临一些问题和困难，制约着湖南省进一步深化经济发达镇行政管理体制改革。本文全面总结了试点镇改革举措和初步成效，系统梳理了改革试点面临的一些主要问题和困难，并立足实际提出了相应的政策建议。

一、湖南经济发达镇行政管理体制改革取得的主要成效

试点以来，各地以简政放权为核心，优化服务为根本，积极探索，大胆创新，在推进经济发达镇行政管理体制改革方面取得了明显成效。

一是扩权放权改革初显成效。各试点镇坚持问题导向和需求导向，采取扩大试点镇管理权限、推进综合执法改革等举措，解决了试点镇责大权小、权责不对等的矛盾。据统计，各试点镇所在县市下放了约100项经济社会管理权限，有效激发了试点镇发展的内生动力。

二是管理体制机制初步理顺。各试点镇通过整合机构设置、优化运行机制、理顺条块关系等举措，积极探索建立精干高效的基层行政管理体制和运行

* 孙翊锋，中共湖南省委党校（湖南行政学院）公共管理教研部副主任、副教授。

机制。例如，陬市镇探索建立了“6 办 1 队 3 中心”的组织结构，实行了“前台＋后台”的运行模式。

三是基层治理能力有所提升。各试点镇要求与群众密切相关的公共服务进驻便民服务中心，充分利用“互联网＋政务”发展趋势，积极打通便民服务“最后一公里”。如大瑶镇推出“数字大瑶”手机 App，设有政务服务、产业经济等 8 个功能模块，居民可通过 App 实现信息查询、便民服务和政民互动等功能，真正享受“24 小时不打烊”的便捷服务。

四是相关配套改革统筹推进。在财税方面，建立了税收、非税收入全额返还或按比例分成机制，建立产业发展引导资金，如浏阳市将新增地方收入的 80％、土地出让金的 80％返还大瑶镇；在人事方面，允许行政、事业单位工作人员双向选择、竞争上岗；创新薪酬分配制度，实行绩效考核与薪酬待遇相衔接的薪酬自主分配制度；在建设用地方面，国土部门优先保障试点镇建设用地指标，开展城乡建设用地增减挂钩试点工作，安排适当数量的挂钩周转指标。

二、湖南经济发达镇行政管理体制改革存在的突出问题

各试点镇在推进行政管理体制改革方面作出了积极有效的探索实践，为在湖南省进一步深化经济发达镇行政管理体制改革提供了样本参考。但从实际情况来看，由于受各种因素的制约，在改革推进过程中仍存在一些问题与困难。

1. 权限下放与承接不到位

一是权限下放不彻底。部分县级部门难以壮士断腕，在放权过程中存在着“放小留大”“放虚留实”“放责留权”“放弊留利”等现象。二是权限下放不精准。不少地方存在赋权形式化、指标化及被动化倾向，试点镇真正想要的、镇域发展必需的权限，以及与群众生产生活密切相关的权限未能有效下放或下放不完整。三是权限下放接不住。基层在财政资金、专业人才、专业技术、法律保障等方面有所欠缺，导致权限下放后出现无人对接、无能力对接及承接不到位的状况。

2. 管理体制机制仍未理顺

一是机构职责配置有待完善。与推动经济社会快速发展和推进基层治理现代化的现实要求相比，试点镇仍存在的政府功能不完善、职责交叉、权责脱节等问题。例如，试点改革带来属地管理职责的加大，而机构职责配置并未作出

相应调整，导致试点镇“权小责大”问题比较突出。二是条块管理关系亟须理顺。县直部门派驻机构与属地管理的要求仍然存在矛盾，例如，新设立的综合执法机构等职能机构与县相应条块部门的沟通协调机制和业务指导尚未理顺，且与其他镇设职能机构存在职责不清、关系不顺等问题。三是机构编制管理亟待优化。大量权限下放后，试点镇所承担的各种工作任务大大增加，而由于行政编制总额所限，目前试点镇的机构编制资源并没有相应的增加，导致机构编制不足与管理任务繁重的矛盾十分突出。

3. 综合配套改革尚需跟进

一是财政管理体制仍不健全。目前试点镇相关财税返还倾斜等政策只是短期的权宜之计，并不具有可持续性，没有从根本上理顺县镇之间的财政管理体制。二是干部人才管理不尽合理。行政管理体制改革所涉及的干部管理、身份管理等政策衔接不畅，导致“同工不同身份”“同工不同酬劳”等问题十分突出。三是相关配套政策支持不够。土地、户籍、规划、金融等配套政策未能及时跟上，导致经济发达镇发展后劲不足。例如，在土地指标使用上，仍是以县为单位进行统筹，对试点镇没有特殊政策和明确具体份额，导致部分试点镇引进的重大项目因土地规划使用保障问题而无法落地。

4. 基层治理能力亟待提升

一是治理理念认识不足。部分基层政府没有真正树立“以人民为中心”的现代治理理念，对民主发展、社会建设和基本公共服务缺乏足够重视。二是治理方式创新不足。一些地方仍习惯运用行政手段解决问题，治理方式单一，“头痛医头脚痛医脚”，缺乏从萌芽状态和源头解决的社会治理手段及措施。三是治理机制发挥不足。在化解基层矛盾方面，仍存在职责权限划分模糊，责任主体不清的情况；在服务供给方面，市场和社会力量的有效参与机制作用发挥不够明显。

三、深化湖南经济发达镇行政管理体制改革的对策建议

深化经济发达镇行政管理体制改革、构建适应城镇化发展需求的新型行政管理体制，是一项系统性工程。在大力实施“三高四新”战略，奋力建设现代化新湖南之际，要针对试点改革中出现的问题，多措并举、系统施策，形成完善的政策体系，确保改革取得实效，引领高质量发展。

1. 加强科学谋划，凝聚改革力量

加强科学谋划是深化经济发达镇行政管理体制改革的前提基础。一是凝聚改革共识。要加强政策学习，准确把握中央和省委省政府的政策意图；要做好舆论宣传造势，争取社会各方面对改革的理解和支持。二是加强系统谋划。要重新梳理确定改革目标，使目标具备层次性、系统性、渐进性、可考核性；要制订详细的改革路线图、时间表，由点到面、由易到难，逐步推动改革实施。三是加强统筹协调。要强化党委领导，将改革工作列入“一把手”工程和各级党委重大决策事项进行统筹推进；要设立跨部门协调机制，形成机构编制部门组织协调、各部门共同推进的工作机制；要建立信息共享机制，强化省、市、县之间沟通联络及各试点镇之间互访交流。

2. 强化权限下放，完善基层功能

强化权限下放是深化经济发达镇行政管理体制改革的关键举措。一是加大赋权力度。要完善赋权目录，进一步赋予经济发达镇经济社会发展所需的部分管理权限；要推进有序赋权，凡是在放权目录范围内的，应排出时间表尽快放到位。二是加强精准赋权。要根据经济发达镇的实际需求与承接能力，采取“菜单式”赋权方式进行赋权；要建立放权目录动态调整机制，强化动态赋权。三是增强承接能力。要加快赋权的地方性立法，为权限下放与承接提供法律保障；要与经济发达镇做好赋权衔接，并在人才、技术、资金等方面予以支持和保障，确保下放的权力能够接得住、用得好。

3. 创新体制机制，优化治理结构

创新体制机制是深化经济发达镇行政管理体制改革的主要抓手。一是优化机构职能。要进一步优化机构设置，把职责相近的部门应合尽合；要采取合并或者合署办公的方式，整合上级部门设置的派驻机构；要在机构编制资源上给予政策倾斜，在核定的机构、编制、领导职数范围内，允许经济发达镇根据需要自主设立机构。二是理顺条块关系。要进一步厘清县镇权责关系，以清单形式明确经济发达镇的管理权限，解决职责上下一般粗的问题；要进一步理顺乡镇政权内部各职能部门之间的权责关系，解决权责交叉等问题。三是优化运行机制。要打造便民服务中心和综合行政执法局两大“前台”，其余职能机构整合为“后台”，形成“前台+后台”的基层党政组织架构与运行机制，由“后台”为“前台”提供政策指导，“前台”按规定履行综合执法和便民服务职责，接受“后台”的监督。

4. 深化配套改革，增进改革效能

深化配套改革是深化经济发达镇行政管理体制改革的重要保障。一是深化财政体制改革。要合理界定县、镇两级政府的支出责任，完善县与镇的财政分成办法，加大对镇的分成比例，并形成制度性安排；可通过设立试点专项资金、整合上级各类专项资金、规范财政转移支付制度等举措，强化对经济发达镇的资金支持。二是深化人事管理改革。在不增编制的情况下，通过公开聘任、智力服务购买、柔性引进等方式，加大试点镇急需专业人才的引进力度；与高校、党校（行政学院）等开展合作，加大经济发达镇干部培训力度，完善县镇干部下派、上挂双向交流机制。三是完善相关政策制度。要优化建设用地管理、推进户籍制度改革及创新投融资体制等，敢于突破创新，为经济发达镇提供更大支持；要探索行政区划调整，对于特大经济发达镇，可按照其所处政区类型，以及本身区位条件、经济基础、形成机制，审慎稳妥地推动撤镇设市改革。

5. 夯实基层基础，提升治理能力

夯实基层基础是深化经济发达镇行政管理体制改革的必然要求。一是健全基层治理体制机制。要坚持基层党建引领基层社会治理，切实把基层社会治理纳入党建计划之中，构建以基层党组织为核心、社会组织和人民群众广泛参与的基层社会治理新格局；要整合派出所、人民法庭、司法所、民政、信访等基层社会治理力量，组建乡镇综合治理中心，成立村级综合治理工作站，健全基层社会治理的工作机制；要推广“屋场恳谈会”“民情沟通日”等民主自治形式，探索推行“院落自治”、“楼宇自治”等“微自治”形式，健全基层群众自治机制。二是改进基层治理方式方法。要依托乡镇综治中心，规范整合各类管理网格，构建基层社会治理“一张网”，推动基层社会治理触角向每个角落延伸；要把大数据、人工智能等现代科技融入基层社会治理，完善基层社会治理信息系统和信息化平台等软硬件基础，推进基层社会治理智能化、精细化。三是优化基层公共服务供给。要调整镇级财政支出结构，增加文化教育、医疗卫生等基本公共服务供给，完善道路、垃圾处理等公共基础设施；要探索通过民营化、合同外包、特许经营等方式，建立多元化的公共服务投入体系和运行机制；要以智慧村镇、智慧社区建设为抓手，畅通公共服务供需交流渠道，完善公共服务资源调配机制。

山区县域生态文明建设
——以福建省周宁县“碳库”建设为例

程　宇*

习近平生态文明思想是其在长期工作和实践中不断积累、形成和发展起来的。纵观习近平总书记的成长经历和从政之路，无论是在地方还是在中央工作期间，习近平同志均高度重视生态文明建设，发表过许多生态文明建设方面的论述。系统梳理习近平生态文明思想的形成发展历程与逻辑演进，对于深刻理解我国现代化过程中生态文明理论创新和实践探索的历史演进、准确把握新时代中国特色社会主义生态文明建设的战略方向，具有十分重要的意义。

一、习近平生态文明思想“三库”理念探源

习近平生态文明思想是内涵深远、内容丰富的理论体系。习近平同志在宁德工作时，就深刻地认识到“森林是水库、粮库和钱库”，用“筚路蓝缕，以启山林”形容生态环境的艰难起步。在林业方面，他结合闽东山地多、林业基础差、覆盖率和蓄积量都比较低的特点，提出要把林业置于事关闽东脱贫致富的战略位置，作为推动闽东经济发展的一个重要载体、抓手。习近平同志提出，“闽东经济发展的潜力在于山，兴旺在于林”“森林是水库、钱库、粮库”。[①] 他认识到，除了经济效益，林业有很高的生态效益和社会效益，如森林能够美化环境、涵养水源、保持水土、防风固沙、调节气候、实现生态环境

* 程宇，福建省习近平新时代中国特色社会主义思想研究中心、福建省委党校（福建行政学院）基地研究员。

① 习近平：《摆脱贫困》，福建人民出版社 1992 年版，第 83 页。

良性循环等。在林业发展方面，他还强调“第一，严禁盲目采伐，强化资源管护”“第二，转变单一经营，实行综合开发”“第三，转变粗放作业，开发集约经营”。[①] 并要求大办林业，把林业置于事关闽东脱贫致富的战略地位来制定政策，同粮食生产、脱贫致富、精神文明建设等结合起来，把林业与大农业作为提高经济、社会和生态三种效益的重要抓手。习近平同志认为，“造林绿化、振兴闽东是一项充满希望的事业”[②]。要求扎实、持之以恒地开展下去。讲大粮食观念、讲综合发展，“注重生态效益、经济效益和社会效益的统一，把农业作为一个系统工程来抓，发挥总体效益”[③]，而山区小流域治理、植树造林等是劳动力容量很大的工程，可以实现三种效益的统一。当时，习近平同志已经注重运用生态平衡思想指导实际工作。他在《干部的基本功——密切联系人民群众》一文中写道：“例如，修了一道堤，人行车通问题解决了，但水的回流没有了，生态平衡破坏了；大量使用地热水，疗疾洗浴问题解决了，群众很高兴，但地面建筑下沉了，带来了更为棘手的后果；这类傻事千万干不得!”[④] 他防止修堤断流、水取地沉的主张，既符合生态学原则，也符合传统文化精神。习近平同志在闽东工作的两年，不仅留下了绿水青山，也留下了生态发展的科学理念。

30 多年前，时任宁德地委书记的习近平同志在不到半年的时间内先后 3 次来到周宁县七步镇后洋村黄振芳家庭林场看望造林带头人黄振芳，称赞他“绿了荒山白了头，为闽东绿化做了突出贡献”，并亲手种下了 3 棵杉树，为林业产业发展作示范、鼓干劲。带着三赴林场的调研成果，在随后召开的地区林业工作会议上，习近平同志创见性地提出“森林是水库、钱库、粮库”，饱含着人与自然、经济与生态和谐发展的深刻意蕴。2022 年 3 月 30 日，习近平总书记在参加首都义务植树活动时深刻指出“森林是水库、钱库、粮库，现在应该再加上一个‘碳库’”；2023 年 4 月 4 日，习近平总书记在参加首都义务植树活动时强调，“森林既是水库、钱库、粮库，也是碳库”。时隔 30 多年，习近平总书记赋予了“三库”绿色生态理念新的时代内涵，为我们讲好“三库”故事、挖掘“三库”内涵进一步指明了方向、提供了遵循。

---

① 习近平：《摆脱贫困》，福建人民出版社 1992 年版，第 85 页。
② 习近平：《摆脱贫困》，福建人民出版社 1992 年版，第 86 页。
③ 习近平：《摆脱贫困》，福建人民出版社 1992 年版，第 132 页。
④ 习近平：《摆脱贫困》，福建人民出版社 1992 年版，第 14 页。

二、林业“碳库”对生态文明建设的重要意义

森林作为陆地生态系统的主体，是系统中最大的碳库。森林植被通过光合作用可有效吸收二氧化碳，且吸收和碳汇完全是自然过程，具有碳汇成本低、生态附加值高、碳汇量大等特点，在推进实现碳达峰碳中和过程中，森林生态系统具有不可替代的重要作用。林业碳汇交易是推进实现森林生态效益价值转化的重要途径，也是吸引社会资本投入林业碳汇项目生产经营、助力提升碳汇能力的有效措施，对于促进林业建设良性发展和增加农民收入等具有重要意义。林业碳汇能激发林农积极性，助力共同富裕。把造林、护林变成一项能够盈利的活动，通过健全林业项目补贴机制，根据不同的经营主体、地区、类型的公益林，制定不同级别的补偿标准，以此提高林农积极性。多地已经充分认识到林业碳汇的独特意义。近年来，为深入践行习近平生态文明思想，福建省积极稳妥推进集体林权制度创新，探索完善生态产品价值实现机制，拓宽绿水青山向金山银山转化路径。福建省着力将森林碳汇打造成为林业推进共同富裕的标志性成果，印发了《关于完整准确全面贯彻新发展理念做好碳达峰碳中和工作的实施意见》《关于建立健全生态产品价值实现机制的实施意见》等系列重要文件，探索开展林业碳汇市场建设，建立碳汇补偿和交易机制。

林业碳汇具有独特政治经济学意义。我国林业资源丰富的地区往往经济发展水平较落后，那么林业碳汇可以起到一定平衡中央和地方财政矛盾作用。针对财政支付能力较差的地方政府，此前补贴都需要中央通过债务置换等方式进行承担；采用林业碳汇项目后，部分补贴与转移支付或由能效较差的排放企业替中央承担。林业碳汇是全球应对气候变化战略的一个重要环节，在推进实现碳达峰碳中和过程中，开展林业碳汇交易十分必要。碳达峰碳中和是全国一盘棋，统筹发展的战略设计，也决定了林业碳汇交易的全域性和市场化特征。

当前，林业碳汇项目的开发和交易仍面临很多问题。我国碳汇工作起步较晚，在很多领域尚处于探索试验阶段，特别是相关法律法规不健全、技术标准不规范、计量方法学不统一等问题十分突出。2013 年，国家相关部委在福建、北京、天津、上海、重庆、湖北、广东和深圳等地开展碳排放权交易试点。2014 年，国家发展改革委印发《碳排放权交易管理暂行办法》，并授权允许试点地区将林业碳汇作为附加项目，参照中国核证自愿减排量（CCER）开展林业碳汇交易活动。

《国家生态文明试验区（福建）实施方案》提出：“支持福建省深化碳排放权交易试点，设立碳排放权交易平台，开展碳排放权交易，实现与全国碳排放权交易市场的对接。”2016 年底，福建碳市场建成并启动交易，成为国内 8 个试点区域碳市场之一。经过多年探索，福建省已初步建成具有福建特色的碳排放权交易体系，为国家碳市场建设提供了“福建经验”。

深化拓展国家生态文明试验区建设，坚持先行先试，实现率先突破、率先成势，打造全国生态产品价值实现示范区。一是深化探索生态产品价值实现机制。聚焦生态产品“难度量、难抵押、难交易、难变现”等问题，加快自然资源领域生态产品价值实现机制国家试点，推进生态产品调查、确权、量化和开发适宜性评价，推动林地、湿地、草地、耕地等类型生态资源产权、经营权交易流转，编制生态系统生产总值核算技术指南，探索构建具有福建山海特色的生态系统价值核算体系。持续深化“生态银行”“武夷品牌”“水美经济”等绿色发展创新，推动市场运作、规模运营、系统提升，促进优质生态产品溢价增值、价值变现。二是先行先试推进碳达峰碳中和。加快编制碳达峰碳中和行动方案，科学制定率先碳达峰时间表、路线图，推进低碳城市和低碳景区、园区建设。

三、推进周宁县“碳库”高质量建设的若干思路

生态系统碳汇具有多种功能，能够发挥多重效益，既有明显的碳汇效益，还有保护生物多样性、增加农民生计和生态扶贫的综合效益。周宁县高度重视林业碳汇管理，积极开展林业碳汇交易试验探索工作。要重点发挥森林碳库的生态系统功能，从技术上、政策上破解增加碳汇、节能减排的体制机制，提高气候变化的适应能力，要重点把握好以下几个方面。

（一）推广省内“两山”转化先进经验

坚持先行先试、创新引领，着力加快“两山”转化步伐，在当前周宁县大力推进“碳库”建设中推广省内先进经验。深入推进武夷山国家公园体制试点，开展生态系统服务价值核算试点，探索生态产品价值实现机制，“生态银行”建设得到中央全面深化改革委员会的肯定，顺昌“森林生态银行”、光泽“水美经济”被列为全国生态产品价值实现机制典型案例；南平市成功获批全国首个自然资源领域生态产品价值实现机制试点城市、全国首批海绵城市示范市，先行先试探索碳达峰碳中和举措，被确定为省级绿色金融改革试验区；顺

昌县完成全省首笔林业碳汇交易、首笔碳汇质押贷款和全国首笔竹林碳汇交易，探索“一元碳汇”模式，在全国率先实行认购“碳汇”生态修复方式。

（二）制定县域生态系统碳汇规划

根据初步估算，2030 年我国碳达峰峰值为 144 亿吨。从 2030 年碳达峰到 2060 年碳中和，这 144 亿吨碳排放一部分被自行减掉，一部分则要被生态系统碳汇“中和”掉。在这个过程中，要按照“爬行钉住”的方式稳步提高生态系统碳汇能力。据相关资料，林木每生长 1 立方米蓄积量，大约可以吸收 1.83 吨二氧化碳，释放 1.62 吨氧气。我国政府已经承诺“十四五”“十五五”期间分别增加 40 亿立方米和 10 亿立方米林木，也就是说分别增加 73.2 亿吨和 18.3 亿吨碳汇。这实际上为我国推动能源结构和产业结构调整留出了时间和空间。为此，要科学合理地制定我国县域的生态系统碳汇增长中长期规划，加强县域范围内森林、湿地、海洋碳汇增长潜力的预测与模拟，研究未来生态系统碳汇增长曲线，制定符合县域县情的生态系统碳汇中长期发展规划，明确不同未来情境下、不同地区、不同发展阶段的政策着力点，推动生态应对气候变化路线图落地实施。

（三）强化林业碳汇储备、开发、管理

一是大力开展营造林等生态保护修复建设，是提高林业碳汇储备的有效措施。协调相关部门指导周宁县做好可绿化空间任务落实，在落实工程项目资金上，对周宁县给予重点倾斜和支持，并按照碳汇造林项目方法学和森林经营碳汇项目方法学要求，指导周宁县持续增加森林面积，提升森林质量，营造高效固碳林，提升森林碳汇能力。二是加强与相关部门协调配合，将周宁县作为全省重点予以支持，围绕提升碳汇能力，加强造林绿化和森林经营管理，促进森林面积扩展和质量提升，推动林业碳汇项目开发管理。三是稳步做好林业碳汇包装。随着全国碳交易市场的启动，CCER 线上交易必将是林业碳汇的主流。结合开展森林碳汇监测等工作，指导周宁县开展县域符合林业碳汇项目开发森林资源所需数据的收集和整理，按照林业 CCER 运营要求开展造林碳汇和森林经营碳汇项目包装，形成林业碳汇项目储备，为 CCER 项目重启抢占交易市场先机奠定基础。

（四）提升技术创新、教育培训水平

一是强化“卡脖子”技术创新。开展林业碳固定、碳减排、碳汇计量、监测评估等基础研究，力争在提质增汇、节能减排、监测评价、高固碳树种良种选育、有害生物防治、可再生能源替代等形成“南平标准”“周宁经验”。发展以固体成型燃料、生物柴油、生物质发电为重点的林业生物质能源产业，创建国家大宗固体废弃综合利用示范基地。推进“森林生态银行”建设，深化“一元碳汇”“林业碳票”试点，探索“环境权益绿色金融”模式，推广“森林险碳汇贷”绿色金融，拓宽林业投融资渠道，吸引更多市场主体、技术人才、金融资本投入“碳库”建设。加强科研成果推广应用成效考核，提高基层林技人员碳汇经营技术水平。二是开展森林碳汇精准提升试点。协调国家、省、市层面技术力量作为支撑，支持周宁县通过开展试点探索，先行先试，研究探索有效提升森林碳汇的营造林技术措施，研究制定县域碳汇方法学、交易规范、管理制度等，探索推进福建省林业碳汇发展的最适宜路径。三是巩固生态系统固碳能力。指导周宁县全面加强森林资源保护管理，巩固森林生态系统碳汇能力。严格执行林地用途管制和森林限额采伐制度，严厉打击破坏森林资源行为。加强森林防火和有害生物检疫防控，降低灾害造成的资源损失和碳汇流失。加强天然林和公益林资源管护，持续禁止天然林商业性采伐，做好森林生态效益补偿工作，巩固天然林和公益林资源的管护成效。四是进一步加强林业碳汇技术培训工作，培养碳汇专业技术人才，重点加强县级技术力量培养，提高林草碳汇管理和项目开发的技术、咨询、指导等服务水平。积极利用可行的机会条件，组织周宁县相关技术人员开展学习考察或参加国家层面的技术培训、座谈会等，学习了解国内外林业应对气候变化的最新进展情况，夯实林业碳汇基础知识，掌握“双碳”及碳市场等相关最新政策，提高林业碳汇管理和项目开发水平。五是开展林业碳汇宣传实践，结合全民义务植树行动，引导全社会自发植树尽责，减少碳足迹、践行碳中和。开展林业碳汇科普教育，支持碳汇科普作品创作推广。发挥全媒体宣传矩阵作用，制作专题科普教育片、优秀典型评选、短视频传播等，加强“双碳”宣传进机关、进党校、进校园、进社区、进企业、进乡村，在全社会营造良好林业碳汇发展氛围，推动社会各界投身林业碳汇行动。

（五）壮大“生态+”“+生态”产业企业

一是鼓励私营企业加大参与力度，以碳排放权配额市场和碳中和自愿市场并行原则，鼓励高碳排放企业购买生态碳汇。二是培育壮大碳汇交易市场主体。对标国际碳汇开发规则，借鉴国际核证碳减排标准（VCS）创新生成项目，促进已签发碳汇量成功交易。三是做强文旅产业。加快发展林下经济，释放森林“水库、钱库、粮库、碳库”功能。在建成首个“全省林业生态文明实践基地”基础上，讲好“三库”故事、挖掘“三库”内涵、传播“四库”理念，打造高质量特色文旅产业。加快建设一批康养旅游，打造后洋村黄振芳林场和村庄观光、苏家山村生态旅游观光产业园等旅游扶贫村。推进后洋、苏家山等多个乡村旅游点建设，加大金牌旅游村创建力度，带动乡村面貌、人气、产业发展。融入宁德市“百家金牌旅游村”项目，筛选苏家山、后洋等村进入项目，用于提升建设文旅基础设施。同时，大力推广“鲤乡福境·云端周宁”旅游品牌，加快推进“周末游”“避暑游”“古村游”“研学游”等线路，大力发展特色文旅产品。继续打造“后洋黄振芳家庭林场＋梧柏洋红色体验”红色旅游项目，写就森林“水库、钱库、粮库、碳库”的“四库”美好篇章，奋力推动周宁全域旅游发展，力争“十四五”时期创建全国全域生态旅游示范县目标。

（六）持续推进政策、机制创新

一是要把生态碳汇补偿与巩固扶贫成果紧密结合起来，完善造林、森林抚育、生态保护和修复等林业补贴政策，加大贫困地区生态建设和修复力度，探索生态脱贫的新路子。二是政府建立绿色产业引导扶持基金。中央政府和地方政府按照市场化运作原则建立绿色发展投资基金，发挥政府资本对社会资本的引导作用，从而带动更多社会资本和民间资本参与到绿色投资中来。政府绿色发展基金作为长期的、重要的绿色投资来源，直接投资于绿色环保、新能源汽车、清洁能源等项目，充分体现基金的战略导向，通过资本赋能绿色低碳转型，积极推动“双碳”目标实现。三是构建林业碳汇计量监测体系，开展碳汇能力评估。探索将森林碳储量、森林质量提升情况纳入绿色发展财政奖补机制。四是通过外循环实现“两山”转化。随着我国生态结构的深入调整，绿水青山将成为重要的碳汇资源，可以通过国际市场转变成金山银山。积极拓展国际市场，大力发展林下经济，推动竹木产品出口。

政府赎买非国有生态公益林研究

——基于中国集体林权制度改革第一县武平视角

谢国财*

一、引言

加强生态建设，维护生态安全，是21世纪人类面临的共同主题，也是我国经济社会可持续发展的重要基础。党的十八大以来，以习近平同志为核心的党中央高度重视生态文明建设，以高度的理论自觉和实践自觉，把生态文明建设纳入“五位一体”总体布局，开展了一系列根本性、开创性、长远性工作，提出了一系列新理念新思想新战略，推动生态环境保护从实践到认识发生历史性、转折性、全局性变化，形成了习近平生态文明思想，是推动我国生态文明建设迈上新台阶的根本遵循和行动指南。

福建是习近平生态文明思想重要孕育地和主要实践地之一，习近平同志在福建工作期间，始终高度重视生态文明建设，带领福建人民开展了一系列生态文明建设的创新实践，2000年就极具前瞻性地提出“生态省”战略布局；到中央工作后，多次对福建生态文明建设作出重要指示批示，强调“生态资源是福建最宝贵的资源，生态优势是福建最具竞争力的优势，生态文明建设应当是福建最花力气抓的建设”；2016年，习近平总书记亲自主持中共中央全面深化改革领导小组会议审议福建国家生态文明试验区建设方案，批准福建建设全国首个国家生态文明试验区。近年来，福建省坚持把试验区建设作为推动新时期

---

* 谢国财，中共福建省委党校（福建行政学院）公共管理教研部副教授。

生态省建设的重大举措，大胆改、深入试，用制度建设践行了习近平生态文明思想，积极探索完善生态公益林管理和补偿制度。

正如国家林业局闫宏伟在《论我国的森林资源发展与生态公益林建设》一文中所提到的“保护和发展森林资源，加强林业生态环境建设，是国家生态保护和国土整治的根本出路和首要任务。林业生态环境建设的核心内容就是培育、发展、保护森林资源，最为直接的任务就是生态公益林的建设”。[①] 生态公益林建设作为林业生态建设中的重要内容，是生态系统中的重要一环，对维护国土安全、推进生态文明建设具有非常重要的作用。长期以来，我国的营林造林工作和森林的保护管理，主要依靠国家投入大量资金或政府采用行政手段来推动，集体或个人被动参与，积极性不高，资源配置效率较低；在集体林权制度改革后，分山到户，林农造林营林护林积极性增强，但因被划入生态公益林的禁伐或限伐的规定，加上林业行业自身的特殊性，如从造林、抚育、管护直至成材的生产周期长，受自然灾害、社会因素和人为因素影响造成的生产经营风险大，生产需投入大量的人力物力对其进行看护、抚育等，在主要靠生态补偿标准收益而投入巨大的情况下，会挫伤林农的积极性，在现有的生态公益林制度下，非国有生态公益林仅靠林权所有者个人的力量单打独斗，不符合集约化、专业化的现代林业发展道路，不利于其可持续健康发展。

武平县是全国南方集体林区县和福建省重点林区县，被誉为“全国林改第一县”，是习近平生态文明思想的重要孕育地之一，也是习近平总书记亲手抓起、亲自主导的集体林权制度改革的发源地。2001 年，武平县在全国率先开展以“明晰产权、放活经营权、落实处置权、确保收益权”为主要内容的集体林权制度改革。习近平总书记曾先后 4 次到武平指导工作，并多次对武平的林改工作作出重要批示指示。近年来，武平县坚持发扬“敢为人先、接力奋斗”的林改首创精神，积极探索完善生态公益林管理和补偿制度，在 2009 年将县城饮用水源地商品林划为县级生态公益林，并以租赁形式进行赎买，由此探索建立的重点生态区位商品林赎买机制，为 2015 年福建在全国率先开展重点生态区位商品林赎买改革提供了借鉴。但就目前来说，武平县在实行赎买非国有生态公益林政策上还有诸多局限性，不利于生态公益林的可持续发展和壮大，

① 闫宏伟：《论我国的森林资源发展与生态公益林建设》，《北京林业管理干部学院学报》2002 年第 2 期。

也不利于武平县经济社会发展的要求。

二、武平县政府赎买生态公益林的现状

武平县地处闽粤赣三省接合部，是全国南方集体林区县和福建省重点林区县之一，山地面积广阔，森林资源丰富，全县土地总面积398.5万亩，林地面积324.7万亩，森林覆盖率79.7%，林木蓄积量2179万立方米。全县生态公益林面积90.14万亩，占林地面积的27.7%，其中非国有生态公益林面积56.987万亩，占全县生态公益林的63.2%。从2001年，武平县在全国率先开展以“明晰产权、放活经营权、落实处置权、保障收益权”为主要内容的集体林权制度改革，历经十八载的积极探索，到2019年武平县持续推进深化集体林权制度改革，释放出强大活力培育了加快绿色发展新动能，促进了林业发展、林农增收和林区稳定。生态优势成为武平县最大的优势，武平县先后获得“全国集体林权制度改革先进典型县”“全国绿化模范县”“国家林下经济示范基地”等荣誉称号。

近年来，武平县坚持发扬“敢为人先、接力奋斗”的林改首创精神，积极探索完善生态公益林管理和补偿制度。为破解生态保护和林农利益间的矛盾，武平县在2009年将县城饮用水源地商品林划为县级生态公益林，并以租赁形式进行赎买，由此探索建立的重点生态区位商品林赎买机制，为2015年福建在全国率先开展重点生态区位商品林赎买改革提供了借鉴。

2009年，武平县率先在全国开展重点生态区位商品林赎买工作，对国家级、省级生态公益林、重点生态区位商品林，按生态功能强弱，实行分类补助；将县城饮用水水库周边等近4万亩的重点生态区位商品林，以租赁的方式进行赎买，给予林农每年每亩6.75元的租金，并形成长效的补偿资金投入制度。2015年，武平县被列为全省首批重点生态区位商品林赎买7个试点县之一后，率先启动了重点生态区位商品林赎买试点工作，并制定了《武平县重点生态区位商品林赎买试点工作方案》，全县计划开展商品林赎买4 000亩，其他形式10 200亩，分两年实施（2015—2016年）。被列为全省7个首批试点县后，武平县进一步将县城及乡镇饮用水源林、汀江流域、国省道高速公路一重山等列为赎买重点，通过赎买、租赁、置换、入股等多种改革方式调整为生态公益林。2016年以来，武平县通过重点生态区位商品林赎买改革27 622亩，超过重点生态区位商品林面积的2/3。其中2016年完成19 233亩（赎买面积

4 002 亩，租赁面积 15 231 亩）；2017 年完成 5 315 亩（赎买面积 1 494 亩，租赁面积 3 821 亩）；2018 年 0 亩；2019 年完成赎买面积 3 074 亩。通过赎买改革，让原本待砍伐的林木变身为“绿色不动产”。

三、武平县政府赎买生态公益林存在的主要问题及原因

（一）武平县赎买生态公益林存在的主要问题

1. 赎买政策的针对面较窄

政府赎买非公有生态公益林普遍存在赎买规模较小、赎买范围十分有限的问题。就武平县来说，从 2019 年 5 月开始，笔者深入武平县的城厢镇、万安镇、桃溪镇、东留镇、中山镇、中赤镇、民主乡、武东镇、岩前镇、象洞镇 10 个乡镇的部分村，采用走访座谈、发收调查问卷等形式，了解武平县非国有生态公益林的有关情况，咨询其对政府赎买生态公益林的意愿和收集相关的意见与建议。通过调研，了解到社会各界普遍赞同政府赎买非国有生态公益林的政策，林农愿意在合理的赎买价格基础上，由政府出钱将自己的生态公益林林木所有权和林地使用权收归国有。但武平县施行的赎买非公有生态公益林政策并不能满足广大群众的意愿和要求，其政策只针对县城及乡镇饮用水源林、汀江流域、国省道高速公路一重山等重点生态区位商品林转换的县级生态林，而没有涉及原划定的、占全县林地面积约 17.5％的非国有生态公益林问题。

2. 生态公益林建设管理过于依赖政府投入

实行生态公益林赎买的资金来源主要依靠争取省级财政补助，不足部分由县级财政筹集，而其他市场化的赎买资金渠道还没有建立，这种单靠财政资金投入的方式难以支撑生态公益林赎买面积的持续扩大，不利于赎买工作的持续开展。因为生态公益林不允许进行商业性采伐，对未实行赎买政策的非公有生态公益林，其经营者的收益来源主要是靠生态补偿，而划入生态公益林保护范围的无林地、疏林地的补植更新和林分质量改善、生态公益林的森林病虫害防治、生物防火林带建设，以及有害生物防控等都需要较大的资金投入，在这种收益偏低而支出巨大、入不敷出的情况下，生态公益林所有者的经营积极性明显降低，不愿投入财力、物力用于生态公益林的建设和保护，造成建设资金投入渠道缺乏的局面，单靠政府部门投入推动，生态公益林的可持续发展将难以为继。

3. 赎买形式较为单一，补偿标准偏低

从以上武平县每年完成赎买改革的数量可以看出，武平县赎买重点区位生态林是以租赁（租赁，即政府通过租赁的形式取得重点生态区位内商品林地和林木的使用权，并给予林权所有者适当经济补偿；在租赁期间林地林木所有权不变，参照天然林和生态公益林管理）方式为主，虽然在一定程度上减轻了政府财政负担，但是也因租赁支付的价格较低，相对降低了林权所有者参与的积极性。

4. 赎买后的生态公益林内生动力不足

重点生态区位生态林赎买后多数交由武平县帽布国有林场管理，一方面为了维持林分原来的生态功能，在赎买后的林分中发展林下经济的很少，几乎没有收益；另一方面基层林业工作队伍人员力量薄弱，管护资金较为缺乏，而赎买后的生态公益林给原本就比较困难的国有林场管护造成了更大压力，且赎买后的公益林收益分配方式也没有十分明确，造成管护积极性不高，生态公益林被盗砍盗伐现象有所抬头，不利于重点生态区位商品林赎买工作和森林生态功能提升的良性互动。

（二）武平县政府赎买生态公益林存在问题的原因分析

1. 政策法规较为缺乏

非国有生态公益林赎买改革缺乏法律依据，仅依靠地方政府推动难以满足生态建设的需要。虽然中共中央、国务院在 2003 年出台发布的《关于加快林业发展的决定》文件中提到“公益林业要按照公益事业进行管理，以政府投资为主，吸引社会力量共同建设；商品林业要按照基础产业进行管理，主要由市场配置资源，政府给予必要扶持。凡纳入公益林管理的森林资源，政府将以多种方式对投资者给予合理补偿。要逐步改变现行的造林投入和管理方式，在进一步完善招投标制、报账制的同时，安排部分造林投资，探索直接收购各种社会主体营造的非国有公益林”①，但尚未上升到立法层面，非国有公益林赎买改革的法律依据不足，且各级地方政府也没有建立相应的制度保障体系推进非国有生态公益林赎买改革工作。

---

① 《中共中央国务院关于加快林业发展的决定》，中国政府网，http：//www.gov.ch/gongbao/content/2003/content－62358.htm。

2. 施政观念转变不足

转变政府职能是行政体制改革的重要内容，从首次提出“转变政府职能是机构改革的关键”到现今的30多年中，政府职能转变经历了多个发展阶段，取得了很大程度的转变，但转变得还不够彻底，受计划经济、形式主义或官僚主义等影响，部分地方政府仍坚持“唯GDP论英雄”思想，政府过度干预经济，未能充分发挥市场在资源配置中的决定性作用。目前，在生态公益林的经营管护上主要依赖于政府投入，政府利用强制权威手段来管理、抑制市场的作用，严重打击了其他生态公益林所有者或有意向经营公益林参与者的积极性。

3. 生态补偿标准偏低

集体林权制度改革后，多数林地都承包给了农户，每户分到生态公益林的数量又不多，有的甚至非常少，形成非国有生态公益林经营单位变小、主体松散、经营成本高、制约因素多的局面，林农难以获得预期收益。尽管，近年来武平县加大了对生态公益林的生态补偿力度，补偿标准提高到每亩21.75元（乔木林分每亩加1元即22.75元/亩），但是与周边两省（广东、江西）的县（区、市）相比（广东蕉岭县补偿标准为每亩33元，其中80%给农户，20%作为县镇村的工作经费；江西省对位于国家级自然保护区内的生态公益林实行差异化补偿，补助标准为26.5元/亩）还有差距，与到了采伐年限就可以采伐的商品林的经营收益相比的反差更大；正因为生态公益林的生态补偿标准与林权所有者的期望值有差距，影响对林权所有者经营生态林的积极性，所以大部分林农对自己经营管理的自留山、人工林划为生态公益林的经营管护意愿弱化，希望政府能以适当的价格赎买自己经营的公益林。而且随着社会经济发展，城镇化进程加快，在经营林业的收益远不如外出务工收入的情况下，很多林农放弃经营林业而选择外出务工，造成林分质量差、管护粗放或疏于管理，而生态公益林流转或赎买有关机制缺失，难以走上规模化经营、专业化管理、市场化运作的现代林业发展道路，不利于生态公益林的持续健康发展。

4. 管护机制不够完善

生态公益林分布范围广阔，面积大小不均，零星分散，给山林管护工作带来诸多困难。林区基础设施薄弱，缺少护林点，防火网络建设滞后；现有护林点交通不便，人员相对不足；一线护林（监管）员待遇总体偏低，而且因管护面积及分配方案差异工资相差悬殊，没有稳固的补助渠道，人员流动性大，影响了工作积极性；基层林权单位没有行政执法资格，削弱了处置违法行为的力度和强度；护林协会经费没有着落，难以发挥作用，形同虚设。特别是近年来，随着林木收益增大，受超额利益的诱惑，一些地方乱砍滥伐林木、非法运输贩卖木材等违法犯罪活动不同程度地存在，生态公益林及自然保护区山林管护的压力增加，整体管护机制尚待进一步健全和完善。

四、国内外政府赎买生态公益林的经验启示

由政府赎买非国有生态公益林，将国家利益和集体、个人的利益紧密地联系在一起，能够有效保障林农和其他社会主体投资林业的利益，吸引集体或个人积极参与到生态公益林建设中来，盘活了森林资源，有助于提高生态建设成效，是生态公益林经营管理方式和深化林业投资体制的一项重要创新举措。国内外都有成功的经验可以借鉴。

从国内来看，就非国有生态公益的问题，有不少专家学者提出了通过国家直接收购、采购或赎买等政策保护生态公益林的观点。例如，福建林业职业技术学院余荣卓、蔡敏提到关于生态公益林的赎买对策，一是林权置换，政府可以利用省属国有林场、县属国有林场所有的商品林分置换集体和林农个人手中的公益林，采用林木资产等价交换或经营预期收益交换的方式进行置换，扩大国有单位所能掌握的生态公益林面积；二是生态公益林赎买，即各级政府在发展社会经济的同时，筹集一定的资金，逐步购买分散在村集体和林农个人手中的生态公益林，交由省属国有林场和国有林管护站等国有林管护单位管理，提高生态林的经营与管护水平，提升生态保护功能，有效发挥生态效益。① 国家林业局调查规划设计院蒋爱军等在关于国家直接收购非国有重点公益林有关问题的探讨中指出，收购重点公益林和对现有重点公益林实行森林生态效益补偿基金制度是解决重点公益林管理中矛盾和问题的两种方式，都属于重点公益林扶持政策的重要内容，目的相同，但其侧重点不同；并提出收购政策与森林生态效益补偿基金制度只要运用得当，就会相辅相成。② 国内也有一些成功的政府赎买生态公益林的现实案例，例如，2005 年底，贵州省开展“赎买”人造公益

① 余荣卓、蔡敏：《推进闽北生态公益林赎买和保护的方法》，《林业经济问题》2017 年第 4 期。

② 蒋爱军、张敏、陈雪峰：《国家直接收购非国有重点公益林有关问题探讨》，《林业资源管理》2008 年第 1 期。

林的试点。又如，2008年平潭县政府对其沿海沙岸前沿自最高潮水线向内延伸的基干林带林木实施赎买，赎买后的林木所有权收归国有，林地所有权仍然归村集体所有，都取得了较好的效果。这些成功经验都值得借鉴。而且就武平县来说，在政府赎买重点生态区位商品林政策的实践经验也将为政府推动赎买非国有生态公益林工作提供有益的参考和借鉴作用。

从国际在公益林的制度设计、补偿政策等方面来看，韩国、日本、奥地利、瑞典等对私人林被划为公益林的，通过国家购买的形式将其逐步转为国有林，并设置专门机构进行管理。例如，在日本森林法中就明确规定，国家对于划为保安林森林所有者要加以适当补偿，以保证其收益不至于因此而降低；瑞典森林法中同样也有类似的规定，若林地被宣布为自然保护区，则该林地所有者的经济损失由国家给予补偿。

五、武平县政府赎买非国有生态公益林的对策建议

（一）转变施政观念，深化生态公益林政府赎买政策改革

武平县政府要提高政治站位，带着深厚的感情、强烈的责任，进一步深刻领会习近平总书记对武平林改的一系列重要指示、批示，以及对捷文村群众来信重要指示所饱含的深厚感情和殷切关怀，牢固树立和践行“绿水青山就是金山银山”理念，切实将习近平生态文明思想根植于各级干部群众血液里、落实到行动上；要切实转变施政观念，转变政府职能，立足“生态立县、旅游富民、产业兴城”县域经济发展战略，在遵循《国家生态文明试验区（福建）实施方案》的工作要求下，充分利用国家赋予创建国家生态文明试验区的契机，坚持先行先试、用活用足国家的优惠政策，就深化生态公益林政府赎买政策改革问题，专门组织人员通过“解剖麻雀”“走出去、引进来”等方式扎实开展调研，深入研究政策改革的必要性和可行性，进一步扩大赎买范围，提出更多合理化措施推进生态公益林建设，努力将生态优势转化为市场优势。

（二）突出问题导向，不断完善生态公益林赎买机制

赎买非国有生态公益林政策是一项政策性强、涉及面广、关系到林业可持续发展和生态文明建设的一项重要工作。对武平县来说，这也是一种全新的探索和尝试工作。通过前期武平县开展的赎买重点区位县级生态公益林工作，针对其在实施过程中发现的一些问题，积极采取应对措施健全和完善生态公益林

赎买机制，推动武平生态公益林走上规模化、集约化、专业化的现代林业发展道路。

1. 要构建资金多元化筹集机制，扩宽赎买资金筹资渠道

探索建立以财政资金为主、受益者合理负担、广泛吸引社会资金参与的多元化资金筹集机制，保证赎买资金的可持续性。一是持续加大财政资金投入，充分发挥财政资金对生态建设的基础性引导性作用。近年来，武平县经济快速发展，连续四年跻身福建省县域经济发展“十佳县”，据统计，该县2019年全年实现地区生产总值225.2亿元，财政总收入增长到14.2亿元。武平县政府可以从财政中安排一部分资金用于赎买非国有生态公益林是可行的，在积极争取上级财政资金补助的情况下，也应建立本级财政专项投入机制，逐年增加生态林的资金投入。二是整合现有专项资金。为提高资金使用效益，避免“撒胡椒面”，从节能减排、重点流域生态补偿等各类涉林专项资金中划出一部分作为赎买生态公益林基金。三是探索森林生态效益有偿交易机制。按照“谁受益、谁补偿”的环境原则，建立受益者合理负担的有偿交易机制，主要可考虑以下资金来源：①自来水厂营业收入；②电站发电收入；③旅游收入；④征占用林地从事商业经营活动收入等。同时，可以鼓励社会各界通过捐资、认养、冠名等方式建设生态林，形成全社会支持生态建设的良好氛围。

2. 要确定科学合理的赎买形式、顺序、价格

（1）赎买形式：采取何种形式进行赎买主要根据林权所有者的意愿、生态效益、资金状况及社会稳定等因素。要具体问题具体分析，根据不同的实际情况，选择适当的赎买形式对非国有生态公益林进行赎买。例如，可动员那些不再愿意经营林业或不以林业为主要生产活动的林权所有者，通过赎买的方式将生态公益林的林木所有权、林地使用权甚至是林地所有权直接卖给政府，盘活闲置的林业资源；对主要从事林业经营或把林地当作主要收入来源的农户来说，可采用置换的方式进行赎买，用商品林置换林农手中的生态公益林。

（2）赎买顺序：因为生态公益林涉及面广，关乎林农和村集体的切身利益，要坚持统筹兼顾、分步实施的原则，可先易后难、先急后缓、突出重点、相对集中地逐步推进，按照生态区位的重要性确定赎买顺序。[①]

---

① 余荣卓、蔡敏：《推进闽北生态公益林赎买和保护的方法》，《林业经济问题》2017年第4期。

（3）赎买价格：要综合考虑国家和林权所有者的利益及在其政策实施过程中产生的成本费用。在制定赎买价格时，应在规范的森林资源价值评估体系基础上，尽量引入第三方评估机构，根据市场行情确定交易指导价，这样比较公平，也符合市场经济的要求。

3. 要加大宣传力度，营造浓厚氛围

政府赎买非国有生态公益林直接涉及林农切身利益，是一项政策性、操作性很强的工作，群众满意是关系到赎买工作成功与否的关键。县政府要适时召开非国有生态公益林赎买工作推进会议，及时研究部署有关工作。各有关部门和乡镇要把赎买试点工作摆上重要议事日程，在组织领导、政策制定、工作部署、财力投入等方面层层落实责任，确保领导到位、责任到位、措施到位。同时，要通过宣传车、张贴宣传标语、发放宣传材料、发布公告、入户宣传等方式，深入各乡（镇）、村大力宣传非国有生态公益林赎买政策，使群众切实了解生态公益林政府赎买改革的目的、意义、赎买方式、赎买流程、赎买后管护等工作，引导林权主体积极参与政府赎买非国有生态公益林工作。

4. 要进一步做好摸底、登记工作

一方面是以武平县森林资源档案为基数，落实非国有生态公益林的面积和分布情况，明确非国有生态公益林的权属，为后续赎买工作打好坚实基础，避免出现一些待赎买的山场因需要解决林地界限不清等林地纠纷而造成赎买工作难推进的问题。另一方面是进一步发挥基层林业站所和乡村干部的作用，积极做好林权所有者摸底工作，凡有意被赎买、租赁的林权所有者持本人身份证和林权证到所在乡镇政府相关专门机构登记。

（三）开展森林可持续经营项目，完善赎买后收益形成机制

非国有生态公益林政府赎买后，权属发生了改变，如何科学利用赎买后的林地资源，优化资源配置从而内生动力，建议主要考虑适度合理地利用生态林发展林下经济，提高林地附加值和利用率。在确保生态公益林林分的生态功能前提下，充分利用其生态资源优势，因地制宜地发展林下经济，推动绿色低碳的新兴产业，不断注入新的发展动能。可选择赎买后的部分生态公益林作为培植推广的典型，确定为县级林下经济发展示范基地，实行政策激励和资金扶持，使其发挥示范带动效应。此外，也可以鼓励在生态保护的前提下，因地制宜地开展森林旅游等其他非木质资源开发利用。

（四）建立健全管护长效机制，落实管护责任制

林业要发展，三分靠造林，七分靠管护。事实证明，一个地方加强林业管理，森林资源就会得到有效保护，林业就可以造福当地，给群众带来实惠。反之，忽视了林业管理，森林资源就会遭到破坏，从而损害群众利益，影响林区稳定。可见，非国有生态公益林赎买后的管理是非常关键的环节，要逐步形成森林资源规模化、专业化、市场化的管护长效机制。①

1. 确定科学合理的管理模式

除将赎买后的生态公益林交由国有林场、国有林业投资公司或林业站管理外，还应积极探索赎买后的生态公益林对外实行承包管理方式，让一些懂林业经营管理又具备经济实力的公司、个人来承包经营管理，这样既有利于生态公益林科学管护，同时又增加了林地资产的收益。

2. 加大森林资源保护的宣传力度

认真贯彻落实党的十九大精神，坚持人与自然和谐共生，树立和践行“绿水青山就是金山银山”的理念，坚持节约资源和保护环境的基本国策，形成绿色发展方式和生活方式，建设美丽中国。深入农村基层宣传林业政策和法律法规，宣传保护森林资源的重要意义，提高保护森林资源的社会意识，让国土绿化、生态安全的观念深入人心，成为社会大众的共同意志和自觉行动。同时，要利用违法犯罪典型案例进行警示教育，以案释法，借以提高群众的法治意识，营造良好的生态保护氛围。

3. 健全林业生态管护网络

进一步完善县、乡、村、护林（监管）员四级监管机制，加强森林公安、检查站、林业执法大队等行政执法部门，与乡、村护林队伍的横向和纵向联系，建立护林防火的联动机制，形成森林执法和生态保护的强大合力。加强护林队伍建设，努力探索护林员管理办法，完善护林员考核机制和激励机制，提高各村林业副主任及护林（监管）员的工资待遇，解决他们的社会福利保障问题，增强工作责任感和积极性。对于严重破坏生态森林资源，扰乱林区管理秩序的行为，政府及有关部门必须引起足够的重视，应该加紧研究，制定对策，

① 康鸿冰、戴永务、洪燕真：《福建省重点生态区位商品林赎买模式比较研究》，《林业经济问题》2019年第4期。

运用强硬的经济、行政、法律等综合性的治理手段，组织力量，重拳出击，依法打击和处置，绝不手软，以巩固林业发展成果，确保森林生态安全。

六、结语

生态公益林建设是构建生态安全、推进生态文明建设的重要组成部分。希望通过探索武平县政府赎买非国有生态公益林改革，完善森林生态保护扶持政策，创新生态公益林的经营管理模式，建立非国有生态公益林长效管理机制，推动武平县生态公益林走上规模化、集约化、专业化的现代林业发展道路，进而推进武平县生态文明建设。受时间、资料等方面条件的限制，调查研究不够深入，在本文中提到对非国有生态公益林进行政府赎买的模式主要是直接赎买和置换两种方式，若是能够进一步拓展赎买模式，如合作经营、拆分入股等方式，研究内容将更加充实、更加有深度。

当然，在目前国家和地方政府一时无法拨付足额财政资金用于赎买非国有生态公益林的情况下，也可另辟蹊径，积极探索非国有生态公益林流转用于发展规模林下经济的办法。在坚持家庭承包经营长期不变的基础上，在保障生态安全和保持生态功能的前提下，实行山林拆股、收益按股分配，按照“分股不分山、分利不分林”和“依法、自愿、有偿”的原则，大力推进非国有生态公益林林地经营权流转，因地制宜发展林下经济项目，既有效保障原林权权利人利益、防止农民失山失地，又保证林地实际经营权人合法权益，加大林地流转后林业生产资金的投入，提高林地经营水平，实现林业规模化集约化经营。

农村生活污水协同治理研究

张江海*

当前，农村生活污水治理是农村人居环境整治的薄弱环节，事关宜居宜业和美乡村建设，事关农村居民的身体健康。农村生活污水治理是一项系统工程，涉及政府、企业、村委会、村民等多元利益主体，包含规划、建设、运营和维护等诸多环节，需要各利益主体协同发力，推进农村生活污水治理。但在现实实践中，存在相关利益主体协同不畅，影响治理成效。基于此，本文从农村生活污水协同治理入手，分析其存在问题与原因，并提出治理路径建议。

一、农村生活污水协同治理不畅的表现

在基层政府推进农村生活污水协同治理的过程中，虽然在污水治理上取得了一定成效，但在政府、企业、村委会、村民的协同治理方面存在诸多问题。

（一）政府部门内部协同不畅

政府部门内部协同不畅的情况，在农村生活污水协同治理过程中时有发生：一是部门职责界限不清晰，存在多头管理的问题。农村生活污水治理涉及生态环境、农业、财政、住建、水务等多个部门，各部门都有一定的管理职责，易导致多头领导。各部门之间虽有设置分工，但相互沟通的机会不多，工作职责划分不够到位。个别部门局限于自身工作任务，对于许多部门协同参与的工作内容不够重视。二是政府部门之间存在职能交叉、界定不清的情况。如在农污项目建设方面，住建部门负责新建、改建及扩建污水处理站、污水管网敷设等建设任务，而生态环境部门负责指导、协调和监督农村生态环境保护，

* 张江海，中共福建省委党校（福建行政学院）公共管理教研部副教授。

并审核住建部门负责项目的达标情况，两个部门间存在职责交叉的问题。三是缺乏协同法治化。部门间协同缺少专门的法律法规，而且存在利益法律化，各部门为了巩固扩大本部门的权益，倾向于制定有利于本部门的法规。

政府部门内部协同不畅会导致以下问题：一是一旦出现问题，协调成本极高，往往互相推诿，责任不明晰；二是部门间工作界定不清，职能的设定未能发挥价值效应，存在空白或描述模糊的情况，为追责带来困难；三是协同法制化缺乏，直接导致部门间法律法规有冲突。

（二）政府与企业协同不畅

农村生活污水处理具有面广、工作量大、稳定性弱等特点，由于地方政府的财力不足难以独自提供此类公共产品及服务，因此，当前农村生活污水治理中主要采取 PPP 模式。地方政府希望借助社会资本、技术和管理优势来解决农村生活污水基础设施投资和运营的供给，促进公共服务的提质增效、社会公众的福利增进，达到上级政府满意、本地区经济社会发展和自身政治利益最大化的目的。但在实践中，鉴于农村污水处理模式商业化尚未成型，社会资本参与的意愿不高，部分农村污水处理厂的运营承担部门是生态环境部门、水务部门等下属单位或者地方国有企业，这种情况容易出现地方政府相关部门既当“裁判员”又当“运动员”，造成权责不分，不利于实现专业化、规范化管理。

（三）政府与村委会协同不畅

《中华人民共和国村民委员会组织法》第五条规定：“乡、民族乡、镇的人民政府对村民委员会的工作给予指导、支持和帮助。但是不得干预依法属于村民自治范围内的事项。村民委员会协助乡、民族乡、镇的人民政府开展工作。”由此可见政府与村委会的关系是指导、支持和帮助的关系。实践中，个别基层政府为追求完成上级下达的各项指标服务，会逐一分解、层层下达，分配到村委会，由村委会负责执行，完成相应的任务。在完成任务过程中，由于信息沟通不畅，政府与村委会会出现协同不畅的问题。在农村生活污水协同治理中，主要体现在以下两方面：一是由于农村生活污水设施建设涉及选址、施工，会影响村民的土地使用，政府需要村委会协同办理。如在对村民的房屋和土地进行测量的过程中，由于和村委会成员的亲疏关系存在差异，在测量和评估的结果上，如果村委会没有秉公处理，就难免出现不公平现象，影响农村生活污水设施建设的进度。二是在运营管理方面，大部分农村生活污水设施建成后以村委会自管或协管为主，村委会和政府主体责任界限不清晰，且技术和管理等专业力量匮乏，容易出现推诿现象。在运营管理经费方面，通常先由村委会自筹经费或先行垫资为主，之后通过政府回购、财政加自筹和完全由财政负担等形式来运营维护。但在具体操作中，政府资金拨付回款缓慢，直接减弱了村委会与政府的协同治理的意愿。

（四）政府与村民协同不畅

在农村生活污水治理过程中，一些村民因受教育水平、生活习惯、自我认识的制约，普遍认为农村环境污染治理是政府、村委会的事，与自身关联性不强，参与改善居住环境的积极性和主动性不高，甚至认为生活污水治理不能给村民带来直接利益，因而不理解、不支持、不配合，这些都给污水处理工作带来很大的阻力。此外，有的政府部门与村民之间的沟通和反馈不充分，村民因缺乏合理的利益表达渠道易被边缘化，致使一些村民反对农村生活污水治理项目。

二、农村生活污水协同治理不畅的成因分析

造成农村生活污水协同治理不畅的原因有多方面，既有政府内部财权与事权不匹配的原因，也有社会力量参与意愿不强的原因，还包括村民内生动力不足的原因。

（一）政府层面：各级政府财权和事权不够匹配

分税制改革后，中央政府不仅增强了可用财力，也增强了宏观调控能力，但改革也造成了财权与事权不够匹配的问题。在省以下地方政府间，出现了上级政府向下级政府集中财力的现象，省、市政府对共享收入和地方固定收入进行分成，由于上下级政府间的关系是行政管辖关系，在与上级政府的谈判中始终处于弱势地位，对各项财政政策的制定和实施基本没有发言权，客观上形成了事权向下财权向上倾斜的局面，造成基层政府尤其是乡镇政府财权与事权的不对称。本应由中央政府或其他上级政府承担的职责，如农村生活污水治理、农村公共卫生、农村公路等公共事业和基础设施建设，现在基本上是由乡镇政府来承担建设性负债。

（二）社会层面：社会力量参与意愿不强

社会力量是农村生活污水治理的重要参与方，社会力量主要包括企业、社

会组织等。从企业角度而言，企业由于存在风险和收益不对等，导致企业参与意愿不足。首先，当前 PPP 模式相关的法治建设仍然落后，缺乏完善的产权保护制度，对企业的投资权益保障不充分，相关信用制度、监管制度、考核制度、风险分担机制等尚不健全，影响了社会资本参与农村基础设施建设的积极性。其次，在财政和税收上对农村基础设施 PPP 模式的政策扶持力度较小，相关行业管理不够规范，与农村基础设施领域公私合作有关的配套制度不健全，阻碍了农村基础设施公私合作的良性发展。从社会组织的角度而言，在我国农村，虽然社会组织逐步参与到农村生活污水治理过程中，但受制于专业能力不足，资金不足等因素影响，社会组织发挥的功能有限。

（三）个人层面：村民内生动力不足

在农村生活污水治理中，村民参与行为受到诸多因素影响，主要包括个体自身素质、法律意识和地方政府个别工作绩效等的影响。一是村民的文化素质和组织化程度普遍不高，缺乏参与有关决策活动和对公共事务的有效监督，参政议政能力薄弱。部分村民法律意识缺乏，对农村公共产品的融资监管意识不强，无法在农村公共产品供给中，发挥民主监督作用，实现其民主管理的权利。

二是在当前农村生活污水治理项目中，大部分村民对农村生活污水治理的关注度和参与意愿不强，且呈被动状态。即使参与也多表现为较低层次的象征性参与，参与深度与广度受限或呈现片段性参与，并非真正意义的实质性参与，未能在项目实施中充分发挥共同治理的作用。

三是个别地方政府工作人员在土地征迁中损害村民切身利益，未充分了解村民对农村基础设施发展的核心需求，忽视村民对于农村基础设施项目建设的必要性、项目选址的合理性、项目对环境的影响性及土地征迁给村民带来的影响等问题的意见和建议，较少考虑农村实际和农户需求，农户需求不能得到及时、有效的回应，易导致农村公共设施公私合作模式的供给易于脱离村民的现实需求，农户利益受损，影响其参与积极性。

三、农村生活污水协同治理的路径探索

农村生活污水治理是一项系统工程，需要政府、企业、村委会、村民等相关利益主体在明晰各自职责的基础上，调动各方利益主体参与农村生活污水治理的积极性，提高治理成效。

（一）明确各级政府职责

第一，要进一步明确各级政府的财政支出责任。在农村生活污水治理中，要按照财力与事权相匹配的原则，明确中央和各级政府的支出责任，改变基层政府财政支出责任过重的现状。中央安排预算内投资，给予地方政府相应奖补，省、市、县要争取财政部中央基建投资预算（拨款）资金。地方各级政府要保障农村人居环境整治基础设施建设和运行资金，统筹安排土地出让收入用于改善农村人居环境，鼓励各地通过发行地方政府债券等方式用于符合条件的农村人居环境建设项目。

第二，要进一步明确各级政府的事权。在国家层面，要加快推进农村人居环境建设立法，明确包括农村生活污水治理在内的农村人居环境改善的基本要求，政府、村民、企业等治理主体的责权，明确中央和地方事权，细化部门职责分工等。① 如生态环境部门牵头主抓农村生活污水治理，组织编制相关技术标准指南，督促指导项目推进，开展工作考核等，设区市生态环境部门派驻各县、市（区）的机构协助县级政府做好指导工作并开展监督。农业农村部门统筹协调农村基础设施建设，将农村生活污水治理纳入乡村振兴战略、农村人居环境整治统筹推进实施。住建部门负责农村生活污水治理项目的技术指导和组织管理，并督促指导推动城镇（含乡镇）污水处理厂管网向城镇周边村庄延伸覆盖。卫健部门会同农业农村部门指导无须纳管处理的户厕三格化粪池尾水开展资源化利用，不得直接排入水体。科技、财政、自然资源、水利、国资、税务等部门要加大政策、资金、要素保障，落实用电和税收支持政策，同时积极支持地方实施城乡供排水一体化。要完善发展，财政、自然资源、住建、水利等多部门协同联动机制，协同做好农村生活污水项目申报、审查、建设和验收工作，解决农村生活污水治理区域治理难等问题。

在地方层面，鼓励具有地方立法权的设区市以上城市，结合本辖区农村特点，研究制定农村生活污水治理管理条例、农村生活污水治理考核办法、农村生活污水处理设施运行维护管理办法等地方性法规、规章和规范性文件，保障建设、运维、管理全过程有法可依，明确各方职责分工，确保权责统一、推进

---

① 王波、郑利杰、王夏晖：《现代农村生活污水治理体系实现路径研究》，《环境保护》2020年第8期。

有力、管理有效。[①]

（二）鼓励社会力量积极参与

第一，鼓励企业积极参与。企业在农村生活污水治理中发挥着重要作用。首先，要进一步加强 PPP 领域法治建设，充分保护社会资本的投资保障；要放宽市场准入，打破市场壁垒，破除制约土地、资本等要素自由流动的障碍；要加强对地方政府按时履约的监督和问责，稳定预期，提振民间投资主体的参与信心。其次，由于农村生活污水治理项目一般周期较长，存在一定程度的风险和收益不匹配等问题，需加强风险防范，推动项目稳步开展。在项目推进过程中，合理确定项目边界条件，风险共担；需按照农村各地的差异，因地制宜，选择合适的污水处理技术和风险处理模式，合理明确项目间合作的边界条件、合作内容，确定政府和企业社会对资本的利益和风险共同承担的方式，合理共担风险。再次，要加强政府专项资金整合。目前农村生活污水处理项目均有各类政府专项资金，可用于项目建设和运营补贴支付，政府可同时扶持污水治理项目并整合不同渠道下达的专项资金，合理规划安排，提高专项资金使用效益。最后，建立合理运营补偿机制。农村生活污水治理项目，在谁污染、谁治理、谁付费无法推行的情况下，设置合理的项目回报机制，对于财力不足的县域，地方政府应加大财政资金倾斜力度，统筹政府各项资金，支持农村生活污水治理。加强绩效监督考核为确保农村污水项目长期稳定运营，相关管理部门应加强项目的运营绩效考核，建立绩效考核与付费挂钩机制。通过建立户、村、镇、县的多级监管考核机制，设立绩效考核小组，确保项目稳定运营，提高项目运营效率和效果。

第二，鼓励社会组织积极参与。社会组织在农村生活污水治理中起着不可或缺的作用。其一，要采取各种措施，比如，政府购买社会服务的方式引导社会组织通过举办公益论坛、进行环保宣传、开展公益项目、捐赠卫生设施等多种多样的方式参与农村生活污水治理。从社会组织自身角度而言，要加强自身能力建设，充分利用社会组织公益性特点，吸引专业人士参与，提升自身的专业度。其二，可以出台政策，引导村民或农民合作组织依法成立生态合作社，吸纳村民承接本地农村生活污水治理后续管护工作。成立生态合作社有利于提升农村生活污水协同治理能力，实现农村生活污水由政策扶持向市场转变，由

---

① 于法稳、于婷：《农村生活污水治理模式及对策研究》，《重庆社会科学》2019 年第 3 期。

政府买单向共建共享转变，提升生活污水治理效能。[①] 以乡情乡愁为纽带吸引新乡贤通过捐资捐物、结对帮扶等形式支持改善农村生活污水治理。

（三）激发村民参与农村生活污水治理的内生动力

村民既是农村生活污水治理的制造者和受益者，更是重要的参与者、建设者。要多措并举，激发村民参与农村生活污水治理的内生动力。

一是要完善村民自治机制，引导村民全程参与农村生活污水治理相关规划、建设、运营、管护等环节，保障村民的知情权、参与权、表达权、监督权。可以借鉴福建省光泽县的经验，在农村生活污水治理中，充分重视村民全程参与。在农村生活污水规划设计阶段，科学设计“农村生活污水提升治理项目征求意见表”，收集村民意见并进行汇总分析，作为农村生活污水项目设计优化、施工管理的基本依据。在项目施工阶段，为保证工程施工质量，建设过程中充分发挥党建引领作用，并由农户推选村里威信高、责任心强的党代表、人大代表、政协委员等与懂基建、管道安装等技术的村民组成“傍站”监督小组，对整个施工过程进行全程跟进、现场监管。在项目涉及乡（镇）时，各指派 1 名具有一定工程管理能力和技术的人员，负责辖区农村生活污水提升治理工程质量管理。充分发挥行业监管、科技监管、基层协管的作用，推动处理设施运维管护常态长效。同时发挥基层协管力量，将农村生活污水治理设施运行维护管理纳入《村规民约》，纳入乡（镇）综合执法、村级协管队伍的工作范畴，监督指导农户做好接户管网的日常维护。

二是要加强宣传引导。通过村务公开栏、智慧喇叭、横幅、微信群等形式，加大宣传力度，充分调动村民参与农村生活污水治理的积极性，形成全民参与、共建共享的良好格局。

此外，农村生活污水治理离不开村“两委”班子成员的参与和支持，其生态环境保护意识和行动直接影响农村生态治理的成效。政府要通过开设农村生活污水治理专题班等形式加强对村“两委”班子成员的培训，引导村“两委”班子成员牢固树立“山水林田湖草”是一个生命共同体理念，坚持因地制宜、经济适用原则，以生态化治理、资源化利用为导向，统筹加强农村生活污水治理与农田灌溉回收利用、农村庭院经济、农业绿色发展、“厕所革命”等紧密结合，实现农村水资源的资源化利用。

---

① 刘志博：《有序引导农民合作社参与农村人居环境整治》，《中国环境报》2021 年 12 月 27 日。

行政机构改革对我国经济社会发展影响的实证研究
——以县域治理为例

秦 强[*] 李东泉[**]

一、引言

改革开放以来，我国每五年进行一次行政体制机制改革，统称为行政改革或机构改革。分别为1982年、1988年、1993年、1998年、2003年、2008年、2013年、2018年、2023年机构改革，同时高位推动了地方政府的8次改革(除1988年改革外)。

中央和国家领导人高度重视行政机构改革，早在1978年12月13日，邓小平同志在中共中央工作会议闭幕会上作《解放思想、实事求是、团结一致向前看》的讲话时就提出“机构臃肿，层次重叠，手续繁杂，效率极低”的问题。① 1982年，邓小平在中央政治局扩大会议上再次提出“机构改革是一场革命”。2019年7月，习近平总书记指出，深化党和国家机构改革是对党和国家组织结构和管理体制的一次系统性、整体性重构，为完善和发展中国特色社会主义制度、推进国家治理体系和治理能力现代化提供了有力组织保障。② 有学

* 秦强，中国人民大学新闻学院讲师，师资博士后。

** 李东泉，中国人民大学公共管理学院教授。

① 《邓小平文选》(第二卷)，人民出版社1994年版，第150页。

② 《习近平出席深化党和国家机构改革总结会议并发表重要讲话》，中国政府网，http://www.gov.cn/xinwen/2019-07/05/content_5406606.htm。

者认为，中国改革开放以来在经济发展方面取得的巨大成就，与行政机构改革密切相关。改革适应了市场经济，推动了经济发展。① 也有学者提出，行政机构往往是不成功的改革，改革只重形式不重本质，每次都留下尾巴，改革之后，机构和权力又重新扩张，回归本源，② 改革陷入“精简—膨胀—再精简—再膨胀”的怪圈中。③

行政机构改革的目的在于提升行政效能和促进经济社会发展，是否促进经济社会发展是衡量行政机构改革成效的重要内容。本文力图以实证的方式，回答“行政机关改革是否促进了经济社会发展”和“如何促进经济社会发展”这两个问题，对行政改革与经济社会发展相关性研究进行探索性尝试。

本文首先对既有文献进行梳理，界定行政改革的定义，提炼出分析行政机构改革与经济社会发展的分析框架；其次，运用广义双重差分模型，以全国2 550个县级数据样本，验证行政机构改革对经济社会发展的影响及其联结机制，再对分析结果进行讨论，提出相关的政策建议。

二、文献综述与分析框架

（一）行政改革的内容

行政机构改革一般被认为是行政体制改革的重要组成部分，也往往被认为等同于行政体制改革。④ 行政体制改革是指“通过有目的地改变决策组织的结构、过程，以及决策者的态度和行为模式，来提高组织运行的效率”。⑤ 而机构改革的重点只是组织层面的变革，包括组织架构、人员配置、组织职能方面，是行政体制改革的重要部分。⑥ 所以说，“狭义”上的机构改革仅仅指机

---

① 蓝志勇：《从十八大的大政方针看深化中国行政改革的策略》，《中国治理评论》2013 年第 1 期。

② Kallgren J K，Lieberthal K G，Oksenberg M. Policy Making in China：Leaders，Structures，and Processes. *Journal of Asian Studies*，1989，48（4）：830.

③ 吴江：《一个行政管理体制改革实践者的独特视角——评〈见证——行政管理体制和劳动人事制度改革〉》，《中国机构改革与管理》2012 年第 4 期。

④ 中央编制委员会对行政体制改革的定义：行政体制改革是为了适应社会政治经济发展的需要而对党政机关的管理体制、职能配置、机构设置、人员配备以及这些和机构人员的组合方式、运行机制所做的调整和变革。

⑤ 蓝志勇：《从十八大的大政方针看深化中国行政改革的策略》，《中国治理评论》2013 年第 1 期。

⑥ 薄贵利：《论新世纪行政体制改革的目标与路径》，《北京行政学院学报》2005 年第 2 期。

构的精简和机构优化；而“广义”上的机构改革指的是行政体制改革，是自改革开放以来，每五年进行一次的改革的统称，涉及职能转变、机构设置改革、人员编制精简（1988—1998 年三次改革），也涉及机构和人员编制精简（1982 年改革），还有职能转变和机构结构调整（2003 年、2008 年两次改革），还涉及政府对市场和社会的服务态度（2013 年、2018 年的服务型政府、行政审批制度改革等）。[①] 因此，在本文中，笔者将机构改革、行政体制改革、行政改革等概念等同使用。泛指政府行政组织机构、流程、方法、行为态度等各个方面的改革。改革开放以来的这些政府组织结构、工作流程、方法和行为态度的持续性、周期性改革，目标是适应经济发展的要求，推动经济增长，提高市场效率，[②] 通过职能配置优化，降低市场交易成本，优化营商环境，促进经济发展。[③]

同时，党的十八大以来，以习近平同志为核心的党中央，始终抓住“放管服”改革这一“牛鼻子”，推进政府职能转变，让发展成果惠及更多老百姓。全面深化“放管服”改革以来，有效盘活社会资源，不断促进政府公共服务能力的提升。由此，政府在公共服务外包中的创新模式中，能够提供更多、更加优质的公共服务。[④]

因此提出假设 1：行政机构改革有效促进经济、民生的发展。

（二）部门整合与经济社会的发展

“整合”一直是组织变革，尤其是行政官僚体系变革的重要话题。西方大部分学者认为，对于组织来说，最成功的状态往往是整合良好的状态（integration）。历次国务院政府工作报告和党的重要文件中，理顺部门间关系往往是机构改革的重点。[⑤] 中国行政改革的目标之一就是调整机构内部的组织结构和部门间关系。

---

① 周志忍、徐艳晴：《基于变革管理视角对三十年来机构改革的审视》，《中国社会科学》2014 年第 7 期。蓝志勇、秦强：《行政改革对我国经济社会发展贡献的评估模型之探》，《理论探讨》2023 年第 3 期。

② 蓝志勇：《从十八大的大政方针看深化中国行政改革的策略》，《中国治理评论》2013 年第 1 期。

③ 钱锦宇、刘学涛：《营商环境优化和高质量发展视角下的政府机构改革：功能定位及路径分析》，《西北大学学报》（哲学社会科学版）2019 年第 3 期。

④ 《“放管服”改革让发展更有民生温度》，《人民论坛》2018 年第 7 期。

⑤ 何艳玲：《理顺关系与国家治理结构的塑造》，《中国社会科学》2018 年第 2 期。

事实上，近年来历次行政改革高度关注促进横向部门间的协同整合，尤其是通过改变组织结构实现整合。通过彻底的组织变革，以议事协调机构、大部制、成立行政服务中心、行政审批局等机构调整手段解决部门间协调问题，① 这一脉络顺应了21世纪以来“健全部门间协调配合机制”、理顺部门间关系的整体改革思路。行政服务中心等的设立，意在打破原有的割裂化壁垒，② 提升处理事务的行政效率，优化投资办事环境，③ 进而促进经济发展。

通过部门之间的整合，解决传统科层制中由于细密分工和严密的层级体系带来的“管理悖论”，④ 实现制度赋能，即职能分化和过度专业化导致出现职能重叠、机构协调、沟通成本提高等组织病理。一些主张整合趋势的学者认为，这样做能够解决大量政府机构重叠的问题，克服政府机构之间的独立性和缺乏协调的问题，加强对政府机构的监督和制约。⑤ 可以简化行政、避免权限冲突，改革政府间关系，⑥ 实现整体性政府，解决经济问题，⑦ 使得政府运转得更经济、更有效率。⑧

同时，跨部门治理能更好地创造公共价值，实现政府“善治”。⑨ 跨部门机构的业务流程整合与改造以后，可以整合政府服务，打造简便易用、信息公开、民意互动的网络，建构政府服务导向的信息架构。⑩ 理顺政府间关系有助

① 周志忍、徐艳晴：《基于变革管理视角对三十年来机构改革的审视》，《中国社会科学》2014年第7期。

② 刘胜、申明浩：《行政审批制度改革与制造业企业全球价值链分工地位》，《改革》2019年第1期。

③ 朱亚鹏、何莲：《如何提升政府回应性：地方行政改革的策略和逻辑——基于M市行政服务中心建设过程的历时分析》，《学术研究》2021年第2期。

④ 戴维·毕瑟姆：《官僚制（第二版）》，韩志明、张毅译，吉林人民出版社2005年版，第12—13页。

⑤ White，Leonard D. *Introduction to the study of Public Administration*. New York：Macmillan，. 1948：21.

⑥ 宋世明：《论当代国外行政改革的三大主题——对国外行政改革20年的回顾》，《天津社会科学》1999年第3期。

⑦ 埃里克阿姆纳、斯蒂格·蒙丁主编《趋向地方自治的新理念》，杨立华等译，北京大学出版社2005年版，第130页。

⑧ Willoughby. W，*Principles of Public Administration*. Baltimore：Johns Hopkins University Press，1927：86.

⑨ 段静、郑鸿铭：《财政补足民生“短板”重在政府部门协同》，《中国行政管理》2019年第12期。

⑩ 项靖、杨观耀：《电子政务的未来：以民生为中心的服务》，《电子政务》2014年第1期。

于发挥地方各级政府积极性、促进政府间良性竞争、完善民生监管机制及促进社会公正的积极作用。[①]

因此提出假设 2：行政机构改革通过部门间整合推动经济、民生的发展。

（三）技术赋能与经济社会发展

技术治理包括广义技术治理与狭义技术治理。广义技术治理指的是运用技术方式开展公共管理活动，包括运用大数据、5G 通信、区块链、人工智能、云计算等信息技术进行治理活动。[②] 在既有研究中，技术往往被当作外生因素，一种资源，[③] 目的是赋能。涉及个人、组织和社群等多个层面，创新政府管理方式，帮助赋能对象成功。[④]

党的十九大作出了建设“数字中国”的重大战略部署，许多地方政府在机构改革的过程中设立大数据局、数据资源管理局。[⑤] 大数据等新技术由于其开放性、网络性等特点，其安全性、合法性成为重要的问题。各地成立了大数据局、数据资源管理局等来为技术赋能提供平台或者载体，既提高了政府效率，也让大数据等新技术在政府运行中更具合法性和安全性。

大数据等新技术给政府运行带来新的机遇，具有革新管理艺术的潜力。[⑥] 信息可连接性、交互性、可访问性等，能够帮助政府部门克服地理上的鸿沟，推动部门间和远程合作、数据共享和协同办公，[⑦] 使政府管理的体制、结构、

---

① 杨渊浩：《理顺政府间关系：当代中国民生建设的路径选择》，《中国行政管理》2014 年第 9 期。

② 胡业飞：《国家治理与创新的长周期演化：对技术治理的重新理解》，《学海》2021 年第 3 期。

③ 胡重明：《社会治理中的技术、权力与组织变迁——以浙江为例》，《求实》2020 年第 1 期。

④ Spreitzer G. Giving Peace a Chance: Organizational Leadership, Employee Voice, and Sustainable Peace. 江小涓：《创新管理方式完善宏观经济治理体制》，《经济日报》2020 年 6 月 2 日。孟庆国：《孟庆国：数字化转型中政府治理的机遇与挑战》，《山东经济战略研究》2020 年第 10 期。

⑤ 张克：《省级大数据局的机构设置与职能配置：基于新一轮机构改革的实证分析》，《电子政务》2019 年第 6 期。郁建兴、高翔：《浙江省“最多跑一次”改革的基本经验与未来》，《浙江社会科学》2018 年第 4 期。

⑥ Wamba S F, Akter S, Edwards A C. How ‘Big Data’ Can Make Big Impact: Findings from a Systematic Review and a Longitudinal Case Study. *International Journal of Production Economics*, 2015: 234 - 246.

⑦ Morton, M. S. *The Corporation of the 1990s: Information Technology and Organizational Transformation*. New York: Oxford University Press. 1991.

职能、流程和方式发生革命性的变化，[1] 改变政府组织结构和运行方式，提升治理效率。有效提升了数据资源开发利用效率和“互联网＋”的政务服务水平。[2] 大数据强大的分析功能，使管理者可以比以往任何时候都更加精确地衡量和管理，[3] 可以更高效地建设有效政府和有效市场，完善二者的关系，推动简政放权，促进放管结合，实现优化服务，这些都有助于政府改革创新，促进经济增长，[4] 从而更好地促进中国经济高质量发展。[5] 数据已不再仅仅是外在的资源，而成为经济、行动、能力的内在基本要素，大数据的有效使用可以更好地推动数字经济与产业发展的深度融合，进而推动经济发展。[6]

技术赋能对民生的促进作用包括两方面：一方面是通过技术赋能，政府办事效率提升，可以让群众少跑腿、不跑腿办事，提升社会治理和民生服务的效能。[7] 通过数字技术，把民众的信息录入系统中，打造“互联网＋公共服务”模式，让群众可以享受便捷的服务。[8] 信息的可连接性、交互性、可访问性等，能够帮助政府部门克服地理上的鸿沟，推动部门间和远程合作、数据共享和协同办公，[9] 使政府管理的体制、结构、职能、流程和方式发生革命性的变化，[10] 改变政府组织结构和运行方式，提升治理效率。在许多领域广泛利用大数据技术，如公共交通、医疗卫生、信息安全、社区治理、环境保护和政府管

---

① 陈振明：《政府治理变革的技术基础——大数据与智能化时代的政府改革述评》，《行政论坛》2015 年第 6 期。

② 张克：《省级大数据局的机构设置与职能配置：基于新一轮机构改革的实证分析》，《电子政务》2019 年第 6 期。

③ Mcafee A，Brynjolfsson E. Big data：the management revolution. *Harvard Business Review*，2012（10）.

④ 高小平：《大数据与政府改革创新》，《光明日报》2016 年 12 月 21 日。

⑤ 程承坪、朱明达：《大数据时代的政府与市场关系探讨》，《中国软科学》2019 年第 9 期。

⑥ 张克：《省级大数据局的机构设置与职能配置：基于新一轮机构改革的实证分析》，《电子政务》2019 年第 6 期。

⑦ 洪伟达、马海群：《我国开放政府数据政策的演变和协同研究——基于 2012—2020 年政策文本的分析》，《情报杂志》2021 年第 10 期。

⑧ 杜伟泉：《基层社会治理数字化转型研究——基于我国东部 M 市实践经验的分析》，《情报理论与实践》2021 年第 2 期。Wamba S F，Akter S，Edwards A C. How ‘Big Data’ Can Make Big Impact：Findings from a Systematic Review and a Longitudinal Case Study. *International Journal of Production Economics*，2015：234 - 246.

⑨ Morton，M. S. *The Corporation of the 1990s：Information Technology and Organizational Transformation*. New York：Oxford University Press. 1991.

⑩ 陈振明：《政府治理变革的技术基础——大数据与智能化时代的政府改革述评》，《行政论坛》2015 年第 6 期。

理等方面的经验，从实践角度验证了大数据对于改善政府公共服务的有效性。[①] 同时，大数据重新塑造社会治理环境和现代公共生活，进而推动封闭的官僚结构进一步走向扁平化和开放化，强调多元主体共同创造公共价值，公共政策的议程设定更加科学及时，实现政府的结构重构、流程再造、决策优化。[②] 有助于政府形成开放的意识、包容的心态、科学的态度、关联的思考、深度的分析等政府治理理念，推动公共决策社会化、拓宽社会参与渠道。[③]

另一方面，信息技术也能有效提升数据资源开发利用效率和“互联网+”的政务服务水平。[④] 通过技术赋能，政府可以有效地挖掘民生需求、满意度等方面信息，大数据提供的强大分析基础，使得管理者可以比以往任何时候都更加精确地衡量和管理，[⑤] 提高社会治理水平，实现经验型治理向靶向治理转向，通过大数据中心等，实现公共服务的精准识别、精准管理、精准服务。[⑥]

因此提出假设 3：行政机构改革通过技术赋能推动经济、民生的发展。

（四）赋能型整合与经济社会发展

很多学者对部门间整合和技术赋能二者的作用进行了大量研究，但也有学者对二者的单独作用提出了质疑。一方面，部门间整合的形式往往是议事协调、实行大部制、建立行政服务中心或行政审批局等。随着社会复杂度提高，任务增多，加之官僚制内在扩张趋势，这些议事协调机构容易出现膨胀及路径依赖问题。部门对高层介入的议事机构存在路径依赖，高层频繁担任议事协调机构的领导容易出现资源分散效应。[⑦] 在行政服务中心或行政审批中心，仍存

---

① 马亮：《大数据技术何以创新公共治理？——新加坡智慧国案例研究》，《电子政务》2015 年第 5 期。

② 黄其松、刘强强：《大数据与政府治理革命》，《行政论坛》2019 年第 1 期。

③ 刘叶婷、唐斯斯：《大数据对政府治理的影响及挑战》，《电子政务》2014 年第 6 期。

④ 张克：《省级大数据局的机构设置与职能配置：基于新一轮机构改革的实证分析》，《电子政务》2019 年第 6 期。

⑤ Mcafee A，Brynjolfsson E. Big data：the management revolution. *Harvard Business Review*，2012（10）.

⑥ 杜伟泉：《基层社会治理数字化转型研究——基于我国东部 M 市实践经验的分析》，《情报理论与实践》2021 年第 2 期。

⑦ 周望：《超越议事协调：领导小组的运行逻辑及模式分化》，《中国行政管理》2018 年第 3 期。

在“门可以进，但事难办”的现象。[①] 同时，分割管理，效率受限制。窗口工作人员受到所属职能部门和中心的双重管理，职能部门拥有主要管理权力，调控能力不足，导致信息资源孤岛仍然存在，影响了效率。[②]

如果仅有技术赋能，也会存在以下弊端；第一，依然有多中心治理下的协作成本、冲突等问题，以及各部门基于部门利益、信息不对称下的数字鸿沟问题，[③] 服务协同效果差。第二，由于过度依赖、过度信仰、过度解读技术而忽视了其工具性，产生技术主义至上倾向。[④] 第三，有的地方技术基础薄弱，数字素养欠缺，仅有表面工程，无实质内容。[⑤]

由此，有的学者提出，在技术赋能不断发展的背景下，需要将技术赋能与部门间整合相结合，通过部门间整合打破行政壁垒、数据壁垒，进而实现技术赋能提高部门间运行效率的目标。[⑥]

因此提出假设 4：行政机构通过部门间整合＋技术赋能推动经济、民生的发展。

三、样本选取和数据来源

（一）数据来源

在机构改革与县域发展关系的议题上，已有研究从不同的角度进行了实证研究。吴建南等（2011）通过研究发现，县级改革与县级政府财政自给能力（财政自给率指当年各县财政预算收入占财政预算支出的比重）正相关；经济发展水平越高，县级改革对县政府财政自给能力影响越大。[⑦] 同时，投资结构

① 吴爱明、孙垂江：《我国公共行政服务中心的困境与发展》，《中国行政管理》2004 年第 9 期。

② 上官莉娜、侯寓栋：《当前我国行政服务“简约化”治理的实践与困境——以北京市海淀区为例》，《中南民族大学学报》（人文社会科学版）2019 年第 2 期。

③ 陈水生：《数字时代平台治理的运作逻辑：以上海“一网统管”为例》，《电子政务》2021 年第 8 期。

④ 金华：《国家治理中的过度数据化：风险与因应之道》，《中共天津市委党校学报》2021 年第 1 期。

⑤ 李晓昀、邓崧、胡佳：《数字技术赋能乡镇政务服务：逻辑、障碍与进路》，《电子政务》2021 年第 8 期。

⑥ 沈费伟、诸靖文：《数据赋能：数字政府治理的运作机理与创新路径》，《政治学研究》2021 年第 1 期。

⑦ 刘佳、马亮、吴建南：《省直管县改革与县级政府财政解困——基于 6 省面板数据的实证研究》，《公共管理学报》2011 年第 3 期。

也是经济发展的重要部分，扮演着越来越重要的角色。[①] 客观指标的选取中，已有王波（2004）；张宪平（2006）认为研究在衡量县域经济时，一般把 GDP、人均 GDP 作为关键指标。因此本文将县域 GDP 作为县域经济的主要指标。

民生是地方政府运行中为社会、民众提供公共服务和公共产品的过程。县域基本公共服务的水平，要从教育、医疗、社会保障、基础公共设施四个方面来讨论。其中，教育指的是小学、初中等义务教育资源；医疗指的是医院床位数、医生数量等；社会保障指的是城镇居民保险覆盖率；基础公共设施包括电话数量、用电量等。[②] 周黎安等（2015）在对省直管县体制对县的影响进行研究时，采用城乡收入比（城镇职工平均工资与农民纯收入之比）、教育（用普通中学在校学生占 0—14 岁人口的比重来衡量）、社会救助状况（社会福利院床位数来衡量）来作为民生建设水平的表征。[③] 因此，本文将以县域的医院床位数、教师学生比例作为县域民生的主要指标。但是在清理数据的过程中，发现教师学生比例指标缺失较为严重。因此，最终选择了医院床位数作为县域民生的测量。

数据来源：本文使用的数据是全国 31 个省（包括自治区，不包括 3 个直辖市）2 550 个县（区、市）2000 年至 2017 年的面板数据。县一级的人均 GDP、企业单位数、第一产业生产总值指数、第二产业生产总值指数、第三产业生产总值指数、户籍人口数、地方财政收入和固定资产投资额、医院床位数等均来自国家统计局。

注意力采用政府工作报告的词频分析。“注意力”是一个心理学概念。[④] 对政府注意力的测量，政府工作报告是一项很好的工具。因此，本文对政府工作报告进行词频分析，得出机构改革、部门间整合、技术赋能三个关键词的政府注意力，进而构造了三个核心解释变量。

① 干春晖、郑若谷、余典范：《中国产业结构变迁对经济增长和波动的影响》，《经济研究》2011 年第 5 期。郭克莎：《外商直接投资对我国产业结构的影响研究》，《管理世界》2000 年第 2 期。

② 熊小林、李拓：《基本公共服务、财政分权与县域经济发展》，《统计研究》2018 年第 2 期。

③ 谭之博、周黎安、赵岳：《省管县改革、财政分权与民生——基于“倍差法”的估计》，《经济学》（季刊）2015 年第 3 期。

④ 布赖恩·琼斯：《再思民主政治中的决策制定：注意力、选择和公共政策》，李丹阳译，北京大学出版社 2010 年版，第 58 页。

关于政府注意力的计算方法，已有研究形式各异。邓雪琳（2015）通过对1978年至2015年国务院政府工作报告中的关键词、高频词、关键段落进行比较，得出中国政府职能的转变历程和未来的转变趋势。将排名靠前的关键词建立数据库，计算频数。① 但是这种方法适用于整体性的预测，不适用于区域之间的对比。王印红、李萌竹（2017）通过对环境保护的词频和经济建设的词频对比分析，得出目前政府对环境保护的注意力强度提高的结论。② 梁琳琳对1954年以来的国务院政府工作报告进行分析，提取高频词汇做计量，以此反映社会变迁的规律及国家战略发展方向。③ 陈思对1978年至2012年的国务院政府工作报告进行分析，对其中关于“改革”“稳定”的词汇进行分析，以此得出中国政府的改革与稳定的关系。④

本文采用关键词词频数除以政府工作报告总字数的方式计算获得注意力。即：

政府注意力=关键词词频数/政府工作报告总字数。

数据来源：选取东中西部各3个省，共9个省（东部省份：广东、浙江、辽宁；中部省份：河南、湖北、吉林；西部省份：广西、新疆、重庆）。对9个省800多个县级单位从2000年至2020年政府工作报告进行收集。具体步骤为：

1. 到每个县政府门户网站的信息公开中搜索其政府工作报告并下载整理；

2. 由于县级政府网站中，2010年之前的政府工作报告很少公开，因此对各个县都尝试进行依申请公开。但由于有的地区无法依申请公开，如深圳，非深圳户籍的无法在线依申请公开。最后对463个县进行了依申请公开。有效回收了203个县的回复。

收集情况见表1。

---

① 邓雪琳：《改革开放以来中国政府职能转变的测量——基于国务院政府工作报告（1978—2015）的文本分析》，《中国行政管理》2015年第8期。

② 王印红、李萌竹：《地方政府生态环境治理注意力研究——基于30个省市政府工作报告（2006—2015）文本分析》，《中国人口·资源与环境》2017年第2期。

③ 朱俊：《法治思维视阈下的政府工作报告（1978—2013）考察》，《理论与改革》2014年第5期。

④ 陈思：《社会转型进程中中国政府的“稳定”与“改革”意识——基于1978年至2012年〈政府工作报告〉的分析》，《中州学刊》2012年第6期。

表 1 政府工作报告收集情况

年份	县级行政区划数	政府工作报告收集数	收集率
2000	855	13	1.52%
2001	855	18	2.11%
2002	855	33	3.86%
2003	855	60	7.02%
2004	855	88	10.29%
2005	855	110	12.87%
2006	855	156	18.25%
2007	855	172	20.12%
2008	859	233	27.12%
2009	859	240	27.94%
2010	859	325	37.83%
2011	859	344	40.05%
2012	859	389	45.29%
2013	859	438	50.99%
2014	859	487	56.69%
2015	859	536	62.40%
2016	859	579	67.40%
2017	859	610	71.01%
2018	860	625	72.67%
2019	860	644	74.88%
2020	860	516	60.00%

根据收集到的数据情况，本部分将用 2007 年至 2017 年数据分析 2013 年机构改革的影响。

词频分析与注意力计算步骤：

1. 确定好关键词。机构改革的关键词为："机构改革""职能""体制"。部门间整合的关键词为："部门""整合"。技术赋能的关键词为："技术""创新""电子政务"。

2. 用软件 Python 对收集到的政府工作报告进行数据爬虫。得到关键词的词频数、每份政府工作报告总字数。

3. 为检验关键词的准确性，选取 100 份政府工作报告，回到其中的关键词，查看是否符合要求，不符合要求的剔除。

4. 计算出政府注意力。

表 2 展示了各变量的描述性统计结果。

表 2　县级数据描述性统计

变量	样本量	平均值	标准差	最小值	最大值
GDP	20 538	1 225 611	1 873 322	6 716	31 603 000
医院床位数	26 774	1 074.4	944.0	10	9 561
2003 年改革	32 570	0.87	0.33	0	1
2008 年改革	32 570	0.56	0.50	0	1
2013 年改革	32 570	0.25	0.43	0	1
treatment _ 2003	32 570	4.22	2.18	0	8.63
treatment _ 2008	32 570	3.85	3.60	0	10.92
treatment _ 2013	32 570	1.45	2.66	0	9.95
规模以上工业企业	31 020	100.9	202.2	1	9 309
第一产业增加值	31 652	157 177.7	154 826.3	83	3 421 250
第二产业增加值	31 631	515 218.1	968 072.1	0.4	17 088 200
一般性预算收入	31 678	59 635.3	131 576	3	3 189 188
固定资产投资	31 551	605 054.4	1 005 134	27	13 335 091
规模以上工业产值	26 040	1 343 518	3 463 375	1	81 572 964

（二）模型设定

$$y_{it} = \beta_0 + \beta_1 \, reform_t + Z_{it} + \delta_i + \varepsilon_{it} \tag{1}$$

本文使用模型（1）的面板回归设定研究机构改革对于县域经济发展和民生建设的影响。由于机构改革是某一年在全国层面上同时推开，如果加入时间固定效应的话，会将核心关心的解释变量，即 $reform_t$ 吸收掉。因此，本文采用个体固定效应面板回归模型。

其中，y_{it} 表示 i 县 t 年的人均 GDP 和医院床位数，用来测量经济发展和民生情况。$reform_t$ 表示某一次机构改革，在改革当年及以后为 1，其余为 0；Z_{it} 为系列控制变量矩阵，包括企业单位数、第一产业生产总值指数、第二产业生产总值指数、第三产业生产总值指数、户籍人口数、地方财政收入、固定资产投资额；δ_i 为个体固定效应，控制了个体所有不随时间变化的特征；ε_{it} 为扰动项。

图 1 绘制了机构改革注意力的时间变化趋势。从中可以看出：第一，县级政府响应了中央层面高位推动的机构改革。第二，这一响应往往是在中央机构改革的后一年。因此，在具体分析时，如研究 2013 年机构改革就采用 2014 年

政府注意力的数据。

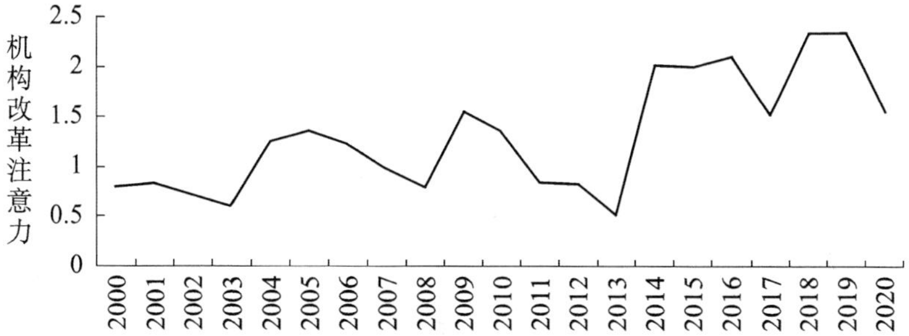

图 1　县级政府机构改革注意力变化

$$y_{it} = \beta_0 + \beta_1 reform_{i2014} * post_{t2014} + \beta_2 reform_{i2009} * post_{t2009} + \beta_3 GDP_{i2013} * t + Z_{it} + \mu_i + \delta_t + \varepsilon_{it} \quad (2)$$

机构改革在全国层面上同时推开，对其进行政策评估建立识别策略时存在没有对照组的问题。考虑到机构改革会在不同地方政府改革注意力（不同改革冲击程度）的地方产生差异化影响，我们用县级政府注意力去交互模型（1）中的改革变量，建立双重差分模型（2），进而识别出机构改革的因果效应。

模型（2）是研究 2013 年县级机构改革对县域经济和民生影响的双重差分模型。第一重差异是改革冲击大小，第二重差异是改革时间先后。模型中，被解释变量 y_{it} 表示 i 县在 t 年的县域经济和县域民生。$reform_{i2014}$ 表示 2014 年县级政府对机构改革的注意力。政府对机构改革的注意力越高，投入的资源越多，受到机构改革的冲击越大，预期其效果会更好。$post_{t2014}$ 为 0—1 虚拟变量，在改革发生及以后取值为 1，其余为 0。机构改革每五年进行一次，为了解决本次改革的效果可能是上次改革效果的延续的问题，在模型中控制了 2008 年改革，其设置同 2013 年改革变量。同时，这一识别策略可能存在的一个内生性担忧是有的地方政府正是由于自身发展水平低，所以在中央高位推动的机构改革中更加积极响应。为了解决这一内生性问题，模型控制了上一年（2013 年）的 GDP，并给予其线性时间趋势。μ_i 为个体固定效应，δ_t 为时间固定效应，Z_{it} 为系列控制变量，包括第一产业增加值、第二产业增加值、固定资产投资；ε_{it} 为扰动项。

四、实证研究设计及结果

图 2 和图 3 分别表示县域经济和民生的时间趋势。由于数据限制，图 2 只覆盖了 2008 年和 2013 年两次机构改革，图 3 覆盖了 2003 年、2008 年和 2013

年三次机构改革。从图中可以看出，不管是全国范围内县域还是东、中、西部县域的经济和民生，整体都在不断地提升；尤其是在县域经济方面，2008 年改革和 2013 年改革之后都有了显著的发展。

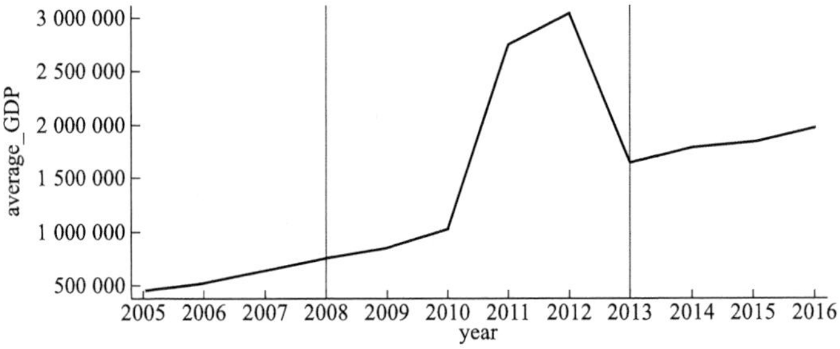

全国层面县域经济变化曲线图

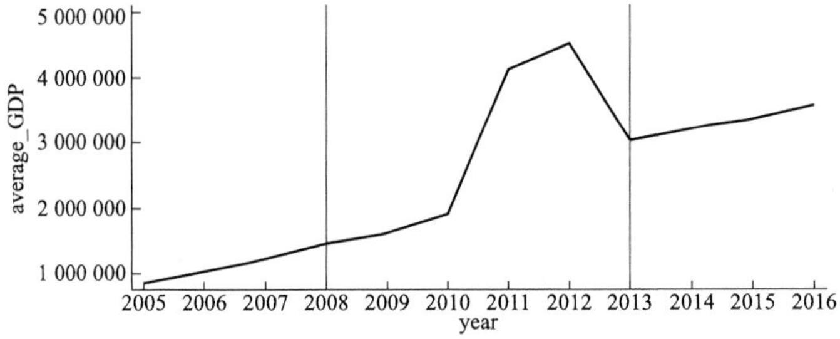

东部县域经济变化曲线图

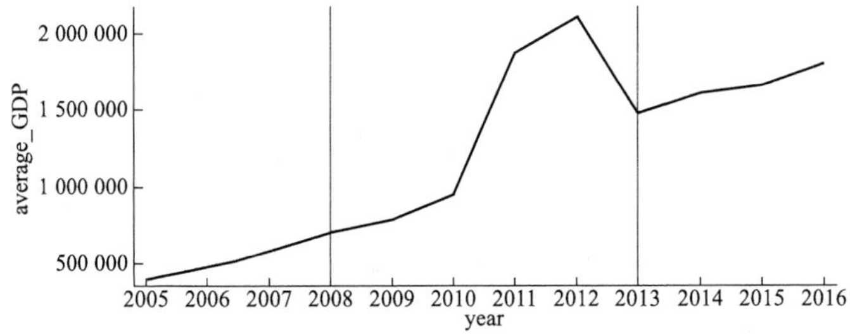

中部县域经济变化曲线图

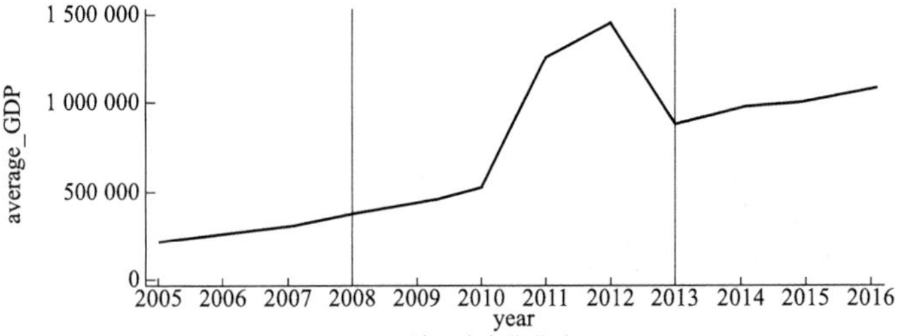

西部县域经济变化曲线图

图 2　全国县域及东、中、西部县域经济发展时间趋势图

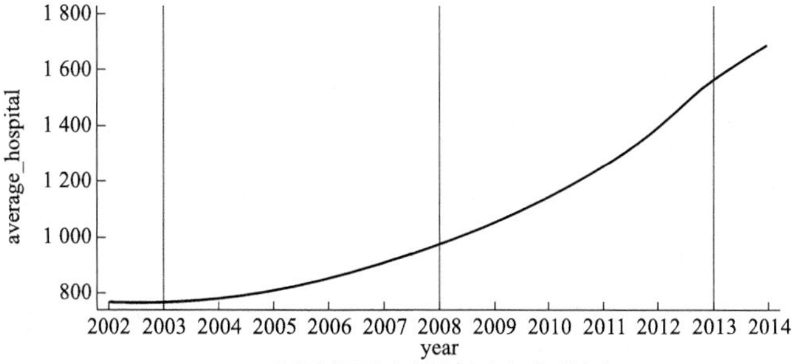

全国范围内县域民生变化图

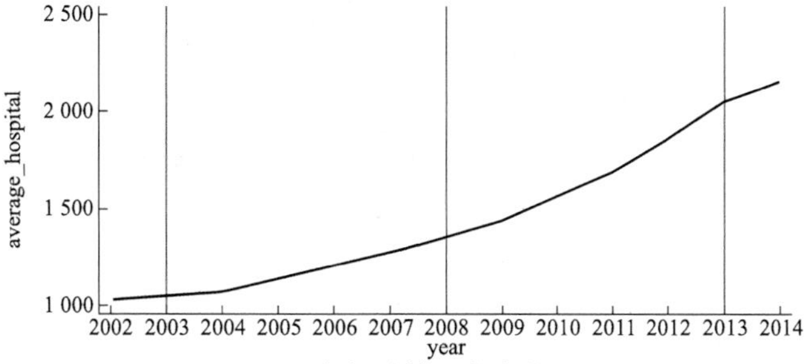

东部县域民生变化图

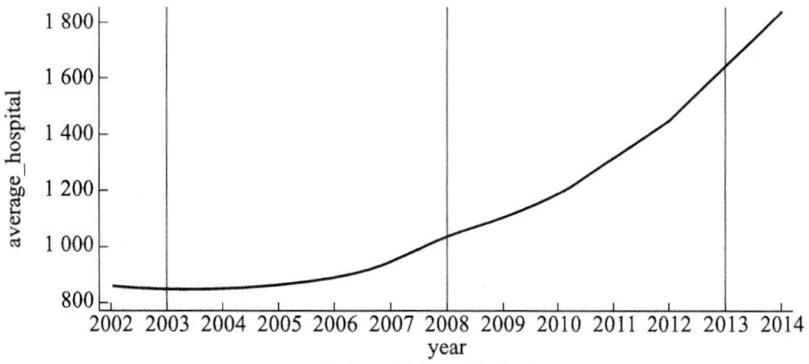

中部县域民生变化图

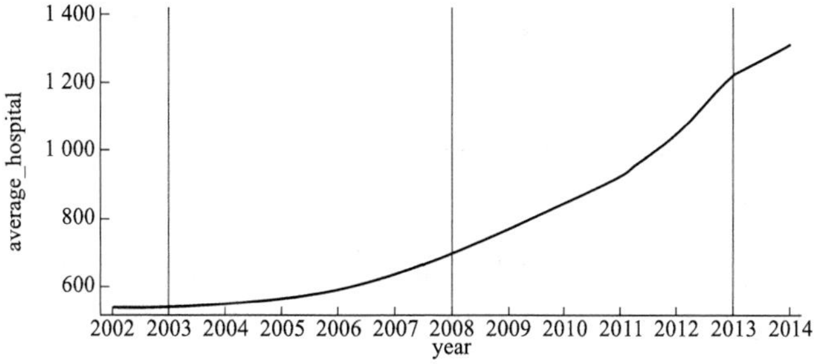

西部县域民生变化图

图 3　全国县域及东、中、西部县域民生发展时间趋势

(一)基准模型

表3基于模型(2)报告了机构改革对县域经济民生发展的影响。第(1)列为2013年机构改革对经济的影响;第(2)列为2013年机构改革对民生的影响。从结果来看,机构改革对县域经济和民生有显著的正向影响。假设1得到验证。

表3 不同政府机构改革注意力下机构改革对县域经济民生影响表

	(1) 经济	(2) 民生
$reform_{i2014} * post_{2014}$	0.024 5* (0.011 0)	0.091 3* (0.054 1)
$reform_{i2009} * post_{2009}$	0.092 0 (0.001 6)	0.006 3 (0.008 1)
GDPi * t	0.034 8*** (0.001 2)	0.000 (0.000)
固定资产投资	0.050 3***	0.000 2***
固定效应	Yes	Yes
样本量	901	284
R^2	0.974	0.739

注:括号内为标准误,聚类在县层面。*,**,*** 分别表示10%,5%和1%的显著性水平。

进一步地,使用事件研究法对上述双重差分识别策略进行了平行趋势检验,具体回归模型为(3)。

$$y_{it} = \beta_0 + \alpha \sum_{t=2007}^{2017} reform_{i2014} * 1(year = t) + \beta_2 \ treat_{i2009} * post_{2009} + \beta_3 \ GDP_{i2013} * t + Z_{it} + \mu_i + \delta_t + \varepsilon_{it} \quad (3)$$

其中,$1(year = t)$ 是年份0—1虚拟变量,在对应年份取值为1,其余为0。其他设置同模型6-1。

图4和图5为对县域经济和县域民生的平行趋势检验。结果显示,机构改革之前改革冲击较大的组(即实验组)和改革冲击较小的组(即对照组)之间没有系统性的差异。对于县域经济,改革在当年即产生了显著的影响;对于县域民生,在改革后第二年显著促进了民生发展。

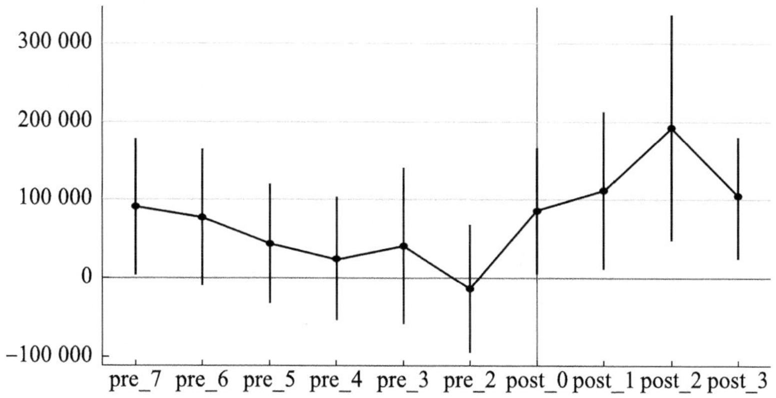

图 4　平行趋势检验（经济）

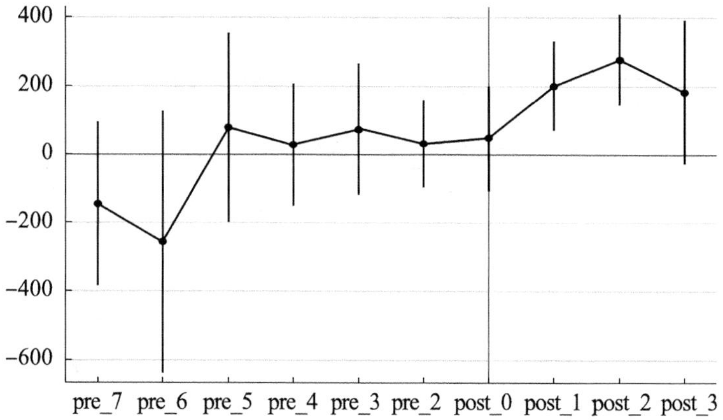

图 5　平行趋势检验（民生）

（二）中介效应组合分析

表 4、表 5 为部门间整合和技术赋能的影响。从中可以看出，单纯的部门间整合或技术赋能，都没有对县域经济和民生产生显著的促进效应。假说 H2、H3 都没有得到验证。

表 4　部门间整合对县域经济和民生的影响

	(1) 经济	(2) 民生
$inter_{i2014} * post_{2014}$	−0.069** (0.008)	0.067 (0.004)
$inter_{i2009} * post_{2009}$	−0.019 8 (0.003 9)	0.004 3 (0.005 9)

（续表）

	(1) 经济	(2) 民生
GDP * t	0.035*** (0.001)	0.06 (0.057)
固定资产投资	0.047*** (0.014)	0.000 1*** (0.000 1)
第一产业增加值	0.759*** (0.083)	0.003*** (0.004)
第二产业增加值	0.97*** (0.026 1)	−0.000 1*** (0.000 1)
固定效应	Yes	Yes
样本量	901	284
R^2	0.974	0.736

注：括号内为标准误，聚类在县层面。*，**，*** 分别表示 10%，5%和 1%的显著性水平。

表 5　技术赋能影响县域经济和民生的结果

	(1) 经济	(2) 民生
$empow_{i2014}$ * $post_{2014}$	−0.001 (0.001)	0.098 (0.010)
$empow_{i2009}$ * $post_{2009}$	−0.093 (0.019)	0.060 7 (0.006)
GDP * t	0.035*** (0.001)	0.054 (0.007)
固定资产投资	0.048*** (0.013 6)	0.000 2*** (0.000 1)
第一产业增加值	0.772*** (0.083)	0.002 6*** (0.000 4)
第二产业增加值	0.965*** (0.026)	−0.004*** (0.000 1)
固定效应	Yes	Yes
样本量	901	284
R^2	0.974	0.738

注：括号内为标准误，聚类在县层面。*，**，*** 分别表示 10%，5%和 1%的显著性水平。

在将部门间整合和技术赋能进行交乘，代入模型中，得到表 6。可以看出，当既有部门间整合，又有技术赋能时，结果是显著的。假设 4 得到了验证。

表 6　部门间整合＊技术赋能的结果

	(1)	(2)	(3)	(4)	(5)	(6)	(7)	(8)	(9)	(10)	(11)	(12)
	GDP	赋能型整合	GDP	平均工资	赋能型整合	平均工资	医疗	赋能型整合	医疗	教育	赋能型整合	教育
赋能型整合			0.107*** (0.010)			0.612*** (0.131)			3.869*** (0.461)			0.160*** (0.019)
_cons	−0.752*** (0.054)	−0.868*** (0.119)	−0.660*** (0.054)	0.953 (0.692)	−0.868*** (0.119)	1.484** (0.698)	−13.822*** (2.469)	−0.868*** (0.119)	−10.464*** (2.459)	0.699*** (0.103)	−0.868*** (0.119)	0.560*** (0.103)
固定效应	Yes	Yes	Yes	Yes	Yes	Yes	Yes	Yes	Yes	Yes	Yes	Yes
样本量	2 251	2 251	2 251	2 251	2 251	2 251	2 251	2 251	2 251	2 251	2 251	2 251
R-squared	0.223	0.150	0.265	0.509	0.150	0.514	0.246	0.150	0.272	0.278	0.150	0.303

注：*** 表示 1%的量著显性水平。

（三）稳健性检验

为了验证机构改革促进经济发展和民生建设这一结果是否稳健，本文以县域财政一般预算收入测量经济发展，以社会福利院数测量民生建设，重复模型(2)。回归结果见表7。从表中可以看出，在更换了被解释变量之后，改革显著促进县域经济和民生的结论依然存在。

表7　机构改革对县域经济和民生建设影响的稳健性检验（更换指标）

	(1) 经济	(2) 民生
$reform_{i2014} * post_{2014}$	0.048 8** (0.016 8)	0.038 2*** (0.0133)
$reform_{i2009} * post_{2009}$	0.017 2*** (0.004 8)	0.012 2** (0.005 5)
GDP * t	0.000 2** (0.000 1)	−0.000 (0.00 0)
固定资产投资	−0.003 1*** (0.000 6)	0.000 1*** (0.000 0)
第一产业增加值	0.005 1 (0.003 4)	0.001 5*** (0.000 3)
第二产业增加值	0.001 3 (0.001 9)	−0.000 4*** (0.000 2)
固定效应	Yes	Yes
样本量	301	623
R^2	0.964	0.645

注：括号内为标准误，聚类在县层面。*，**，***分别表示10%，5%和1%的显著性水平。

五、讨论与建议

本文以机构改革作为分析对象，以全国2 550个县级年数据为例，分析了行政机构改革对经济社会发展的影响及其联结机制。从部门间整合和技术赋能两个视角，利用面板数据中介效应模型，最终验证行政机构改革的作用及中介机制，为未来我国行政机构改革走向提供相关借鉴。发现行政机构改革与经济发展正相关，验证了行政改革的目的，也与大多数学者的论断相符，弥补了这一领域的实证缺陷。通过面板数据中介效应还发现，单纯地实现了部门间整合或者技术赋能，其中介效应虽有，但并不强。交叉分析显示，只有在将部门间整合和技术赋能交互之后，中介效应要比单独一个机制更强。也就是说，在地方的行政机构改革中，如果单纯实现了部门间整合或者只有技术赋能，即成立了政务服务中心、行政服务中心、行政审批局或大数据局、数据资源管理局、大数据中心等，效果并不显著和突出。只有部门间整合和技术赋能同时存在，即既成立了促进部门间整合的机构，如行政服务中心、行政审批局等，又成立了技术赋能部门，如大数据局、数据资源管理局等，并且二者互动融合，才能有更好的效果。

数量分析显示的相关性，在这一基础上，研究者进行了深入的案例调查和不同区县的干部人员访谈，结果也显示，在仅实现了部门间的整合，缺乏技术赋能的单位，技术在融入政府具体组织过程中没有与政府职能部门相匹配，技术受到传统政府组织体制的干扰，无法发挥本有的优势。政府组织也没有对技术产生内生能力认可，二者之间的联动效率很低，不能带来真正的效果。[①] 这也解释了目前不少行政服务中心、政务服务中心、行政审批局的困境。如苏州、菏泽、迁安、瑞丽、古交等地的行政审批局没有融合技术赋能，办事效率低，开始将部分审批权限重新划归到原来的部门；同样，如果仅仅实现了数字赋能，没有部门间整合，各部门“紧拽数据”，部门之间彼此独立。仅靠数据管理部门无法有效协调，容易形成数据孤岛、数据“烟囱”、电子书和纸质表格同时使用等现象，反而让数据阻碍了行政效率。很多大数据局工作人员反映，其他部门与他们进行信息互通、相互配合的意愿并不强，导致现在的“厨房已经建好了，但却没有人点菜”的尴尬困境。[②] 而在部门间整合和技术赋能二者融合的区县，行政服务中心、行政审批局与各个行政部门在形式上有合作的合法程序和合作意愿，可以将各个部门的权限进行整合，运用大数据的方式，形成数据治理，让各个部门有协作解决问题的能力。达到技术有效赋能与部门间联动，提高行政效率，优化营商环境，推动经济发展。

本文是机构改革对经济增长影响力的一个实证研究的探索。一般说来，行政改革对经济发展的影响力研究十分困难，中间环节很多，直接的因果关系不容易建立。但现有的经济学论文中各种经济改革措施对经济增长的影响力的解

---

① 沈费伟、诸靖文：《数据赋能：数字政府治理的运作机理与创新路径》，《政治学研究》2021 年第 1 期。

② 来源于作者对浙江某县大数据局工作人员的访谈。

释也十分不足，解释变量对经济增长影响的比例（R^2）也非常小，一直在努力寻求全要素经济增长的解释。① 也有不少学者努力在寻找民主制度对经济发展的影响力而难以得到满意的答案。② 在美国学者福山出版的《历史的终结与最后的人》一书中，宣布自由资本主义胜利的时候，③ 中国和俄罗斯的重新崛起使得他不得不再批评美国的“政治衰败和管理能力的衰落”④。正如著名的学者达尔和林布龙姆在《政治、经济与福利》一书中提到的，国家发展的核心要点在于注重协调和行政权力行使的细节。他们说道，“我们在 20 多年前（1953 年）就写了这本书，批评当时盛行的观点——认为只要有几个聪明的人帮助大家在社会主义还是资本主义、计划经济还是市场经济、管制还是放任自由之间进行一个简单选择，就可以应对一切问题……看起来简单的道路，其实是不可能简单的。现代经济组织给我们带来的问题只能通过不辞辛劳地对技术细节的关注才能得到解决”。⑤

本文的重要启示是，行政改革对经济社会的发展有重要的相关性，仅仅关注技术赋能是不够的，更需要做好部门间的协调工作。数量模型并不能提供全景式的结论，但至少从一个实证的视角展示了经济发展与行政改革的正相关性，并得到了田园案例调查和干部访谈的印证，给我们开拓了继续深入研究行政改革对国家治理效能相关性研究的新途径。本文并不是这类研究的结论，而是这类研究的开始。在我国大规模推动治理体系现代化和治理能力提升的过程中，建立其治理能力（体制、机制、方法）与治理绩效的逻辑联系和策略模型，解释中国的经济社会发展，寻找全要素发展模型中的管理因素的效果，是公共管理学者必须面对的研究问题。

---

① Van Beveren I. （2012）. Total factor productivity estimation：A practical review. Journal of economic surveys，26（1），98－128. Qingwang G.，& Junxue，J.（2005）. Estimating Total Factor Productivity in China [J]. Economic Research Journal，6（1），51—60.

② Przeworski，A.（2004）. Democracy and economic development. Mansfield & R. Sisson（Eds.），The evolution of political knowledge. democracy，autonomy，and conflict in comparative and international politics，300－324. Heo，U.，& Tan，A. C.（2001）. Democracy and economic growth：a causal analysis. Comparative Politics，463－473.

③ Fukuyama F.（1989）. The end of history？. The national interest，（16），3－18.

④ Fukuyama F.（2014）. Political order and political decay：From the industrial revolution to the globalization of democracy. Macmillan.

⑤ 罗伯特·A. 达尔、查尔斯·E. 林德布洛姆：《政治、经济与福利》，蓝志勇等译，中国人民大学出版社 2021 年版。

全面推进乡村振兴背景下边疆民族地区县域经济高质量发展的思考
——基于广西壮族自治区的分析

覃 冬[*] 谭英俊[**]

一、引言

党的二十大报告强调，高质量发展是全面建设社会主义现代化国家的首要任务，而最艰巨最繁重的任务仍然在农村。① 可见，高质量发展是全面推进乡村振兴的必由之路。党的十八大以来，县域经济高质量发展，为我国打赢脱贫攻坚战、实现乡村振兴良好开局奠定了坚实的物质基础。② 目前，我国已进入全面推进乡村振兴，其难度、广度和深度不亚于脱贫攻坚，这对民族地区县域经济高质量发展提出了更高要求。因此，探究全面推进乡村振兴背景下如何着力推动边疆民族地区县域经济高质量发展，对促进边疆民族地区共同繁荣发展、全面建设社会主义现代化国家具有十分重要的意义。

广西壮族自治区位于我国南疆，2022 年常住人口 5 047 万人，地区生产总值为 26 300.9 亿元，是构建面向东盟的国际大通道，打造西南中南地区开放发展新的战略支点，形成“一带一路”有机衔接的重要门户。习近平总书记在参加党的二十大广西代表团讨论时，对广西发展提出了“五个更大”重要要

---

* 覃冬，中共广西区委党校（广西行政学院）公共管理教研部讲师。

** 谭英俊，中共广西区委党校（广西行政学院）公共管理教研部主任、教授。

① 习近平：《高举中国特色社会主义伟大旗帜 为全面建设社会主义现代化国家而团结奋斗——在中国共产党第二十次全国代表大会上的报告》，《人民日报》2022 年 10 月 26 日。

② 张凤林：《全面推进乡村振兴背景下县域经济高质量发展研究》，《理论探讨》2022 年第 3 期。

求，期待广西在推动边疆民族地区高质量发展上展现更大作为。因此，本文基于广西壮族自治区县域经济的发展现状，分析全面推进乡村振兴背景下边疆民族地区县域经济高质量发展面临的困境，并提出相应的优化路径。

二、新阶段县域经济高质量发展的内涵

我国已迈入全面建设社会主义现代化国家新征程，全面推进乡村振兴，必须准确把握现阶段县域经济高质量发展的深刻内涵，进一步明确县域经济高质量发展的方向。习近平总书记在参加十四届全国人大一次会议江苏代表团审议时强调，牢牢把握高质量发展，必须“以满足人民日益增长的美好生活需要为出发点和落脚点”，既对新发展阶段我国经济社会工作提出了明确要求，也指明了高质量发展的方向。近些年来，学者们关于县域经济高质量发展内涵的研究取得了丰硕的成果。岳立和雷燕燕从新发展理念的角度，将高质量发展理解为一个有机统一体，是经济增长、要素激活、产业升级、城乡融合、经济增长成果共享、生态稳定、人民生活环境改善和制度深化合力作用的逻辑结果。① 王蔷等围绕指标建构，认为县域经济高质量发展包括县域产业升级、要素激活、城乡融合、制度创新四个方面。② 陈健生和任蕾则认为县域之间发展是存在差异的，应该从资源禀赋的地域分工、追求产业的规模经济、促进要素的合理利用、实现生态的永续发展四个方面来衡量县域经济高质量发展。③ 从这些内涵可知，县域经济高质量发展归根结底就是为了人民过上更加幸福的生活。因此，县域经济高质量发展可以被理解为通过经济增长、要素激活、城乡融合、共享发展等来满足人民日益增长的美好生活需要的发展。

三、全面推进乡村振兴对边疆民族地区县域经济高质量发展的新要求

全面建设社会主义现代化国家，全面推进中华民族伟大复兴，最艰巨最繁

---

① 岳立、雷燕燕：《新时期甘肃省县域经济高质量发展水平测度及空间差异研究》，《甘肃行政学院学报》2020 年第 5 期。

② 王蔷、丁延武、郭晓鸣：《我国县域经济高质量发展的指标体系构建》，《软科学》2021 年第 1 期。

③ 陈健生、任蕾：《从县域竞争走向县域竞合：县域经济高质量发展的战略选择》，《改革》2022 年第 4 期。

重的任务仍然在农村，特别是在边疆民族地区。虽然边疆民族地区如期打赢了脱贫攻坚战，但全面推进乡村振兴的深度、广度、难度都不亚于脱贫攻坚。迈入新征程新阶段，边疆民族地区除了要完成全面推进乡村振兴的底线任务，还承担着兴边富民、强边固防、维护民族团结、促进民族共同繁荣发展等任务。因此，边疆民族地区县域经济高质量发展必须更加重视县域经济的均衡发展、更加重视边境地区县域经济的稳定发展、更加重视夯实铸牢中华民族共同体意识的物质基础。

（一）更加重视县域经济的均衡发展

实施乡村振兴战略的总要求是产业兴旺、生态宜居、乡风文明、治理有效、生活富裕，内容包括乡村发展、乡村建设、乡村治理等，推进路径涵盖产业振兴、人才振兴、文化振兴、生态振兴和组织振兴五个方面。全面推进乡村振兴，意味着区域内的人力投入、物力配置、财力保障等都要转移到乡村振兴。虽然经过新时代十年的发展，边疆民族地区县域综合实力得到大幅度提升，但县域经济发展并不均衡，各县能够投入乡村振兴的人力、物力和财力都有较大差距。因此，全面推进乡村振兴，边疆民族地区县域经济高质量发展更应重视均衡发展。一是各县之间县域经济的均衡发展。由于地理环境、资源禀赋、历史条件等因素的限制，边疆民族地区县与县之间的经济发展水平存在显著差距。例如，2021 年广西 GDP 十强县前八位均在 300 亿元以上，主要分布在发展资源较为丰富的广西东南部或是省会城市，而位于广西中部或西北部的很多县域 GDP 都在 100 亿元以下。因此，要构建更加平等、公平的发展环境，促进县域经济均衡发展。二是国家乡村振兴重点帮扶县与非国家乡村振兴重点帮扶县之间县域经济的均衡发展。在 160 个国家乡村振兴重点帮扶县中，近 60%的国家重点帮扶县分布在边疆民族地区，这些县与区域内其他县之间的经济发展水平差距较大。根据统计年鉴的数据，广西壮族自治区 20 个国家乡村振兴重点帮扶县①的 GDP 总量仅占全区 GDP 的 6.58%。可见，国家乡村振兴重点帮扶县经济实力不强。因此，要强化对国家乡村振兴重点帮扶县的结对帮扶，进一步推动资源向国家乡村振兴重点帮扶县聚集，促进县域经济均衡

① 广西国家乡村振兴重点帮扶县名单：马山县、融水苗族自治县、三江侗族自治县、德保县、那坡县、凌云县、乐业县、田林县、隆林各族自治县、靖西市、昭平县、凤山县、东兰县、罗城仫佬族自治县、环江毛南族自治县、巴马瑶族自治县、都安瑶族自治县、大化瑶族自治县、忻城县、天等县。

发展。

（二）更加重视边境地区县域经济的稳定发展

“边境兴，则边疆稳；边民富，则边防固。”我国陆地边界线约 2.2 万公里，其中有 1.9 万公里在民族地区，分布有 109 个边境县（区、市）。这些边境县受制于地理位置偏僻、自然条件恶劣、资源禀赋不足等现实因素，经济发展水平相对落后，成为实现全面建成小康社会、实现第一个百年奋斗目标的“短板”。2000 年，国家民委联合其他部门发起了一项兴边富民行动，致力于振兴边境、富裕边民。经过 20 多年的建设和发展，边境地区经济发展取得了巨大成就，其中县域综合经济实力显著提升，特色优势产业得到较快发展，基础设施建设得到全面强化，为全面建成小康社会奠定了坚实的基础。① 但边境地区县域经济发展同样存在不平衡不充分的问题，不利于边疆稳定和民族团结。通过对比数据可知，2021 年，广西沿边县级市靖西市的 GDP 为 158.96 亿元，是东兴市 GDP 的近 2 倍。通过对比不同边疆民族地区边境县经济数据可知，2021 年广西崇左市大新县的农村居民人均可支配收入为 16 559 元，约是云南省怒江傈僳族自治州福贡县农村居民人均可支配收入 8 366 元的 2 倍。全面推进乡村振兴，全面建设社会主义现代化国家建立在边境地区繁荣稳定的基础上，这就要求边境地区县域经济保持稳定增长，同时缩小边境地区县域经济发展的差距，推动各族人民共同繁荣发展。

（三）更加重视夯实铸牢中华民族共同体意识的物质基础

自 2020 年我国取得脱贫攻坚战的全面胜利后，中央决定设立 5 年过渡期，开展巩固拓展脱贫攻坚成果同乡村振兴有效衔接，逐步实现从集中资源支持脱贫攻坚转向巩固拓展脱贫攻坚成果和全面推进乡村振兴。巩固拓展脱贫攻坚成果，坚决守住不发生规模性返贫底线是全面推进乡村振兴的基础。2022 年，国家民委等九部门联合印发《关于铸牢中华民族共同体意识 扎实推进民族地区巩固拓展脱贫攻坚成果同乡村振兴有效衔接的意见》，旨在促进各族人民群众在实现乡村振兴进程中不断铸牢中华民族共同体意识。因此，不断铸牢中华民族共同体意识是边疆民族地区在全面推进乡村振兴过程中需要完成的另一项重要任务，边疆民族地区县域经济发展必须紧紧抓住铸牢中华民族共同体意识

① 张丽君、赵钱、巩蓉蓉：《兴边富民行动 20 年政策实施效果评价及展望研究——基于陆地边境 140 个县域经济的调查》，《中央民族大学学报》（哲学社会科学版）2020 年第 6 期。

这条主线，坚持以人民为中心的发展思想，巩固拓展脱贫攻坚成果，努力增加居民收入，使各族人民可以共享更多的发展成果。然而，由于历史欠账较多，部分脱贫县居民收入水平差距仍然较大。2021 年，广西 20 个国家乡村振兴重点帮扶县中，有 14 个县农村居民人均可支配收入不到全区平均水平的 85%。同时，这些国家乡村振兴重点帮扶县脱贫人口收入在脱贫攻坚期实现高速增长后，增长势头开始放缓，持续增收压力逐渐增大。因此，如何进一步夯实铸牢中华民族共同体意识的物质基础，是全面推进乡村振兴新阶段边疆民族地区县域经济发展的重点和难点之一。

四、全面推进乡村振兴背景下边疆民族地区县域经济高质量发展面临的困境——基于对广西的考察

广西作为我国唯一一个沿边又沿海的边疆民族地区，下辖 111 个县（区、市），其中国家乡村振兴重点帮扶县 20 个，边境县 8 个。2021 年，广西县域 GDP 总量为 24 740.86 亿元，比上年增长 7.5%，GDP 超过 300 亿元的县（区、市）增加至 28 个。城乡居民收入持续较快增长，2021 年县域城镇、农村居民人均可支配收入分别达 38 530 元、16 363 元，分别比上年增长 7.4%和 10.4%。同时，广西脱贫地区农村居民人均可支配收入 14 663 元，增速高于全区农村居民平均水平，为巩固拓展脱贫攻坚成果、全面推进乡村振兴夯实基础。但在调研中仍然发现还存在着一些问题，制约着广西县域经济的高质量发展。

（一）县域特色产业发展水平低

县域经济是全面推进乡村振兴、推动城乡融合发展的重要基础，而产业是县域经济高质量发展的重要支撑。广西是传统农业大省，林果蔬畜糖等特色资源丰富。在脱贫攻坚及巩固拓展脱贫攻坚成果同乡村振兴有效衔接期间，广西立足自身特色资源优势，在实体经济尤其是特色产业上积极作为，培育形成了一批特色产业，实现了县域经济的快速发展。但由于广西产业发展基础较为薄弱，产业设施、技术、营销等方面还存在短板和弱项，很多县域特色产业发展主要还是以农业生产为主，产业链延伸及深加工能力不强，一、二、三产业融合度不高，造成了县域出现经济发展不均衡的情况。

（二）县域村级集体经济管理不到位

村级集体经济发展是县域经济发展的重要基础，很多县将发展壮大村级集

体经济作为县域经济高质量发展的重要举措。根据广西统计数据显示，2021年，广西村级集体经济年总收入达25.2亿元，所有行政村集体经济年收入均稳定在5万元以上，其中有41.8%的行政村集体经济年收入高达10万元，有效推动了县域经济高质量发展。但笔者通过实地调研发现，广西20个国家乡村振兴重点帮扶县村集体经济收入均未达到广西平均水平，部分县的村集体经济在管理过程中存在企业未按协议及时支付分红或协议到期未能按时收回本金等情况，这不仅会造成村集体经济资产的流失，而且不利于县域经济的发展。

（三）县域基础设施建设短板多

全面推行乡村振兴，最终的目的是实现农业农村现代化，而广西较为突出的问题是县域基础设施建设存在较为明显的短板，涉及交通、能源、水利、通信等方面，阻碍了县域经济高质量发展。据了解，2021年广西还需新建或硬化1.88万公里的通自然村（屯）道路，8.85万公里已硬化但路面宽度过窄的通自然村（屯）道路需要进行提升加宽，5.27万公里乡村道路没有防护栏，存在安全隐患。规模化供水覆盖农村人口比例仅为31%，远低于全国平均水平56%。部分农村地区通信网络4G信号覆盖弱、不稳定等。另外，广西边境地区路网不畅，道路等级不高、密度较低。据统计，广西边境地区有低等级公路8 400公里，占比72.4%。农村规模化供水工程仅有9处，覆盖农村人口比例只有10.6%。一些边境村屯还存在信号盲区，基站建设数量、功率和覆盖范围有限等。

（四）县域人才资源相对匮乏

人才不仅是县域经济发展的第一资源，也是全面推进乡村振兴的关键因素。但目前广西县域各类人才资源相对匮乏，对进一步发展壮大县域经济、全面推进乡村振兴带来了不利影响。受自身综合实力、地理环境、资源优势、工资待遇、个人发展空间等因素限制，广西县域不仅难以吸引区内外各类优秀人才流入，而且会出现本土劳动力流失的现象。根据广西统计数据显示，2021年广西外出农民工886万人，比上一年增长了3.7%。再加上广西大城市及区外经济发达地区对区内人才的虹吸效应显著，导致广西各县域地区劳动力不断流出，并且难以回流。以广西首府南宁为例，根据南宁市统计局的数据显示，2021年南宁市区常住人口约占全市总人口的70%，县（区、市）常住人口的比重较低，同时南宁四县一市[①]的常住人口数均小于其辖区的户籍人口数，县域地区人口呈现净流出的现象。这不仅影响到县域经济“量”的增长，更影响县域经济“质”的提升。

五、全面推进乡村振兴背景下边疆民族地区县域经济高质量发展的优化路径选择

巩固拓展脱贫攻坚成果，全面推进乡村振兴，必须在推动县域经济高质量发展上展现更大作为，必须坚持和加强党对县域经济发展的全面领导，加快发展特色产业集聚，加强和完善县域基础设施建设，精准引才聚才赋能县域经济发展，为新征程边疆民族地区县域经济发展注入强大动力。

（一）必须坚持和加强党对县域经济发展的全面领导

推进县域经济高质量发展，全面推进乡村振兴，关键在党。新时代十年的伟大成就表明，必须坚持和加强党对一切工作的全面领导。因此，全面推进乡村振兴，进一步推动边疆民族地区县域经济高质量发展，必须坚持和加强党对县域经济发展的全面领导。具体而言，要加强党对边疆民族地区县域经济发展的顶层设计作用，注重发挥基层党组织作用，尤其是在县域乡村集体经济发展过程中，要发挥基层党组织的战斗堡垒作用，及时消除农村集体经济发展隐藏的各类风险，全面领导乡村振兴。同时，要尊重农民在全面推进乡村振兴中的主体作用及在推动县域经济发展中的重要作用，将党的领导和激发人民群众的积极性有机统一，不断发展壮大县域经济。

（二）加快发展特色产业集聚

产业集聚是县域经济高质量发展的重要途径，也是壮大县域经济的基础。首先，要明确定位。产业集聚的核心是“产业”，关键是“集聚”，要梳理产业链条、重点企业、对接平台等方面现状，把握产业发展趋势，围绕特色产业集聚资源要素布局重大项目，依托龙头企业集聚产业链上下游、招引配套企业，打造强大的特色产业集群。其次，要打造载体。着力建设“设施齐全、平台有力、特色突出”的园区，提升产业承载能力，形成集聚效应，拓展县域经济高质量发展空间。

---

① 南宁市四县一市分别是隆安县、马山县、上林县、宾阳县、横州市。

（三）加强和完善县域基础设施建设

推动边疆民族地区县域经济高质量发展要加强和完善基础设施建设。一方面，加强和完善交通基础设施建设。边疆民族地区拥有丰富的自然资源，完善交通基础设施建设有助于充分发挥其资源优势及内外联通区位优势，为区域间经济合作等提供基础条件。因此，要加强和完善边疆民族地区县域内基础设施建设，探索县域基础设施多元化运营机制，持续改善县域经济发展环境。另一方面，加强边境地区基础设施建设，继续加强边境地区交通、物流、通信等基础设施建设，加大沿边公路铁路建设、水域治理、农村电网改造等的力度，切实解决水、电、路、气、网等建设滞后的问题。通过完善基础设施建设，提高人们的生活水平，进一步夯实铸牢中华民族共同体意识的基础，为边疆民族地区县域经济均衡发展创造更加有利的条件。

（四）精准引才聚才赋能县域经济发展

党的二十大报告强调，科技是第一生产力、人才是第一资源、创新是第一动力。进入全面推进乡村振兴新阶段，促进县域经济高质量发展，必须牢固树立“人才是第一资源”的理念，深入实施“人才兴县”战略，构建“引、育、用、留、服”人才工作体系；由于边疆民族地区县级财政资源有限，结合新时期边疆民族地区县域经济发展定位，实现高层次人才精准引进；充分发挥人才引进的聚才效能，加强县域人才队伍建设，持续为县域经济高质量发展提供坚实的人才支撑和智力保障，加快形成县域人才引进与创新发展的良性循环；根据县域人才引进的鲜明特点，有针对性地拓展人才引进合作方式，通过加强与高校和重点科研院所高层次人才的合作，提高县域人才引进的渠道。

全域旅游引领留坝高质量发展的经验与启示

张爱玲* 张品茹**

习近平总书记在党的二十大报告中强调“坚持以文塑旅、以旅彰文，推进文化和旅游深度融合发展”。陕西省第十四次党代会报告中提出发展休闲农业、乡村旅游，促进农村一、二、三产业深度融合。留坝县立足资源禀赋优势，加快创建国家全域旅游示范区，实现了旅游产业从“弱”到“强”的转变。2022年共接待游客524万人次，实现旅游综合收入28.17亿元。2020年留坝县获第四批国家生态文明建设示范市县称号，并入选首批陕西省全域旅游示范区。留坝县以发展全域旅游为引领推动留坝绿色转型，实现留坝经济社会高质量发展，为奋进中国式现代化新征程，高质量建设精美、富强、宜居、和谐“四个留坝”奠定坚实基础。

一、留坝发展全域旅游的具体做法

留坝以创建国家全域旅游示范区为引领，站位全局，深化全域打造，促进文旅产业深度融合，延伸旅游产业链条，扩大生态优势，助推旅游产业提质增效。

（一）规划引领，构建全域旅游发展格局

留坝高度重视编制各类相关规划、计划和行动方案，按照“全地域打造”

* 张爱玲，陕西省委党校（陕西行政学院）管理学教研部讲师。

** 张品茹，陕西省委党校（陕西行政学院）管理学教研部主任、教授。

理念，构建全域旅游发展格局。一是不断完善旅游规划体系，继2012年聘请专业化团队编制的《中国山地度假旅游示范区发展总体规划》成为全国首个进入国家文旅局评审的县级规划以来，留坝先后编制了《特色城镇概念规划》《留坝县加快国家全域旅游示范区创建三年行动计划（2021—2023年）》《留坝县旅游景区建设三年行动计划（2021—2023年）》《留坝县“四个一百”工程实施方案》等行动计划与专项规划方案，着力构建多层次全域旅游规划体系；二是在规划引领下发挥各镇（街）区域优势，八镇（街）并进，全力构建“春赏花、夏戏水、秋赏景、冬滑雪”的全域旅游发展格局。

（二）多元融合，促进旅游产业提质增效

留坝持续推进文旅、农旅、体旅、康旅、教旅等多元融合，将民俗风情、自然风光、人文历史与休闲农业、乡村旅游有机结合。火烧店镇以农耕文化为魂，大力发展休闲度假、特色民宿、亲子教育、研学旅游、农事体验、山地运动、养老养生为主的乡村旅游，以旅促农、以农强旅，推动文旅、农旅、康旅多元融合。留侯镇以文旅、体旅融合为抓手，打造营盘休闲运动小镇，与紫柏山—张良庙AAAAA景区、紫柏山国际滑雪场等连片发展。武关驿镇深挖文化旅游资源，围绕核心景区，依托古文川栈道文化，打造“生态观光、文化体验、古道探秘、休闲避暑”的“文川古道趣野游”乡村旅游产品。玉皇庙镇结合高江路沿线提升改造，打造两河口—梁家庄红色旅游线路，建成“红二十五”国防教育基地。

（三）民宿经济，促进乡村旅游转型升级

留坝积极推进民宿产业发展，不仅增加了客房数、床位数，而且优化了住宿服务结构，丰富了过夜游度假产品。一是创新民宿运营模式，楼房沟依托扶贫社资产，引进知名团队合作运营，盘活闲置房屋资源，壮大村集体经济，促进当地群众就近务工，确保收益长期稳定。2019年8月至2020年12月，楼房沟民宿运营总收入280.5万元，其中小留坝村扶贫社流水分成83.48万元，村民真正享受到民宿业带来的红利。2021年10月，留坝特色民宿在全国民宿业重要论坛获多项荣誉，空山九贴悬崖民宿入围全国TOP10，楼房沟精品民宿获“乡建年度榜样”。二是打造民宿产业集群，实施“四个一百”工程。计划用三年时间，培训百名管家、提升百家农家乐、新发展百家民宿、推动百人创业，储备一批懂经营、会管理的乡村民宿管家团队，促进乡村旅游转型升级。

（四）生态旅游，拓宽“两山”转化通道

留坝深入践行“绿水青山就是金山银山”的理念，立足县域内生态旅游资源优势，坚持旅游“一业突破”，使原本不具备经济效益的生态资源产业化、货币化、要素化，让生态发挥产业价值，实现生态经济化，推动绿水青山向金山银山高质量转化。一是着力把“四养一林”优质农产品打造成高附加值的旅游商品，促进农业发展方式从单纯的传统农业向高附加值的休闲农业转变，实现农产品“做特、做优、畅销”目标，促进农民增收；二是推进以足球、山地骑行、滑雪为主，集“休闲、体验、竞赛、探险、科考”于一体的体旅融合新业态。生态旅游拓宽“两山”转化通道，推进绿色发展，成为留坝高质量发展的主引擎。

二、留坝县推进旅游产业发展的启示

截至 2022 年 12 月，陕西省共有国家级全域旅游示范区 5 个，省级全域旅游示范区 37 个，占全省县（区、市）数量 36.4%。但与陕西省提出创建国家全域旅游示范省目标还有一定差距。留坝县依托创建国家级全域旅游示范区，促进旅游产业提质增效的生动实践，为县域旅游产业提档升级提供重要借鉴。

（一）立足比较优势，系统规划旅游产业集聚发展

树牢规划理念，坚持规划先行，深刻把握规划在旅游产业发展中的重要地位和作用。立足县域旅游产业发展新定位，用规划引领一、二、三产业集聚发展。立足环境条件、民俗风情、文化传承和历史脉络，打造具有县域特色的产业规划，形成错落有致的旅游产业发展格局。核心景区是助推县域旅游产业发展的“牛鼻子”，要抓好核心景区规划和落实，强调其特色性和差异性。县域旅游产业规划必须聚焦生态保护，要增强底线约束力，加快推进农村生活污水治理，扎实推进农村“厕所革命”，持续推进农村生活垃圾处理，让良好人居环境成为旅游产业发展的新增长点。

（二）坚持多元融合，带动一、二、三产业联动发展

发展县域旅游产业，要因地制宜，因村施策。挖掘自身潜力，把多元融合发展作为方向，选择适合本地的模式，拓展旅游产业自身发展空间，形成新业态。经济社会飞速发展，游客消费观念不断转变，消费结构持续升级，旅游需求更加个性化、多样化。旅游产业实施多元融合发展，将延长产业链，开发出满足游客个性化需求、体验感强、参与度深的多样化旅游产品。县域旅游产业实施多元融合发展，要充分挖掘自然资源和人文资源，把农耕活动、休闲农业与历史文化资源结合起来，打造面向各类消费群体的多元优质旅游景区，丰富旅游产品供给。旅游产业是县域经济高质量发展的重要支柱，要紧盯生态，依托农业、区位、自然等优势，全力推进县域旅游产业与文化、农业、体育、教育、康养、医药、商业、工业等一、二、三产业联动发展，学会差异化，避免同质化，构建多点支撑、多业共生、多元融合的县域旅游产业体系，助推县（区、市）立足资源禀赋优势，有重点地打造文化旅游、红色旅游、生态旅游、休闲旅游高地。

（三）发展民宿产业，助力推进乡村产业振兴

发展民宿产业，走资源盘活、村民就业的特色民宿发展之路，将完善“食宿行游娱购”要素，拓宽农民增收渠道，引领乡村经济快速发展。政府精准掌握县域内闲置国有资产、闲置宅基地、农户腾退房、集体建设用地等资源资产底数。按照“政府搭台、农户参与、市场运作、企业主体”的思路，在盘清民宿产业家底的基础上，结合县域自然风光、人文底蕴发展特色民宿，推动资源价值转化。鼓励有条件的村镇引进国内顶尖级民宿品牌，通过不断扩大民宿品牌影响，让民宿成为自带流量的旅游目的地。当地政府对有意愿发展民宿的农户提供建设贷款贴息、设计费用补贴、运营政策支持、建成投用奖补等一系列激励扶持政策，全面激发群众的积极性和主动性。

（四）坚持保护优先，以生态优势服务旅游产业发展

坚持生态保护优先原则，严格项目准入，强化环保执法，狠抓污染防治，持续巩固提升生态本底。依托自然资源禀赋，按照“宜山则山、宜水则水、宜景则景、宜文则文”的原则，统筹推进村庄搬迁、环境整治，建立健全规范高效的管理体制，以创建国家森林城市为引领，持续推进国土绿化，乡镇村庄美化工程。培育“休闲观光示范园”“田园综合体”等绿色旅游产业，建成特色农产品生产基地，以生态优势服务全域旅游发展。把青山绿水孕育出的优质特色农产品开发成旅游商品，打造国家地理标志认证，实现农产品做特、做优、畅销的目标，农民足不出户便可用自家土特产品换回真金白银，带动农业增值。借助数字经济、“双碳”等契机，充分发挥留坝县两山生态资源资产经营

（集团）有限公司桥梁纽带作用。把“三变改革”与两山资源开发相结合，加大对优势资源、闲置资源的整合开发利用。打造具有特色的村集体经济发展新业态，加快生态资源资产项目市场转化，广泛吸纳社会资本参与发展农家乐、民宿、房车营地等，以生态价值转化激活全域旅游发展。

乡村振兴引领县域高质量发展的价值取向与实现路径

全　芳[*]　周　晶[**]

县域是实现城乡融合、乡村振兴的重要支点，是国家治理实践的基本单元。促进乡村振兴与县域经济高质量发展有机统一、有效融合，做到同频共振、协同共进，实现城乡融合发展，形成工农互促、城乡互补、协调发展、共同繁荣的新型工农城乡关系，需要乡村振兴引领县域高质量发展。

一、乡村振兴引领县域高质量发展的实践价值

乡村振兴是“两个结合”的县域生动实践。中国共产党坚持把马克思主义基本原理同中国具体实际相结合、同中华优秀传统文化相结合，这“两个结合”是中国共产党创造百年辉煌的成功密码。习近平总书记关于乡村振兴的重要论述，不仅蕴含了关于乡村发展的规律性认识，也包含了大量关于农业农村现代化、城乡融合发展、新型城镇化、县域高质量发展的理论创新，这正是我们党运用马克思主义基本原理指导走中国特色社会主义乡村振兴道路的重大成果。自秦朝开始设立实行“郡县制”以来，这种延续至今的管理制度具有悠久的历史渊源，在古代社会很长一段时间，县域治理具备了相对较为稳定的治理基础，其中关键的因素就在于中央政府与郡县之间的自上而下的垂直管理体制。而在县域经济社会发展过程中，乡村历史文化、传统农耕文明为县域高质

* 全芳，中共湖北省委党校（湖北行政学院）公共管理教研部讲师。

** 周晶，中共湖北省委党校（湖北行政学院）公共管理教研部讲师。

量发展打下良好的思想基础，文化振兴是乡村振兴的根与魂，这些都彰显了马克思主义基本原理与中华优秀传统文化相结合的县域实践取向。

乡村振兴是县域高质量发展的动力。新发展格局和乡村振兴的双重叠加深刻改变了中国经济发展的重点场域和目标任务，乡村成了中国扩大内需、培育经济新引擎、发挥国内超大规模市场优势的主要阵地，承担了更多的功能和任务。2014 年 3 月 18 日，习近平总书记出席了河南省兰考县委常委扩大会议，发表重要讲话，特别是就县域治理做出了重要的指示，在县域要实现强县与富民的统一、改革与发展的统一，要把城乡贯通起来，其中蕴含了调整和优化县域传统的社会关系结构，打破原有的城乡二元对立格局，重塑和再构乡村空间、以人民为中心等重要议题。乡村振兴绝不是一项局部工作和单项业务，而是事关全局的、系统的重大政治任务，必须作为贯彻新发展理念、全面建成小康社会的内在要求来抓，作为扩大内需、拉动经济增长的有效途径来抓，作为科学发展、县域治理的重要方略来抓，聚焦各项工作，聚集各种资源，聚合各方力量，以乡村振兴的实际成效带动经济社会各项事业全面发展。

县域是乡村振兴战略的治理空间载体。各级行政资源和社会资源都是通过县一级来进行配置，中央一级的方针政策都是通过县一级来贯彻落实，换句话说，县一级是政策汇聚的枢纽地，同时也是资源的集聚场域，更是乡村振兴中矛盾显现最为明显的环节。要把县域作为城乡融合和乡村振兴的切入点和主战场，把县域空间作为塑造新型工农城乡关系的基本载体，这是由县一级处于中国行政管理体制中间枢纽环节和城市与乡村之间的内在关系决定的。《中共中央国务院关于实施乡村振兴战略的意见》、《中共中央国务院关于建立健全城乡融合发展体制机制和政策体系的意见》、《国务院关于促进乡村产业振兴的指导意见》、《中华人民共和国国民经济和社会发展第十四个五年规划和 2035 年远景目标纲要》、2021 年中央一号文件等党和国家重要政策文件均彰显出了以“县域治理”模式推进乡村振兴的治理逻辑和政策支持。

乡村振兴是引领县域高质量发展的重要工作抓手。长期以来，制约中国乡村发展的城镇向乡村排放污染、乡村生态环境破坏问题依存、乡村资源要素约束、产业链不完整、产业融合层次不高、农村贫困问题等，归根到底是乡村以农业为基础的现代产业发展方式问题和产业发展与生态环境的不协调问题。县域高质量发展要牢牢抓住产业系统在联结经济系统和自然生产系统中的纽带作用，重点解决好产业选择、产业规划、产业发展方式、产业发展规模、产业发展布局等问题，围绕发展产业、保障人才、健全组织、培育文化、保护生态开展工作。新发展阶段的乡村全面振兴必须实现产业兴旺、生态宜居、乡风文明、治理有效和生活富裕，需要协同推进乡村经济发展、生态环境、民生建设等，推进乡村产业与组织、人才、生态、文化的协同振兴是必然选择，也是推动县域高质量发展的主要方面。

二、乡村振兴引领县域高质量发展的具体路径

县域是联结城乡的基本单元，是实施乡村振兴战略的重要载体，乡村振兴则是县域高质量发展的重要抓手和动力源泉。二者是相互协调、相互促进、相辅相成的有机整体。2021 年，我国正处于“十四五”开局，面临推进乡村振兴和县域高质量发展的转型时期，开启由全面建成小康社会迈向全面建设社会主义现代化国家的新阶段。准确把握新的历史方位，大力实施乡村振兴战略，符合新发展阶段县域高质量发展的本质要求。概言之，以乡村振兴引领县域高质量发展要做到整体目标、具体策略和科学方法三大维度的有效衔接。

（一）整体目标衔接

乡村振兴的总目标是实现农业农村现代化，是在完成脱贫攻坚基础上，进一步补齐农业农村短板，实现产业兴旺、生态宜居、乡风文明、治理有效和生活富裕。县域的高质量发展也不可能回避农业、农民、农村问题，必须缩小城乡差距，构建新型的城乡关系，实现新型工业化、城镇化、信息化与农业现代化同步发展。因此，乡村振兴是以县域为基本单元的政治、经济、文化、生态等的全方位、立体式的全面振兴，是县域高质量发展的重要内容和实现路径，县域高质量发展为乡村振兴在县域层面提供要素聚集和资源整合，二者在整体目标上互联互通，相互耦合。

一方面，要完善县域层面的整体发展规划和顶层设计，构建统一高效的政策体系。以整体发展理念推进县域经济与社会、城镇与乡村、发展与民生、物质文明与精神文明等统筹力度，促进新型工业化、信息化、城镇化、农业现代化同步发展。将乡村产业振兴、人才振兴、文化振兴、生态振兴、组织振兴的具体目标纳入县域经济、政治、文化、社会和生态文明“五位一体”发展框架之下，通盘考虑、统筹谋划，构建统一高效的政策体系，促进各级、各项政策有机衔接。

在县域层面合理安排乡村振兴优先序、施工图，科学把握节奏力度，分阶

段、分步骤、分年度推进，避免一哄而上、贪大求快，防止先建后拆、重复建设，杜绝“半拉子”工程，既尽力而为、又量力而行，久久为功、扎实推进，确保建一个、成一个。

另一方面，要坚持乡村振兴与新型城镇化协同推进，实现城乡融合发展。深刻理解乡村振兴与城镇化发展的辩证统一关系，协同推进乡村振兴战略与新型城镇化战略的实施，着力解决城乡发展不平衡的问题。创新城乡之间人才、技术、资金、知识、信息等要素的投入、引进和自由流动机制，推进城乡要素双向自由流动和公共资源合理配置，补齐乡村发展短板，构建以县城为龙头、中心镇为节点、乡村为腹地的城乡融合发展新格局。强化县域综合服务能力，加大城乡基础设施建设，建立健全城乡一体化的基本公共服务体系。

（二）具体策略衔接

乡村振兴与县域发展在具体策略上相互支撑、互嵌互构。主要在以下几个方面着力。

一是夯实基层组织堡垒，为县域高质量发展提供组织保障。农村基层党组织是党的细胞，是党的“三农”工作的领导核心。要加强乡村党组织建设，着力解决乡村党组织队伍涣散、党组织领导力及群众工作水平薄弱的问题。整合“县—乡—村”及企业、社会团体中的各级、各类党组织队伍，强化县域党组织政治功能，更加有力地保证党的路线方针政策在基层落地生根。尤其是加强党对“三农”工作的核心领导，发挥党员在乡村振兴和县域发展中的先锋模范作用，打造一支先进的“三农”工作干部队伍。

二是发展城乡特色产业，为县域高质量发展提供经济支撑。将发展乡村产业纳入县域产业发展整体谋划，科学统筹一、二、三产业。尊重乡村实际，因地制宜发展特色产业。区分不同地区的自然条件、发展基础、产业特点、历史文化、民俗传统，坚持实事求是，科学统筹，以一个方面的优先发展、率先突破，引领带动其他方面协调发展、全面进步，避免“一刀切”“齐步走”，因地制宜设计不同的振兴路径，分类推进乡村振兴。在县域层面整合城乡市场资源，发挥市场规模优势，通过培育产业集群，推动产业联动，培育农企共享、城乡链接的县域特色产业体系。加快农业供给侧结构性改革力度和步伐，在招商引资、产业布局和农业现代化体系建设方面优化服务机制，完善利益联结机制，让城乡居民更多分享产业增值收益。

三是加强城乡文化建设，为县域高质量发展提供文化引领。优化县域文化产业发展规划，加快县域文化产业与新型城镇化融合发展，建立文化振兴与产业振兴的良性互促机制。充分发挥政府主导作用，鼓励社会力量积极参与基层文化振兴，提升政府公共文化服务水平，释放以文明乡风为基础的城乡文化潜力，激发城乡文化活力，进一步凝聚县域文化产业发展合力，促进县域文化繁荣发展。

四是壮大城乡人才队伍，激发县域高质量发展内生动力。积极培育“三农”工作带头人和实践者，打造强有力的乡村基层治理队伍，为乡村振兴提供人才保障。做好乡村人才队伍与县域人才队伍的有效衔接，完善县域人才统筹培养使用制度体系，积极吸纳新农民、企业家、科技人员、大学生、退休人员等扎根基层，参与乡村振兴。完善人才培养机制，提升其文化素养和创新创业能力，为乡村振兴和县域发展提供智力支持。

（三）科学方法衔接

县域治理是国家治理的基层实践。新时代县域高质量发展要推进县域治理体系和治理能力现代化。实现乡村振兴和县域高质量发展在科学方法上应遵循治理的市场化、民主化、法治化、智能化。

首先，坚持市场导向，促进县域经济市场化。在发展城乡经济中坚持市场化理念，维护市场在资源配置中的主体作用，大力发展各具特色、优势明显、竞争力强的特色产业体系。尊重市场规律，推进要素配置市场化，盘活乡村闲置资源，唤醒沉睡资源，重启搁置项目，用活沉淀资金，盘活闲置资产，以存量换增量，以资源换资产，以项目换产业，以改革促发展。创新投融资机制，发挥政府投资撬动作用。培育县域龙头创新型企业，提高企业自主创新能力，鼓励和引导更优市场主体、更多社会资本更快更好融入乡村振兴“主战场”，为乡村振兴提供多层次、广覆盖、可持续的资本投入支持。加快形成城乡互动、良性循环的发展局面。

其次，推进基层协商民主，提升城乡民主化水平。积极开展基层民主协商，将党的协商民主向基层延伸。建立城乡一体化的协商民主制度，不断扩大民主参与主体，充分调动乡村干部、党员、教师、在外企业家等参与基层治理的积极性。创新协商民主形式，丰富协商平台和参与渠道，引导党员、群众、社会组织等各方力量广泛参与协调，实现共建共治共享，打造县域治理共同体。

再次，加强依法治理，推进县域治理法治化。坚持依法治国的总体要求，推进城乡基层治理法治化。紧抓县域治理的主要矛盾推进法治建设，倡导法治与其他社会治理资源相互配合，多措并举。建立健全自治法治德治相结合的城乡治理体系，增强基层干部法治观念、法治为民的意识，为县域治理现代化提供法制保障。

最后，发展数字技术，实现县域治理智能化。大力发展数字技术，加强县域智慧城市和智慧社区建设。积极引进高新产业和信息技术人才，提升县域治理智能化水平。在公共服务方面，加快数字政府和智慧城市建设，加强机制创新，推动数据互通整合的协同管理与服务模式。推动“雪亮工程”在县域的延伸覆盖，提高县域社会治安综合治理科技化水平。在经济发展方面，将智慧城市建设与县域产业特色相结合，以智能化升级改造传统产业，优化产业结构，降低生产制造成本，利用信息网络链接外部市场，提升本地产品附加值，形成智慧经济，以智慧产业发展牵引带动智慧政务、智慧民生发展。

中国式现代化语境下的县域共同富裕实践进路

林阿妙*

党的二十大明确了新时代新征程党的中心任务，加快推进中国式现代化成为题中应有之义。实现全体人民共同富裕既是中国式现代化的中国特色，也是中国式现代化的本质要求。扎实推进县域共同富裕实践，促进县域城乡群众共同富裕，是推进中国式现代化战略部署的内在要求，也是全面推进中华民族伟大复兴的必然要求。立足县域共同富裕推进进程，应加强系统谋划，加快试点探索，扎实有效推进县域共同富裕实践，切实提高县域城乡群众共同富裕水平。

一、中国式现代化与县域共同富裕的逻辑关联

本文所讨论的县域是指作为行政区划的县及行政地位与之相当的市辖区、县级市等的辖区范围。本文的县域共同富裕主要指县域内城乡群众的共同富裕。县域是我国经济社会发展的重要场域，推进县域共同富裕是全面推进中国式现代化的必然要求。

（一）县域是全面推进中国式现代化的重要层级

县域的发展是县域全域的发展，既包含县域中心县城的发展，也包含乡（镇）及村的发展。“郡县治，天下安”，县域在推动经济社会发展中发挥着重要作用，它是推进中国式现代化的重要层级和载体。一方面，县域层面具有较

* 林阿妙，中共漳州市委党校（福建谷文昌干部学院）科技文史教研室主任、副教授。

为完备的治理体系，是贯彻落实中央、省、市决策部署的重要层级。另一方面，县域具有解决县域问题的独立资源优势和职责权限，可立足县域实际，统筹谋划、周密部署、推动实践。县域需要直面辖区发展中存在的各种问题，提出解决问题的具体方案和办法。县域是链接宏观治理体系、中观治理体制机制与基层治理实践的重要纽带。县域治理水平，事关顶层设计落实落地，事关县域经济社会发展水平。抓住了县域这个关键环节，就可以起到“一子落而满盘活”的效果，因此县域是破解我国经济社会发展难题的重要抓手和突破口。推进县域经济、政治、文化、社会、生态等方面的现代化，是推进中国式现代化的重要体现。

（二）实现县域共同富裕是中国式现代化的内在要求

中国式现代化是全体人民共同富裕的现代化，实现全体人民共同富裕是中国式现代化的本质要求。从共同富裕的覆盖群体看，共同富裕是全体人民共同富裕，要让发展成果更多更公平惠及全体人民，而不仅仅是少数人和个别地区的富裕。从共同富裕的涉及领域看，共同富裕涵盖了物质生活、精神生活、生态环境、社会治理、公共服务，乃至人的全面发展等各领域。共同富裕不仅体现在物质生活方面，而且突出人们精神生活方面的富裕。实现共同富裕的总体目标导向是全体人民生活更加美好，即全体人民物质生活和精神生活都更加富裕，城乡、区域、群体的差距显著缩小，共享程度更高，并实现人的全面发展。从国家的战略部署来看，推进共同富裕的战略目标可以分为到“十四五”时期末、2035 年和 21 世纪中叶这三个时间段目标。推进共同富裕体现了经济社会发展进步的过程，其中第一阶段的目标是“迈出坚实步伐”，第二阶段的目标是“取得更为明显的实质性进展”，第三阶段的目标是“基本实现”。共同富裕是经济社会发展进步的状态，要在动态发展中把握推进共同富裕的战略目标。县域城乡群众的共同富裕是全体人民共同富裕的重要体现，实现县域群众共同富裕是实现全体人民共同富裕的内在要求，也是推进中国式现代化、全面建成社会主义现代化强国的内在要求。

（三）推进县域共同富裕是全面推进中国式现代化的重要抓手

实现共同富裕需要一个过程，不同地区不同人群的基础条件及推进进程会有差异，因此其实现共同富裕的程度和时间也会有所差别。推进共同富裕急不得，也等不得，必须立足经济社会发展现状，系统解决发展不平衡不充分的问题。当前，我国城乡之间、地区之间、不同群体之间的群众收入差距仍然较大，必须着力缩小城乡差距、区域差距和群体之间的收入差距问题。推进共同富裕是一项复杂的系统工程，必须立足地方实际，因地制宜，科学把握，稳步推进。推进县域共同富裕是实现全体人民共同富裕的重要举措，也是推进中国式现代化的战略抓手，更是全面推进中国式现代化的题中应有之义。在以人民为中心的理念指导下，县域共同富裕强调价值导向与实现路径相结合，强调城乡群众共享经济社会发展成果。县域涵盖城镇和乡村，具有以城带乡的引擎作用，是统筹推进城乡一体化的有效载体。把县域作为推进共同富裕的重要载体，能够充分发挥城镇辐射带动作用，让优势资源、优质服务实现县域全域共享，让发展成效更多、更公平地惠及城乡群众。推进县域共同富裕是城乡经济社会一体化的重要表现，也是城乡居民更均等地分享经济社会发展成果的重要途径。抓好县域这个主阵地，也就抓住了实现共同富裕的难点和关键。

二、推进县域共同富裕面临的现实难题

我国在推进县域共同富裕工作中存在职责体系不够明晰和实践探索相对滞后等问题。对照实现共同富裕的目标要求，我国县域在经济发展水平、城乡群众收入水平、公共服务供给能力水平、群众精神生活水平等方面与全体人民共同富裕存在较大差距。

（一）推进县域共同富裕的职责体系不够明晰

在实际工作中，县域各级各部门都在加快推进共同富裕工作，但总体上与推进共同富裕各阶段的目标要求相比，推进县域共同富裕工作尚缺乏系统有效的专门工作机制。地方党委政府系统推进县域共同富裕的职能作用尚未能充分发挥，对推进共同富裕的系统谋划、整体推进力度不够。从目前来看，主要表现为目标职责体系不够明晰，组织领导和工作落实力度不够，与推进共同富裕任务目标存在较大差距。在组织领导机制方面，高效协同的组织领导机制还不完善，组织领导还需强化。在推进共同富裕中缺乏清晰的责任清单，各级各部门之间职责分工不够明细。同时，对推进共同富裕工作实践效果尚缺乏科学系统的考核评价机制。现实中一些领导干部对推进共同富裕工作认识不到位，存在畏难情绪，缺乏创造性开展工作的勇气和担当。推进县域共同富裕工作因缺乏系统谋划和科学的组织管理，实践成效主要取决于县域经济社会等各个领域自身的发展水平，呈现碎片化和总体进展缓慢等问题。

（二）县域发展现状与实现县域共同富裕存在较大差距

从县域发展现状看，以下几个方面与推进共同富裕的战略目标存在较大差距。一是县域产业基础比较薄弱，经济总量偏小。农业现代化发展缓慢，县域工业化程度不足，工业总量偏小，第三产业发展相对落后，县域经济总量与实现共同富裕差距仍然较大。城乡之间融合互动不足，县城及乡镇对农村的辐射带动作用尚不充分。营商环境不优，经济创新动力和创新人才不足，科研力量薄弱，创新动能有待提升，县域经济转型升级面临瓶颈问题。二是城乡群众收入水平普遍不高，城乡居民收入差距仍然较大。目前县域经济发展的就业吸纳能力仍然不足，结构性就业矛盾仍然比较突出。城乡居民之间的收入差距仍然较大，农民收入水平普遍较低。农村发展不够快，农村就业机会较少，农民收入渠道较窄，工资性收入水平总体低于城镇居民，财产性收入及转移性收入渠道不多。三是公共服务共享水平不高。总体上县级财政支出压力普遍较大，基本公共服务投入不足，教育、卫生、养老等民生事业存在不少短板。公共服务供给也存在失衡问题，基本公共服务均等化水平不够，城乡之间、群体之间共享程度不足。公共服务资源主要集聚于县城及部分重点乡镇，广大农村地区基本公共服务保障明显不足。四是城乡群众精神生活不够丰富。文化建设相对滞后，文化事业不平衡不充分问题仍然突出，文化产业也存在发展质量效益不够高的问题，群众文化生活总体较为贫乏单一。

（三）推进县域共同富裕的实践探索较为滞后

扎实推进共同富裕不仅是一项紧迫的任务，也是一项全新的挑战。促进共同富裕目标的实现，必须建立在正确实践路径的基础上。从目前的工作进展来看，中央对推进共同富裕作出战略部署，全国各地也在逐步探索如何推进共同富裕工作。但总体上看，除浙江省之外，其他各地实践进展还不够快，大部分省市尚未出台系统推进共同富裕的实施方案，地方各级也尚未有序进行实践探索。从县域的层面来看，同样存在实践进展不足的问题。总体上，一方面，推进县域共同富裕的实践进程与实现全体人民共同富裕的目标还不相适应，也与全面推进中国式现代化的中心任务不相适应。加快推进县域共同富裕的实践探索，进而推进县域共同富裕实践进程，已提上重要日程。另一方面，我国各县域的县城、乡镇及村庄的基础条件和资源禀赋各不相同，经济社会发展水平和城乡融合发展共享程度也各有差异，必须因地制宜加强实践探索。作为一项紧迫的任务，必须坚持问题导向，找准推进县域共同富裕实践的突破口和着力点，扎实有效推进县域共同富裕实践。

三、以扎实推进县域共同富裕促进中国式现代化的实践指向

党的二十大强调扎实推进共同富裕这一重要部署。针对目前县域共同富裕的主要制约因素，应坚持和加强党的全面领导，坚持城乡融合发展导向，加强县域统筹，聚焦产业发展、群众收入、公共服务等重点领域关键环节，加快建立完善推进县域共同富裕的体制机制和政策体系，以县域共同富裕助推中国式现代化进程。

（一）坚持和加强党的全面领导，构建推进县域共同富裕的目标责任体系

必须坚持和加强党对县域共同富裕的全面领导，发挥政府职责作用，加强组织领导，加快系统谋划，进一步明晰推进县域共同富裕的目标责任体系。一是加快成立推进县域共同富裕工作领导小组，明确领导小组主要职责，强化推进县域共同富裕的政治责任，充分发挥县一级承上启下的关键作用，完善组织领导体制机制，实行专班化运作，聚焦推进县域共同富裕的重大事项进行专题研究、重点推进，并督促检查落实情况。二是明确推进县域共同富裕的目标任务，建立健全推进县域共同富裕的责任机制。充分发挥地方人大在立法和监督等方面的重要作用，加快制定推进县域共同富裕工作的实施方案，明确推进共同富裕的工作目标和主要任务，为推动县域共同富裕提供法治保障。全面落实主体责任，制定县域各级推进共同富裕的责任清单，明确各主体的具体任务。着力建立上下联动、高效协同的落实机制，明确分级责任担当机制，形成一级抓一级、层层抓落实的工作体系，促进推进县域共同富裕工作部署真正落地落实。三是构建完善推进共同富裕的考核评价体系。坚持定量与定性、客观评价与主观评价相结合，围绕经济发展、民生改善、精神生活等领域的共享水平，开展多维度的比较分析，加快构建县域共同富裕的评价指标体系，以科学评价共同富裕的推进力度和实现程度。完善推进共同富裕的政绩考核评价体系和奖惩机制，建立健全激励机制，完善容错免责机制，鼓励各级积极开拓进取，勇于创新，为各地大胆创新推进共同富裕实践提供制度保障。

（二）完善县域产业体系，推动县域经济高质量发展

中国式现代化离不开县域经济的高质量发展，要立足县域资源禀赋，发挥

县域比较优势，持续推进供给侧结构性改革，积极发展县域特色产业，促进县域经济高质量发展。要坚持“四化同步”的发展路径，把县域作为推动四化互动的重要着力点，以“四化同步”不断增强县域发展活力，促进县域“并联式”发展、整体性推进。着力推动信息化和工业化深度融合、工业化和城镇化良性互动、城镇化和农业现代化相互协调，促进工业化、信息化、城镇化、农业现代化同步发展，进而推动形成工农互促、城乡互补、协调发展、共同繁荣的新型工农城乡关系。其一，推动县域共同富裕，要把推进新型城镇化建设和全面推进乡村振兴有机结合起来。要加快推进以县城为重要载体的新型城镇化，促进以城带乡、城乡互动，大力推进城乡之间的融合发展。要全面推进乡村振兴，推动农业转型升级和特色现代农业发展，加快推进农业产业化现代化。其二，进一步优化营商环境，持续做大做强工业。不断壮大实体经济，设立产业发展基金，推动产业集聚高端发展。多措并举鼓励支持民营企业发展，针对新时期民营企业存在的突出困难和问题，制定完善更具针对性和可操作性的配套政策，以更加务实具体的政策举措促进民营企业不断发展壮大。其三，要强化创新驱动科技赋能，深入实施创新驱动发展战略。加快推进县域信息化建设，以信息化带动工业化，促进城镇化建设，进而推动县域现代化。实施关键核心技术攻关工程，优化科技创新激励机制。加大政策支持，创新引才留才机制，大力培养和引进高层次科技人才、高水平创新团队。重视培育数字经济，推动数字产业化，提升产业数字化。

（三）完善城乡群众收入增长机制，提升县域群众收入水平

收入是民生之源，要不断拓宽群众收入渠道，不断增加低收入者的收入，扩大中等收入群体规模。其一，要坚持县域经济发展就业导向，强化就业优先政策。就业是民生之本，促进高质量县域经济发展与高质量充分就业有机结合，良性互动，充分发挥县域经济“蓄水池”功能和作用。通过完善减税降费的政策，扩大就业容量，提高经济增长的就业带动力，拓宽城乡群众就近就地就业的渠道，促进更高质量更充分的就业。加强重点群体就业帮扶体系，通过加强职业教育和技能培训等举措解决结构性就业矛盾问题。加快发展现代服务业，推动养老、托幼、家政、物业等服务业提质扩容，提高服务业的就业吸纳能力。其二，要完善农民收入增长机制和充分就业机制，促进农村农民共同富裕。推进共同富裕，难点重点是促进农民农村共同富裕。要着眼于完善农民收入稳定增长的长效机制，促进农民持续增收。落实防止返贫监测和帮扶机制，持续巩固拓展脱贫成果，并探索建立解决相对贫困的长效机制。全面推进乡村振兴，着力培育新型职业农民，促进农民增产增收，鼓励农民通过创业就业促增收。加快建立农民工职业技能培训制度，完善城乡统一的劳动力市场，不断提高农民工的工资性收入。重点关注低收入家庭的充分就业，提升促进就业的针对性和有效性，提升低收入群体的就业能力，确保低收入群体稳就业、增收入。同时，还要不断拓宽农民收入增长渠道，在促进农民经营性收入和工资性收入稳定增长的同时，拓宽农民在财产性收入和转移性收入等方面的增长渠道。

（四）完善公共服务政策体系，促进县域公共服务优质共享

加快完善公共服务制度体系，促进民生福祉达到新水平。一是促进县域基本公共服务均等化。突出政府在基本公共服务供给保障中的主体地位，提升基本公共服务供给能力，加大对群众急难愁盼领域的财政转移支付力度，提高财政资金使用效益和服务质量，加快补齐县域基础设施和基本公共服务短板。健全常住人口基本公共服务制度。持续深化户籍制度改革，落实放宽户口迁移政策，促进有能力在城镇稳定就业和生活的常住人口有序实现市民化，有序推进农业转移人口市民化。着力增强县乡村统筹力度，推进城乡基本公共服务标准化，促进县域公共服务一体化，提高城乡群众的共享水平。加快深化教育、医疗、养老等领域的改革，促进县域内公共服务对农村的延伸和覆盖，补齐农村公共服务短板。加大农村人居环境整治力度，促进农村加快具备现代生活条件，建设宜居宜业和美乡村。二是完善多元县域公共服务供给机制。持续加大优质公共服务资源的供给，探索建立健全便捷高效的公共服务圈供给体系，提高公共服务的便捷性和可及性，从而不断提升群众的获得感和幸福感。

（五）推动文化事业产业改革创新，促进城乡群众精神生活共同富裕

按照群众物质生活和精神生活都要富裕起来的目标要求，推进相关领域的供给侧结构性改革，促进文化事业文化产业高质量发展。一是推进文化事业改革，加快建立现代公共文化服务体系，努力提高文化公共产品供给水平。大力继承和弘扬优秀传统文化，因地制宜促进优秀传统文化创造性转化、创新性发展。深化公共文化设施均衡配置和文化惠民力度，优化基层公共文化服务网络，提高县域城乡基本公共文化服务标准化均等化水平。强化社会主义核心价值观引领作用，深入实施文明创建工程，努力提高群众精神文明程度。二是完善文化产业激励与约束机制，建立健全现代文化市场体系。明确约束机制，坚持正确政治导向，确保文化产业持续健康发展。完善文化产业发展支持政策体系，促进文化产业创新发展，扩大优质文化产品有效供给。

（六）加强实践探索，健全推进县域共同富裕的有效运行机制

实现全体人民共同富裕是一项全新的事业，也是一项探索性事业，必须坚持顶层设计与基层实践探索相结合，在实践中大胆探索和改革创新，推进共同富裕工作迈出坚实步伐，进而取得实质性进展。加强推进县域共同富裕的实践探索，是实现共同富裕美好愿景的重要着力点。当前应从点、线、面等各个维度，强化推进县域共同富裕创新试点，并及时总结县域共同富裕试点建设的好经验好做法，以点带面推进县域共同富裕实践进程，并在实践中完善推进县域共同富裕的运行机制。一是大力探索建设共同富裕现代化基本单元。以城乡社区等为载体，探索把城乡社区等作为推动共同富裕的基本单元，着力推进基层共同富裕实践。强化社区共建共治共享理念，强化社区群众的主体意识，促进城乡社区的全员共享，着力打造“共富社区”。二是促进关键领域共同富裕试点建设。以公共服务优质共享为目标，探索打造方便可及的基本公共服务生活圈，探索义务教育等领域资源的优质均衡。三是促进乡（镇）共同富裕试点建设。选择有代表性的乡（镇）开展试点建设，着力把乡（镇）作为推动共同富裕的重要平台载体，努力提高县域城乡共富水平。

县域治理高质量发展的陕西实践与对策探析

杨　蕊[*]

作为文化、经济和社会共同体，县域在推动中国社会发展的实践中作出了重要贡献。本文在阐述新时代县域治理高质量发展价值意蕴的基础上，对新时代陕西省县域治理高质量发展的有效实践进行了梳理总结。结合全国各地的先进经验，对陕西省县域治理高质量发展提出了对策建议。

一、县域治理高质量发展是国家治理现代化的必由之路

县域治理是国家治理的重要基础。“郡县治，天下安。”作为基层政权单位，县在国家和乡村社会之间发挥着承上启下的纽带作用。截至 2020 年底，我国有县级行政区 2 844 个，县域面积约占全国面积的 93%，县域人口约占全国人口的 74%，县域 GDP 约占全国 GDP 的 53%。① 县域涵盖了我国大部分的面积和人口，特别是农村人口，因此县域治理现代化是国家治理现代化的重要基础。

高质量县域治理是实现共同富裕的关键所在。县域是中国社会治理的关键一级，是连接城市、乡村的中间环节，也是促进城乡融合发展的重要载体。实现共同富裕的目标需要打破我国长期以来形成的城乡二元结构，真正实现从二元城乡社会经济结构走向一元。打破这个结构的关键节点就是县域的整体发

---

* 杨蕊，中共西安市委党校（西安市行政学院）管理学教研部讲师。

① 何晓斌：《以县域为基础的现代化和共同富裕》，《探索与争鸣》2021 年第 11 期。

展。因此，中国的共同富裕应是以县域为基础的共同富裕。[①]

高质量县域治理也是实现乡村振兴的坚实支撑。乡村振兴作为当代中国的宏大叙事，是全面建设现代化国家的重大历史任务。乡村振兴的实质是县域振兴。[②] 乡村振兴以县域为基本单元，能够有效契合农民渐进城镇化和半城镇化转变，还能实现城镇化与乡村振兴同步、人与资源的城乡融合发展。[③] 以县域为基本实施单元，乡村振兴就有了支撑和动能。

二、推进县域治理高质量发展的陕西探索与实践

近年来，陕西省深入践行习近平总书记关于县域治理的重要讲话重要指示精神，审时度势、科学决策，不断激发县域经济发展动力、推进县域治理现代化，提升了县城发展品质和综合承载能力。

（一）政治引领：党的领导凝聚县域治理最强合力

高水平嵌入基层社会治理结构和功能领域，提升整合全流程治理体系的组织力，是发挥党建引领基层治理制度优势的必然要求。在党的领导下，陕西省各地坚持问题导向，以解决基层实际难题为突破口，以改革创新精神不断探索党建引领基层治理的新模式，着力打通基层治理难点和堵点，在脱贫攻坚成功经验的基础上推动乡村振兴高质量发展并探索共同富裕的实践经验。

咸阳市礼泉县袁家村就是陕西省党建引领乡村振兴、探索共同富裕的成功典范。2007 年，位于关中渭北的袁家村在党支部书记带领下开始尝试发展乡村旅游，以关中民俗文化为主题吸引各地游客，主打原生态、零添加的绿色生态食品，带动农民致富。在发展乡村旅游的过程中，袁家村不断创新发展理念、迭代生产经营模式、积极引进新业态，打造了艺术街、时尚街等，引进了室内运动中心、温泉度假酒店、直升机观光等项目，从最初的度假游转变到深度游、主题游，游客的体验感和参与感大大提升。在村党支部的带领下，袁家村还积极推行新战略——进城出省，在各地探索不同的发展模式，实现了口碑和品牌双丰收。如今袁家村年接待游客数量超过了 660 万人次，村民人均纯收入 15 万元以上，成为西部地区探索乡村振兴的“排头兵”。袁家村也先后获得

---

① 何晓斌：《以县域为基础的现代化和共同富裕》，《探索与争鸣》2021 年第 11 期。

② 杨发祥、郭科：《县域视角下乡村振兴的理论框架及行动方略》，《西北农林科技大学学报》（社会科学版）2022 年第 5 期。

③ 杨华：《论以县域为基本单元的乡村振兴》，《重庆社会科学》2019 年第 6 期。

了中国十大最美乡村、全国文明村镇、国家 AAAA 级旅游景区等多项国家荣誉。

（二）法治保障：依法治国推动县域治理行稳致远

法律是治国之重器，良法是善治之前提。近年来，陕西省积极探索法治乡村建设新路径。2022 年出台了《全省司法行政机关助力乡村振兴实施意见》，扎实推进法律服务助力乡村振兴。一是着力推动公共法律服务有效覆盖每一个村庄。将司法所打造成乡村法治建设的前沿阵地、维护社会稳定的第一道防线和保障群众合法权益的坚实后盾。组织 8 000 多名律师担任“村级”法律顾问，打造“家门口”的法律服务超市，创新“互联网＋公共法律服务”模式，为群众提供便捷高效的法律服务。二是健全完善矛盾纠纷多元化解机制。通过推进“一村（社区）一专职人民调解员”、乡村“法律明白人”培养工程等，充分发挥公证、人民调解、法律顾问、特邀调解等制度作用，实现“小事不出村、矛盾不上交、邻里更和谐”的目标，让农村社会既充满活力又和谐有序。三是通过形式多样的法治宣传活动，形成乡村尊法、学法、守法、用法的良好风气。利用文化礼堂、农家书屋等载体，在中国农民丰收节、“宪法宣传周”和农村集市等时节，用群众喜闻乐见的形式传播法治文化。通过打造乡村宪法长廊、法治广场、法治宣传墙绘等宣传载体，让法治理念深入人心。

（三）德治教化：中华优秀传统文化筑牢县域治理的道德基石

“德治教化”是实现“善治”的重要基石。陕西省充分发挥德治教化在基层治理中的基础性作用，让县域治理建立在更高的道德水准之上。

一是以培育和践行社会主义核心价值观为主线，加强公民道德建设。扎实推进“厚德陕西”建设向纵深发展，充分发挥“德治教化”的独特作用。通过评选、褒奖、宣传“陕西好人”，树立先进榜样和典型模范。在基层村（社区）大力开展社会主义核心价值观及中华优秀传统文化的传承弘扬，在街区的公共空间和场景建设中加强宣传，营造良好的社区文化形象，让社会主义核心价值观像空气一样无所不在、深入人心，以润物细无声的方式，对群众进行思想教育和文化引导。

二是加强新时代文明实践站建设，让文明新风浸润乡村振兴。以德治弘扬正气。以村级新时代文明实践为统领，广泛开展新时代文明实践活动：爱国主义教育、中华传统美德教育、民主法制教育，以及环境整治、学雷锋活动、关爱未成年人等各类文明实践志愿服务活动，尤其重视加强未成年人思想道德建设，真正做到思想引领、道德教化、文化传承。

三是发挥村规民约的重要作用。注重历史文脉的传承和道德文化的沁润，着力处理好守正和创新之间的关系。陕西省蓝田县《吕氏乡约》是我国历史上第一部成文乡约，由吕大忠、吕大防、吕大钧、吕大临四兄弟创制，至今仍闪耀着独特的中国传统治理智慧。蓝田县在传承旧约的基础上，选取契合社会主义核心价值观的精髓要义，与时俱进创新发展了《蓝田新乡约》，融入人本、法治与环保等现代理念，将其赋予了新的时代内涵，形成了当地独特的乡约文化体系，是当地调解纠纷、化解矛盾的重要依据，广泛在街坊邻里、少年儿童间传播普及。

（四）自治强基：基层群众自治激发县域治理活力

近年来，陕西省深入贯彻《中国共产党农村基层组织工作条例》，不断健全党组织领导下的自治、法治、德治相结合的基层治理体系，提升村党组织的凝聚力和号召力。在党组织带领下，村民自治能力不断增强，善治乡村格局初步形成。

近年来，陕西省汉中市留坝县在建设全国首批乡村治理试点县的过程中，以自治激发乡村治理活力，不断丰富“三治”结合的实践载体，以基层群众民主协商、民主决策、民主管理、民主监督为基础，融入法治、德治元素，以“三治”融合激活了乡村治理“末梢”。一是健全自治机制。推行“重大事项院坝里议、政策疑惑线上答、权力运行全程晒”，建立起村务公开、政策宣传、诉求表达、日常监督的群众自治网络。开发了“社会治理一体化服务平台”App，通过群众和网格员“下单”、政府部门“接单”、群众评价“回单”，推动全县干部群众有效参与社会治理。二是大力开展模范表彰工作。积极评选“最美留坝人”“诚信模范”“清洁文明家庭”等，引导村民崇德向善。建立“红黑榜”将乡村道德建设从“软内容”变成“硬约束”。村道德评议委员会进行民主评议赋分。通过“红榜”表扬和“黑榜”曝光批评，让留坝乡村充满惩恶扬善、向好向善的新风正气。

（五）智治支撑：积极推进县域数字化治理创新

在大数据、物联网、人工智能等数字技术发展日新月异的背景下，为克服传统县域治理的滞后性与低效性，陕西省各地结合其发展背景、资源禀赋和实际情况，因地制宜在县域发展中积极融合科技因素，积极探索数字时代的县域治理创新，用数字化为县域产业发展注入新活力。人才是县域发展的核心和根本动力。数字化就业作为新的职业选择，为吸引年轻人才回流返乡创业创造了巨大的机会。当前，阿里巴巴等企业探索公益帮扶模式，通过建立数字就业中心、客服中心等，为县域年轻人提供高质量的就业机会。积极培养数字化人才，让人才“引回来、留得住、能发展”。如“数字木兰”就业培训计划，通过助力县域女性创就业和可持续发展，为乡村女性创业带来了新就业机会，成就了大量乡村女性创业，小县城涌现了大批“数字木兰”，提升了县域女性的安全感、成就感、幸福感。陕西省清涧县 2019 年以来引入了蚂蚁集团，助力青年尤其是乡村女性在地就业，走出了一条数字就业的“清涧实践”。其中一名“90 后”女性李阿倩，2020 年返乡做起了人工智能训练师。如今不仅获得了稳定的收入，还逐步成长为管理者，成为全国优秀乡村创业女性代表，获评 2023 年首届“数字木兰星”。①

三、推进陕西县域治理高质量发展的对策思考

陕西省推进县域治理高质量发展要继续着力解决群众最关心、需求最迫切的民生问题，让老百姓更有幸福感、获得感、安全感。县级政府要承担好制定县域乡村振兴战略规划、统筹县域公共基础设施建设、提供基本公共服务等职能，充分发挥陕西省资源丰富、生态环境优越、文化底蕴深厚、旅游资源独特的优势，把特色做亮、优势做精、长板做强，走高质量发展之路。

（一）深化改革县域治理方式，提升县域行政管理效率

针对当前基层治理普遍面临的“任务全、责任重、资源少”的困境，需要进一步推进县域治理体制改革。通过权力下放、重心下移、资源下沉，赋予县级更多的资源整合使用自主权。② 向基层放权赋能，切实减轻基层负担，一是处理好省与县的关系，持续深化“省直管县”“强县扩权”改革，扩大县域治理的自主权，让县级政府成为发展经济、配置资源、服务群众的重要主体。二是处理好县与乡的关系，完善乡镇治理体制，规范乡镇政务服务、公共服务、

---

① 文梅：《数字时代下乡村女性发展迎来新图景 小县城涌现大批“数字木兰”》，《华夏时报》2023 年 4 月 19 日。

② 杨果：《提升县域治理效能须不断激发发展活力》，《学习时报》2022 年 10 月 12 日。

公共安全等事项，加强基层治理人才的队伍建设和培养使用。此外，要不断提升县域社会治理智慧化水平，探索运用大数据技术强化社会风险动态感知、跟踪预测、分析研判、决策处置等闭环能力。

（二）加快补齐农村基础设施和公共服务短板，全方位提高县域民生福祉水平

一是加强县域基础设施建设规划管理。统筹推进县域城乡道路、电网、饮水、市政、燃气、通信等基础设施建设。提高乡村公共基础设施供给的公平程度，是推进乡村振兴战略实现共同富裕过程中再调节生产关系的重要举措。[①]统筹整合县域资源，加快补齐农村公共基础设施短板，从根本上实现基础设施建设的全域覆盖和全民共享。二是系统提升县域基本公共服务效能。要强化县域教育文化、医疗卫生、养老托育等公共服务供给，实现基本公共服务城乡标准统一、制度并轨。[②] 更好满足人民群众更高层次公共服务需求，创新拓展多层次、个性化、高品质的生活服务供给。

（三）大力推进数字乡村建设，拓展乡村公共服务数字化应用

数字乡村建设是乡村振兴和共同富裕的重要抓手，也是提升乡村治理体系和治理能力现代化的必然要求。[③] 一是补齐农业农村数字基础设施短板。以数字化改革和创新为动力，推动县域数字化、信息化、智能化转型。加快推进通信网络、物联网、大数据、人工智能等乡村数字基础设施建设，实现信息技术赋能乡村建设和治理。二是推进“互联网＋公共服务”嵌入乡村治理。让教育、医疗、文化等各类优质公共服务资源便捷、快速地延伸覆盖到乡村，促进城乡居民基本公共服务均等化，让农民群众共享数字时代的美好新生活。

（四）完善县域社会治理体系，构建“共建共治共享”的基层社会治理格局

一是要充分发挥社会力量协同作用。当前，县域群众占我国人口绝大多数，县域内的老龄化、空心化等问题亟待关注。要切实增强县域群众的获得

---

① 王博、王亚华：《县域乡村振兴与共同富裕：内在逻辑、驱动机制和路径》，《农业经济问题》2022 年第 12 期。

② 朱勋克：《县域治理现代化的着力点》，《中国社会科学报》2022 年 10 月 11 日。

③ 唐珂：《落实农业强国和网络强国战略 加快推进数字乡村建设》，《中国网信》2023 年第 2 期。

感、幸福感、安全感，社会大局才能保持稳定和谐。在全面推进乡村振兴、巩固拓展脱贫攻坚成果的同时，要培育孵化基层治理亟须的社会组织，提高社会组织的专业化水平，整合资源用好社工站平台开展“五社联动”，发挥其专业性和公益性的优势，助力政府做好留守儿童、留守妇女、留守老人、残障人士等特需群体的关爱服务工作，切实增进群众福祉。二是要完善县域社会治理体系。构建政府治理、社会调节、居民自治良性互动的县域治理格局。拓宽居民公共参与的领域和范围，实现群众参与公共事务协商科学化、规范化、制度化。践行全过程人民民主，走好新时代党的群众路线。充分发挥人民群众积极性、能动性、创造性，坚持和发展新时代的“枫桥经验”，提升源头治理能力，构建平安和谐又充满活力的社会局面。

四、结语

县域治理的关键核心是全面加强党的领导，根本路径是改革创新，出发点和落脚点是以人民为中心。站在第二个百年奋斗目标的历史新征程上，在中国式现代化的建设过程中，陕西作为西部地区的重要省份和“一带一路”的桥头堡，须不断探索中国特色社会治理的新思路、新政策、新路径，在结合实际发展环境和资源禀赋的基础上，坚持立足本土、因地制宜，不断推进县域社会治理高质量发展，奋力谱写中国式现代化建设的陕西篇章。

新发展格局助推乡村振兴：逻辑、机制与路径探究*

李晓辉**

一、引言

自改革开放以来，我国借助人口红利和制造成本等方面的优势，积极融入到出口导向型的国际市场经济中，取得了举世瞩目的经济增长奇迹，可在贸易保护主义、重大传染病疫情及全球经济增长疲软等因素影响下，随着人口老龄化日益严重、资源要素存量约束越发凸显，我国在国际市场上的优势将不复存在。可想而知，当前我国经济发展中的风险和机遇是并存的，我们既要巩固历史成果向第二个百年奋斗目标进军，又要继往开来拓展新的经济增长极面对波谲云诡的国际环境，想要保持快速增长的发展态势，就要科学转变经济发展策略，党中央审时度势地提出了构建国内大循环为主体、国内国际双循环相互促进的新发展格局。显而易见，这是为了挖掘我国自身超大规模市场优势的准确把握，既立足于国内市场，又不排斥国际市场，两头不误地抓紧发展机遇，也是为了适应国内主要矛盾转化及掌握经济发展的主动权，最终实现经济高质量发展而作出科学合理的战略部署。

我国超大规模市场优势是持续巩固拓展脱贫攻坚成果的制胜法宝。城乡发展不均衡和农村发展潜力未挖掘，这一优势难以得到体现，这将极大影响我国经济的快速发展。在新的经济形势下，乡村振兴战略成为有机衔接脱贫攻坚成

* 基金项目：福建省行政管理学会一般项目（项目编号：2022B04）。

** 李晓辉，中共宁德市委党校（宁德市行政学院）管理学教研室讲师。

果的有效渠道，“三农”工作的重点也正逐步转移到乡村振兴战略上，2023年的中央一号文件明确指出，“必须坚持不懈把解决好‘三农’问题作为全党工作重中之重，举全党全社会之力全面推进乡村振兴，加快农业农村现代化。”党的二十大提出要“推动构建新发展格局”，同时也要“增强国内国际两个市场两种资源联动效应”“坚持农业农村优先发展”。由此可见，从国家顶层设计战略来看，就是要通过新发展格局助力乡村振兴，乡村振兴又将成为加速构建双循环新发展格局的重要实现路径，以此，不断推进两者深度融合和有效链接，最终使两者形成良性循环。在构建新发展格局战略背景下，如何深层次剖析新发展格局与乡村振兴的内在逻辑关系，让两者在理论和现实层面都相得益彰，是当前应给予广泛关注的重点问题。

从现阶段研究来看，关于对新发展格局和乡村振兴关系的理论研究成果颇丰，有学者从中国式现代化视野对乡村振兴的时代内涵、现实逻辑及高质量发展等方面展开研究，① 也有学者对新发展格局的理论基础与特征、实践路径及战略意义进行深入研究，还有学者从“双循环”格局下对脱贫攻坚与乡村振兴的有机衔接的行为逻辑、机遇与挑战及地方例证进程进行研究，② 但鲜有对新发展格局和乡村振兴两者之间的内在逻辑关系和现实问题进行研究。本文在现有理论研究基础上，重点讨论的几个问题：新发展格局与乡村振兴的内在逻辑关系是什么？新发展格局助力乡村振兴的机制有哪些？对新发展格局下乡村振兴的现实梗阻问题有哪些？还有哪些有效的突破路径？对上述问题的讨论，不仅有利于促进两者有机衔接和破解现实问题，而且可以对推动新发展格局的构建和乡村振兴战略的全面实施提供些许借鉴。

二、新发展格局与乡村振兴的内在逻辑关系分析

（一）新发展格局与乡村振兴之间互助共进

新发展格局与乡村振兴之间存在相辅相成、互助共进的内在逻辑关系。一方面，新发展格局助力乡村振兴战略的全面实施，新发展格局对强化乡村农业、产业、人才等方面的振兴具有特殊且非凡的重要意义。新发展格局的战略

① 黄承伟：《中国式现代化视野下的乡村振兴：现实逻辑与高质量发展》，《新视野》2023年第3期。

② 郑瑞强、郭如良：《“双循环”格局下脱贫攻坚与乡村振兴有效衔接的进路研究》，《华中农业大学学报》（社会科学版）2021年第3期。

部署促进了乡村各项事业的转型升级，并且持续推动乡村各类生产要素的合理优化配置。另一方面，随着乡村振兴的深入推进，乡村的各项生产要素利用效率也将日趋合理化，所营造的农村环境更为宜居，农民生活更为宜业，生活条件更为优渥，再加上农民创收形式越发多样，消费能力也随之不断提升，购买需求逐步呈现多元化，继而激发国内消费市场，加快形成完整的内需体系，为以国内大循环为主体的新发展格局提供内生动力，最终加快构建新发展格局。

新发展格局和乡村振兴在政策目标层面有其一致性。① 新发展格局力求在发展质量、质量效益、发展方式上寻求突破，通过转变原有的发展质量不平衡、过度追求数量规模及粗放型增长的问题去实现高质量发展、高质量效应、集约型增长的目标。乡村振兴的政策目标也是立足于高质量发展，通过高质量发展推动规模增长；深化乡村产业结构调整，优化结构布局，推进产业协调发展；开拓乡村消费市场，开发乡村消费的内需潜力。故此，两者在目标层面上呈现一致性。

新发展格局和乡村振兴在政策实践层面有其融合性。新发展格局在政策实践层面致力于搭建国内大循环体系，激发国内消费市场的活力，推动乡村资源要素优化配置，使得我国经济结构更加合理，进而打造更适宜我国未来经济发展的战略布局。新发展格局在宏观上的部署必然影响微观上乡村振兴的实施，如通过完善农业产业发展政策，涉及乡村产业项目调整和资源要素流通等；改善乡村消费能力提升工具，涉及乡村金融服务体系完善和基础设施建设提升等。故此，两者之间在政策实践层面具有融合性。

（二）新发展格局与消除城乡二元结构相对立

新发展格局是以国内大循环为主体、国内国际双循环相互促进的战略部署，这是在面临贸易保护主义、全球严峻新冠疫情和我国步入中国特色社会主义新时代的背景下，为巩固全面建成小康社会，实现国民经济高层次、稳节奏发展，以便拓宽新思路、克服新问题、迎接新挑战，进而构建社会主义现代化强国而提出的，具有时代和现实意义的高水平战略定位。

新发展格局是畅通城乡经济循环，消除城乡二元结构的战略性举措。新发展格局是为了适应国内外环境变化的时代背景要求，它是为实现“两个一百

---

① 严宇珺、龚晓莺：《新发展格局助推乡村振兴：内涵、依据与路径》，《当代经济管理》2022年第7期。

年”奋斗目标不断演化的结果，始终贯彻以人民为中心的价值理念，力求破解当前经济发展过程中不相适应的关键环节，打破城乡之间因生产、分配、流通、消费等要素不畅通而导致的城乡二元结构的壁垒，通过创新体制机制和科学规划，深挖国内市场潜力，摆脱过于依赖国际市场，重塑我国城乡之间经济生态的循环。我国构建新发展格局，其目的是将国内的经济发展和消费需求作为发展的出发点和落脚点，通过挖掘内需潜力来刺激国内经济快速发展，实现全民享有改革发展的红利，这既是对国内外环境变化的正确响应，也是我国经济发展独立自主的自信外化，将需求从被动转化为主动的内循环主体同时兼具国内国外双循环的发展格局，势必将更好地保障我国经济社会的安全，进而破解我国经济发展过程中城乡二元结构的矛盾问题。当前城乡二元结构尚未消除，如何扩大国内消费市场，就必须着眼于现有的乡村消费需求，这便成为扩大内需的突破口，通过城乡之间各项资源要素的有效配置，优化城乡经济循环发展的新业态是构成新发展格局的重要内容。

三、新发展格局助力乡村振兴的机制分析

新发展格局改变国内外经济发展思路、国内经济发展环境对于乡村振兴战略顺利实施意义非凡，乡村振兴的不断深入离不开机制的助力，新发展格局下，发展动力的转变、发展环境的优化、发展空间的重置都推动着乡村振兴的全面实现。①

（一）动力转换机制

新发展格局就是为了实现我国经济高质量发展而找到的相互匹配和安全高效的动力转化机制。面对全球贸易受到严重冲击、贸易保护主义势头高涨、全球经济衰退和对外投资风险增大，过往贸易出超的投资方式，已经不适应当前全球经济态势。基于当前形势，我国未按部就班，而是结合国内外经济大环境，有针对性地提出了新发展格局。这展示了我国未来经济发展思路的变化，经济发展过程中的出口外向型动力在适当弱化，而自产自销的内源性动力在不断加强，将内循环经济培育为主体，农村市场作为关键的动力转换机制已然成为今后我国经济高质量发展的主要抓手。这种审时度势的发展思路，势必会促

---

① 李建平、梅晓光：《“双循环”新发展格局下乡村振兴面临的挑战与对策分析》，《理论探讨》2021年第3期。

进农村的脱贫攻坚与乡村振兴的有机衔接。在新发展格局中为确保内循环作为主体，就要畅通各类资源在城乡空间领域和生产、分配、流通过程中“卡点”和“难点”问题，而如何解决农村市场供给和需求问题，便是构建国内大循环为主体发展格局首要问题。由此，《中共中央 国务院关于做好 2023 年全面推进乡村振兴重点工作的意见》（以下简称《意见》）提出，发展现代设施农业、推动乡村产业高质量发展、加强农业基础设施建设、强化农业科技和装备支撑。不难看出，我国新发展格局以国内大循环为主体的发展思路，正转变着我国未来经济发展的方向和动力，这对加快推进乡村振兴无疑是极大的利好机遇。

（二）环境优化机制

新发展格局的提出是在统筹国内外经济形势基础上，经过科学论证且具有全局性的经济发展思路。城市供需结构相对饱和，城市投资空间也逐步收窄，持续释放居民消费能力的关键在于供给侧结构性改革的配套和跟进，从而确保国内产业链和供应链的安全。畅通各项影响供给侧要素自由流通的限制因素，扩大农村市场作为摆脱城市经济增长放缓的重要突破窗口，优化农村各项环境，发掘农村经济发展的内生动力。故此，《意见》提出，稳定完善帮扶政策、拓宽农民增收致富渠道、扎实推进宜居宜业和美乡村建设、深入推进农业现代化示范区建设、持续加强乡村基础设施建设、提升基本公共服务能力。不难看出，构建新发展格局还可以推进农村供需结构优化、人居环境美化、设施设备现代化的发展，为补齐农村发展的各项短板提供了机遇。

（三）空间重构机制

新发展格局战略的推进以持续深化需求和供给良性互动为重要任务，推进农村市场资源要素空间关系最优化配置，扩大有效投资，优化产业结构，充分利用两个市场、两种资源。就农村市场发展而言，为带动当地产业发展、招揽中小型企业入驻、引导重大投资项目，农村基础设施建设就应与之相匹配，相应的财政投资将明显增加，科教文卫建设等公共服务水平也要与之平衡发展，城乡之间的产业整合优化和转型升级步伐随之加快，这些资源要素和投资环境的空间变化和重构组合给我国经济带来更大的发展活力和区域发展空间。为拓宽贫穷人口生计空间和推进区域发展空间，《意见》提出，完善县乡村产业空间布局，提升县城产业承载和配套服务功能，增强重点镇集聚功能；健全党组织领导的乡村治理体系；强化政策保障和体制机制创新。因此，各项机制的转变、优化及重构才是新发展格局下乡村振兴持续发展的动力源泉。

四、新发展格局下乡村振兴面临的困境

（一）乡村产业发展优势不突出

产业振兴是乡村振兴的关键，对于乡村振兴中起到物质基础作用的产业振兴存在如下问题。一是乡村自主创新能力不高。乡村产业振兴的原动力在于激发乡村各项生产要素活力及群众的内生动力，实现经济的可持续增长，同时使群众享有国家政策带来的福利。然而，从现实情况来看，多数乡村产业还停留在劳动密集型加工业，甚至还存在不少没有任何产业的乡村，虽可挖掘的资源丰富，但自主挖掘的意识和能力均不足，究其根源，一方面是推动创新所需要的人力、物力及财力略有不足，尚未营造适合创新的环境。另一方面乡村自主创新能力需要多方力量协同参与方能有所突破，但当前尚未构建多方协同共创机制，政府、市场和个人要如何相互配合才能推动乡村产业创新和相关技术的衔接，让市场和企业的新技术新理念有效嫁接到乡村产业发展上，避免出现当前部分乡村产业链尚未形成、产业竞争力和现代化略显不足等问题。二是创设品牌意识不强。产品品牌的塑造有益于在与其他产品在市场竞争中脱颖而出，通过品牌的创设，形成自己的产业定位、未来愿景、管理方法及经营战略，同时与之匹配相应的营销方式、服务形式及品牌文化等也将孕育而生，但当前乡村产业经营者品牌意识不强，故此，品牌的精细化管理、自主品牌特色形象及品牌溢价等均未形成。① 这些问题的存在必然导致乡村产业所生产的产品和服务在同类型产品中区别度不高、竞争力不强。

（二）乡村流通对接生产与消费的功能有待提高

乡村地区物流基础设施相对比较落后，大部分乡村地区产品运输以公路运输为主，有运输时间长的缺点，对于需要冷藏运输的农蔬产品，乡村冷链运输设施尚未完备，乡村地区生产性和生活性物流设施短板明显。同时，农村地区物流信息化程度不高，当前新兴技术发展前景广阔，新兴技术与物流业深度融合是大势所趋，而乡村地区物流业使用新兴技术的程度相较城市明显滞后，在

① 参见董彦岭编著《产业振兴：绿色安全、优质高效的乡村产业体系建设》，中原农民出版社、红旗出版社 2019 年版。

乡村地区物流环节中多数以人工为主，机械化程度不高，物流供应链主体间缺乏信息共享平台，导致信息衔接受阻，也存在不必要的资源闲置，物流信息化程度不高也掣肘了乡村地区产品流通效率和消费渠道延伸。此外，乡村地区物流产业整体规划不足，虽然部分地区先后在农村地区建设物流基地和物流站点，可科学规划和前瞻部署程度不高，分布位置未做长远筹划，集聚程度不高，仓储、运输、冷链及配送等环节尚未形成高效闭环，无法获得集聚发展下交易成本降低和溢出效应增强的福利。①

（三）乡村相对贫穷治理问题需要重视

农村相对贫穷治理问题主要表现在如下几个方面：首先，相对贫穷治理不单单只解决基本温饱问题，而是为了解决更为长远的发展和发展成果问题，治理贫困问题仅依靠外部“输血”，而未能形成自身“造血”能力，如本地人才留不住，外地人才不愿留。在这种情况下，即便短暂振兴后，也可能随之没落，农村地区内生治理能力的活力问题，在治理相对贫困问题上仍值得高度重视；其次，农村地区相比较城市地区是相对贫穷地区，贫穷地区不仅存在收入相对较低，还存在物质精神生活相对贫穷的问题；最后，农村地区贫困人口在逐年递减，贫穷状态是动态的，部分贫困人口当下脱贫，而后因病因灾又再次致困，对这种贫穷人口的动态监测和长效脱贫治理机制尚未构建。

五、新发展格局下推进乡村振兴的路径

（一）强化自主创新能力，打造一流特色品牌

首先，乡村一方面要借助现有的各项生产资源关键要素，提高要素的利用效率，调动各方力量，基于本村实际现状，采取有针对性、前瞻性的方法与对策，最大程度上推动创新；另一方面要依靠国家持续增幅的优惠政策和资金扶持力度，留住人才便是为农村自主创新留下了内生动力，制定易于营造优质的营商创业环境的优惠政策，投入更多的资金为乡村产业振兴提供强劲的后援保障，吸引更多的优质人才为乡村产业振兴谋划出创新的手段和思路。乡村干部、乡贤及创业能人要依托政府政策优势，吸引市场中优质企业和创业团队加入乡村振兴中来，形成多方协同共创机制。通过优质企业提供帮扶或寻求合

① 孙锐：《双循环新发展格局下贵州省农村高效物流体系建设研究》，《物流工程与管理》2023 年第 3 期。

作，引入新设备和新理念，进而打开销路市场和拓宽产品销售渠道。另外，通过各种途径提升乡村原住民运用现代化信息技术的能力，帮助有条件的农民掌握运用线上开展销售和宣传的数字素养，提高他们甄选网络信息的能力，运用现代化信息技术增加收入。完善各项激励机制，在人力、财力、物力等管理和服务方面给予科研创新团队更优质的体验感和更包容的容错空间，让更多的优质创新人才在乡村振兴中脱颖而出，通过优质科研创新团队引领产业创新，培育优质产业，增强乡村产业后期发展张力。

其次，乡村可借助当地资源优势，加快本土特色农产品品牌建设，创立乡办企业，创设农家品牌，培育的农产品要始终坚持质量先行，制定严格的产品质量认证标准和生产体系，以行业内知名品牌控品要求为标准，打造一流的本土品牌，实施有针对性且可行性强的品牌营销策略。同时，政府加大对村办企业扶持力度，引导其培育品牌意识，树立品牌形象，对于获得国家驰名商标产品及其他优质产品，可以给予更多的优惠政策和资金扶持。此外，乡村要充分利用线上线下两渠道、两宣传方式，将品牌建设与现代化信息技术紧密结合，依靠网络媒体力量大力推广自主品牌，实现农产品线上线下双向开花，拓宽产品销路和价值空间，为自主品牌建设打下坚实基础。乡村在创设自主品牌时还可以积极参与推介会和交流会，与大企业建立战略合作伙伴关系，将自主品牌产品推至国际市场，进一步增强自主品牌的市场影响力和竞争力。

（二）完善物流基础设施，借助新兴技术推进物流产业集群建设

在国家层面上，将农村现代供应链建设纳入乡村振兴的发展战略，改善政策大环境，消除制约城乡生产与消费有效衔接的现实问题，完善各项法律法规和规范物流行业乡村建设要求，引导物流行业龙头开展公益性投资建设工作，推进乡村产品快速响应城镇消费市场的要求，依托现代供应链融入城镇大市场。

政府应积极编制涉农物流产业优惠政策，加大资金投入力度，配套相关补助和激励机制。地方政府努力营造有利于乡村物流行业发展的地方政策环境，增强对乡村基础设施和信息数据化建设的投入力度，提高乡村地区交通运输通达深度，提升科技赋能乡村物流开发水平，实现线上线下结合完善的产销对接机制，规范引导乡村开展团购，引导大型企业和相关平台主播与乡村合作建立网络直播带货模式，鼓励大型企业在乡村地区建立直采基地，补全全域冷链基础设施短板问题，增加对农产品仓储保鲜冷链设施建设补贴，鼓励开展冷链物

流第三方服务，加快产地预冷基地建设，打破物流行业巨头垄断的问题，扶持其他物流电商平台良性发展，推进乡村地区物流行业一体化建设。

乡村物流产业集群建设对降低交易成本和提高经济效益有其特殊的现实价值。为产业体量大、经济效益好、冷链需求高的乡村地区提倡多方运力共同组建集仓储、加工、分拣等服务为一体的设施，不断优化提升乡村地区前端供应链物流服务水平，实现资源共享和合理配置，激发规模效益。同时，鼓励农产品优势产区企业到集散地区建立集配中心，共享配送服务，实现统仓统配，优化乡村地区配送效率和配送路线布局，通过大力推动乡村物流产业集群建设，为新型农业经营主体提供综合性供应链服务功能。①

（三）精准突破农村相对贫困治理桎梏，构建相对贫困治理的长效机制

在新发展格局下，需要着力解决多维度的相对贫困，对农村地区的长远发展问题，我们要精准把握识别，当前或未来一段时间里农村地区在乡村振兴道路上会存在哪些问题，若是人才困境，通过人才引进与高层次人才补贴政策的搭配等措施吸引人才，从而破解内生治理能力不足的问题。对相对贫穷的农村地区，乡村振兴不仅需要振兴物质条件，更需要振兴贫困地区人民的内在精神生活，创办适合在农民生产生活中喜闻乐见的活动，增加农村群众的精神富足感，在解决物质生活相对贫穷问题的基础上也同时解决精神生活相对贫瘠的问题。构建农村地区相对贫穷人员产生和识别的动态检测机制，基层政府预先制定一个标准基准线，形成相对贫困人口定期监测和跟踪服务机制，实施精准管理与帮扶，通过实际情况，动态调整相对贫穷群体，以便使真正贫困群体在适当时机得到救济和帮扶，也能让脱贫人员克服对政府扶持的过度依赖，让资源和管理恰到好处，最终搭建好有效克服相对贫困的长效机制。②

① 张义博、涂圣伟：《构建新发展格局下扩大农村消费的路径与对策》，《宏观经济研究》2022 年第 11 期。

② 范和生、郭阳：《标准化治理：后疫情时代基层社会治理的实践转向》，《学术界》2020 年第 11 期。

打造县域高质量发展典范推进现代化治理

胡泓恬*

嘉善地处沪苏浙一市两省交界处，县域面积507平方公里，辖6镇3街道，户籍人口41万人，常住人口64.8万人，河网密布，是典型的江南水乡。习近平总书记给予嘉善亲切的关怀、深切的嘱托、殷切的期望，作为联系点亲自调研指导。2013年2月、2017年2月，国家连续两轮实施推进嘉善县域科学发展示范点建设，2019年长三角一体化发展上升为国家战略后，嘉善全域纳入长三角生态绿色一体化发展示范区，成为落实国家战略先手棋，2022年9月中央全面深化改革委员会审议通过《新发展阶段浙江嘉善县域高质量发展示范点建设方案》，新征程上赋予嘉善新的战略使命。

推进国家治理体系和治理能力现代化，离不开县域高质量发展。这些年，我们坚定不移沿着习近平总书记指引的方向，深入践行新发展理念，积极探索县域高质量发展新路径新方法，以高质量发展推进现代化治理。与2012年相比，2022年嘉善县地区生产总值、人均地区生产总值，分别从345.7亿元、36 405元增长到863.5亿元、130 732元；规上工业总产值从740亿元增长到2 050亿元。主要做法有以下几个方面。

一、坚持科创产业联动，提升经济优质度

坚持转变发展方式，针对产业层次偏低、创新动能不足等短板弱项，大力

---

* 胡泓恬，中共嘉善县委副书记、政法委书记。

推进推动产业集聚化、集约化、高端化发展，积极探索科创和产业联动发展新路径。一是坚持创新集聚增强内生动力。高标准打造科创平台和载体，建设面向海外归国人才的归谷科技园，建立上海人才创业园，在上海、荷兰分别设立“科创飞地”，在一体化示范区先行启动区高标准建设祥符荡科创绿谷，引入浙江大学长三角智慧绿洲及未来区域实验室等8个实验室。大力实施“菁英汇善”“祥符英才”等计划，设立海外引才工作站、高校引才联系点。R&D支出占比从2.44%提升到4%，高新技术企业从35家增加到710家，科技进步监测指数排名列浙江第五，连续3年获浙江“科技创新鼎”。二是坚持转型提档重塑产业结构。持续打好机器换人、数字化改造、股份制改造等组合拳，打造行业“产业大脑”和未来工厂，数字经济、生命健康等战略性新兴产业实现从无到有、做大做强，全县“3+3”产业格局全面形成，集聚了禾芯集成电路、格科微电子、立讯智造、兰钧新能源等一批标杆性企业。2022年全县规上高新技术产业、战略性新兴产业增加值占比分别达到84.8%、60.1%。三是坚持资源盘活释放增长动能。全面实施全域土地综合整治，深化亩均论英雄改革，完善工业企业亩均绩效ABCD分类评价机制，实现资源要素差异化配置。10年来，全面腾退村级工业功能区，腾退整治企业（作坊）6 100余家，盘活土地2.8万亩，为经济转型升级提供了发展新空间。

二、坚持统筹协调发展，提升城乡融合度

坚持统筹城乡发展，推动新型城镇化和乡村振兴双轮驱动，提升城镇功能，做优乡村产业，构建工农互促、城乡互补、协调发展、共同繁荣的新型工农城乡关系，城镇化率从51.7%提高到73.4%。一是优化城乡规划布局。坚持多规合一，推进规划现代化建设。长三角一体化示范区建设以来，率先编制县域国土空间总体规划，系统优化建设用地、生态、农业等空间布局，形成嘉善未来新城、祥符荡科创绿谷、临沪高能级智慧产业新区、长三角农业科技园区、长三角生态休闲旅游度假区“一城一谷三区”五大功能布局，重塑了城乡发展新格局。二是加速城乡协同配套。坚持节点带动、城乡联动，持续推进以小城市培育为重点的新型城镇化、以农房改造集聚为重点的农民就地城镇化，充分发挥中心城区龙头带动效应、中心镇节点功能，促进农村基础设施、公共服务与城镇无差别融合，均衡发展成为全省经验。比如，在城乡交通一体化上，嘉善所有乡镇10分钟上高速，四级公路通到全部自然村，并把“交通线”

变成“风景线”、“四好路”变成“致富路”。三是激活乡村发展动能。完善城乡融合发展体制机制，实施全域农田流转，激活土地置换、抵押及有偿退出等改革红利，实施“标准田”管理，建立乡村振兴专项资金。比如，从2008年起连续实施五轮“强村计划”，创新“飞地抱团”发展模式，推动跨镇、跨县、跨省抱团发展，全面提升村级集体经济发展品质。全县村均经营性收入从2013年的83万元提高到2022年的362万元。

三、坚持生态优势转化，提升环境友好度

牢固树立“绿水青山就是金山银山”理念，打造江南水乡绿色发展全域秀美新图景，成功创建国家级生态示范区、国家生态县、国家生态文明建设示范县。一是深化环境治理。持续推进生态环境整治，创新“上下游联保、污水零直排、水生态修复”治水模式，建立跨省域“联合河长制”，实施农田退水零直排，加快建设“无废城市”，县控以上断面水质全部达到Ⅲ类水，列入浙江省十大“绿水青山就是金山银山”样本。深入实施“千村示范、万村整治”工程，着力推进“田园变公园、村庄变景区”，建成美丽乡村风景线6条、美丽乡村精品村33个，实现全域秀美村整体覆盖。二是推进绿色转型。率先开展平原水乡生态产品价值（GEP）实现机制研究与实践，发布浙江省首个平原河网GEP核算技术规范。全面推进省级低碳试点县建设，在浙江省23个低碳试点县建设评估中名列第一。倡导绿色生产生活，创建省级循环经济示范县，陶庄镇循环利用新模式入选美丽浙江建设典型案例。建成浙江省首座氢电综合供能服务站，开通运营氢燃料电池公交线，全县清洁能源及新能源公交车占比达90%以上。三是健全长效机制。严守生态红线，率先实施环保审批制度改革新模式，“区域环评+环境标准”改革持续深化扩面，健全河长制、湖长制等长效管理机制，实施资源总量和交易等制度，实现环境要素资源市场化配置。探索区域协同监管，建立一体化示范区生态共保机制。

四、坚持深化区域合作，提升县域开放度

坚持主动接轨上海，充分发挥区位优势，着力推进以上海为重点的区域合作、以上海为窗口的国际合作，实现借船出海融入国际国内经济双循环。一是全面接轨上海。深入实施接轨上海首位战略，在规划衔接、科技创新、产业外溢、公共服务等领域全方位对接，导入上海大学、上海理工大学、上海国妇婴

等教育和医疗资源，公交卡、医保卡、市民卡等与上海通用，形成了独特的“13579”现象，即10%的人口通勤上海，30%的科创资源和项目来自上海，50%的工农业配套上海，70%的游客来自上海，90%的进出口和招商通过上海。二是深化开放合作。加快打造嘉善经济技术开发区千亿园区，与苏州工业园合作共建中新现代产业园，被列入浙江省首批“万亩千亿”新产业平台。实施招商引资“一号工程”，创新“基金+股权+项目”招商模式，率先开展外商投资股权投资企业试点（QFLP），实施浙江省首个海关特殊监管区域外保税维修业务，连续20年跻身浙江省利用外资十强县。三是共建一体化示范区。嘉善与上海青浦、江苏吴江共建长三角生态绿色一体化发展示范区，推进基础设施互联共建，围绕规划管理、生态保护、土地管理、项目管理、要素流动、财税分享、公共服务、公共信用“八个一体化”，深入推进体制机制创新。目前，1 300多项政务服务事项实现“跨省通办”，38条改革创新经验全国推广。

五、坚持社会共治共享，提升群众幸福度

自觉以民生为先、民生为重、民生为本，坚持既抓总体布局，又抓“关键小事”，每年约80%的财政支出用于改善民生，建成覆盖城乡、优质便捷的15分钟公共服务圈，成功创建全国文明城市。一是完善就业保障体系。构建县、镇、村三级就业服务体系，建立大学生创业学院、创客空间等载体，设立首个长三角零工市场，建成长三角人力资源服务产业园。实施“扩中提低”改革，完善城乡居民增收与收入分配机制，建立全域覆盖、城乡一体的养老、医疗等社保制度，长期护理保险制度成为浙江省共同富裕典型案例。二是打造区域文化品牌。深入挖掘和弘扬具有地域特色的“善文化”，构建以“善源、善政、善育、善风、善行、善商、善居”为主要内容的“善文化”体系。建成遍布城乡的农村文化礼堂、善城智慧书屋、农村书场书屋等载体，“善文化”被中央文明办列为培育和践行社会主义核心价值观重点工程。三是优化公共服务供给。在全省率先开展中小学教师“县管校聘”管理改革，创成省教育基本现代化县，农村学校名师覆盖率达到100%。以浙江大学医学院附属第二医院嘉善分院等2家县级医院为龙头联通37家沪杭三甲医院，实体化运作覆盖全部乡镇卫生院的医共体和5G智慧健康屋，院前急救水平升至全省前三。深化国家级养老服务业标准化试点，实现区域养老机构、养老流动服务车、居家养老服务照料中心及社会化运营“四个全覆盖”，成为浙江唯一幸福颐养标杆区试点县。

六、坚持数字赋能治理，提升整体智治度

坚持以大数据提升县域治理现代化水平，持续创新“互联网+”社会治理模式，推动县域治理体系和治理能力现代化。一是改革便民服务模式。深入实施“最多跑一次”改革，加快政务服务数字化转型，先后创新一窗办理、无差别全科受理、去柜化政务服务等模式，实施企业从准入到退出“一件事”改革75项，90%的政务服务事项实现“网上办”。二是创新矛盾调处机制。创新推进矛盾调处化解“最多跑一地”，建立县镇村三级联动社会治理机制，推行矛盾调处一窗受理、一门办理，提供矛盾调处化解全链式服务，创成法治浙江（法治政府）建设示范县。三是打造整体智治格局。以数字化改革赋能县域整体智治，建立一体化智能化公共数据平台，建成智慧交通、智慧水务、数字城管等管理系统，深化智安街道建设，“智安小区”建设获评全国社会治理创新最佳案例并推广。率先推进“大综合一体化”全域赋权改革，实现基层“一支队伍管执法”，“大综合一体化”行政执法改革指数和效能指数位列浙江第四。

七、坚持党的全面领导，提升政治执行力

坚持抓好党建促发展，大力弘扬红船精神，全面增强党员干部的战斗力凝聚力。一是树立鲜明政治导向。始终把习近平新时代中国特色社会主义思想贯穿于全县经济社会发展各领域全过程，把中央、省、市决策部署转化成发展规划、实施方案和具体举措，持续提升党员干部能力和水平。二是夯实基层治理基础。深入实施“整乡推进、整县提升”行动计划，制定“党建八领二十条”推动乡村振兴。加强基层党建阵地建设，实施网格连心、组团服务，把党支部或党小组建在网格上，建立“镇—村—网格—小区—微网格”五级治理体系，做到农村一长联十户、城市一长联一楼。党员楼道长、红色物业“小区党建客厅”获评全国基层党建创新优秀案例。三是加强干部选育管用。制定领导干部政治素质考察办法，健全干部选任“熔断”、激励干部担当作为、干部关爱等制度，注重干部挂职锻炼、基层锤炼，创新“三式蹲点”调研、“一线赛马”等工作机制，每年选派300名以上干部到基层蹲点、挂职锻炼，有效提升干部担当作为能力。

高质量发展是实现县域治理现代化的坚实基础。站在新的发展起点，嘉善将牢牢把握“双示范”建设重大发展机遇，以迭代升级、再造嘉善的奋进姿态，努力以高质量发展探索中国式现代化的实践路径。

后　记

2023年7月，由中共中央党校（国家行政学院）公共管理教研部、中共福建省委党校（福建行政学院）、福建谷文昌干部学院合办的第三届国家治理现代化论坛在福建漳州召开。论坛主题为“初心引领下的县域治理现代化”。来自全国党校（行政学院）系统、高等院校、科研和智库机构的专家学者，有关党政部门负责人，共120多人参加了论坛。与会人员深入学习习近平新时代中国特色社会主义思想和党的二十大精神，围绕“党领导推进县域治理现代化的历程与成就”“中国式现代化与县域治理现代化”“县域高质量发展与县域治理现代化”三个专题进行了交流研讨。为更好地梳理总结论坛的优秀成果，发挥其社会效益，我们将论坛嘉宾的精彩演讲稿和经专家评审推荐的优秀会议论文共计40余篇，汇编成此书，呈现给读者。

中共中央党校（国家行政学院）公共管理教研部的王满传、胡仙芝、陈劲宏、王德卿、党燕妮、林欣等同志参加了论文的征集和编审工作。本书主编对全书的整体结构进行了统筹布局，对内容进行了严格把关。国家行政学院出版社的编辑团队为本书的出版付出了辛勤劳动。在此，对以上同志表示衷心感谢。本书如有不妥之处，敬请广大读者批评指正。

编者

2023年11月2日